高等学校公共课教材

新大学语文

付湘虹　主　编

 华东师范大学出版社

·上海·

图书在版编目（CIP）数据

新大学语文/付湘虹主编. —上海：华东师范大学出版社，2011.6
ISBN 978－7－5617－8764－9

Ⅰ.①新… Ⅱ.①付… Ⅲ.大学语文课－高等学校－教材 Ⅳ.①H19

中国版本图书馆 CIP 数据核字(2011)第 130966 号

新大学语文

主　　编　付湘虹
责任编辑　庞　坚　范耀华　方学毅
装帧设计　黄惠敏

出版发行　华东师范大学出版社
社　　址　上海市中山北路 3663 号　邮编 200062
网　　址　www. ecnupress. com. cn
电　　话　021－60821666　行政传真 021－62572105
客服电话　021－62865537　门市(邮购)电话 021－62869887
地　　址　上海市中山北路 3663 号华东师范大学校内先锋路口
网　　店　http://hdsdcbs.tmall.com

印 刷 者　上海昌鑫龙印务有限公司
开　　本　787毫米×1092毫米　1/16
印　　张　17.5
字　　数　453 千字
版　　次　2011 年 8 月第 1 版
印　　次　2025 年 7 月第 20 次
书　　号　ISBN 978-7-5617-8764-9
定　　价　34.00 元

出 版 人　王　焰

(如发现本版图书有印订质量问题，请寄回本社客服中心调换或电话 021-62865537 联系)

目录

一、课文精读

1. 蒹葭①

《诗经》

蒹葭苍苍②,白露为霜③。所谓伊人④,在水一方⑤。溯洄从之⑥,道阻且长。溯游从之⑦,宛在水中央⑧。

蒹葭萋萋,白露未晞⑨。所谓伊人,在水之湄⑩。溯洄从之,道阻且跻⑪。溯游从之,宛在水中坻⑫。

蒹葭采采,白露未已⑬。所谓伊人,在水之涘⑭。溯洄从之,道阻且右⑮。溯游从之,宛在水中沚⑯。

(《诗经注析》,程俊英、蒋见元注析,中华书局,1991)

注释

① 蒹葭(jiān jiā):芦苇。 ② 苍苍:繁盛的样子。后两章的"萋萋"、"采采"与之大致同义。 ③ 为霜:凝结成霜。 ④ 伊人:那人。诗人心中所思慕者。 ⑤ 一方:那边,另一边。 ⑥ 溯洄:逆流而上。从之:追寻所思慕者。 ⑦ 溯游:顺流而下。 ⑧ 宛:宛然,真好像。 ⑨ 晞(xī):干。 ⑩ 湄:岸边,水面与岸草交接处。 ⑪ 跻(jī):升,高。 ⑫ 坻(chí):水中小洲,小岛。 ⑬ 未已:未完成,未尽,此指露水尚未被太阳蒸发掉。 ⑭ 涘(sì):水边。 ⑮ 右:迂回曲折。 ⑯ 沚(zhǐ):水中的沙滩。

作者简介

《诗经》的作者,大多佚名,只有少数几篇作者可以确定。《毛时序》所定的作者,往往不可靠。本篇也是佚名作者所撰。《诗经》原名《诗》,或称"诗三百",汉代开始名之为《诗经》,是中国最早的一部诗总集,收录周初至春秋中叶的诗三百零五篇。约春秋中叶编成,相传经过孔子的删定。今传本出自汉代古文学派的毛诗,当时还有今文学派的齐诗、鲁诗、韩诗流传,魏晋以降三家诗先后亡佚,唯毛诗通行天下。《诗经》分"风"、"雅"、"颂"三部分,"风"有《周南》、《召南》等十五国风,一百六十篇,为地方性乐歌,大部分是民歌;"雅"有《大雅》、《小雅》,一百零五篇,应是西周王畿一带的乐歌,多为贵族、士大夫所作,一部分是宴会的乐歌;"颂"有《周颂》、《鲁颂》、《商颂》,四十篇,是用于宗庙祭祀的赞颂之诗,一部分是歌舞曲。从内容上看,《诗经》相当广泛地反映了那个时期的社会生活。《诗经》所收诸诗,句式以四言为主,但也多有三言、五言、六言等句式。除极少数外,都分若干章,通常隔句用韵。语言朴素,节奏明快,声调和谐。常用重章叠句,产生萦回往复、层层唱叹的效果。除善于采用直接铺叙的"赋"法外,更多用"比"、"兴"手法,意蕴丰赡含蓄。《诗经》所表现的"饥者歌其食,劳者歌其事"的现实主义精神对后世文学影响极大,中国历代的诗歌创作都深受其影响。

讲解

《蒹葭》一诗是《诗经》中《秦风》的第四篇,作者当为佚名的秦人。本篇是备受赞赏的抒情诗,全诗分三章,每章首两句借景起兴,三、四句兴起情怀:隔河企盼,"伊人"宛然;后四句描述追寻苦况:为道所阻,"伊人"缥缈不定,一片真诚向往、执着追求,换来的却是追寻不得的失望与惆怅。

本诗最为人称道的,是其意境朦胧、含蕴不尽。"伊人"虽宛然目前,却又是那么飘忽不定,幽窈难寻。细味之,"伊人"其实是诗人的一种意绪、一重情怀,湛然而生,遽然便逝,愈寻愈苦,也逾加渺茫。由于诗境十分朦胧,遂给读者留下了巨大的想象空间。所以,有人认为这是一曲怀念情人的恋歌,"伊人"指意中人;有人认为这是一首招贤诗,"伊人"指隐居的贤人。其实,只要把彼岸的"伊人"看作一种意象,那么,它所涵容的,也就是世间一切可望而不可即的人生境遇,所谓贤才的难觅、真情的难得,乃至前途的渺茫、理想的失落等等,都将在蒹葭白露的茫茫原野,激起心灵的回响。

诗用重章叠句的形式,基本上只在韵脚换字,不仅形成回环往复、一唱三叹之美,而且层层推进,不断深化诗歌意境。白露从"为霜"而"未晞"而"未已",体现了时间的推移,暗示了追求时间的漫长;"伊人"从在"一方"而"湄"而"涘",体现了空间的转换,暗示了追寻对象的幽渺难求。诗虽不过更换几个字,却很好地表达出追求者的执着与追寻对象的飘忽不定,产生了强烈的艺术效果,十分耐人寻味。

集评

言秋水方盛之际,所谓伊人者,乃在水一方,上下求之而皆不可得。然不知其何所指也。(宋·朱熹《诗集传》)

"在水之湄"一句已了,重加"溯洄"、"溯游",两番摹拟,所以写其深企愿见之状。于是乎"在"字上加一"宛"字,遂觉点睛欲飞,入神之笔。(清·姚际恒《诗经通论》)

三章只一意,特换韵耳。其时首章已成绝唱。古人作诗,多一意化为三叠,所谓一唱三叹,佳者多有余音。○玩其词,虽若可望而不可即;味其意,实求之而不远,思之而即至者。(清·方玉润《诗经原始》)

《诗》《蒹葭》一篇,最得风人深致。晏同叔之"昨夜西风凋碧树,独上高楼,望尽天涯路"意颇近之,但一洒落,一悲壮耳。(王国维《人间词话》)

"所谓伊人,在水一方。溯洄从之,道阻且长。溯游从之,宛在水中央",《传》:"一方、难至矣。"按《汉广》:"汉有游女,不可求思。汉之广矣,不可泳思。江之永矣,不可方思。"陈启源《毛诗稽古编·附录》论之曰:"夫说之必求之,然惟可见而不可求,则慕说益至。"二诗所赋,皆西洋浪漫主义所谓企慕之情境也。古罗马诗人桓吉尔名句云"望对岸而伸手向往",后世会心者以为善道可望难即、欲求不遂之致。德国古民歌咏好事多板障,每托兴于深水中阻。但丁《神曲》亦寓微旨于美人隔河而笑,相去三步,如阻沧海。近代诗家至云:"欢乐长在河之彼岸。"……抑世出世间法,莫不可以"在水一方"寓慕悦之情,示向往之境。《史记·封禅书》记方士言三神山云"未至,望之如云;及到,三神山反居水下,临之,风辄引去。……未能至,望见之焉",庾信《哀江南赋》叹"况复舟楫路穷,星汉非乘槎可上;风飚道阻,蓬莱无可到之期",盖匪徒儿女之私也。(钱钟书《管锥编》)

思考练习题

一、《蒹葭》诗中最打动你的是什么?

二、《诗经》里《周南》的《汉广》篇云:

南有乔木,不可休息。汉有游女,不可求思。汉之广矣,不可泳思。江之永矣,不可方思。

翘翘错薪,言刈其楚。之子于归,言秣其马。汉之广矣,不可泳思。江之永矣,不可方思。

翘翘错薪,言刈其蒌。之子于归,言秣其驹。汉之广矣,不可泳思。江之永矣,不可方思。

与《蒹葭》的意境有一定的相近之处,请对比分析一下有什么异同。

三、汉代《毛诗序》分析本篇主题说:"《蒹葭》,刺(秦)襄公也,未能用周礼,将无以固其国焉。"郑玄笺又解释说:"秦取周之旧土,其人被(蒙受)周之德教日久矣,今襄公新为诸侯,未习周之礼法,故国人未服焉。"对此谈谈你的看法。

相关知识

总集 中国古代的图书分类,起源于西汉刘歆所编书目《七略》(原书久佚),凡辑略、六艺略、诸子略、诗赋略、兵书略、术数略、方技略七部分,其中"辑略"是学术源流的总论,后六种则是图书类别。东汉班固《汉书·艺文志》沿袭了这种分类法。西晋荀勖《中经新簿》(原书久佚)分图书典籍为甲、乙、丙、丁四类;东晋李充《晋元帝四部书目》将乙、丙两类所收书的内容对调;至唐初《隋书·经籍志》正式确立经、史、子、集四部分类法,其后历代一直沿用这种分类系统。《隋书·经籍志》集部书分楚辞类、总集类、别集三个子类,清代所修《四库全书》,集部子类除上三种外,还有诗文评类、词曲类。所谓总集,指的是汇聚许多人的诗文等作品编纂而成的集子。《隋书·经籍志》说:"总集者,以建安之后,辞赋转繁(增多),众家之集,日以滋广,晋代挚虞,苦览者之劳倦,于是采摘孔翠(喻精华),芟剪(去除)繁芜,自诗赋下,各为条贯(条理,系统),合而编之,谓为《流别》。是后文集总钞,作者继轨。属辞(写文章)之士,以为覃奥(广蓄深藏)而取则(效法)焉。"总集的分类,依体裁分,有诗文总集(如《文苑英华》)、诗总集(如《乐府诗集》)、文总集(如《古文辞类纂》)、骈文总集(如《骈体文钞》)、辞赋总集(如《历代赋汇》)、词总集(如《词综》)等。有地域性的总集(如《沅湘耆旧集》),氏族性的总集(如《文氏五家集》),朝代性的总集(如《唐文粹》),女性诗文的总集(如《国朝〈清〉闺秀正始集》),等等。今人所称说的最早的诗总集《诗经》,由于相传为孔子所删定,一向被当作是儒家的经典,在古代图书分类系统里属于经部诗类,不属于集部;而《楚辞》则因集部专列楚辞一类,在古代图书分类系统里也不算总集。今存最早的诗文总集是南朝梁昭明太子萧统所编纂的《文选》。

相关作品

洛神赋(节选)

〔三国魏〕曹植

余从京域,言归东藩。背伊阙,越轘辕,经通谷,陵景山。日既西倾,车殆马烦。尔乃税驾乎蘅皋,秣驷乎芝田,容与乎阳林,流眄乎洛川。于是精移神骇,忽焉思散。俯则未察,仰以殊观,睹一丽人,于岩之畔。乃援御者而告之曰:"尔有觌于彼者乎?彼何人斯?若此之艳也!"御者对曰:"臣闻河洛之神,名曰宓妃。然则君王所见,无乃是乎?其状若何?臣愿闻之。"

余告之曰:其形也,翩若惊鸿,婉若游龙。荣曜秋菊,华茂春松。仿佛兮若轻云之蔽月,飘飘兮若流风之回雪。远而望之,皎若太阳升朝霞;迫而察之,灼若芙蕖出渌波。襛纤得衷,修短合度。肩若削成,腰如约素。延颈秀项,皓质呈露。芳泽无加,铅华弗御。云髻峨峨,修眉联娟。丹唇外朗,皓齿内鲜,明眸善睐,靥辅承权。瑰姿艳逸,仪静体闲。柔情绰态,媚于语言。奇服旷世,骨像应图。披罗衣之璀粲兮,珥瑶碧之华琚。戴金翠之首饰,缀明珠以耀躯。践远游之文履,曳雾绡之轻裾。微幽兰之芳蔼兮,步踟蹰于山隅。

······ ······

于是洛灵感焉，徙倚彷徨，神光离合，乍阴乍阳。竦轻躯以鹤立，若将飞而未翔。践椒涂之郁烈，步蘅薄而流芳。超长吟以永慕兮，声哀厉而弥长。

尔乃众灵杂遝，命俦啸侣，或戏清流，或翔神渚，或采明珠，或拾翠羽。从南湘之二妃，携汉滨之游女。叹匏瓜之无匹兮，咏牵牛之独处。扬轻袿之猗靡兮，翳修袖以延伫。休迅飞凫，飘忽若神，陵波微步，罗袜生尘。动无常则，若危若安。进止难期，若往若还。转眄流精，光润玉颜。含辞未吐，气若幽兰。华容婀娜，令我忘餐。

······ ······

于是背下陵高，足往神留，遗情想像，顾望怀愁。冀灵体之复形，御轻舟而上溯。浮长川而忘返，思绵绵而增慕。夜耿耿而不寐，沾繁霜而至曙。命仆夫而就驾，吾将归乎东路。揽騑辔以抗策，怅盘桓而不能去。

扩展阅读书目

（1）《诗集传》，宋朱熹撰，上海古籍出版社 1980 年版。　（2）《毛诗传笺通释》，清马瑞辰撰，中华书局 1989 年版。　（3）《诗经原始》，清方玉润撰，中华书局 1986 年版。　（4）《诗经今注》，高亨撰，上海古籍出版社 1981 年版。　（5）《诗经直解》，陈子展撰，复旦大学出版社 1983 年版。　（6）《诗经讲读》，刘毓庆撰，华东师范大学出版社 2008 年版。　（7）《诗三百篇探故》，朱东润撰，上海古籍出版社 1981 年版。　（8）《诗经三百首鉴赏辞典》，赵逵夫等撰，上海辞书出版社 2007 年版。　（9）《诗经研究史概要》（增订本），夏传才撰，清华大学出版社 2007 年 6 月出版。　（10）《诗经研究》，刘立志撰，中华书局 2011 年版。

2. 《左传》《国语》二则

晏子对齐侯问①

《左传》

齐侯至自田②，晏子侍于遄台③，子犹驰而造焉④。公曰："唯据与我和夫！"晏子对曰："据亦同也，焉得为和？"公曰："和与同异乎？"对曰："异。和如羹焉，水、火、醯、醢、盐、梅⑤，以烹鱼肉，燀之以薪⑥，宰夫和之⑦，齐之以味⑧，济其不及⑨，以泄其过⑩。君子食之，以平其心。君臣亦然。君所谓可而有否焉，臣献其否以成其可⑪；君所谓否而有可焉，臣献其可以去其否，是以政平而不干⑫，民无争心。故《诗》曰：'亦有和羹，既戒既平。鬷嘏无言，时靡有争⑬。'先王之济五味、和五声也，以平其心，成其政也。声亦如味，一气⑭，二体⑮，三类⑯，四物⑰，五声⑱，六律⑲，七音⑳，八风㉑，九歌㉒，以相成也；清浊、小大、短长、疾徐、哀乐、刚柔、迟速、高下、出入、周疏，以相济也。君子听之，以平其心。心平，德和。故《诗》曰：'德音不瑕'㉓。今据不然。君所谓可，据亦曰可；君所谓否，据亦曰否。若以水济水，谁能食之？若琴瑟之专一，谁能听之？同之不可也如是。"

（《春秋左传注》修订本，杨伯峻注，中华书局，1990）

史伯对桓公问[24]

《国语》

公曰："周其弊乎？[25]"对曰："殆于必弊者也[26]。《泰誓》曰[27]：'民之所欲，天必从之。'今王弃高明昭显[28]，而好谗慝暗昧[29]；恶角犀丰盈[30]，而近顽童穷固[31]。去和而取同。夫和实生物[32]，同则不继[33]。以他平他谓之和[34]，故能丰长而物归之[35]；若以同裨同[36]，尽乃弃矣。故先王以土与金木水火杂[37]，以成百物。是以和五味以调口[38]，刚四支以卫体[39]，和六律以聪耳，正七体以役心[40]，平八索以成人[41]，建九纪以立纯德[42]，合十数以训百体[43]。出千品[44]，具万方[45]，计亿事，材兆物[46]，收经入[47]，行姟极[48]。故王者居九畡之田，收经入以食兆民[49]，周训而能用之，和乐如一。夫如是，和之至也。于是乎先王聘后于异姓[50]，求财于有方[51]，择臣取谏工而讲以多物[52]，务和同也。声一无听[53]，物一无文，味一无果[54]，物一不讲。王将弃是类也而与剸同[55]。天夺之明，欲无弊，得乎？

（《国语集解》修订本，徐元诰集解，中华书局，2002）

注释

① 晏子：即晏婴（？—前500），字平仲，维夷（今山东高密）人。春秋时齐卿历仕灵公、庄公、景公，是春秋时的名臣。齐侯：即齐景公。齐国是侯爵级封国，称侯是正规说法。 ② 田：打猎。后通作"畋"。 ③ 遄台：古台名，在今山东淄博临淄区附近。 ④ 子犹：齐景公宠信的宦官梁丘据。驰而造焉：驱车前来。 ⑤ 醯(xī)：醋。醢(hǎi)：肉酱。 ⑥ 燀(chǎn)：炊。 ⑦ 宰夫：即厨师。 ⑧ 齐之以味：以味加以调和。 ⑨ 济其不及：补充其不足之处。 ⑩ 泄：减少。 ⑪ "君所谓"二句：国君认为可以的，其中也包含了不可以，臣下进言，指出不可以的，使可以的更加完备。 ⑫ 不干：干，冒犯。此处意为冒犯礼制。 ⑬ "亦有和羹"四句：语出《诗经·商颂·烈祖》。意为"还有调和的好羹汤，五味完备又适中。敬献神明来享用，上下和睦不争斗"。戒，完备。鬷(zōng)：奏，进献。嘏(jiǎ，或 gǔ)：《诗经》原文作"格"，神降临。 ⑭ 一气：首先以气动之。 ⑮ 二体：晋朝杜预解释为"舞有文武"。 ⑯ 三类：《诗经》之风、雅、颂。 ⑰ 四物：杂四方器物而成器。 ⑱ 五声：五音宫、商、角、徵、羽。 ⑲ 六律：古代音乐中有十二律，此指其中黄钟、大簇、姑洗、蕤宾、夷则、无射六个阳律。 ⑳ 七音：宫、商、角、徵、羽、变宫、变徵。 ㉑ 八风：八方之风。 ㉒ 九歌：晋朝杜预解释为"九功之德皆可歌也，六府三事谓之九功"。 ㉓ 德音不瑕：出自《诗经·豳风·狼跋》，意为美好音乐没瑕疵。 ㉔ 选自《国语·郑语》。史伯：名颖，字硕父，在周宣王和周幽王时曾任太史。桓公：即郑桓公，周宣王弟，名友。 ㉕ 其：将要。 ㉖ 殆：恐怕。 ㉗《泰誓》：《尚书》中的一篇。 ㉘ "今王"句：指周幽王舍弃有智慧的高明磊落的贤德之士。 ㉙ 谗慝(tè)暗昧：奸险愚昧的小人。慝，邪恶。 ㉚ 角犀丰盈：指正直敢于直谏的大臣。角犀，额头隆起。丰盈，面颊丰满。古人认为有两种相貌的人是贤德之人。 ㉛ 顽童穷固：愚昧顽固之人。 ㉜ 和实生物：有了"和"万物才能生长。 ㉝ 同则不继：只有"同"则难以继续发展。 ㉞ 以他平他：用不同的事物加以平衡。 ㉟ "能丰长"句：谓万物发展壮大归于协调。 ㊱ 裨：增益。 ㊲ 土、金、木、水、火：即五行。古人认为这是组成万物的基本元素。 ㊳ 五味：指酸、甘、苦、辛、咸。 ㊴ 四支：即四肢。支，通"肢"。 ㊵ 七体：指人身七窍，眼(二)、耳(二)、口(一)、鼻(二)共七孔。 ㊶ 八索：《周易》里面的八卦在人体中的对应部分，《说卦》里说"乾为首，坤为腹，震为足，巽为股，坎为耳，离为目，艮为手，兑为口"。 ㊷ 九纪：指人体中心、肺、肝、脾、肾、胃、肠、肝、胆、膀胱九个器官。 ㊸ 十数：古代社会中将人分为王、公、大夫、士、皂、吏、舆、僚、仆、台十个等级。训百体：训导官民使他们举止得体。百，表示各类人。 ㊹ 千品：千种品级。 ㊺ 万方：万种方法。 ㊻ 材："裁"之通假。兆：十亿为兆，相当于现在的数百万。 ㊼ 经："京"之通假。京，十兆为经，相当于现在的数千万。 ㊽ 姟："垓"之通假。垓，十京为垓，相当于现在的数亿。 ㊾ "故王者"二句：清俞樾认为此处有误，当为"故王者居九畡之田以食兆民，收经入以食万官"。 ㊿ 聘后于异姓：娶异姓之女为后。 (51) 有方：泛指诸侯。 (52) 讲：考察。 (53) 一：单一。

作者简介

《左传》和《国语》两书旧载均为左丘明所作。左丘明相传为春秋末年鲁国的史官。清代一些今文经学家认为《左传》今传本系经汉代刘歆之手改编。今人则多认为它是战国初年的史官据各国史料编撰而成。《左传》全称《春秋左氏传》，又称《春秋左传》或《左氏春秋》，在古代与《公羊传》、《穀梁传》被称为《春秋》三传，在图书分类中列在经部，是所谓"十三经"之一。而称其为"传"，并不是说它是一部传记著作，这里的"传"是"传注"的"传"，指的是阐述和注释经义的文字。不过《左传》多用事实解释《春秋》（《春秋》是五经之一），与以义理解释《春秋》的《公羊传》、《穀梁传》不一样。从现代历史学的角度来看，它是第一部形式完备的编年体史书，记载了春秋时代从鲁隐公元年（前722）起到鲁悼公四年（前464）止两百五十余年间各个诸侯国的政治、军事、外交等方面的重要史实。由于它叙事生动，章法精妙，人物形象鲜明，富于语言之美，所以也被视为优秀的历史文学作品，对历朝历代的文学有很大的影响。

《国语》因其可与《左传》相参证，故又名《春秋外传》或《左氏外传》。它的作者究竟是谁，学者们也有不同看法，只能存疑。它是中国最早的一部国别体史书，记载了西周末年和春秋时期周、鲁、齐、晋、郑、楚、吴、越八国的史事，所记年代上起西周中期，下至春秋战国之交，大约五百余年。与《左传》侧重纪事不同的是，《国语》一书侧重于记言，所记大都是朝聘、飨宴、讽谏、辩诘、应对之辞，风格与《左传》语言的简质峭劲不同。所涉诸事大都互相不连属，所以整部书就像是由一个个记言小故事串联而成。和《左传》一样，《国语》不但是史学方面的名著，也具有颇高的文学价值（当然它的文学价值与《左传》相比还是有所不如的），在后世也有一定的影响。

讲解

孔子说："君子和而不同，小人同而不和。"（《论语·子路》）"和而不同"，是中国传统文化的精粹之一。

《晏子对齐侯问》节选自《左传·昭公二十年》，篇名为今人所拟。通过晏子与齐景公的对话，表达了"和"与"同"有异，"和"的境界高于"同"的观点，不但对当时齐国的君主是一种告诫，对当前中国建设和谐社会也具有重要的参考价值。晏子所指斥的"同"，指的是佞臣或谄媚逢迎，或随波逐流，在一国政治上唯以同于君主为计，对应该否决的事也表示赞同，或者心里不以为然，表面上却没有什么不同意见。这里纯从臣下的角度立说，其实引申出去，也可以想见，如果君主一味求同，听不得任何不同意见，实行专制统治，那肯定也是危险的。而"和"，应该是同心同德基础上个人意见自由抒发、个人能力充分发挥所形成的综合、平衡，既有个人智慧的闪光，也有整体利益的最大化。所以，和而不同在当代甚至有着更重要的意义。

《史伯对桓公问》节选自《国语·郑语》，文中史伯对齐桓公所说的一段话，从君主方面立论，以周幽王的"去和而取同"来判断周之"殆于必弊"，与上文晏子所言可谓相合若符契。"和则生物，同则不继"一语真是至理名言，"声一无听，物一无文，味一无果，物一无讲"，则充分说明了为臻于"和"的境界而不能一意求"同"的道理。

在中国传统文化中，经常会提到"和"字，如"和为贵"、"致中和"、"中庸之道"、"中和之美"等。但是对于"和"，我们要有正确的认识，要明白"和"与"同"的差异，领会"和而不同"的重要性。这是一种辩证统一的关系，缺一不可。

"和"与"同"的内涵是不同的，一味追求"同"，是不符合事物发展的规律的，世间万物本来就有多样性,没有必要、也不可能达成一种面目。像"非此即彼"、"有我无你"、"惟我独尊"之类的狭隘与专制的说法,就是将唯求一"同"推向了极致,是不可取的。在现今社会,追求共同发展、共同进步是主潮,这是"和"的表现,但是同时也要考虑到每个个体之间的差异,要允许有不同的看法、观点和利益存在,只要不破坏大的"和"的方向即可。

集评

王充曰:《国语》,《左氏》之外传也,《左传》传经,辞语尚略,故复选录《国语》之辞以实。然则《左氏》、《国语》,世儒之实书也。(汉·王充《论衡·案书篇》)

刘知几曰:丘明既躬为太史,博总群书,至如《梼杌》《纪年》之流,《郑书》《晋志》之类,凡此诸籍,莫不毕睹,其《传》广包他国,每事皆详。(唐·刘知几《史通·申左》)

陶望龄曰:《国语》一书,深厚浑朴,《周》、《鲁》尚矣。《周语》辞胜事,《晋语》事胜辞,《齐语》单记桓公霸业,大略与《管子》同。如其妙理玮辞,骤读之而心惊,潜玩之而味永,还须以《越语》压卷。(清·朱彝尊《经义考》)

思考练习题

一、结合现实,谈一谈如何认识"和"与"同"之间的关系。

二、孔子说"君子和而不同,小人同而不和",如何理解这句话的深刻意蕴?

三、《国语》一篇中提到"声一无听,物一无文",这句话该如何理解?

相关知识

记言文 中国古代的记言文有悠久的历史。如"五经"之一的《尚书》,今传《古文尚书》之《虞夏书》中的《皋陶谟》篇,基本上通篇都是记录禹、皋陶、舜帝的对话。《论语》一书,集中展现了被儒家奉为圣人的孔子的思想,其文也是以记录孔子言论为主的。《国语》则是一部著名的记言史籍,所记春秋时期各诸侯国人物言论,与以记事为主的《左传》可以互参。南朝宋面世的《世说新语》,虽被今人归类为小说,似乎以叙事为主,其实很多篇幅也是专记东汉、魏晋士人言论的,尤以《言语》篇的各节为妙。唐代佛教兴盛,记载禅宗语录为主的佛学著作开始产生,因禅僧将佛法的世代相传比为传灯,因此这类书多称为灯录。五代的《祖堂集》是今存最早的灯录,宋代的《景德传灯录》、《古尊宿语录》、《五灯会元》也是灯录中的代表作。宋代理学兴盛,受禅宗语录影响,理学家的著作也有语录体的,朱熹的《朱子语类》是其中最有名的。

记言之文,内容上是没有限制的,记思想、感受,记评论、批判,记教诲、启发,记解说、辨析,无所不可。但文句通常较为朴素,一般不尚骈偶、不施藻彩,很少长篇大论,且往往有口语化、通俗化的倾向,但也不乏警句隽语。

相关作品

《老子》二章

其一

天下皆知美之为美,斯恶已;皆知善之为善,斯不善已。故有、无相生,难、易相成,长、短相形,高、下相倾,音、声相和,前、后相随。是以圣人处无为之事,行不言之教。万物作焉而不为始,生而不有，为而不恃，功成而弗居。夫惟弗居，是以不去。

其二

天之道，其犹张弓乎？高者抑之，下者举之，有余者损之，不足者补之。天之道，损有余而补不足。人之道，则不然，损不足以奉有余。孰能有余以奉天下？唯有道者。是以圣人为而不恃，功成而不处，其不欲见贤。

扩展阅读书目

(1)《左传全译》，王守谦译注，贵州人民出版社1990年版。　(2)《左传译注》，李梦生译注，上海古籍出版社1998年版。　(3)《左传译文》，沈玉成译，中华书局2005年版。　(4)《左传选译》，瞿蜕园选译，上海古籍出版社1980年版。　(5)《左传选注》，徐中舒等选注，中华书局2009年版。　(6)《春秋左传研究》，童书业撰，中华书局2006年版。　(7)《国语译注》，邬国义译注，上海古籍出版社1994年版。　(8)《国语全译》，黄永堂译注，贵州人民出版社1995年版。　(9)《国语选译》，高振铎、刘乾先译注，巴蜀书社1990年版。　(10)《国语选译》，胡果文译注，上海古籍出版社2005年版。

3. 先秦诸子语录

孔子等

(1) 子曰："为政以德，譬如北辰①，居其所而众星共之②。"(《论语·为政》)

(2) 子贡曰③："如有博施于民④，而能济众⑤，何如⑥？可谓仁乎？"子曰："何事于仁⑦，必也圣乎⑧！尧舜其犹病诸⑨！夫仁者，己欲立而立人⑩，己欲达而达人⑪。能近取譬⑫，可谓仁之方也已⑬。"(《论语·雍也》)

(3) 子曰："其身正，不令而行⑭；其身不正，虽令不从⑮。"(《论语·子路》)

(4) 子张问仁于孔子⑯。孔子曰："能行五者于天下⑰，为仁矣。"请问之。曰："恭、宽、信、敏、惠⑱。恭则不侮，宽则得众，信则人任焉⑲，敏则有功，惠则足以使人。"(《论语·阳货》)

(5) 子张问于孔子曰："何如斯可以从政矣⑳？"子曰："尊五美㉑，屏四恶㉒，斯可以从政矣。"子张曰："何谓五美？"子曰："君子惠而不费㉓，劳而不怨㉔，欲而不贪，泰而不骄㉕，威而不猛㉖。"……子张曰："何谓四恶？"子曰："不教而杀谓之虐㉗，不戒视成谓之暴㉘，慢令致期谓之贼㉙，犹之与人也㉚，出纳之吝谓之有司㉛。"(《论语·尧曰》)

(《论语注疏》，《十三经注疏》标点本，〔三国魏〕何晏注，〔宋〕邢昺疏，北京大学出版社，1999)

(6) 老吾老以及人之老㉜，幼吾幼以及人之幼，天下可运于掌㉝。(《孟子·梁惠王上》)

(7) 乐民之乐者㉞，民亦乐其乐㉟；忧民之忧者，民亦忧其忧。乐以天下㊱，忧以天下，然而不王者㊲，未之有也㊳。(《孟子·梁惠王下》)

(8) 齐宣王问曰㊴："汤放桀㊵，武王伐纣㊶，有诸㊷？"孟子对曰："于传有之㊸。"曰："臣弑其君可乎㊹？"曰："贼仁者谓之贼㊺，贼义者谓之残㊻。残贼之人，谓之一夫㊼。闻诛一夫纣矣，未闻弑君。"(《孟子·梁惠王下》)

(9) 桀纣之失天下也，失其民也；失其民者，失其心也。得天下有道㊽，得其民，斯得天下矣㊾。

得其民有道,得其心,斯得民矣。得其心有道,所欲与之聚之㉕,所恶勿施㉖,尔也㉗。(《孟子·离娄上》)

(10)君之视臣如手足㉘,则臣视君如腹心;君之视臣如犬马,则臣视君如国人㉙;君之视臣如土芥㉚,则臣视君如寇仇㉛。(《孟子·离娄下》)

(11)民为贵㉜,社稷次之,君为轻。是故得乎丘民而为天子㉝,得乎天子为诸侯,得乎诸侯为大夫。诸侯危社稷,则变置㉞。(《孟子·尽心下》)

　　(《孟子注疏》,〔汉〕赵岐注,〔宋〕孙奭疏,《十三经注疏》标点本,北京大学出版社,1999)

(12)马骇舆㉟,则君子不安与舆㊱;庶人骇政㊲,则君子不安位㊳。马骇舆,则莫若静之;庶人骇政,则莫若惠之㊴。选贤良,举笃敬,兴孝悌㊵,收孤寡,补贫穷,如是㊶,则庶人安政矣㊷。庶人安政,然后君子安位㊸,传曰:"君者,舟也;庶人者,水也。水则载舟,水则覆舟。"此之谓也(《荀子·王制》)

　　(《荀子》,《世纪人文·大学经典》本,〔唐〕杨倞注,上海古籍出版社,2010)

(13)圣人无常心㊹,以百姓心为心。(《老子·四十七章》)

(14)民不畏死,奈何以死惧之㊺!(《老子·七十四章》)

(15)天之道其犹张弓与㊻? 高者抑之㊼,下者举之;有余者损之㊽,不足者补之。天之道,损有余而补不足;人之道则不然,损不足以奉有余㊾。(《老子·七十七章》)

　　(《老子》,《世纪人文·大学经典》本,奚侗集解,上海古籍出版社,2007)

(16)为之斗斛以量之㊿,则并与斗斛而窃之;为之权衡以称之[51],则并与权衡而窃之;为之符玺以信之[52],则并与符玺而窃之;为之仁义以矫之[53],则并与仁义而窃之。何以知其然邪[54]? 彼窃钩者诛[55],窃国者为诸侯;诸侯之门,而仁义存焉[56]。(《庄子·胠箧》)

　　(《庄子集解·庄子集解内篇补正》,〔清〕王先谦集解,刘武补正,中华书局,1987)

(17)故言必有三表[57]。何谓三表? 子墨子曰:"有本之者[58],有原之者[59],有用之者。于何本之? 上本之于古者圣之事。于何原之? 下原察百姓耳目之实[60]。于何用之? 废以为刑政[61],观其中国家百姓人民之利,此所谓言有三表也。"(《墨子·非命下》)

　　(《墨子校注》,吴毓江校注,中华书局,1993)

(18)政之所兴,在顺民心;政之所废,在逆民心。民恶忧劳,我佚乐之[62];民恶贫贱,我富贵之;民恶危坠[63],我存安之[64];民恶灭绝[65],我生育之。能佚乐之,则民为之忧劳;能富贵之,则民为之贫贱;能存安之,则民为之危坠;能生育之,则民为之灭绝。(《管子·牧民》)

　　(《管子集校》,《郭沫若全集》本,郭沫若集校,人民出版社,1984)

(19)叔向问晏子曰[66]:"意孰为高[67]? 行孰为厚?"对曰:"意莫高于爱民,行莫厚于乐民[68]。"又问曰:"意孰为下? 行孰为贱?"对曰:"意莫下于刻民[69],行莫贱于害身也。"(《晏子春秋·问下》)

　　(《晏子春秋集释》,吴则虞集释,中华书局,1982)

(20)人主有能以民为务者,则天下归之矣。王也者,非必坚甲利兵、选卒练士也[70];非必隳人之城郭、杀人之士民也⑱。上世之王者众矣⑭，而事皆不同，其当世之急，忧民之利、除民之害同⑮。（《吕氏春秋·开春论·爱类》）

（《吕氏春秋集释》，许维遹集释，中华书局，2009）

注释

① 北辰：北极星。　② 共：同"拱"，合抱，环抱。　③ 子贡：孔子弟子，姓端木，名赐，字子贡。　④ 博施：普遍施与，多多给予。　⑤ 济众：救助大众。　⑥ 何如：怎么样。　⑦ "何事"句：那里只是仁。　⑧ "必也"句：一定是圣了。圣，事无不通，超越凡人。《尚书·洪范》："恭作肃，从作义，明作哲，聪作谋，睿作圣。"孔传："于事无不通谓之圣。"　⑨ 尧、舜：传说中上古的两位圣君。尧，帝喾之子，伊祁（亦作伊耆）氏，名放勋，初封于陶，又封于唐，号陶唐氏，亦称唐尧。传君位于舜。舜，姓姚，名重华，因其先国于虞，故称虞舜，上古五帝之一。其：副词，表示推测、估计，大约，或许。病：艰难。诸：代词，之。　⑩ 立人：造就人。　⑪ 达人：使人通达觉悟。　⑫ 近：就近，指从自身。取譬：指类比为喻，由己及人。　⑬ 方：道理，方法。　⑭ "不令"句：不下命令别人也会跟着行动。　⑮ "虽令"句：虽然下了命令别人也不会执行。　⑯ 子张：孔子弟子，姓颛孙，名师，字子张。　⑰ 行五者：做到五点。　⑱ 恭：恭敬，庄重。宽：宽厚。信：诚实。敏：勤勉。惠：慈惠。　⑲ 任：信任。　⑳ 使人：用人，发挥他人的力量。　㉑ 何如：怎样。斯：乃，才。　㉒ 五美：五种美德。　㉓ 屏（bǐng）：摈弃，排除。四恶：四种恶行。　㉔ 惠而不费：慈惠而不靡费财物。　㉕ 劳而不怨：辛劳而不怨恨。　㉖ 欲而不贪：有东西追求而不贪婪。　㉗ 泰而不骄：泰然自若而不骄傲。　㉘ 威而不猛：威严而不猛恶。　㉙ 不教而杀：不给予教诲就加以诛杀。　㉚ 不戒视成：不予告诫却要看到成果。　㉛ 慢令致期：慢吞吞晚下命令却要限期做完。　㉜ 犹之与人：就像给人东西那样。　㉝ 出纳：偏义复词，此处偏义"出"。有司：官吏，古代设官分职，各有专司，故称。这里指小吏，借指出手小气的人。　㉞ "老吾老"句：意思是赡养我的老人并推及别人的老人。前一个"老"是动词，养老；后两个"老"是名词，老人。下面"幼吾幼"句"幼"字的用法相同，前一个"幼"是动词，抚养；后两个"幼"字是名词，幼儿。　㉟ 运于掌：在手掌之中运行，比喻施政之容易。运，移动，挪动。　㊱ 乐民之乐：以人民的快乐为快乐。　㊲ "民亦"句：人民也因为他的快乐而快乐。　㊳ 乐以天下：以天下为乐。　㊴ 然：这样。王（wàng）：用作动词，以王道统治天下。　㊵ "未之"句：即未有之也，系否定副词后的宾语前置。　㊶ 齐宣王：姓田，名辟疆，战国时齐国国君。　㊷ 汤放桀：商朝开国君主汤曾讨伐夏朝末代暴君桀，将其流放。　㊸ 武王伐纣：周朝开国君主周武王曾讨伐商朝末代暴君纣，迫其自杀。　㊹ 有诸：有之乎？有这样的事吗？　㊺ 传（zhuàn）：书传。　㊻ 弑（shì）：古代臣杀其君、子杀其父的专称。　㊼ 贼：残害。　㊽ 残：残害。　㊾ 一夫：独夫，指众叛亲离的人，暴君。　㊿ 有道：有办法。　51 斯：则。　52 "所欲"句：人民所想要的，就给他们，为他们收集起来。　53 所恶（wù）勿施：人民不喜欢的事不要施加给他们。恶，憎恶。　54 尔也：如此罢了。　55 之：助词，用在主语和谓语之间，取消句子的独立性；此处可解作若、如果。以下数句同。　56 国人：国中之人，特指寻常之人、与自己没什么关系的人。　57 土芥：泥土草芥。芥，小草。　58 寇仇：仇敌。　59 贵：重要。　60 社稷：古时帝王诸侯所祭祀的土神和谷神，代指国家。次之：指国家的重要性次于人民。　61 是故：因此，故而。得乎丘民：指从老百姓那里得到信任、支持，下数句"得乎"的用法同此。丘，古代的土地单位，一丘等于十六井。　62 诸侯：指春秋时诸侯国的诸侯，在其封国是君主身份。危：危害。变置：指废旧立新。置，立国君。　63 马骇舆：即"马骇于舆"，意思是马驾车受到惊吓。骇，受惊。舆，车箱，代指车。　64 君子：此处指统治者。　65 庶人骇政：即"庶人骇于政"，意思是平民百姓受到政治上的惊骇。庶人，平民百姓。　66 不安位：在其职位上感到不安。　67 静之：使其安静下来。　68 惠之：使其得到恩惠。　69 笃敬：忠厚，指忠厚的人。弟（tì）：同"悌"，尊敬兄长。　70 如是：如此，这样。　71 安政：安于这样的政治局面。　72 安位：指君主的位子坐得安稳。　73 则：副词，加强肯定语气，相当于乃、就是。　74 常心：保持不变的想法。心，心意。　75 奈何：为什么。以死惧之：拿死去恐吓他们。　76 道：规律，道理。其：副词，表示推测、估计，大约，或许。与：同"欤"，句尾表疑问的语气词。　77 抑：往下按。　78 "损有余"句：意思是削减有多余的一方，补给不足的一方。损，减少。　79 奉：进献。　80 为：制造。斗：古时容量单位，也是量器名，一斗

为十升。斛(hú):古时容量单位,也是量器名,一斛为十斗。 ⑧权:秤。衡:衡器,称重量的器具,如秤、天平之类。称:称重量。 ⑧符:古时作身份等的凭证的一类信物的总称,分成两半,合起来才能发挥效用。玺(xǐ):古时的印信,秦朝以前用金银铜或玉刻成,尊卑通用,自秦朝起专指皇帝的印,玉制。信之:指让对方相信自己的身份。 ⑧矫:勉励。 ⑧何以:凭什么,怎么。然:这样。 ⑧钩:衣带钩,此处代指不值钱的东西。诛:杀。 ⑧存焉:在这里存在啊。 ⑧表:标准,准则。 ⑧本:根据。 ⑧原:推原,推究。 ⑨于何:如何。 ⑨原察:推究考察。耳目之实:耳闻目见的实际情况。 ⑨废:通"发"。 ⑨佚乐:逸乐,闲适安乐,此处用作使动动词。 ⑨危坠:危险。坠,从高处掉落。 ⑨存安:使之保全、平安。 ⑨灭绝:指没有后代。 ⑨叔向:春秋晋国大夫。羊舌氏,名肸(xī),字向,为羊舌职次子,故称叔向。 ⑨孰为:怎么。 ⑨"意莫"句:人的心灵没有比爱民更高尚的了。 ⑩行:行为。厚:淳厚,厚道。乐民:使民众快乐。 ⑩刻民:刻剥人民。 ⑩坚甲:坚牢的铠甲。利兵:锋利的兵器。 ⑩隳(huī):毁坏。城郭:城墙。郭,外城。 ⑩上世:上古之世。王者:指三皇五帝之类。 ⑩"忧民"句:为民众兴利除害而忧心操劳是一样的。

作者简介

孔子(前551—前479),名丘,字仲尼,鲁国陬邑(今山东曲阜)人。春秋末期思想家、政治家、教育家。儒家学派创始人。先世为宋国贵族。少时贫贱。及长,为委吏、乘田。五十岁时担任鲁国司寇,代理相事。后率弟子周游列国,宣传自己的政治主张,终究没有被采用。六十八岁时返回鲁国,致力于教育和文献的整理。其思想的核心是"仁",主张"仁"就是"爱人","仁"的实现必须以"礼"为规范。汉代以后,孔子的学说成为中国文化的主流思想,影响深远。《论语》二十篇,由孔子弟子以及再传弟子编纂而成,是记载孔子及其弟子言行的一本儒家经典,全面反映了孔子的思想。东汉时列入"七经"。今本《论语》是由东汉末年郑玄融合不同传本《论语》而成。《论语》是语录体散文的鼻祖,语言质朴而隽永,常是寥寥数语即发人深省。

孟子(约前372—约前289),名轲,字子舆,邹(今山东邹城南)人。战国思想家。先秦儒家学派继孔子后的主要代表。鲁国贵族孟孙氏后裔。受学于孔子之孙孔伋(即子思)的门人。一生以其政治主张游说诸侯,行齐、宋、滕、魏等国,曾任齐宣王客卿。但其说不为世用,遂退而著书。他继承孔子学说,发展孔子"仁"的理念,形成系统的"仁政"思想,指出"民贵君轻",标举"王道",主张"性善",提倡"良知",重视"取义",后世将其与孔子并称"孔孟",元文宗时被封为"亚圣"。《孟子》一书,《汉书·艺文志》著录十一篇,今传本七篇,为孟子及其弟子万章等著。据说东汉赵岐说,另有《孟子外书》四篇,已佚失,今本系明人伪作。《孟子》文章以雄辩著称,词锋犀利,气势磅礴,又长于设喻,喜用排比句作铺张扬厉的发挥。

荀子(约前313—约前268),名况,赵国人。世人尊称为荀卿,或作孙卿。齐湣王末年至楚国。齐惠王时回齐国,三任稷下学宫祭酒。门下弟子有韩非、李斯等。后去楚国,楚相春申君任其为兰陵令。春申君去世后,退居著书不复出。荀子是先秦儒家的重要代表之一,重视"礼"与"法"的作用,强调学习的重要,并提出"制天命而用之"的观点。由于他王霸杂用,倡"性恶论",所以后世儒者对之有所非议。《荀子》一书,又名《荀卿子》,大部分为荀子自著,少数篇目或为门人所记。《汉书·艺文志》著录《荀卿》三十三篇,唐杨倞编订为三十二篇,为之作注,改名《荀子》。其中《非二十二子》篇是先秦诸学派的总论,《赋》篇正式出现了"赋"这一文体名称,《成相》篇是类似后世弹词一类说唱文学的作品,在思想史、文学史上有特殊意义。《荀子》文笔醇厚谨严,多有排偶成分,说理透辟,逻辑性很强。

老子，生卒年不详，即老聃，姓李，名耳，楚国苦县（今河南鹿邑东）人。春秋末思想家。曾任周守藏室之史。据说孔子去周地时，曾向他请益问礼。感周之衰，西出函谷关退隐。古文献上记载的他的事迹很少，有人说他是就周太史儋，也有人说他就是老莱子，至今关于他的身份、世代仍有争议。老子的思想以“道”为核心，提出“道法自然”，主张贵柔、守雌、不争、致虚，还有“有无相生”、“正复为奇”等观点。《老子》上下篇共八十一章，又称《道德经》，相传为老子所著，通行的三国魏王弼注本上篇为《道经》，下篇为《德经》，但是1973年长沙马王堆出土的帛书《老子》甲本、乙本则是《德经》在前，《道经》在后。《老子》一书仅五千言，文句朴素，但言约义丰，思想十分深刻。

庄子（约前369—约前286），名周，宋国蒙（今河南商丘东北）人，战国中期思想家。先秦道家的代表人物之一，与道家较早的另一位代表人物老子合称“老庄”。曾短期担任过蒙地的漆园吏。据说楚威王闻庄子贤名，欲聘其任相国，为其所拒。庄子继承和发展了老子“道法自然”的思想，主张顺应自然，强调事物的自主生化，又提出以“坐忘”齐物我、齐死生，达到万物与我为一；以“心斋”保心之虚静。《庄子》三十三篇，其中内篇七篇，外篇十五篇，杂篇十一篇。又名《南华经》。一般认为内篇是庄子本人的作品，外篇和杂篇是其门人以及后学所作，是反映道家思想的一部重要著作。《庄子》一书语言雄放瑰奇，纵横恣肆，善于用寓言和比喻的形式表达自己的见解。

墨子（约前468—前376），名翟，鲁国（一说宋国）人。春秋战国之际思想家。墨家学派的创始人。起先习儒，后因对儒家的一些学说有所不满，于是收徒讲学，自创墨家学派。他的思想富有创造性。“尚同”、“尚贤”、“非攻”等思想，与儒家大体相同；“兼爱”、“节用”、“非命”等思想，是他自己的思想。墨学是先秦显学，汉代以后才逐渐衰微。《墨子》一书，《汉书·艺文志》著录七十一篇，今本存五十三篇。由墨子弟子及其后学记录、整理、汇编而成，包含了墨子及墨家各派学说，是墨家现存唯一的代表性著作。全书语言质朴，思想严密，逻辑性较强。其中的《经》上下、《经说》上下、《大取》、《小取》（一说只前四篇）合称《墨经》，或称《墨辨》，是墨家后学发展墨子思想的著作，其中逻辑学、数学、自然科学的内容最受今人关注。

管子（？—前645），即管仲，名夷吾，字仲，谥号敬，颍上（颍水之滨）人。春秋前期政治家、思想家。早年家境贫困，曾经商。得鲍叔牙推荐，于周庄王十二年（前685）任齐相。齐桓公三十五年（前651），助桓公召集诸侯在葵丘会盟。在齐执政四十年，辅佐桓公九合诸侯，一匡天下，成为春秋五霸之一。管子视“礼义廉耻”为治国之四维，重视民心的作用，认为“仓廪实则知礼节，衣食足则知荣辱”，在政治、经济思想史上有一定意义。《管子》一书，托为管子所著，实成于战国时齐国稷下学派学者之手，并有汉代掺入的文字。西汉刘向校订本八十六篇，今传本七十六篇。古时列入子部法家类，其实此书除反映法家、道家、名家等思想外，也多有天文、地理、农桑等内容，《轻重》篇讨论经济问题，《五行》篇论音乐上的“三分损益法”，具见其文献价值。

晏子（？—前500），即晏婴，字平仲，一说谥平，字仲，夷维（今山东高密）人。春秋政治家。齐灵公二十六年（556）起任齐国的国卿，历仕齐灵公、齐庄公、齐景公三朝。晏子在政治思想上主张“和而不同”，强调节俭、薄敛、省刑，有其进步意义。《晏子春秋》一书，托为晏子所著，其实系战国时人采晏子事杂缀成书。西汉刘向编校本八篇，凡内篇六篇、外篇二篇，今传本同。《汉书·艺文志》入儒家，书名作《晏子》，《隋书·经籍志》始称《晏子春秋》。唐人柳宗元则以为齐之墨家门徒所撰，元马端临《文献通考·经籍考》入墨家。清《四库全书》又入史部传记类。《晏子春秋》叙事性强，所记晏子言行事迹体现了辅臣的治国思想。

讲解

孔子的思想,以"仁"为核心。什么是"仁"? 简单地说,就是把人当人。抽象地说不好明白,但是具体地说,却是容易把握的。我们可以从两方面来看,一方面是人对自己的要求,一方面是在人际关系上怎样对待别人,当然,有时两者也不必区分。从前者看,"身正"也好,"恭、宽、信、敏、惠"也好,"惠而不费,劳而不怨,欲而不贪,泰而不骄,威而不猛"也好,都体现了仁的要求。从后者看,"为政以德","博施于民","济众","达人",不能有"不教而杀"、"不戒视成"、"慢令致期"、"出纳之吝",也都表现出仁。仁,是至高的;仁,又是最基本的。

孟子推衍了孔子的学说,宣扬王道与仁政。"老吾老以及人之老,幼吾幼以及人之幼"是仁政,"乐民之乐"、"忧民之忧"是王道的基础。他还有鲜明的民本思想,这里所选的言论,如"一夫"可诛,"得其民,斯得天下","民为贵"、"君为轻"等,都是明证。他对君臣关系的看法,也绝无君权神授,不受约束的框框。这些论述,曾使得中国历史上著名的专制帝王明太祖朱元璋读了心里很不舒服,可见其思想的光辉。

荀子的思想,重礼重学,以化性起伪为核心,强调后天的教化,在对待君子与庶人(相当于统治阶级与被统治阶级)的关系上,则与孟子殊途同归,"水则载舟,水则覆舟"不愧是经典格言,无怪后来唐太宗会牢记不忘,虚心听取魏征等贤臣的谏言,创出贞观之治的辉煌。

老子政治上主张无为而治,认为应保持人性的自然而不让它受到束缚,其贵柔守雌的宗尚,令他对统治者压迫人民,使他们自我的天然真性受到控制深表不满。所以,他会希望圣人"以百姓心为心",希望专制者对人民不要"以死惧之",希望"人之道"不再"损不足以奉有余"。所以,切莫因为老子道尚虚无,就觉得他只发玄玄之论。

庄子发展了老子的思想,看透当时现实社会的恶浊无聊,更重视精神的自由,追求幻想中的逍遥游境界,因此对于统治阶级借儒家仁义之名来为其私利服务,盘剥人民,必然有所非议。"窃钩者诛,窃国者封侯",揭露与批判的力度不可谓不强。

墨子以兼爱为说,标举无差等的爱,类似今世所谓博爱,连非议其学说的孟子也说他"摩顶放踵,利天下为之",比之其他诸子,对人民的态度更为亲和,这里提到的"三表",就是例证。

管子是有成就的政治家,治国重视"礼义廉耻"四维,强调民生的重要性,提出"仓廪实则知礼节,衣食足则知荣辱"。这里他总结的"政之所兴,在顺民心",反之亦反,可以说是后起诸子带有民本思想色彩的相关论述的萌芽。

晏子在辅政生涯中,主张薄敛、省刑,客观上有利于减轻人民的负担,维护社会稳定。这里选的一段话,强调要"爱民"、"乐民",不要"刻民"、"害身",也是他政治思想的体现。

《吕氏春秋》是杂家著作,虽然今人以为其编纂目的是为秦国一统天下制造思想武器,但因其混合了道家、法家、儒家、墨家的学说,其中也有明确宣称君主必须"以民为务"的,这里所录的一番话,在秦国方以"坚甲利兵,选卒练士"为务的时代,提出"其当世之急,忧民之利、除民之害同",无疑是很有眼光的。可惜秦始皇不会留意这样的文字。

集评

儒家者流,盖出于司徒之官,助人君顺阳阳明教化者也。游文于六经之中,留意于仁义之际,祖述尧、舜,宪章文、武,宗师仲尼,以重其言,于道最为高。孔子曰:"如有所誉,其有所试。"唐、虞之隆,殷、周之盛,仲尼之业,已试之效者也。然惑者既失精微,而辟者又随时抑扬,违离道本,苟以哗众取宠。后进循之,是以《五经》乖析,儒学浸衰,此辟儒之患。

道家者流,盖出于史官,历记成败存亡祸福古今之道,然后知秉要执本,清虚以自守,卑弱以自持,此君人南面之术也。合于尧之克攘,《易》之谦谦,一谦而四益,此其所长也。及放者为之,则欲绝去礼学,兼弃仁义,曰独任清虚可以为治。

阴阳家者流,盖出于羲和之官,敬顺昊天,历象日月星辰,敬授民时,此其所长也。及拘者为之,则牵于禁忌,泥于小数,舍人事而任鬼神。

法家者流,盖出于理官。信赏必罚,以辅礼制。《易》曰"先王以明罚饬法",此其所长也。及刻者为之,则无教化,去仁爱,专任刑法而欲以致治,至于残害至亲,伤恩薄厚。

墨家者流,盖出于清庙之守。茅屋采椽,是以贵俭;养三老五更,是以兼爱;选士大射,是以上贤;宗祀严父,是以右鬼;顺四时而行,是以非命;以孝视天下,是以上同;此其所长也。及蔽者为之,见俭之利,因以非礼,推兼爱之意,而不知别亲疏。

从横家者流,盖出于行人之官。孔子曰:"诵《诗》三百,使于四方,不能颛对,虽多亦奚以为?"又曰:"使乎,使乎!"言其当权事制宜,受命而不受辞。此其所长也。及邪人为之,则上诈谖而弃其信。

杂家者流,盖出于议官。兼儒、墨,合名、法,知国体之有此,见王治之无不贯,此其所长也。及荡者为之,则漫羡而无所归心。

农家者流,盖出于农稷之官。播百谷,劝耕桑,以足衣食,故八政一曰食,二曰货。孔子曰"所重民食",此其所长也。及鄙者为之,以为无所事圣王,欲使君臣并耕,詩上下之序。

小说家者流,盖出于稗官。街谈巷语,道听涂说者之所造也。孔子曰:"虽小道,必有可观者焉,致远恐泥,是以君子弗为也。"然亦弗灭也。闾里小知者之所及,亦使缀而不忘。如或一言可采,此亦刍荛狂夫之议也。(东汉·班固《汉书·艺文志》)

思考练习题

一、找出本课文所选《论语》中孔子对"仁"的阐释,联系孟子"仁者爱人"(《孟子·离娄下》)的观念,了解一下儒家之"仁"的内涵。

二、为什么说孟子具有民本思想?与现代的民主思想又有什么联系?

三、道家以主张"绝圣弃智"、回复"小国寡民"出名,从课文所选老庄语录谈谈你的看法。

四、《吕氏春秋》是杂家著作,本课文所选的一段话反映的是哪一家的观点?说说你的理由。

相关知识

先秦诸子 春秋之末,王道衰微,官失其守,私人之学兴起,私家著述相继出现。战国之时,百家争鸣,处士横议,著书立说,一时蔚为风尚。据《汉书·艺文志》载,有"诸子十家,其可观者九家而已"。这十家是:儒、道、阴阳、法、名、墨、纵横、农、杂、小说。此外重要的还有兵家。各家均以散文著述,阐明事理,陈说主张,多能"持之有故,言之成理"(《荀子·非十二子》)。先秦诸子散文就是这一时期各家的哲理著作,今传保存比较完整的主要有儒家的《论语》、《孟子》、《荀子》,道家的《老子》、《庄子》,法家的《商君书》、《韩非子》,名家的《公孙龙子》,墨家的《墨子》,杂家的《吕氏春秋》，以及兵家的《孙子兵法》等。法家的《慎子》残存七篇，名家的《公孙龙子》残存六篇，兵家的《吴子》残存六篇。《管子》旧时先后列入道家、法家，《晏子春秋》旧时先后列入儒家、墨家，虽系后人依托，但成书年代当不出先秦时期。道家的《文子》以前被认为出于西汉人之依托，今得出土战国竹简证明为战国之作。

在思想上，各家都具有鲜明的个性，如孔子求仁，孟子重义，老子贵无，庄子齐物，墨子兼爱非攻，荀子化性起伪，韩非子提倡法术势。先秦诸子散文都善于在对话、辩论、驳难、记叙中表述自己学派的思想，但在语言表现上又具有各自的风格：《论语》平易自然，《墨子》质实朴素，《孟子》磅礴遒健，《庄子》汪洋恣肆，《荀子》精严渊雅，《韩非子》峻刻峭拔。

在文体发展上，先秦诸子散文基本确立了论说文的体制，《荀子》中的《赋》篇还确定了赋体的名称。

扩展阅读书目

(1)《论语集释》，程树德集释，中华书局 1990 年版。　(2)《论语译注》，杨伯峻译注，中华书局 1980 年版。　(3)《孟子正义》，清焦循正义，中华书局 1987 年版。　(4)《孟子译注》，杨伯峻译注，中华书局 1987 年版。　(5)《荀子集解》，清王先谦集解，中华书局 1988 年版。　(6)《荀子全译》，蒋南华、罗书勤、杨寒清译注，贵州人民出版社 1996 年版。　(7)《老子道德经校释》，三国魏王弼注，楼宇烈校释，中华书局 2008 年版。　(8)《老子今注今译》，陈鼓应译注，商务印书馆 2003 年版。　(9)《庄子集释》，清郭庆藩集释，中华书局 2004 年版。　(10)《庄子今注今译》，陈鼓应今注今译，中华书局 2007 年版。　(11)《墨子间诂》，清孙诒让间诂，中华书局 1986 年版。　(12)《墨子今注今译》，谭家健、孙中原译注，商务印书馆 2009 年版。(13)《管子全译》，谢浩范、朱迎平译注，贵州人民出版社 1996 年版。　(14)《晏子春秋全译》，李万寿译注，贵州人民出版社 1993 年版。　(15)《吕氏春秋全译》，关贤柱译注，贵州人民出版社 1997 年版。　(16)《孔子评传》，匡亚明撰，南京大学出版社 1990 年版。　(17)《孟子评传》，杨泽波撰，南京大学出版社 1998 年版。　(18)《荀子评传》，孔繁撰，南京大学出版社 1997 年版。　(19)《老子评传》，陈鼓应撰，南京大学出版社 2001 年版。　(20)《庄子评传》，颜世安撰，南京大学出版社 1999 年版。　(21)《墨子评传》，邢北良撰，南京大学出版社 1993 年版。

4. 大同①

《礼记》

昔者仲尼与于蜡宾②，事毕，出游于观之上③，喟然而叹④。仲尼之叹，盖叹鲁也⑤。言偃在侧⑥，曰："君子何叹⑦？"孔子曰："大道之行也⑧，与三代之英⑨，丘未之逮也⑩，而有志焉⑪。

"大道之行也，天下为公。选贤与能⑫，讲信修睦⑬，故人不独亲其亲，不独子其子⑭，使老有所终，壮有所用，幼有所长⑮，矜寡孤独废疾者⑯，皆有所养。男有分⑰，女有归⑱。货恶其弃于地也⑲，不必藏于己；力恶其不出于身也⑳，不必为己。是故谋闭而不兴，盗窃乱贼而不作㉑，故外户而不闭㉒，是谓大同。

"今大道既隐㉓，天下为家，各亲其亲，各子其子，货力为己，大人世及以为礼㉔。城郭沟池以为固㉕，礼义以为纪㉖。以正君臣㉗，以笃父子㉘，以睦兄弟，以和夫妇，以设制度，以立田里㉙，以贤勇知㉚，以功为己㉛。故谋用是作，而兵由此起㉜。禹、汤、文、武、成王、周公㉝，由此其选也㉞。此六君子者,未有不谨于礼者也㊲。以著其义㊳,以考其信㊳,著有过㊵,刑仁讲让㊶,示民有常㊷。如有不由此者㊽,在埶者去㊹,众以为殃㊺,是谓小康㊻。"

（《礼记正义》,〔汉〕戴圣辑,〔汉〕郑玄注,〔唐〕孔颖达疏,上海古籍出版社,2008）

注释

① 大同:孔颖达疏云:"率土皆同,故曰大同。"后在一些今文经学家尤其是清末的康有为那里,"大同"成为理想世界的代名词。　② 仲尼:孔子的字。蜡(zhà):古代的祭祀名,年底农事结束时举行的祭祀与农事有关的神灵的仪式,是一个很热闹的节日。蜡,意为搜索。宾:陪祭的人。　③ 观(guàn):也称阙,祠庙宫殿前面类似门楼的高建筑。　④ 喟然:叹息的样子。　⑤ 叹鲁:郑玄注:"孔子见鲁君于祭礼有不,于此又睹象魏(阙观上悬挂法令之处)旧章,感而叹之。"也就是说,孔子不满鲁君所为之不合于礼,又看到阙观上悬挂的老的法令,便发出了感叹。　⑥ 言偃:字子游,孔子弟子,在孔子门下所谓"七十二贤人"中以文学著称。　⑦ 君子:指孔子。　⑧ 大道:此指儒家理想社会的终极形态,即下文的大同社会。　⑨ 三代之英:指夏朝的禹、商朝的汤与周朝的文王、武王,都是开国的明君。英,英杰。　⑩ 未之逮:没能赶上。逮,及。　⑪ 有志焉:有记载的啊。焉,这里作句尾语气词。　⑫ 与(繁体作"與"):通"举(繁体作"舉")",推举。　⑬ 讲信修睦:讲求信用,修结和睦。　⑭ 子其子:把自己的儿子当成儿子。前一个"子"是动词。　⑮ 长(zhǎng):指可以成长的环境。　⑯ 矜(guān):同"鳏",鳏夫,无妻的男子。寡:寡妇,无夫的女子。孤:孤儿,失去父母养育的孩子。独:孤老,无子女赡养的老人。疾废:因病因伤致残,生活较难自理的人。　⑰ 有分(fèn):有职业。分,职分,职责。　⑱ 有归:能嫁出去。归,女子出嫁。　⑲ 货:财物。恶(wù):厌恶,讨厌。地:这里当指自己的地。　⑳ 身:自身,自己。　㉑ 是故:因此。谋闭:阴谋被阻隔。不兴:不发生。　㉒ 乱贼:叛乱与贼害。不作:不起。　㉓ "外户"句:意思是门从外面阖上,只时为了遮当风尘;不必在里面闭锁起来,以提防坏人。　㉔ 隐:消失。　㉕ "大人"句:语序实为"大人以世及为礼",以下几句结构同此,意思是天子、诸侯、贵族将依据血缘亲疏而定的世袭形式作为礼制。父传子为世,兄传弟为及。　㉖ 郭:外城。沟池:护城河。　㉗ 纪:纲纪,最根本的原则。　㉘ "以正"句:意思是用礼义来端正君臣的上下关系。"以"字后省略了介词宾语"礼",以下几句结构同此。　㉙ 笃:使关系亲密、深厚。　㉚ 立:确立,建立。田里:指土地制度之类。　㉛ 贤:尊崇,推重。勇知(zhì):勇敢的人和智慧的人。知,"智"的古字。　㉜ "以功"句:意思是下功夫是为了自己。这句中的"以"作用与上两句不同,不是介词而是动词,作使用解。功,力。　㉝ 用是:因此。作:兴起。　㉞ 兵:战争。　㉟ 周公:周文王的儿子,周武王的弟弟,在武王去世后尽心辅佐年幼的宣王,儒家推之为制礼作乐的圣人。　㊱ "由此"句:意思是上述六人就是在这种历史环境下被老天选中的人。　㊲ 谨:谨守,严守。　㊳ "以著"句:意思是以礼来彰显义,介词"以"后面省略了宾语"礼",以下几句同此。著,彰显。　㊴ 考:考察。信:诚信。　㊵ 著有过:揭露过错。　㊶ 刑仁:以仁为楷模。刑,通"型",法式,楷模。讲让:提倡礼让。　㊷ 常:孔颖达疏认为这里的"常"就是上文所言之仁义礼智信,即"三纲五常"之"五常"。　㊸ 此:指礼。　㊹ "在埶(shì)"句:掌权者遭到废黜。埶,"势"的古字,权势,位势。去,罢去,黜退。　㊺ 殃:指不把礼当作社会规范的危害。　㊻ 小康:小安。

作者简介

戴圣,字次君,梁郡(治今河南商丘南)人,一说魏郡斥丘(今河北成安东南)人。西汉学者。官九江太守。曾与其叔父戴德一起向后苍习《礼》。汉宣帝时立为博士,参加在石渠阁举行的考定五经同异的御前会议。史称小戴。今传《礼记》即戴圣所编辑。

《礼记》，又称《小戴礼记》、《小戴记》，是战国至秦汉年间儒家学者解说《礼经》的文章选集，是一部儒家思想的资料汇编，与《周礼》、《仪礼》并称"三礼"。吕友仁《礼记讲读》云："《礼记》者，《礼》之记也。'记'的任务就是解释《礼》所未明和补充《礼》所未备。"《礼记》有两种辑本，西汉时戴德选编的八十五篇称《大戴礼记》，他的侄子戴圣选编的四十九篇称《小戴礼记》。东汉末年，经学大师郑玄为《小戴礼记》作注，从此其影响日益扩大，逐渐由解说经文的著作演变成为经典，三国魏时已立博士，于是《礼记》通常也就单指《小戴礼记》了。唐代官方组织编撰的《五经正义》，《礼经》的地位已由《仪礼》变为《礼记》。唐宋时所定"九经"和"十三经"，《礼记》都在其内，在科举考试中其地位十分重要，成为士子必读之书。南宋时其中的《大学》、《中庸》受到理学家的重视，被从《礼记》中抽出，与《论语》、《孟子》并称"四书"，朱熹为之作《四书章句集注》。由于科举考试要考《四书》，因此《大学》、《中庸》两篇的影响也就大增。应当说明的是，朱注《四书》本的《大学》，与《礼记》本的《大学》有一些不同之处，朱熹认为《大学》是"初学入德之门"，对士子有极其重要的价值，而《礼记》中的《大学》已经章节乱套，于是将全文分为经一章、传十章，且以经为"孔子之言，而曾参述之"，以传为"曾子之意而门人记之"，语句先后次序也作了调整，且有改动、补缀经文的现象。朱熹的整理，使《大学》一篇在中国思想史上具有了特殊的地位。

《礼记》所解释、阐发的《礼经》，较今天流传下来的《仪礼》篇目为多，所以今本《礼记》与今本《仪礼》的内容有不合之处，是完全可以理解的。《礼记》记录孔子和弟子等的问答，记述修身作人的准则，涉及到上古时的政治、法律、道德、哲学、历史、祭祀、文艺、历法、地理、日常生活等诸多方面，集中体现了先秦儒家的政治、哲学和伦理思想，是研究先秦社会的重要资料，其中大量富有哲理的格言、警句，意味隽永，颇能发人深省。全书用散文写成，通常每篇由一段段主题相关的短文组成，也有首尾连贯的文章。今人黄寿祺《群经要略》说："《礼记》之文，大都博达雅丽。《冠义》……诸篇，则序跋文之正宗也；《投壶》……诸篇，则典志文之正宗也；《曲礼》……诸篇，则杂记文之正宗也；《礼运》……诸篇，则论著文之正宗也。……哀诔箴铭之文，亦以《礼记》为正宗矣。"注释、研究《礼记》的重要著作，除上面提到的郑玄的注外，还有唐孔颖达《礼记正义》、清孙希旦《礼记集解》、清朱彬《礼记训纂》等。

讲解

本文节选自《礼记·礼运》，篇名为编者所加。此文的主体是孔子答弟子言偃之问，既表现了对"天下为公"的理想的"大同"社会的向往，也揭示了"天下为家"、奉礼而治的"小康"社会的现实意义。"大同"社会是人类早期发展史上生产资料非私有化时代的文明状态，看上去美丽安详，全民尽心为公，不谋私利，部族领导者没有世袭制，传位给贤者而不是子嗣，有如后来陶渊明笔下的"桃花源"。其实那是处在低下生产力和原始物质文明时期的人类社会的必然现象。但这并不妨碍那样的一个世界在理念上升华为为儒家思想体系中的终极理想，以与儒家政治理想中的"初级阶段"——"小康"社会相衔接。孔子的一生，对"克己复礼"津津乐道，认为"克己复礼"能使"天下归仁焉"，他的现实理想，是通过激活建立在宗法制的"礼"（周礼）的作用，来取得文王之治那样的"小康"政治效果，实现"仁"的目标，为进而上升到"大同"打下基础。联系春秋战国至汉代初年的社会现实，我们说孔子的话确乎反映了儒家顺应民情的政治思想。春秋战国时代，战乱频繁，民不聊生，小康也很难达到。因此，儒家那理想的"大同"向往、现实的"小康"追求，正是对于动荡不已的黑暗现实的一种强有力的应对。

"大同"作为《礼运》的开头部分，主要意义在于认真说明"礼"的起源、"礼"的功用、"礼"在当时社会的重要性。依内容可分三段。第一段是孔子"叹鲁",因为鲁国是周公的封地,所以人们常说周礼尽在鲁,但眼下礼崩乐坏,社会纷乱,鲁君也不能守礼,岂不令人感慨万千。第二段是对理想的"大同"社会的向往的倾述,由第一段的感慨引发。"大道之行也,天下为公",这是一幅无比美妙的图画、一种无比辉煌的境界,虽说是复古,其实更是创新,其上有着人类理性尊严的光环,但在那个时代只能是一个遥不可及的梦想。第三段是对有"天下为家"、"大人世及"的"小康"社会的具体描述,虽然是退而求其次,但通过以宗法制为基础的"礼"的尊奉与推行,也能使人民过上安定有序的生活,在当时的环境下,这样的政治诉求更有现实意义,并且初级阶段的"小康"也可以为最高阶段的"大同"奠定基础。

追求"大同",曾是儒家积极用世精神的体现,也是近现代中国仁人志士一以贯之的理想。康有为《大同书》中所描写的新世界固然与《礼运》篇此段文字息息相关,孙中山心目中实现了三民主义的中国也可以看到其影迹,即便中国共产党的最终理想共产主义,也与这一向往不无思想上的关联,由此也足见"大同"思想影响之深远。

本篇不但结构谨严,论述精切,文笔之佳妙,亦颇为可观,排比句的运用尤为出色,令文章的力度显得十分遒劲。今人黄寿祺《群经要略》认为《礼运》篇是"论著文之正宗",又认为它与《大学》、《中庸》、《乐记》、《儒行》、《学记》诸篇"义理之宏深,文词之粹美,他经罕有其比",确乎如此。黄氏的评论对象,当然包括了作为《礼运》"凤头"的"大同"部分。

集评

大道者何?人理至公,太平世大同之道也。三代之英,升平世小康之道也。孔子生据乱世,而志则常在太平世,必进化至大同,乃孚素志,至不得已亦为小康而皆不逮,此所由顾生民而兴哀也。(康有为《礼运注》)

孔子早年(五十岁以前)之学,确是"祖述尧舜,宪章文武",即崇尚小康礼教,维护统治。其弟子守其早年之教而不变者,遂成为小康学派。孔子晚年(五十学《易》以后),其思想确突变。始作六经。发明"首出庶物"(《易》义),"贬天子、退诸侯、讨大夫"(《春秋》说,此即消灭统治)。乃至"天下之人人有士君子之行"(《春秋》说),"群龙无首"(《易》义)、"天下一家"(《礼运》说),是谓"大道之行,天下为公"(《礼运》)。其弟子宗其晚年六经之学,而不从其早年旧说者,遂成大道学派。(熊十力《六经是孔子晚年定论》)

结语云:"大用之同,即是大道。大道必待人之行于其身,则微小康又安得大同哉?"那么大同、小康之间,表示一个进程而已。(史次耘《〈礼运〉大同小康笺释》)

思考练习题

一、儒家的"小康"与我们现在开展的小康社会建设有什么关系?

二、"大同"是古代儒家的理想世界,我们今天怎样理解与评价这种思想?

三、找出文中的排比句,分析其作用。

相关知识

礼书 这里所说的礼书,指的是古籍中经部的"三礼",即《周礼》、《仪礼》、《礼记》三部记录上古礼制、礼仪的书籍,东汉时经学大师郑玄连注这三部经典,后世遂以"三礼"称之。《周礼》、《仪礼》的作者不可考,《礼记》系汉代戴圣所辑集,为与戴德编的另一种辑本(即《大戴礼记》)相区别,也称《小戴礼记》。

《周礼》是根据周代官制整理的记录设官分职的典籍,汉时本名《周官》,因立为经,又称《周官经》,西汉末年刘歆改称《周礼》。书中搜集了周王朝及各诸侯国官制及制度,以儒家的政治理想加以增减取舍汇编而成,共六篇四十二卷。全书记载了王室大小官职约三百四十种,并详列各官的事权。本书原有"天官冢宰"、"地官司徒"、"春官宗伯"、"夏官司马"、"秋官司寇"、"冬官司空"六篇,其中"冬官"一篇早佚,西汉时补以战国时的《考工记》。今本因混入了部分战国时期的制度,故也曾有人指为伪书。《仪礼》的重要注释、研究著作,除郑玄注外,还有唐贾公彦《周礼注疏》、清孙诒让《周礼正义》等。

《仪礼》是记录先秦礼仪制度的典籍,最初称《礼》,西汉时为五经之一,亦称《礼经》,也叫《士礼》,晋以后则称《仪礼》。今本十七篇,只是原初文本的一部分,次序为郑玄据刘向《别录》所定。本书主要记录冠、昏、丧、祭、朝、聘、燕享等典礼的详细仪式,阐述了春秋战国时期士大夫阶层的礼仪,提倡一种有等差的人伦礼制,以《仪礼·丧服》最为详细明确。读之可以考见古代宫室、舟车、衣服、饮食等日常生活情形,以及宗教信仰、亲族制度、政治组织、外交方式等。

《礼记》的介绍,参见本课"作者简介"栏。

"三礼"当中,《周礼》偏重政治制度,《仪礼》偏重行为规范,《礼记》偏重对各项礼仪作出理论说明。三者彼此呼应,基本概括了古代礼仪的方方面面,可以称之为中国古代礼仪制度的百科全书。后世历朝历代的礼制,都以之为基本原则。

相关作品

《礼运》篇中其他关于礼的论述

言偃复问曰:"如此乎礼之急也?"孔子曰:"夫礼,先王以承天之道,以治人之情。故失之者死,得之者生。《诗》曰:'相鼠有体,人而无礼。人而无礼,胡不遄死?'是故夫礼,必本于天,殽于地,列于鬼神,达于丧祭、射御、冠昏、朝聘。故圣人以礼示之,故天下国家可得而正也。"

…… ……

是故礼者,君之大柄也,所以别嫌明微,傧鬼神,考制度,别仁义,所以治政安君也。故政不正,则君位危;君位危,则大臣倍,小臣窃。刑肃而俗敝,则法无常;法无常,而礼无列;礼无列,则士不事也。刑肃而俗敝,则民弗归也,是谓疵国。故政者君之所以藏身也。是故夫政必本于天,殽以降命。命降于社之谓殽地,降于祖庙之谓仁义,降于山川之谓兴作,降于五祀之谓制度。此圣人所以藏身之固也。

…… ……

何谓人情?喜怒哀惧爱恶欲七者,弗学而能。何谓人义?父慈、子孝、兄良、弟弟、夫义、妇听、长惠、幼顺、君仁、臣忠十者,谓之人义。讲信修睦,谓之人利。争夺相杀,谓之人患。故圣人所以治人七情,修十义,讲信修睦,尚辞让,去争夺,舍礼何以治之?饮食男女,人之大欲存焉;死亡贫苦,人之大恶存焉。故欲恶者,心之大端也。人藏其心,不可测度也;美恶皆在其心,不见其色也,欲一以穷之,舍礼何以哉?

…… ……

故礼义也者,人之大端也,所以讲信修睦而固人之肌肤之会、筋骸之束也。所以养生送死事鬼神之大端也。所以达天道顺人情之大窦也。故唯圣人为知礼之不可以已也,故坏国、丧家、亡人,必先去其礼。故礼之于人也,犹酒之有糵也,君子以厚,小人以薄。故圣王修义之柄、礼之序,以治人情。故人情者,圣王之田也。修礼以耕之,陈义以种之,讲学以耨之,本仁以聚之,播乐以安之。

故礼也者，义之实也。协诸义而协，则礼虽先王未之有，可以义起也。义者艺之分、仁之节也，协于艺，讲于仁，得之者强。仁者，义之本也，顺之体也，得之者尊。故治国不以礼，犹无耜而耕也；为礼不本于义，犹耕而弗种也；为义而不讲之以学，犹种而弗耨也；讲之于学而不合之以仁，犹耨而弗获也；合之以仁而不安之以乐，犹获而弗食〔肥〕也；安之以乐而不达于顺，犹食而弗肥也。

······ ······

扩展阅读书目

(1)《礼记集解》，清孙希旦集解，中华书局 1989 年版。 (2)《礼记训纂》，清朱彬训纂，中华书局 1996 年版。 (3)《礼记今注今译》，王梦鸥注译，天津古籍出版社 1987 年版。 (4)《礼记译注》，杨天宇译注，上海古籍出版社 1997 年版。 (5)《礼记全译·考经全译》，吕友仁译注，贵州人民出版社 1998 年版。 (6)《礼记译解》，王文锦译注，中华书局 2001 年版。 (7)《礼记校注》，陈戌国校注，岳麓书社 2004 年版。 (8)《礼记选译》，朱正义、林开甲译注，巴蜀书社 1990 年版。 (9)《礼记讲读》，吕友仁撰，华东师范大学出版社 2009 年版。 (10)《礼乐渊薮:〈礼记〉与中国文化》，黄宛峰撰，河南大学出版社 1997 年版。 (11)《〈礼记〉成书考》，王锷撰，中华书局 2007 年版。

5. 谏逐客书

李 斯

臣闻吏议逐客，窃以为过矣①。

昔缪公求士②，西取由余于戎③，东得百里奚于宛④，迎蹇叔于宋⑤，来丕豹、公孙支于晋⑥，此五子者，不产于秦，而缪公用之，并国二十，遂霸西戎。孝公用商鞅之法⑦，移风易俗，民以殷盛，国以富彊⑧，百姓乐用，诸侯亲服，获楚、魏之师，举地千里⑨，至今治彊。惠王用张仪之计，拔三川之地⑪，西并巴、蜀⑫，北收上郡⑬，南取汉中⑭，包九夷⑮，制鄢、郢⑯，东据成皋之险，割膏腴之壤，遂散六国之从⑱，使之西面事秦，功施到今⑲。昭王得范睢⑳，废穰侯㉑，逐华阳㉒，彊公室，杜私门㉓，蚕食诸侯，使秦成帝业。此四君者，皆以客之功。由此观之，客何负于秦哉㉔？向使四君却客而不内㉕，疏士而不用，是使国无富利之实，而秦无彊大之名也。

今陛下致昆山之㉖，有随、和之宝㉗，垂明月之珠㉘，服太阿之剑㉙，乘纤离之马㉚，建翠凤之旗㉛，树灵鼍之鼓㉜。此数宝者，秦不生一焉，而陛下说之㉝，何也？必秦国之所生然后可，则是夜光之璧不饰朝廷，犀象之器不为玩好㉞，郑、卫之女不充后宫㉟，而骏良駃騠不实外厩㊱，江南金锡不为用，西蜀丹青不为采㊲。所以饰后宫充下陈、娱心意说耳目者，必出于秦然后可，则是宛珠之簪㊳，傅玑之珥㊴，阿缟之衣㊵，锦绣之饰不进于前，而随俗雅化㊶，佳冶窈窕㊷，赵女不立于侧㊸。夫击瓮叩缶，弹筝搏髀㊹，而歌呼呜呜快耳目者㊺，真秦之声也；郑卫桑间㊻，昭虞武象者㊼，异国之乐也。今弃击瓮叩缶而就郑卫，退弹筝而取昭虞，若是者何也？快意当前，适观而已矣㊽。今取人则不然，不问可否，不论曲直㊾，非秦者去，为客者逐。然则是所重者在乎色乐珠玉，而所轻者在乎人民也，此非所以跨海内、制诸侯之术也㊿。

臣闻地广者粟多，国大者人众，兵彊则士勇。是以太山不让土壤⑬，故能成其大；河海不择细

新大学语文

流,故能就其深⑬;王者不却众庶,故能明其德。是以地无四方,民无异国,四时充美,鬼神降福,此五帝三王之所以无敌也⑮。今乃弃黔首以资敌国⑯,却宾客以业诸侯⑰,使天下之士退而不敢西向,裹足不入秦,此所谓藉寇兵而赍盗粮者也⑱。

夫物不产于秦,可宝者多;士不产于秦,而愿忠者众。今逐客以资敌国,损民以益仇,内自虚而外树怨于诸侯,求国无危,不可得也。

（《史记》,〔西汉〕司马迁著,〔南朝宋〕裴骃集解,〔唐〕司马贞索隐,〔唐〕张守节正义,中华书局,1982)

注释

①窃:私下,自谦之词。过:错误。　②缪公:秦穆公,春秋五霸之一。公元前659至前621年在位。缪,同"穆"。　③由余:晋国人,流亡在戎,后归降秦国,为穆公出谋划策,征服了西戎。戎:我国古代西部少数民族的统称。　④百里奚:春秋时秦国大夫。原为虞大夫,虞亡时为晋所俘,作为陪嫁之臣送入秦国。后出走到楚,为楚人所执,又被秦穆公以五张牡黑羊皮赎回,用为大夫,称为"五羖大夫"。其与蹇叔、由余等共同辅穆公建立霸业。　⑤蹇叔:春秋时秦国大夫。因百里奚的推荐而被穆公以原币迎为上大夫。　⑥丕豹:晋大夫丕郑之子。丕郑被杀,丕豹从晋国逃到秦国,秦穆公任用为将。公孙支:即公孙子桑,先游于晋国,后到秦国,为秦大夫。　⑦孝公:即秦孝公,公元前361年至前338年在位。商鞅:姓公孙,名鞅,卫国人。入秦,劝秦孝公变法,使秦富强。　⑧彊:同"强"。　⑨举:攻克,占领。　⑩惠王:秦惠王,公元前337年至前311年在位。张仪:魏国人,曾任秦相,力主"连横",游说各国服从秦国。　⑪拔:攻取。三川之地:本韩地,今河南黄河以南、灵宝以东的地带。　⑫巴、蜀:古国名,分别在今四川省的东部和西部。　⑬上郡:原为魏地,在今陕西榆林地区。　⑭汉中:原为楚地,在今陕西汉中地区。　⑮包:吞并。九夷:指当时属于楚国的少数民族。　⑯鄢(yān):原为楚地,今湖北宜城。郢(yíng):楚国国都,今湖北江陵。　⑰成皋(gāo):又名虎牢,著名的军事要塞,在今河南荥阳境内。　⑱膏腴:肥沃。六国之从:指战国时齐、楚、燕、韩、赵、魏六国的抗秦联盟。从,即合纵。　⑲施(yì):延续。　⑳昭王:即秦昭王,公元前306年至前251年在位。范睢:魏人,字叔,昭王时为秦相,封应侯。按:"睢"当作"雎"。　㉑穰(ráng)侯:即魏冉,秦昭王母宣太后的弟弟,封于穰,曾作秦相。　㉒华阳:即华阳君芈(mǐ)戎,秦昭王母宣太后的弟弟,封于华阳。　㉓杜:杜塞。　㉔负:辜负,对不起。　㉕却:拒绝。内(nà):同"纳",接纳。　㉖致:取得。昆山:昆仑山。　㉗随、和之宝:指随侯之珠、和氏之璧,都是有名的珍宝。　㉘明月之珠:指夜光珠。　㉙太阿(ē):利剑名。相传春秋时吴国欧冶子、干将作铁剑三把,其一名太阿。　㉚纤离:骏马名。　㉛翠凤之旗:用翠凤的羽毛装饰的旗帜。翠凤,一种珍奇的鸟。　㉜灵鼍(tuó):爬行类动物,产于长江下游,即扬子鳄,其皮可以蒙鼓。　㉝说(yuè):同"悦"。　㉞犀象之器:指用犀牛角、象牙制作的器物。　㉟郑、卫之女:泛指美女。当时人认为郑、卫之地多美女。　㊱駃騠(jué tí):骏马名。实:充满。厩(jiù):马棚。　㊲丹青:颜料。采:彩饰。　㊳充下陈:古代统治者将财物、姬妾充实府库后宫。下陈:后宫。　㊴宛珠:宛地出产的珠。　㊵傅:通"附",附着。玑(jī):不圆的珠子。珥(ěr):耳环。　㊶阿缟(ē gǎo):齐国东阿所产的白绢。　㊷随俗雅化:随时俗的好尚修饰打扮。　㊸佳冶:美好艳丽。窈窕:体态优美的样子。　㊹赵女:赵国美女。古代赵国以出美女著名。　㊺瓮:盛水的瓦器。缶:瓦罐。两者也都能充作打击乐器。　㊻搏:拍击。髀(bì):大腿。　㊼呜呜:这里指秦地乐歌之声。　㊽郑、卫:即郑、卫之音,是春秋末年流行于郑国、卫国的民间音乐,后人认为是靡靡之音。桑间:地名,在濮水之滨,为卫国男女欢会歌唱的地方。　㊾昭虞:即韶虞,相传为虞舜时的乐曲名。武象:相传为周朝乐舞名。　㊿适观:适合观赏。　51曲直:指是非。　52跨:凌驾,统治。　53太山:即泰山,五岳之首,在今山东泰安。让:辞,拒绝。　54就:成就,达到。　55五帝:上古夏代之前的五个君主(部落联盟领袖),典籍记载不一,多指黄帝、颛顼、帝喾、唐尧、虞舜。三王:即夏禹、商汤、周文王,一说指夏禹、商汤、周文王和武王。　56黔首:秦统治者对百姓的称呼。黔,黑色。资:资助,给。　57业:用作动词,成就功

业。　㊽藉：借。赍(jī)：送给。

李斯(？—前208)，战国楚上蔡(今属河南)人。初为郡小吏，后拜荀子为师，与韩非一起学"帝王之术"。秦庄襄王三年(前247)入秦，初为吕不韦舍人，后被秦王嬴政任为客卿。迁廷尉，辅佐秦王，吞并六国，建立中国历史上第一个中央集权的封建国家。官至丞相，积极主张废诸侯，行郡县，主张焚《诗》《书》，禁私学，并以小篆为标准整理文字，对中国文字的统一有一定贡献。秦始皇死后，赵高谋立始皇少子胡亥，以利害相诱，李斯遂从赵高矫诏杀太子扶苏、大将蒙恬。秦二世立，赵高用事，乃诬李斯谋反，将其腰斩于咸阳。李斯工书，泰山刻石、琅邪台刻石等，相传均为他所手书。刘勰说："秦皇铭岱，文自李斯。"(《文心雕龙·封禅篇》)认为这些刻石文字与"铭"同类。其文或奏议时事，或上书明志，长于辩难，辞气恳切。

讲解

秦王政十年(前237)，秦王政(即后来的秦始皇)因发觉为其兴修灌溉渠的韩人郑国系受韩派遣而来，意在通过修渠消耗秦的国力，遂下令逐客。李斯本楚人，时为秦国客卿，亦在被逐之列。斯有感于逐客之误，乃劝谏秦王政取消逐客令，而上此《谏逐客书》。

为了论证秦王逐客之非，李斯先是铺陈秦国四代君主都以任用客卿而成就霸业的历史事实，说明客卿不负秦和任用客卿的重要性。由历代秦君作为自然过渡到当今君王作为，分别从珍宝、美色、音乐三个方面大肆铺陈，以秦王重异国珍宝、异国之色、异国之乐对照他的轻异国之才，摆出大量的事实得出秦君逐客之举为重物轻人的结论。在古今君主作为鲜明对比的基础上，作者又以生动而贴切的比喻从理论上阐明逐客和纳客的利害关系。正反论证，增强了说服力。

文中大量使用铺陈、排比的手法，既让人感到论据充分，雄辩有力，又觉语意流畅，气势充沛。不少排句对式对称、音调和谐、语言优美，具有赋的特色。

此书为秦王所认可，并为之收回成命，与李斯巧妙的论说策略不无关系。此书实际上与李斯的个人利益密切相关，但他在行文中完全抛开了个人的去留问题，而全从秦之得失立论，详述纳客之功，略论逐客之过，重于事实明理，轻于据理力争，同时措辞婉转，善用譬喻和对比，具有很强的说服力和感染力。此不仅为秦王所接受，也为历代统治者所欣赏。

集评

李斯之止逐客，并烦情入机，动言中务，虽批逆鳞，而功成计合，此上书之善说也。(南朝梁·刘勰《文心雕龙·论说》)

文章用意庸，易起人厌；须出人意表，方为高手。如李斯《谏逐客书》，借人扬己，以小喻大，另是一种巧思。能打破此等关窍，下笔自惊世骇俗矣。(明·归有光《文章指南》)

骈体之祖。(清·李兆洛《骈体文钞》)

何氏义门谓此文只"昔"字、"今"字对照两大段，前举先世之典，以事证；后就秦王一身，以物喻。即小见大，于人情尤易通晓。可谓道着。何义门又谓汉以后文字不能如此驰骋。实则文章逐时代而迁移，李斯富于才，此篇为切己之事，故言之精切。实则仍是策士之词锋，不能不如此炫其神通以骇人也。(林纾《古文辞类纂选》)

此书历来传诵，至其命意为后世张本开宗，则似未有道者。二西之学入华，儒者辟佛与夫守旧者斥新知，诃为异端，每以来自异域耳。为二学作护法者，立论每与此书似响之应、若符之契。(钱钟书《管锥编》)

一、此书旨在论逐客之过,却以大量的篇幅叙写秦国历代君主的纳客之功,有何用意。

二、作者在论证中多处运用对比的手法,试指出并分析其所取得的艺术效果。

三、此书在艺术手法上已具有赋体的某些特点,请阅读全文,仔细体会。

相关知识

书 古代以"书"名篇的文字,实包括两种文体。一种是臣子向帝王陈词进言所写的公文,称为"上书"或"奏书",属公牍文的"奏疏"(亦称"奏议")类。《战国策》中有苏代的《遗燕昭王书》、乐毅《报燕惠王书》,《史记》中有李斯的《谏逐客书》。此类书信皆关乎政事,但文辞富赡,说理、抒情并用,委婉动人。秦统一天下后,把臣子的上书改称为"奏"。南朝梁刘勰说:"陈政事,献典仪,上急变,劾愆谬,总为之奏。奏者进也,言敷于下,情进于上也。"(《文心雕龙·奏启》)。因而,后世臣子向皇帝上书,总的说来都可以称为"奏书",包括奏章、奏议、奏疏、奏启、奏本等等。

"书"的另一种文体是亲朋之间交流思想情感的书信。这种完全脱离公牍性质的书牍文字于汉代开始出现。较著名的有司马迁的《报任安书》、杨恽的《报孙会宗书》、扬雄的《答刘歆书》等。此类"书"的出现使书由政治斗争的工具渐变为个人之间交流感情的工具,扩大了"书"的应用范围。

魏晋南北朝时期,"书"类文章数量增多,内容向生活的各个领域扩展,如叙旧、论文、记山水之美等。唐宋是古代"书"类文章的全盛期,在许多作家的文集中,都可看到思想、艺术俱佳的名篇。

此类文体的文章,在艺术表现形式上最为自由,内容真实自然,有较强的抒情性。

相关作品

诣建平王上书

〔南朝梁〕江淹

昔者,贱臣叩心,飞霜击于燕地,庶女告天,振风袭于齐台,下官每读其书,未尝不废卷流涕,何者?士有一定之论,女有不易之行,信而见疑,贞而为戮,是以壮夫义士,伏死而不顾者以此也。下官闻仁不可恃,善不可依,谓徒虚语,乃今知之。伏愿大王暂停左右,少加怜察。

下官本蓬户桑枢之人,布衣韦带之士,退不饰诗书以惊愚,进不买名声于天下。日者,谬得升降承明之阙,出入金华之殿,何尝不局影凝严,侧身局禁者乎?窃慕大王之义,复为门下之宾,备鸣盗浅术之余,豫三五贱伎之末;大王惠以恩光,顾以颜色,实佩荆卿黄金之赐,窃感豫让国士之分矣。常欲结缨伏剑,少谢万一,剖心摩踵,以报所天;不图小人固陋,坐贻谤缺,迹坠昭宪,身限幽圄,履影吊心,酸鼻痛骨。下官闻亏名为辱,亏形次之,是以每一念来,忽若有遗,加以涉旬月,迫季秋,天光沈阴,左右无色,身非木石,与狱吏为伍,此少卿所以仰天槌心,泣尽而继之以血者也。下官虽乏乡曲之誉,然尝闻君子之行矣:其上则隐于帝肆之间,卧于岩石之下;次则结绶金马之庭,高议云台之上,退则房南越之君,系单于之颈,俱启丹册,并图青史,宁当争分寸之末,竞锥刀之利哉?下官闻积毁销金,积谗磨骨,远则直生取疑于盗金,近则伯鱼被名于不义,彼之二子,犹或如是,况在下官,焉能自免?昔上将之耻,绛侯幽狱,名臣之差,史迁下室。至如下官,当何言哉?夫鲁连之智,辞禄而不返,接舆之贤,行歌而忘归,子陵闭关于东越,仲蔚杜门于西秦,亦良可知也。若使下官事非其虚，罪得其实，亦当钳口吞舌，伏匕首以殒身，何以见齐鲁奇节之人，燕赵悲歌之士乎？

方今圣历钦明，天下乐业，青云浮雒，荣光塞河，西洎临洮狄道，北距飞狐阳原，莫不浸仁沐义，照景饮醴而已。而下官抱痛圜门，舍愤狱户，一物之微，有足悲者。仰惟大王少垂明白，则梧丘之魂，不愧于沈首，鹄亭之鬼，无恨于灰骨，不任肝胆之切，敬因执事以闻。

扩展阅读书目

(1)《李斯集辑注》，张中义、王宗堂、王宽行注，中州古籍出版社1991年版。 (2)《李斯》，冯惠民撰，中华书局1981年版。 (3)《李斯传》，杨建宏撰，重庆出版社1999年版。 (4)《解读大秦政坛双星：吕不韦与李斯》，孙立群撰，中华书局2007年版。 (5)《流血的仕途：李斯与秦帝国：秦始皇统一天下的幕后推手》，曹昇撰，中信出版社2007年版。

6. 荆轲刺秦

司马迁

荆轲既至燕①，爱燕之狗屠及善击筑者高渐离②。荆轲嗜酒，日与狗屠及高渐离饮于燕市③，酒酣以往④，高渐离击筑，荆轲和而歌于市中，相乐也，已而相泣⑤，旁若无人者。荆轲虽游于酒人乎，然其为人沈深好书⑥；其所游诸侯，尽与其贤豪长者相结。其之燕，燕之处士田光先生亦善待之⑦，知其非庸人也。

居顷之⑧，会燕太子丹质秦亡归燕⑨。燕太子丹者，故尝质于赵，而秦王政生于赵，其少时与丹驩⑩。及政立为秦王，而丹质于秦。秦王之遇燕太子丹不善，故丹怨而亡归。归而求为报秦王者⑪，国小，力不能。其后秦日出兵山东以伐齐、楚、三晋⑫，稍蚕食诸侯⑬，且至于燕⑭，燕君臣皆恐祸之至。太子丹患之，问其傅鞠武⑮。武对曰："秦地遍天下，威胁韩、魏、赵氏，北有甘泉、谷口之固，南有泾、渭之沃，擅巴、汉之饶⑯，右陇、蜀之山，左关、崤之险，民众而士厉⑰，兵革有余⑱。意有所出，则长城之南，易水以北⑲，未有所定也。柰何以见陵之怨⑳，欲批其逆鳞哉㉑！"丹曰："然则何由？"对曰："请入图之㉒。"

居有间㉓，秦将樊于期得罪于秦王，亡之燕，太子受而舍之㉔。鞠武谏曰："不可。夫以秦王之暴而积怒于燕，足为寒心，又况闻樊将军之所在乎？是谓'委肉当饿虎之蹊'也㉕，祸必不振矣㉖！虽有管、晏㉗，不能为之谋也。愿太子疾遣樊将军入匈奴以灭口㉘。请西约三晋，南连齐、楚，北购于单于㉙，其后乃可图也。"太子曰："太傅之计，旷日弥久，心惛然㉚，恐不能须臾。且非独于此也，夫樊将军穷困于天下㉛，归身于丹，丹终不以迫彊秦而弃所哀怜之交，置之匈奴，是固丹命卒之时也㉜。原太傅更虑之㉝。"鞠武曰："夫行危欲求安，造祸而求福，计浅而怨深，连结一人之后交㉞，不顾国家之大害，此所谓'资怨而助祸'矣㉟。夫以鸿毛燎于炉炭之上，必无事矣㊱。且以雕鸷之秦㊲，行怨暴之怨，岂足道哉！燕有田光先生，其为人智深而勇沈，可与谋。"太子曰："原因太傅而得交于田先生㊳，可乎？"鞠武曰："敬诺㊴。"出见田先生，道"太子愿图国事于先生也"。田光曰："敬奉教。"乃造焉㊵。

太子逢迎㊶，却行为导㊷，跪而蔽席㊸。田光坐定，左右无人，太子避席而请曰㊹："燕秦不两立，原先生留意也。"田光曰："臣闻骐骥盛壮之时㊺，一日而驰千里；至其衰老，驽马先之㊻。今太子闻光盛壮之时，不知臣精已消亡矣。虽然，光不敢以图国事，所善荆卿可使也㊼。"太子曰："原因先生得结交于荆卿，可乎？"田光曰："敬诺。"即起，趋出㉛。太子送至门，戒曰："丹所报，先生所言者，国之大事也，原先生勿泄也！"田光俛而笑曰㉜："诺。"偻行见荆卿㉝，曰："光与子相善，燕国莫不知。今太子闻光壮盛之时，不知吾形已不逮也㉞，幸而教之曰'燕秦不两立，原先生留意也'。光窃不自外㉟，言足下于太子也㊱，原足下过太子于宫㊲。"荆轲曰："谨奉教。"田光曰："吾闻之，长者为行㊳，不使人疑之。今太子告光曰：'所言者，国之大事也，原先生勿泄'，是太子疑光也。夫为行而使人疑之，非节侠也。"欲自杀以激荆卿，曰："原足下急过太子，言光已死，明不言也。"因遂自刭而死。

荆轲遂见太子，言田光已死，致光之言。太子再拜而跪，膝行流涕，有顷而后言曰："丹所以诚田先生毋言者，欲以成大事之谋也。今田先生以死明不言，岂丹之心哉！"荆轲坐定，太子避席顿首曰："田先生不知丹之不肖㊴，使得至前，敢有所道，此天之所以哀燕而不弃其孤也㊵。今秦有贪利之心，而欲不可足也。非尽天下之地，臣海内之王者㊶，其意不厌。今秦已虏韩王，尽纳其地。又举兵南伐楚，北临赵；王翦将数十万之众距漳、邺㊷，而李信出太原、云中㊸。赵不能支秦，必入臣，入臣则祸至燕。燕小弱，数困于兵，今计举国不足以当秦。诸侯服秦，莫敢合从。丹之私计愚，以为诚得天下之勇士使于秦，阚以重利；秦王贪，其势必得所愿矣。诚得劫秦王㊹，使悉反诸侯侵地㊺，若曹沫之与齐桓公，则大善矣；则不可㊻，因而刺杀之。彼秦大将擅兵于外而内有乱，则君臣相疑，以其间诸侯得合从，其破秦必矣。此丹之上原，而不知所委命㊼，唯荆卿留意焉。"久之，荆轲曰："此国之大事也，臣驽下，恐不足任使。"太子前顿首，固请毋让，然后许诺。于是尊荆卿为上卿㊽，舍上舍㊾。太子日造门下，供太牢具㊿，异物间进，车骑美女恣荆轲所欲，以顺适其意。

久之，荆轲未有行意。秦将王翦破赵，虏赵王，尽收入其地，进兵北略地至燕南界。太子丹恐惧，乃请荆轲曰："秦兵旦暮渡易水，则虽欲长侍足下，岂可得哉！"荆轲曰："微太子言，臣愿谒之。今行而毋信，则秦未可亲也。夫樊将军，秦王购之金千斤，邑万家。诚得樊将军首与燕督亢之地图，奉献秦王，秦王必说见臣，臣乃得有以报。"太子曰："樊将军穷困来归丹，丹不忍以己之私而伤长者之意，原足下更虑之！"

荆轲知太子不忍，乃遂私见樊于期曰："秦之遇将军可谓深矣，父母宗族皆为戮没。今闻购将军首金千斤，邑万家，将奈何？"于期仰天太息流涕曰："于期每念之，常痛于骨髓，顾计不知所出耳！"荆轲曰："今有一言可以解燕国之患，报将军之仇者，何如？"于期乃前曰："为之奈何？"荆轲曰："原得将军之首以献秦王，秦王必喜而见臣，臣左手把其袖，右手揕其匈，然则将军之仇报而燕见陵之愧除矣。将军岂有意乎？"樊于期偏袒搤捥而进曰："此臣之日夜切齿腐心也，乃今得闻教！"遂自刭。太子闻之，驰往，伏尸而哭，极哀。既已不可奈何，乃遂盛樊于期首函封之。

于是太子豫求天下之利匕首，得赵人徐夫人匕首，取之百金，使工以药焠之，以试人，血濡缕，人无不立死者。乃装为遣荆卿。燕国有勇士秦舞阳，年十三，杀人，人不敢忤视。乃令秦舞阳为副。荆轲有所待，欲与俱；其人居远未来，而为治行。顷之，未发，太子迟之，疑其改悔，乃复请曰："日已尽矣，荆卿岂有意哉？丹请得先遣秦舞阳。"荆轲怒，叱太子曰："何太子之遣？往而不返者，竖子也！且提一匕首入不测之彊秦，仆所以留者，待吾客与俱。今太子迟之，请辞决矣！"遂发。

太子及宾客知其事者，皆白衣冠以送之。至易水之上，既祖，取道，高渐离击筑，荆轲和而歌，为变徵之声，士皆垂泪涕泣。又前而为歌曰："风萧萧兮易水寒，壮士一去兮不复还！"复为羽声慷慨，士皆瞋目，发尽上指冠。于是荆轲就车而去，终已不顾。

遂至秦，持千金之资币物，厚遗秦王宠臣中庶子蒙嘉。嘉为先言于秦王曰："燕王诚振怖大王之威，不敢举兵以逆军吏，原举国为内臣，比诸侯之列，给贡职如郡县，而得奉守先王之宗庙。恐惧不敢自陈，谨斩樊于期之头，及献燕督亢之地图，函封，燕王拜送于庭，使使以闻大王，唯大王命之。”秦王闻之，大喜，乃朝服，设九宾[113]，见燕使者咸阳宫。荆轲奉樊于期头函[114]，而秦舞阳奉地图柙[115]，以次进。至陛[116]，秦舞阳色变振恐，群臣怪之。荆轲顾笑舞阳，前谢曰[117]：“北蕃蛮夷之鄙人[118]，未尝见天子，故振慴。原大王少假借之[119]，使得毕使于前[120]。”秦王谓轲曰：“取舞阳所持地图。”轲既取图奏之[121]，秦王发图，图穷而匕首见[122]。因左手把秦王之袖，而右手持匕首揕之。未至身，秦王惊，自引而起[123]，袖绝。拔剑，剑长，操其室[124]。时惶急，剑坚，故不可立拔。荆轲逐秦王，秦王环柱而走。群臣皆愕，卒起不意[125]，尽失其度[126]。而秦法，群臣侍殿上者不得持尺寸之兵[127]；诸郎中执兵皆陈殿下[128]，非有诏召不得上。方急时，不及召下兵，以故荆轲乃逐秦王。而卒惶急，无以击轲，而以手共搏之。是时侍医夏无且以其所奉药囊提荆轲也[129]。秦王方环柱走，卒惶急，不知所为，左右乃曰：“王负剑！”负剑，遂拔以击荆轲，断其左股[130]。荆轲废[131]，乃引其匕首以擿秦王[132]，不中，中桐柱。秦王复击轲，轲被八创。轲自知事不就，倚柱而笑，箕踞以骂曰[133]：“事所以不成者，以欲生劫之[134]，必得约契以报太子也[135]。”于是左右既前杀轲，秦王不怡者良久。

（《史记》，〔汉〕司马迁著，〔南朝宋〕裴骃集解，〔唐〕司马贞索隐，〔唐〕张守节正义，中华书局，1982）

注释

① 燕(yān)：西周分封召公姬奭(shì)建立的诸侯国，据有今河北北部和辽宁西端，都城蓟(今北京城西南角)。战国间在燕昭王治下曾强盛一时。 ② 狗屠：以杀狗为职业的屠夫。筑：一种失传的古乐器，其体似琴，木质，张五弦，以竹棒击弦发声。 ③ 市：城中的商业区。 ④ 已往：以后。 ⑤ 已而：然后。 ⑥ 沈(chén)深：深沉有大度。沈，同“沉”。 ⑦ 处士：隐居在野不愿做官的人。 ⑧ 顷之：不久。 ⑨ 会：正好，恰好。燕太子丹：燕国的太子，名丹，燕王喜之子。质：作人质。诸侯国各选宗室公子作人质互相交换，是战国时惯例。亡归：逃回。 ⑩ 驩(huān)：通“欢”，欢好。 ⑪ 报：报复。 ⑫ 日：频繁。山东：战国、秦汉时期指崤山或华山以东的黄河流域一带，战国时也常指除秦国外的齐、楚、燕、赵、魏、韩六国。三晋：即赵、魏、韩三个诸侯国，春秋时都是晋国的一部分。 ⑬ 稍：逐渐。 ⑭ 且：将要。 ⑮ 傅：职掌教导太子的官名。 ⑯ 饶：丰饶。 ⑰ 厉：士气振奋。 ⑱ 兵革：兵器和甲胄，泛指武备。 ⑲ 易水：水名，源出河北易县，有北、中、南三支，汇流于南拒马河，再往东南注入上清河。《史记》张守节正义曰：“以北谓燕国也。” ⑳ 陵：欺侮。 ㉑ 批：触击。逆鳞：倒生的鳞片。《韩非子·说难》：“夫龙之为虫也，柔可狎而骑也；然其喉下有逆鳞径尺，若人有婴(撄)之者，则必杀人。 ㉒ 入图：深入谋划。 ㉓ 有间(jiàn)：有一定时间。 ㉔ 舍(shè)之：安排宾馆给他住。舍，让人住下。 ㉕ 委：放置。当：冲着，对着。蹊(xī)：小路，泛指道路。 ㉖ 振：挽救。 ㉗ 管：即管仲，名夷吾，字仲，世称管子，春秋前期齐国相国，辅佐齐桓公成为五霸之一。晏：即晏婴，字平仲，世称晏子，春秋后期齐国的卿，历仕灵公、庄公、景公，居官有政声。 ㉘ 灭口：想办法避免给人以口实。 ㉙ 购：通“媾”，讲和，此指搞好关系。 ㉚ 穷困：处境非常窘迫。 ㉛ 惛(hūn)：同“昏”，烦躁。 ㉜ 是：此，指逼迫来投的樊于其自杀这件假设的事。卒：终，尽。 ㉝ 更：再。 ㉞ 连结：交结。后交：新结识的朋友。 ㉟ 资：助。怨：仇家。 ㊱ 无事：没有东西，指都烧光了。 ㊲ 雕鸷：像大雕那样凶狠。 ㊳ 因：通过。 ㊴ 诺：表示同意、遵命的应答之声。 ㊵ 造：去，到。 ㊶ 逢迎：迎接。 ㊷ 却行：倒退着走。导：引导，指领路。 ㊸ 蔽席：《史记》裴骃集解引徐广曰：“蔽，一作‘拔’，一作‘拔’。”司马贞索隐曰：“蔽，犹拂也。” ㊹ 避席：离开坐席起立，是古人表示尊敬的礼节。 ㊺ 骐骥：能日行千里的良马。 ㊻ 驽马：跑不快的劣马。 ㊼ 使：差遣，此指任用。 ㊽ 趋：快步走。 ㊾ 俛(fǔ)：同“俯”。 ㊿ 偻(lǚ)行：弯腰屈背而行，是老态龙钟的样子。 (51) 窃：私下，常用作谦词。自外：不把自己看作外人。 (52) 足下：称呼对方的敬词。 (53) 过：拜访。 (54) 长者：对有德望者的尊称。 (55) 有顷：一会儿。 (56) 不肖(xiào)：不正派，古时常与贤对称。 (57) 孤：《史记》司马贞索隐曰：“案：无父称孤。时燕王尚在，而丹称孤者，或记者失辞，或诸侯嫡子时亦僭称孤也。” (58) 臣：使动用法，使……臣服。海内之王：指六国国君。 (59) 厌：满足。 (60) 王翦：秦国大将，先后统军破赵、燕，灭楚，秦统一六国后封武成侯。 (61) 李信：秦国将领，秦灭楚前，秦王

政问王翦需兵多少,王谓需六十万,问李信,李谓只需二十万,遂大败于楚将项燕。　⑫ 合从:即合纵,指六国联合抗秦,与连横(六国共事秦国)对称。　⑬ 阚(kuī):显示给人看。《史记》司马贞索隐:"言以利诱之。"　⑭ 劫:劫持。　⑮ 反:同"返",退回。　⑯ 曹沫(huì):即曹刿,春秋时齐国人,曾在齐鲁长勺之战中作出再衰三竭的判断,从而击败齐军。又曾在齐鲁柯之盟中劫持齐桓公,迫使他返还齐国所侵占的鲁地。按,曹沫其名乃"沫",非"沬",不少工具书都搞错了(参见王维堤《左传讲读》)。　⑰ 则:假若。　⑱ 委命:委派,任命。　⑲ 上卿:上等的卿。这里的卿应是诸侯国的客卿。　⑳ 舍(shè)上舍(shè):安排住上等的官舍。前一个"舍"是动词,后一个"舍"是名词。　㉑ 太牢具:具备牛、羊、猪三牲的宴席。古时祭祀之礼,牛、羊、猪全用称太牢,只用羊、猪则称少牢。　㉒ 异物:指珍奇的食材。间(jiàn)进:交替进献。　㉓ 顺适:顺从,迎合。　㉔ 略:侵掠。　㉕ 旦暮:早晚。　㉖ 微:没有,指没有说。　㉗ 毋信:没有信物。　㉘ 邑:食邑,可以获取租税的封地。　㉙ 督亢:古地名,燕国的膏腴之地。今河北涿州东南有督亢陂,附近定兴、新城、固安等县之平衍地区,皆燕督亢旧地。　㉚ 说(yuè):"悦"的本字。　㉛ 深:刻毒,苛酷。　㉜ 戮没:杀死。　㉝ 将奈何:打算怎么力。奈何,即奈何,怎么办。　㉞ 太息:叹息。　㉟ 顾:但。　㊱ 揕(zhèn):刺。匈:通"胸"。　㊲ 岂:也许,莫非,表示估计。　㊳ 偏袒:脱去半边衣服裸露一臂,表示激动。搤捥(è):即扼腕,一手握住另一手的腕部,表示振奋。搤,同"扼"。捥,"腕"的古字。　㊴ 腐心:愤怒痛心。《史记》司马贞索隐曰:"雅曰:'腐……亦烂也。犹今人事不可忍云'腐烂'然,皆奋怒之意也。"　㊵ 自刭(jīng):割颈自杀。刭,用利器割颈。　㊶ 豫求:预先寻求。　㊷ 徐夫人:《史记》引徐广曰:"徐,一作'陈'。"司马贞索隐曰:"徐,姓,夫人,名,谓男子也。"　㊸ 焠:浸染。　㊹ 濡缕:沾到一点点。濡,沾湿。缕,丝。　㊺ 装:把匕首装好。　㊻ 忤视:面对面看。《史记》司马贞索隐曰:"忤者,逆也……不敢逆视,言人畏之甚也。"　㊼ 有所待:有要等候的人。　㊽ 俱:一起行动。　㊾ 治行:整理行装。　㊿ 迟之:认为他行动迟缓。迟,这里是意动用法。　(101) 竖子:小子,骂人的话。这里是说如果不能完成任务回来,那自己就是竖子。　(102) 仆:自我的谦称。　(103) 祖:出行前祭拜路神,是古人的例行仪式。　(104) 变徵(zhǐ):中国古代七声音阶(宫、商、角、变徵、徵、羽、变宫)中的第四阶,音调苍凉悲怆。　(105) 羽:中国古代七声音阶中的第六阶,音调激昂慷慨。忼(kāng)慨:即慷慨。　(106) 终已:最终。已,终。　(107) 币:缯帛。　(108) 遗(wèi):赠送。中庶子:官名,太子属官,一说职掌公族之事。　(109) 振怖:害怕。振,通"震",下文"振恐"、"振慑"同。　(110) 逆:迎战。　(111) 贡职:贡品。　(112) 使使:派使者。前一个"使"是动词;后一个"使"是名词,旧读去声。　(113) 九宾:或称九仪,古代朝会大典所设的一种礼仪,参加者为公、侯、伯、子、男、孤、卿、大夫、士。见《周礼·秋官·大行人》。按,《史记》张守节正义引刘氏曰:"设文物大备,即谓九宾,不得以周礼九宾义为释。"　(114) 奉:捧着。　(115) 柙(xiá):匣子。　(116) 陛:殿堂前的台阶。　(117) 谢:致歉。　(118) 北蕃:泛指北方边远之地。蕃,周代指九州之外的夷服、镇服、蕃服。《周礼·秋官·大行人》:"九州之外,谓之蕃国。"鄙人:粗俗之人。　(119) 假借:宽容。　(120) 毕使:完成使命。　(121) 奏:进献。　(122) 图穷:卷着的地图展开到尽头。见(xiàn):"现"的古字。　(123) 引:抽身。　(124) 室:剑鞘。　(125) 卒(cù):通"猝",突然。　(126) 度:法度。　(127) 兵:兵器。　(128) 郎中:官名,掌门户、车骑等事,在内充任侍卫,在外随从作战。　(129) 夏无且(jū):秦宫医者名。提(dǐ):掷击。　(130) 股:大腿。　(131) 废:倒下。　(132) 擿(zhì):同"掷"。　(133) 箕踞:如筷箕状随意岔开两腿而坐,是轻慢不循礼节的行为。　(134) 生劫:把人活着劫走。　(135) 得约契:指拿到秦国归还所占燕国失地的契约。

作者简介

　　司马迁(约前145—?),字子长,夏阳(今陕西韩城)人。西汉史学家、文学家。少年时师从大儒董仲舒、孔安国。青年时期喜好游历。后任郎中。元鼎六年(前111)曾奉汉武帝之命出使巴蜀。又多次随汉武帝出巡,足迹几遍全国。元封三年(前108)承袭父亲司马谈的旧职,担任太史令。太初元年(前104)开始撰写《史记》。天汉二年(前99)因替矢尽援绝败降匈奴的李陵辩解,触犯汉武帝,论罪下狱,被处以宫刑。出狱后任中书令。此后发愤著书,约在征和二年(前91)完成《史记》。不久去世。司马迁所著《史记》是中国历史上第一部纪传体史书,奠定了中国古代正史的体例。他是怀着"究天人之际,通古今之变,成一家之言"的抱负,广采书面文献、口传资料,殚精竭虑,呕心沥血,积十余年之功,才完成这部伟大著作的。其史识的超卓,记录史实的求真精神之坚定,反映的社会生活之广阔,使《史记》具有极其重要的史学价值。而其精练的语言,高妙的章法,生动的形象,淳厚的感情,也赋予《史记》很高的文学价值。

《史记》又称《太史公书》,包括十二本纪、十表、八书、三十世家、七十列传,共一百三十余篇。"本纪"按帝王纪年(年号产生后则按年号纪年)逐年逐月逐日记载帝王在位时发生的事情,后来的正史中单称"纪"。"表"用一目了然的表格记录重要的事件、世系。"书"记载礼、乐、律、历、封禅(祭祀天地)、天文、河渠、平准(财经)的基本情况,后世的正史改称"志","平准书"改称"食货志",另增出"职官志"、"艺文志"等。"世家"记述世袭封国诸侯所经历之事,后世正史并入列传。"列传"是重要历史人物的传记,通常父子兄弟合为一传,后世正史单称"传"。《史记》在流传过程中有残缺,今本《史记》中的《武帝纪》、《三王世家》、《龟策列传》、《日者列传》等篇为汉元帝、成帝时褚少孙所补。

讲解

本文选自司马迁《史记·刺客列传》,篇名为编者所拟。司马迁在《刺客列传中》记录了一批为了报人知遇之恩,不计生死倾力而为的刺客,并对他们"壮士一去不复还"的慷慨豪迈深有同情。这些人,行事决非图谋私利,甚至也没有一流的技击身手,完全不同于现今人们在影视中常见的职业刺客,然而尽管他们的所作所为并非主持正义之类的褒语可以框定,却让人看到了一种凛凛生气,历千百年而不衰。

荆轲刺秦,是《刺客列传》中篇幅最多,也是最精彩的一段。秦国当时声威之壮盛,纵使合六国之力,亦难言可操胜券。而荆轲,却凭着一把匕首,凭着一股劲气,就浩歌入秦,要去刺杀天下最强大的枭雄——秦王政,那种慷慨豪迈,虽千万人吾往矣的精神,较之这篇列传前面所写的曹沫、专诸、豫让、聂政四人,又不知高出多少,读之更为震撼人心。

本篇虽是纪实文字,是历史著作的一段,但不管从结构安排、情节叙述、人物描写、气氛酝酿、语言运用等哪一方面看,它都具有极高的文学性,是古典叙事艺术的极品。在结构安排上,起头、过渡、发展、高潮、结尾,层次严整,脉络明晰,而不将主要笔墨花在行刺现场的描写中,转以气氛的酝酿、悬念的营造为重,更是作者的高明之处。陶渊明《咏荆轲》诗说"惜哉剑术疏,奇功遂不成"(试比较《史记》中关于项羽的描写,可知荆轲的武勇确实难以令人信服),柳宗元《咏荆轲》诗说"秦皇本诈力,事与桓公殊。奈何效曹子,实谓勇且愚"(春秋时鲁国的曹沫曾在齐鲁柯之盟上,以短兵劫持齐桓公,迫使齐国归还所侵占的鲁国土地,但狡诈的秦王政与磊落的齐桓公根本不同,荆轲不该存有生劫之想),可知如果大写特写荆轲刺秦王的场景,未必会在塑造人物形象上产生积极的作用,反而更易彰显荆轲在勇与智上的双重不足,而现在这样的处理就恰到好处。

有人或许会认为,秦统一六国是顺应社会发展的必然趋势,荆轲刺秦却是逆历史潮流而动,并不值得歌颂,这其实一种简单的历史决定论,并不符合历史唯物主义原则。当然,刺秦的暗杀手段早已与今日社会的普世价值不合,但荆轲刺秦所代表的反抗暴政、反抗强权的英勇不屈精神,必定会持久地令人感动。

思考练习题

一、为什么司马迁要在《史记》中专门为五位刺客写列传?

二、对荆轲刺秦的评价,古今一直有不同的观点,请找出有关论述作一番个人分析。

三、把文章的最后两段翻译为白话文。

列传 "列传"是司马迁在《史记》中创造的一种专记重要历史人物事迹的体式。由于作为中国第一部纪传体史书的《史记》确立了古代为朝廷认可的所谓"正史"的编纂体例,所以"列传"也成为"二十四史"除《史记》外的其他各部史书的共有组成部分,只是从班固的《汉书》起,不再称"列传"而就叫"传"罢了。一篇"列传"(或"传")可以专记一人的事,如《史记》中的《苏秦列传》,就记录了战国时著名纵横家苏秦的主要事迹。通常还可以附记几位亲属的事迹,如《苏秦列传》就有苏秦的两个弟弟苏代、苏厉的附传。一篇"列传"(或"传")也可以合记两个人或几个人的事迹,如《史记》中的《廉颇蔺相如列传》,记战国赵军事家廉颇、政治家蔺相如二人的事迹,如《汉书》中的《季布栾布田叔传》、《张(良)陈(平)王(陵)周(勃)传》、《樊(哙)郦(商)滕(滕公夏侯婴)灌(婴)傅(宽)靳(歙)周(緤)传》,传名中分别有三人、四人、七人。还有一些"列传"(或"传")记的是一类人的事迹,如《史记》中的《儒林列传》记儒者事迹,后世史书改称《儒林传》,记录学者的事迹;又如《汉书》中的《外戚传》,专记后妃亲属。

再有一些"列传"(或"传"),记录的是中土以外其他地区或民族(通常邻近中士)的事,如《史记》中的《匈奴列传》、《汉书》中的《西域传》。

此外,《史记》中的"世家",在《汉书》中也已取消,《萧相国世家》、《曹相国世家》、《留侯世家》、《陈丞相世家》等,在《汉书》中都变为"传"了。后世文体分类中,另有"传"之体,显然是从史传变成。南朝梁刘勰《文心雕龙·史传》说:"观夫左氏缀事,附经间出,于文为约,而氏族难明。及史迁各传,人始区详而易览,述者宗焉。"中国最早的一部诗文总集《文选》,其中还没有"传"的分类,尽管其时已有陶渊明《五柳先生传》等的创作实践。但到了北宋人编的诗文总集《文苑英华》,其中就有了"传"的专门分类,这与"传"这一文体经唐代韩愈、柳宗元的大力发展而开始引人注目是密切相关的。

咏荆轲

〔晋〕陶渊明

燕丹善养士,志在报强嬴。招集百夫良,岁暮得荆卿。
君子死知己,提剑出燕京。素骥鸣广陌,慷慨送我行。
雄发指危冠,猛气冲长缨。饮饯易水上,四座列群英。
渐离击悲筑,宋意唱高声。萧萧哀风逝,淡淡寒波生。
商音更流涕,羽奏壮士惊。心知去不归,且有后世名。
登车何时顾,飞盖入秦庭。凌厉越万里,逶迤过千城。
图穷事自至,豪主正怔营。惜哉剑术疏,奇功遂不成。
其人虽已没,千载有余情。

咏荆轲

〔唐〕柳宗元

燕秦不两立，太子已为虞。千金奉短计，匕首荆卿趋。
穷年徇所欲，兵势且见屠。微言激幽愤，怒目辞燕都。
朔风动易水，挥爵前长驱。函首致宿怨，献田开版图。
炯然耀电光，掌握罔正夫。造端何其锐，临事竟趑趄。
长虹吐白日，仓卒反受诛。按剑赫凭怒，风雷助号呼。
慈父断子首，狂走无容躯。夷城芟七族，台观皆焚污。
始期忧患弭，卒动灾祸枢。秦皇本诈力，事与桓公殊。
奈何效曹子，实谓勇且愚。世传故多谬，太史征无且。

和陶诗·和咏荆轲

〔宋〕苏轼

秦如马后牛，吕氏非复嬴。天欲厚其毒，假手李客卿。
功成志自满，积恶如陵京。灭身会有时，徐观可安行。
沙丘一狼狈，笑落冠与缨。太子不少忍，顾非万人英。
魏韩裂智伯，肘足本无声。胡为弃成谋，托国此狂生。
荆轲不足说，田子老可惊。燕赵多奇士，惜哉亦虚名。
杀父囚其母，此岂容天庭。亡秦只三户，况我数十城。
渐离虽不伤，陛戟加周营。至今天下人，愍燕欲其成。
废书一太息，可见千古情。

扩展阅读书目

(1)《史记全译》，杨燕超译注，贵州人民出版社 2001 年版。 (2)《中华经典名著全本全注全译：史记》，韩北琦注译，中华书局 2010 年版。 (3)《史记选译》，李国祥译注，巴蜀书社 1990 年版。 (4)《史记选注汇评》，韩北琦选注汇评，中州古籍出版社 1990 年版。 (5)《史记讲读》，王冉冉撰，华东师范大学出版社 2006 年版。 (6)《史记选注》，来新夏选注，中华书局 2009 年版。 (7)《史记集评》，周振甫集评，重庆大学出版社 2010 年版。 (8)《司马迁评传》，张大可撰，南京大学出版社 1994 年版。 (9)《史魂：司马迁传》，陈桐生撰，东方出版社 2001 年版。 (10)《〈史记〉的文学语言研究》，高志明、梁杨撰，中央文献出版社 2007 年版。 (11)《史记研究》，施丁、康敏编，中国大百科出版社 2009 年版。

7. 四愁诗

张 衡

我所思兮在太山[1]，欲往从之梁父艰[2]，侧身东望涕沾翰[3]。
美人赠我金错刀[4]，何以报之英琼瑶[5]。路远莫致倚逍遥[6]，何为怀忧心烦劳[7]。

我所思兮在桂林[8]，欲往从之湘水深[9]，侧身南望涕沾襟。
美人赠我金琅玕[10]，何以报之双玉盘[11]。路远莫致倚惆怅，何为怀忧心烦伤。

我所思兮在汉阳[12]，欲往从之陇阪长[13]，侧身西望涕沾裳。
美人赠我貂襜褕[14]，何以报之明月珠[15]。路远莫致倚踟蹰，何为怀忧心烦纡。

我所思兮在雁门[16]，欲往从之雪纷纷，侧身北望涕沾巾。
美人赠我锦绣段[17]，何以报之青玉案[18]。路远莫致倚增叹[19]，何为怀忧心烦惋。

（《文选》，〔南朝梁〕萧统编，〔唐〕李善注，上海古籍出版社，1986）

注释

① 太山：即泰山，中国名山五岳之一的东岳，在山东泰安。古时天子得天下，须行封禅之礼，祭祀山川，以示大功告成。封即封泰山，禅即禅梁父。　② 梁父：又名梁甫，古山名，近泰山，西连徂徕山，今统称徂徕山。古乐府有《梁父吟》。《文选》本诗李善注说："太山以喻时君，梁父以喻小人。"　③ 涕沾翰：眼泪沾湿了毛笔。涕，泪。翰，笔，古时可读平声。　④ 美人：古代诗文里除了指美女外，也常指自己所向往怀念的人，这里指代东汉皇帝。金错刀：一种名贵的刀名。谢承《后汉书·冯绲传》："武陵五溪蛮夷作难，诏遣车骑将军冯绲南征，绲表奏应奉，赐金错刀一具。"又，一种古代钱币名，西汉末王莽摄政时铸造，以黄金错镂其文，称一刀直五千。两说皆可通。这里指代国恩、皇恩，下面几种美人所赠之物同此。　⑤ 何以报之：用什么回报对方。英琼瑶：英，通"瑛"，美玉。琼、瑶，也都是美玉。《诗经·卫风·木瓜》："投我以木桃，报之以琼瑶。"　⑥ 路远莫致：路太远不能送达。倚：依依。逍遥：徘徊不进。下文之"踟蹰（chí chú）"义同。　⑦ 何为：为什么。烦劳：烦恼伤神。下文的"烦伤""烦纡""烦惋"义同。　⑧ 桂林：古郡名，秦置，汉武帝改为郁林郡，治布山（今广西桂平西）。　⑨ 湘水：《文选》本诗李善注说："湘水出零陵，舜死苍梧，葬九疑，故思明君。"　⑩ 琅玕：美玉。　⑪ 双玉盘：《文选》本诗李善注引古诗："委身玉盘中，历年冀见食。"　⑫ 汉阳：古郡名，东汉永平十七年（74）改天水郡置，治冀县（今甘肃甘谷东）。注意不要同隋代由汉津县改名的汉阳县（治今湖北武汉）混起来。　⑬ 陇阪：即陇山，六盘山南段的别称。《文选》本诗李善注引应劭曰："天水有大坂，名曰陇阪。"又引《泰州记》曰："陇坂九曲，不知高几里。"　⑭ 貂：指貂皮衣料。襜褕（chān yú）：古代一种较长的单衣。有直裾的，也有曲裾的，是当时男女通用的非正朝之服，因其宽而长，视之襜襜然（摇动貌），故名。《史记·魏其武安侯列传》："武安侯坐衣襜褕入宫，不敬。"司马贞索隐："谓非正朝衣，若妇人服也。"
⑮ 明月珠：宝珠名，即夜光珠。因晶莹如月之流光，故名。《史记·李斯列传》："垂明月之珠，服太阿之剑。"
⑯ 雁门：古郡名，战国赵武灵王置，东汉时治馆阴（今山西朔州东南）。　⑰ 锦绣段：锦绣，五彩成纹的精美丝织品。段，借为"缎"，一种丝织品。一说作量词，表示布帛的一截。　⑱ 青玉案：青玉制成的短足食盘，是名贵的食器。一说是青玉案几，《文选》本诗李善注说："玉案，君所凭依，喻大臣亦为天子所恃。"　⑲ 增叹：同"噌（cēng）叹"，叹息。噌叹，《隶续·严欣碑》："咨嗟痛兮，呜呼悲伤。故著名诔，噌叹歔欷。"

张衡(78—139),字平子,南阳西鄂(今南阳北石桥镇)人。少游太学,从经学大师贾逵问学,博通群籍。后任南阳太守鲍德主簿。拜郎中,迁尚书郎,又两度担任太史令。阳嘉中,迁侍中,遭到宦官攻讦。永和初,出为河间相,世称张河间。又被召拜为尚书。张衡是中国古代著名的科学家,精于天文历算,曾创制水力浑天仪和候风地动仪,正确解释月蚀原因,绘制第一张星图。他的文学创作也负有盛名,《二京赋》是汉代著名的大赋,《归田赋》是开创新格局的优秀抒情小赋,《四愁诗》是七言诗发展过程中的一个重要枢纽,《同声歌》是将楚辞的优秀传统承载到五言中的美妙乐府诗。原有集,已佚,明人辑有《张河间集》。

讲解

《文选》卷二十九所收《四愁诗》前面有一短序,云:"张衡不乐久处机密(指在朝中任侍中),阳嘉中(按:当作永和初)出为河间相。时国王(河间惠王刘政)骄奢,不遵法度,又多豪右并兼之家。衡下车(指抵任),治威严,能内察属县,奸猾行巧(欺诈)劫(胁迫),皆密知名,下吏(交付司法官吏审讯)收捕,尽服。擒诸豪侠(指豪纵不法的人),游客(指浪游于外投靠权贵的人)悉惶惧逃出境。郡中大治,争讼息,狱无系囚。时天下渐弊,郁郁不得志,为《四愁诗》,依屈原以美人为君子,以珍宝为仁义,以水深雪雾为小人,思以道术(指治国之术)相报于时君,而惧谗邪不得以通。其辞曰:……"因此,从创作思想上来说,《四愁诗》显然是继承以屈原为代表的楚辞精神的一篇作品,同时,我们也可以发现此诗从《诗经》中也吸收了不少东西。诗的意境具有整体象征性,极富兴发感动的魅力。

从技法上看,它的四章复沓式节奏取法了《诗经》。从语句上看,它"美人赠我金错刀,何以报之英琼瑶"的格式可以说是脱胎于《诗经·卫风·木瓜》的"投我以木瓜,报之以琼琚",只是这里"金错刀"、"英琼瑶"具有更鲜明的象征意义,即"金错刀"是君主所赐的禄位,"英琼瑶"是诗序中所说的治国的"道术"。从诗的意境来看,"路远莫致"的慨叹又与《诗经·秦风·蒹葭》"道阻且长"的惆怅有相通之处,当然《四愁诗》的苍凉之感要更为浓重。从诗中依次叙述东南西北四方的表现手法看,则是学习了楚辞《招魂》、《大招》两篇中的"魂兮归来,东方不可以托些"一段和"东有大海……魂乎无东"一段,不过《招魂》、《大招》两篇中写四方远地,突出了四方的险恶,以切合"魂兮归来"的主题,而《四愁诗》中,以都城洛阳为中心,东面的太山、南面的桂林、西面的汉阳、北面的雁门四地,却都是作者思念的美人所在之处,迷离惝恍中寄托着作者的向往意绪。作者的取法、学习都有自己的发展、变化,从而使得本篇成为诗歌发展史上的一个重要标本。全诗的句式虽留有楚辞的印迹,但除了第一句带"兮"字外,已是基本纯粹的七言,押韵上四章前三句同韵,后四句两句一换韵,与成熟的七言诗也差别不大,所以学者们讨论古代七言诗的发展历程总绕不过这首诗。全诗纯用比兴,辞藻妍美,语句自然,情韵柔婉,意旨深邈,人工的修饰恰到好处,益显气格之清纯。

最后要说的是,如果我们脱开"以美人为君子,以珍宝为仁义,以水深雪雾为小人,思以道术相报于时君,而惧谗邪不得以通"的主题设定,怀着"作者未必然,读者何必不然"的心态,把这首诗当作纯粹的爱情诗来欣赏,相信也会有绝妙的审美享受。

集评

张衡《四愁》,虽在苏、李(按:指旧题西汉苏武、李陵所作的五言古诗)后,得古人意则过之。(宋·叶适《习学记言》)

杜《七歌》(按:《同谷七歌》)亦仿张衡《四愁》,然《七歌》奇崛雄深,《四愁》和平婉丽,汉唐短歌,各为绝唱,所谓异曲同工。(明·胡应麟《诗薮》)

独创此体,郁纡心烦,其言低徊。情深必不可拟,以拟作者不能出本辞范围之外也。情,繁主簿(按:东汉末诗人繁钦)《定情歌》能师其意。(清·陈祚明《采菽堂古诗选》)

心烦纡郁,低徊情深,风骚之变格也。少陵《七歌》原于此,而不袭其迹,最善夺胎。○《五噫》(按:东汉梁鸿《五噫歌》)、《四愁》,如何拟得!后人拟者,画西施之貌耳。(清·沈德潜《古诗源》)

思考练习题

一、为什么说本篇与《楚辞》颇有渊源?

二、为什么说本篇与《诗经》也有很大关系?

三、本篇中的比兴手法对表现诗歌主题有什么作用?

相关知识

七言诗 七言诗,就是全部句子都是七言的诗体(有时杂有很少量的非七言句也被认为是七言诗)。张衡的《四愁诗》是一首准七言诗,或者说处于雏形过渡期的七言诗。除了全诗分章、各章第一句杂有楚声痕迹的"兮"字外,已与后世标准的七言诗非常接近。七言诗的产生往远说受楚辞影响,往近说受汉乐府的影响,一般认为汉魏之际曹丕的乐府《燕歌行》两首是今存较早的成熟作品,它是句句押韵的诗体。古时还有记载说汉武帝与群臣在柏梁台曾作过句句押韵的联句诗,此诗质木无文,在文学上没什么价值,但由于产生的时间早,其所代表的诗体就被后人称作柏梁体(押平声韵)。从句句押韵这点来说,曹丕的《燕歌行》实际上也是柏梁体,只是《柏梁诗》总句数是偶数,《燕歌行》总句数为奇数,微有不同。

南朝宋鲍照对七言诗发展有较大贡献,他的一组以七言句为主的乐府《拟行路难》中,出现了如五言诗一样的隔句押韵的纯七言诗。隋代出现了隔句用韵、平仄韵交替转换的七言诗。唐代近体诗的体式正式确立,七言近体诗有七律、七绝、七言排律,七言古体有句句押韵的柏梁体,有隔句押韵、一韵到底的一体,有基本用律句、平仄韵不断转换(较多的是四句一换韵)的一体(如长庆体),还有三句一韵、不断换韵的一体。

相关作品

木瓜

诗经·卫风

投我以木瓜,报之以琼琚。匪报也,永以为好也。

投我以木桃,报之以琼瑶。匪报也,永以为好也。

投我以木李,报之以琼玖。匪报也,永以为好也。

招魂(节录)

〔战国楚〕宋玉(一说屈原)

魂兮归来!东方不可以讬些。长人千仞,惟魂是索些。十日代出,流金铄石些。彼皆习之,魂往必释些。归来归来!不可以讬些。魂兮归来!南方不可以止些。雕题黑齿,得人肉以祀,以其骨为醢些。蝮蛇蓁蓁,封狐千里些。雄虺九首,往来儵忽,吞人以益其心些。归来归来!不可以久淫些。魂兮归来!西方之害,流沙千里些。旋入雷渊,靡散而不可止些。幸而得脱,其外旷宇些。赤蚁若象,玄蜂若壶些。五谷不生,藂菅是食些。其土烂人,求水无所得些。彷徉无所倚,广大无所极些。归来归来!恐自遗贼些。魂兮归来!北方不可以止些。增冰峨峨,飞雪千里些。归来归来!不可以久些。

大招(节录)

〔战国楚〕屈原(一说景差)

魂乎归徕!无东无西,无南无北只。东有大海,溺水浟浟只。螭龙并流,上下悠悠只。雾雨淫淫,白皓胶只。魂乎无东!汤谷寂寥只。魂乎无南!南有炎火千里,蝮蛇蜒只。山林险隘,虎豹蜿只。鳄鳙短狐,王虺骞只。魂乎无南!蜮伤躬只。魂乎无西!西方流沙,漭洋洋只。豕首纵目,被发鬤只。长爪踞牙,诶笑狂只。魂乎无西!多害伤只。魂乎无北!北有寒山,逴龙赧只。代水不可涉,深不可测只。天白颢颢,寒凝凝只。魂乎无往!盈北极只。

扩展阅读书目

(1)《张衡诗文集校注》,张震泽撰,上海古籍出版社 2009 年版。 (2)《张衡诗文选译》,张在义译注,巴蜀书社 1990 年版。 (3)《张衡评传》,许结撰,南京大学出版社 1999 年版。 (4)《张衡年谱》,孙文青撰,商务印书馆 1956 年版。

8. 搜神记(二则)

干 宝

韩凭妻

宋康王舍人韩凭①,娶妻何氏,美,康王夺之。凭怨,王囚之,论为城旦②。妻密遗凭书,缪其辞曰③:"其雨淫淫,河大水深,日出当心④。"既而王得其书⑤,以示左右,左右莫解其意。臣苏贺对曰⑥:"其雨淫淫,言愁且思也;河大水深,不得往来也;日出当心,心有死志也。"俄而凭乃自杀。其妻乃阴腐其衣⑦,王与之登台,妻遂自投台⑧,左右揽之⑨,衣不中手而死⑩。遗书于带曰:"王利其生,妾利其死,愿以尸骨,赐凭合葬。"王怒,弗听,使里人埋之⑪,冢相望也⑫。王曰:"尔夫妇相爱不已，若能使冢合，则吾弗阻也。”宿昔之间⑬，便有大梓木生于二冢之端⑭，旬日而大盈抱，屈体相就，根交于下，枝错于上⑮。又有鸳鸯，雌雄各一，恒栖树上，晨夕不去，交颈悲鸣⑯，音声感人。宋人哀之，遂号其木曰“相思树。”相思之名，起于此也。南人谓此禽即韩凭夫妇之精魂。今睢阳有韩凭城⑰，其歌谣至今犹存。

李寄

东越闽中⑱，有庸岭，高数十里，其西北隰中有大蛇⑲，长七八丈，大十余围，土俗常惧⑳。东治都尉及属城长吏㉑，多有死者。祭以牛羊，故不得福㉒。或与人梦㉓，或下谕巫祝㉔，欲得啗童女年十二三者㉕。都尉令长，并共患之㉖。然气厉不息㉗，共请求人家生婢子㉘，兼有罪家女养之。至八月朝祭㉙，送蛇穴口。蛇出，吞啮之。累年如此，已用九女。尔时预复募索㉚，未得其女。将乐县李诞家有六女㉛，无男，其小女名寄，应募欲行，父母不听㉜。寄曰：“父母无相㉝，惟生六女，无有一男，虽有如无。女无缇萦济父母之功㉞，既不能供养㉟，徒费衣食，生无所益，不如早死。卖寄之身，可得少钱㊱，以供父母，岂不善耶？”父母慈怜，终不听去。寄自潜行㊲，不可禁止。寄乃告请好剑及咋蛇犬㊳。至八月朝，便诣庙中坐㊴。怀剑，将犬㊵。先将数石米餈㊶，用蜜麨灌之㊷，以置穴口。蛇便出，头大如囷㊸，目如二尺镜。闻餈香气，先啗食之。寄便放犬，犬就啮咋㊹，寄从后斫得数创㊺。疮痛急㊻，蛇因踊出㊼，至庭而死。寄入视穴，得其九女髑髅，悉举出，咤言曰㊽：“汝曹怯弱㊾，为蛇所食，甚可哀愍㊿。”于是寄女缓步而归。越王闻之，聘寄女为后(51)，拜其父为将乐令，母及姊皆有赏赐。自是东治无复妖邪之物。其歌谣至今存焉。

（《搜神记》，〔晋〕干宝著，汪绍楹点校，中华书局，1997）

注释

① 宋康王：战国时宋国第第三十三任国君，名偃。在位五十三年，称王四十三年。周赧王二十九年（前286），国为齐所灭。舍人：王公贵族的私属官员。 ② 城旦：古代刑罚名。一种筑城四年的劳役。 ③ 缪：假称。 ④ 当心：在正中间。 ⑤ 既而：时间副词，表示不久。 ⑥ 苏贺：人名，宋康王的臣子。 ⑦ 阴：暗中。腐：使动用法，指把自己的衣服弄烂（按：表面必须看不出来），这样后来跳下高台自杀时别人就不能抓住衣服制止她。 ⑧ 投台：跳下高台。 ⑨ 揽：抓，拉。 ⑩ 不中（zhòng）手：指手没法抓住衣服。中手，称手， ⑪ 里人：乡人。 ⑫ 冢（zhǒng）：坟墓。 ⑬ 宿昔：旦夕，一天一夜，指没多长时间。 ⑭ 梓（zǐ）木：梓树，紫葳科落叶乔木，叶对生或三叶轮生，花黄白色，木材质优良，古人呼之为木王。 ⑮ 错：交错。 ⑯ 交颈：脖颈与脖颈互相接触摩擦，是雌雄鸟兽表示亲昵的行为，也比喻男女亲昵。 ⑰ 睢阳：古邑名，即今河南商丘。 ⑱ 东越：这里指闽东地区。 ⑲ 隰（xí）：低湿的地方。 ⑳ 土俗：地方风俗。 ㉑ 东治：指越东治区。都尉：武官名称，辅佐一郡长官并执掌辖地军事。属城：下属城邑。长吏：县令的辅佐官员。 ㉒ 故不得福：还是不能求得福分。故，仍然。 ㉓ 或：有时。与人梦：（妖蛇）托梦给人。 ㉔ 下谕：下达指令。巫祝：执掌占卜祭祀之事的人。 ㉕ 啗（dàn）：吃。 ㉖ 患：忧虑，担心。 ㉗ 气厉：祟恶邪毒之气。 ㉘ 家生婢子：奴婢所生女孩，按例仍为主家婢女，故称。 ㉙ 八月朝祭：八月初的祭祀。朝，初，始。 ㉚ 尔时：当时，此时。预：预先。募索：招募求索。 ㉛ 将乐：县名，在今福建西部。 ㉜ 不听：不让她去。听，听任。 ㉝ 相：此指福相。 ㉞ 缇萦：西汉文帝时太仓令淳于意的女儿，其父有罪获刑，她为救父而向文帝上书，愿失去自由做官婢，以赎父罪，汉文帝被她的陈情所感动，遂废除肉刑。济：救助。 ㉟ 供养：指赡养父母双亲。 ㊱ 少：少量的。 ㊲ 潜行：悄悄跑走。 ㊳ 咋（zé）蛇犬：咬蛇的狗。咋，咬啮。 ㊴ 诣：往，到。 ㊵ 将：带着。 ㊶ 餈（cí）：用糯米煮的饭或用糯米粉、黍米粉制成的糕饼。 ㊷ 麨（chǎo）：米、麦等炒熟后磨粉制成的干粮。 ㊸ 囷（qūn）：圆形的谷仓。 ㊹ 就：跑过去。 ㊺ 斫（zhuó）：砍。创（chuāng）：伤口。 ㊻ 疮：创伤，创口。 ㊼ 踊：跃，跳。 ㊽ 咤（zhà）：痛惜，感叹。 ㊾ 汝曹：你们。 ㊿ 哀愍（mǐn）：哀怜，悲

悯。 (51) 聘：下聘礼迎娶为正妻。

作者简介

干宝(？—336)，字令升，新蔡(今属河南)人，迁居海盐(今属浙江)。晋小说家。年轻时博览群书，学识渊博。元帝时官著作郎，领修国史。长于史笔，所撰《晋纪》，《晋书》本传谓为“直而能婉，咸称良史”，在当时就能受人赞赏。后因父亲的侍婢在封闭的墓圹中仍能存活很久，其史又因重病濒死而复生，于是以志怪小说的体例写成《搜神记》二十卷，专记神怪灵异的故事，为后来专写奇闻异事的小说的提供了很有益的创作借鉴。原书已佚，今本为后人从《太平广记》等书中辑集。

讲解

《韩凭妻》是一个凄美的爱情悲剧故事。作品刻画了韩凭妻的坚贞机智，揭露了宋康王的荒淫残忍。故事的最动人之处在其后半部分，叙述者用殉情者坟头两梓速生，枝干交错结为“相思树”这一充满浪漫色彩的手法，表现了韩凭夫妇生死不渝的感情。韩凭妻被宋康王夺去，起先肯定还抱着一点重新相会的希望，但随着韩凭先一步殉情而死，这一可怜的梦想也破灭了，消息传来她便一心寻死以报。决然赴死的她，却并没有马上形于辞色，为了不让康王及其随从有阻止她的机会，她以缜密的心思，想出了“腐衣”的主意，最终魂依韩郎，让企图霸占她的康王悻悻不已。虽说干宝是将其当奇闻轶事来记载的，但这个故事情节却成为后世类似题材作品的重要灵感来源，关于梁山伯、祝英台化蝶的传闻就有这个故事的影子。

《李寄》同样是写一个女子的故事，不过这个女子年龄更小，却展现出了不让须眉的英雄气概。她作为送给蛇妖的祭献品，不仅没有束手待毙，反而以自己的智慧和勇敢斩杀了蛇妖。文中重点描写的也不是她的力量和勇猛，而是她做事的智慧和条理，逐一交待她的准备工作及其相应的效果，娓娓道来，令人不得不佩服这样一个女孩子超乎寻常的谋略。同时，在事前应对父母的阻拦、事后面对此前无辜死去的女孩骷髅，她的反应也显得十分得体，这就从更深的层面将人物形象塑造得近乎完美。

集评

(《搜神记》)写得较好的有这样几类故事：一、历史传说。……《韩凭妻》条……暴露了压迫者的凶残，歌颂了被压迫者的反抗精神。二、人鬼恋爱。……三、为民除害。……《李寄》条……不仅颂扬了人们正直、勇敢的精神，同时还给人以破除迷信的教益。……他以“良史”之才而为小说，故又有“鬼之董狐”之誉。“鬼之董狐”不单是指《搜神记》中描写了多种多样的神鬼精怪之事，更是称赞作者在描写中能够做到简略质朴、曲尽其情，亦即是说他的文笔略同于史笔，均具有“直而能婉”的特点。结合这一艺术特点来总结《搜神记》的文学成就，可以说有三点：一、叙事首尾完整，情节丰富曲折，篇幅有所扩展，拓宽了志怪小说的容量与体制；二、注重细节描写，善于运用对话，开始有意刻画人物性格、渲染场景氛围；三、叙事笔触多样化，在形式上又往往于散文中穿插诗歌韵语，增强了叙事的文学色彩。(《中国古代小说百科全书》录许逸民《搜神记》条)

(韩凭妻)故事的高潮不是在生前矛盾双方的较量，而是宋康王在其夫妇殉情后，违其志将二人分开埋葬。爱情的感召力恰恰呈现在这以后发生的奇迹中……这是爱的精魂至坚至诚的依伴与倾诉。这一曲梦魂萦绕的生死恋，不仅仅是一般的浪漫主义想象，冢间屈体相就的梓木，树上交颈悲鸣的鸳鸯，即是人的变幻化生，所以，悲剧背后还蕴含着神话思维的精魂不灭的幻想。(王燕、于天池《干宝〈韩凭夫妇〉鉴赏》，《古代小说鉴赏辞典》录)

李寄在朝祭前“告请好剑及咋蛇犬”，可以看出，她是早有准备，成竹在胸的。因此，作者并没有渲染李寄遭遇蛇怪，斩而杀之的紧张场面。相反，一切仿佛都在她的计划中。一条为害深重的大蛇怪，似乎轻而易举地就毙命于李寄之手。唯其如此,当李寄进入蛇穴,指着九女髑髅说的"汝曹怯弱,为蛇所食,甚可哀愍",才更有一种撼人心魂的力量和胜利者的自豪。(刘勇强《干宝〈李寄〉鉴赏》,《古代小说鉴赏辞典》录)

思考练习题

一、韩凭妻的诗句及苏贺给出的分析,在故事结构中有什么作用?

二、小说中说"相思之名,起于此也",古代还有哪些关于相思的典故?

三、李寄说自己不及缇萦,将二人事迹做一下比较,说说有什么异同。

四、最终李寄被越王聘为王后,家人也各有封赏。这样的结局你是否愿意接受?从文学创作角度说,有什么样的社会心理根源?

相关知识

志怪小说 志怪小说是古代小说的一个门类,一般只用于魏晋南北朝时期。"志怪",语出《庄子·逍遥游》"齐谐者,志怪者也"。南朝孔约、祖台之、曹毗等人所作小说都以"志怪"为名,唐段成式《酉阳杂俎》、明胡应麟《少室山房笔丛》先后都用到了"志怪小说"的名称。鲁迅《中国小说史略》分析说:"中国本信巫,秦汉以来,神仙之说盛行,汉末又大畅巫风,而鬼道愈炽;会小乘佛教亦入中土,渐见流传。凡此皆张皇鬼神,称道灵异,故自晋迄隋,特多鬼神志怪之书。其书有出于文人者,有出于教徒者。文人之作,虽非如释道二家,意在自神其教,然亦非有意为小说,盖当时以为幽明虽殊途,而人鬼乃皆实有,故其叙述异事,与记载人间常事,自视固无诚妄之别矣。"所以,这时期的一批志怪作品,并非如现代小说那样属于叙事虚构文学,而是被认为具有纪实性的。其中较完整地流传至今并且有较高文学价值的,首推《搜神记》。书中部分故事是采自旧籍,其余则是根据传闻敷衍的。但即便是采录的源故事,干宝在文字上也做了一定的加工,使得本来虚幻不实的故事情节和人们的现实生活、思想有了很高的契合,对后世的文学,尤其是小说创作产生了很大的影响,后世《聊斋志异》、《西游记》等古典小说名著中都能时常看到《搜神记》的影子。志怪小说现存作品四十余种(包括辑佚),较志人小说多出不少,比较著名的还有张华《博物志》、葛洪《西京杂记》、陶渊明《搜神后记》、王嘉《拾遗记》、刘敬叔《异苑》、吴均《续齐谐记》等。

相关作品

搜神记·三王墓

〔晋〕干宝

楚干将、莫邪为楚王作剑,三年乃成。王怒,欲杀之。剑有雌雄。其妻重身当产。夫语妻曰:"吾为王作剑,三年乃成。王怒,往必杀我。汝若生子是男,大,告之曰:'出户望南山,松生石上,剑在其背。'"于是即将雌剑往见楚王。王大怒,使相之。剑有二,一雄一雌,雌来雄不来。王怒,即杀之。

莫邪子名赤,比后壮,乃问其母曰:"吾父所在?"母曰:"汝父为楚王作剑,三年乃成。王怒,杀之。去时嘱我:'语汝子出户望南山,松生石上,剑在其背。'"于是子出户南望,不见有山,但睹堂前松柱下石低之上。即以斧破其背,得剑,日夜思欲报楚王。

王梦见一儿眉间广尺,言欲报雠。王即购之千金。儿闻之亡去,入山行歌。客有逢者,谓:"子年少,何哭之甚悲耶?"曰:"吾干将莫邪子也,楚王杀吾父,吾欲报之。"客曰:"闻王购子头千

一、课文精读

金。将子头与剑来，为子报之。"儿曰："幸甚！"即自刎，两手捧头及剑奉之，立僵。客曰："不负子也。"于是尸乃仆。

客持头往见楚王，王大喜。客曰："此乃勇士头也，当于汤镬煮之。"王如其言煮头，三日三夕不烂。头踔出汤中，瞋目大怒。客曰："此儿头不烂，愿王自往临视之，是必烂也。"王即临之。客以剑拟王，王头随堕汤中，客亦自拟己头，头复坠汤中。三首俱烂，不可识别。乃分其汤肉葬之，故通名三王墓。

扩展阅读书目

（1）《新辑搜神记·新辑搜神后记》，晋干宝、陶潜撰，李剑国点校，中华书局 2007 年版。 （2）《搜神记全译》，晋干宝撰，黄涤明译注，贵州人民出版社 1991 年版。 （3）《全本搜神记评译》，晋干宝撰，张觉译，张更生、陈体津评析，学林出版社 1994 年版。 （4）《今评新注搜神记》，晋干宝撰，罗尉宣评注，湖南文艺出版社 1997 年版。 （5）《中华经典藏书：搜神记》，马银琴、周广荣注译，中华书局 2009 年版。 （6）《中国小说史略》，鲁迅撰，上海古籍出版社 2007 年版。 （7）《魏晋南北朝志怪小说通论》，张庆民撰，首都师范大学出版社 2000 年版。 （8）《唐前志怪小说史》，李剑国撰，天津教育出版社 2005 年版。 （9）《古代志怪小说》，骆晓平撰，四川人民出版社 2009 年版。 （10）《〈搜神记〉语言研究》，周生亚撰，中国人民大学出版社 2007年版。

9. 归园田居五首（其一）①

陶渊明

少无适俗韵②，性本爱丘山。误落尘网中③，一去三十年④。
羁鸟恋旧林⑤，池鱼思故渊⑥。开荒南野际，守拙归园田⑦。
方宅十余亩，草屋八九间。榆柳荫后檐，桃李罗堂前。
暧暧远人村⑧，依依墟里烟⑨。狗吠深巷中，鸡鸣桑树颠。
户庭无尘杂，虚室有余闲。久在樊笼里⑩，复得返自然。

（《陶渊明集》，逯钦立校注，中华书局，1979）

注释

① 园田：即田园。 ② 适俗韵：迎合世俗的气质、性格。 ③ 尘网：喻指官场的束缚。 ④ 三十年：当作十三年，作者从二十九岁出任江州祭酒，到四十一岁辞去彭泽县令，恰好是十三年。 ⑤ 羁鸟：被关在笼中失去自由的鸟儿。 ⑥ 池鱼：被捉来养在池中的鱼儿。故渊：鱼儿曾经生活过的深水。 ⑦ 守拙：指坚守自己拙直的性格。 ⑧ 暧暧：模糊的样子。 ⑨ 墟里：村落。 ⑩ 樊：关鸟兽的笼子，本义是篱笆。樊笼这里比喻官场的束缚。

作者简介

陶渊明（365—427），一名潜，字元亮。浔阳柴桑（今江西九江）人。东晋诗人。据正史记载，系东晋名臣陶侃之曾孙，后家道中落。初任江州祭酒，不久即归隐。后陆续做过镇军参军、建威参军等小官。义熙元年(405)任彭泽县令,在官八十一天即弃官归田。从此过着隐居田园的生活,后来朝廷征召他做著作郎,也称病不出,终贫病而卒。私谥靖节。陶渊明早年希望在政治上有所作为,然而官场的争斗和政局的混乱又使他非常失望,加上他素爱丘山的本性,于是四十一岁时主动选择了归隐。他的思想可以说是外儒内道,而以委运任化的自然观为核心,主张生命应与大自然融为一体。因此,他的诗歌主要呈现出一种质朴平淡、恬淡静穆的境界和气象,开创了新的审美领域和境界,对唐以后的诗歌有着很大的影响。需要注意的是,陶渊明并非"浑身静穆",他的作品中也有一些"金刚怒目"式的作品。有《陶渊明集》。

讲解

《归园田居》共五首,作于义熙二年(406),即作者从彭泽县令任上辞归的次年。这一组诗描绘了一幅淳朴美好的田园生活图景。其中既有邻里共话桑麻的和谐质朴,也有"种豆南山下,带月荷锄归"的动人景象,亦有浪迹林莽山泽而后发出的人事无常的感喟,以及与友邻欢饮达旦的场景。虽然个别诗句还有一些忧伤的影子,但是总体上却浸透着作者愉悦欢畅的情怀,感情真挚,可以说是陶诗的代表作之一。

本诗是组诗的第一首,某种程度上可以说是对自己人生立场的一种阐释,开头和结尾的议论尤其体现了这一点。率真不俗的作者年轻的时候就喜爱自然,就不喜欢世俗的逢迎周旋和专营取巧。最初出仕时,或许他想要一展"猛志",然而现实的险恶、官场的污浊在在与他的清高孤傲和率真的本性不合。诗的前八句,紧扣题目中的归字,表达了崇尚自然、不与世俗同流合污的内心追求。其中的"误入"一句,明确表达了自我的觉醒;"羁鸟"二句的比喻,形象地写出了自己仿佛鸟儿归林、池鱼入渊一样的欣喜和解脱之情。田园是多么宽广和自由啊,只有在这里作者才能摆脱禁锢,回归自我。这种回归,才使他解决了自我的本性和外在污浊环境之间的冲突,获得了心灵的宁静。中间十句是诗歌的第二个层次,描写了自己居所周围的景象,洋溢着怡然自足的情怀。作者笔下的景物,例如草屋、榆柳、远村、炊烟、狗吠等等,都是极普通的,是其他诗人不愿意写、也不屑于写的,然而在作者的却具有一种动人的力量,带给人美的享受。在描写时,作者有意采取了淡笔勾勒、不事渲染的笔法,平平写去,仿佛毫不用力,宛若天成而没有刻意修饰,这正是陶诗的突出特色之一。然而作者并非全无安排,"方宅"以下四句,皆为近景,紧跟着的"暧暧"二句是远景,"狗吠"二句则是安静底色上的喧闹,又重新写到近景,这种喧闹不但没有破坏画面的幽美恬静,而且还平添了许多生机。结尾二句是第三个层次,它既照应了开头和题目,又把作者那种如释重负、发自内心的喜悦自然而然地表露出来。

这首诗的语言和所写的景物,都极普通平常,然而平中蕴含深味,常里潜藏超悟,充分体现了他质朴自然、冲淡静穆的风格特点。

集评

东坡尝云:"渊明诗初看若散缓,熟看有奇趣。如曰:'暧暧远人村,依依墟里烟','狗吠深巷中,鸡鸣桑树颠。'大率才高意远,则所寓得其妙,似大匠运斤,无斧凿痕。"(宋·惠洪《冷斋夜话》)

"误落"二句,率。○"暧暧"、"依依",景色生动。(明·陈祚明《采菽堂古诗选》)

储、王极力拟之,然终似微隔,厚处、朴处不能到也。(清·沈德潜《古诗源》)

此诗纵横浩荡,汪茫溢满,而元气磅礴。大舍细入,精气入而粗秽除。奄有汉魏,包孕众胜,后来惟杜公有之。韩公较之,犹觉圭角镌露,其余不足论也。(清·方东树《昭昧詹言》)

自来评陶诗者,多强调其自然简淡的风格,至有"陶渊明直是倾倒所有,借书于手,初不自知为语言文字","渊明所谓不烦绳削而自合"之类的说法。其实,诗总是诗,"自然"的艺术仍然是艺术,甚至是一种不易求得的艺术。真正随意倾吐、毫不修磨,也许称得上"自然",但绝非"自然"的艺术。从这诗来看,在谋篇布局、逐层推进,乃至每个细节的刻画方面,都非草率从事,实是精心构思、斟字酌句、反复锤炼的结晶。只是有一种真实的情感始终贯穿在诗歌中,并呈现为一个完整的意境,诗的语言完全为呈现这意境服务,不求表面的好看,于是诗便显得自然。总之,这是经过艺术追求、艺术努力而达到的自然。(骆玉明《〈归园田居〉其一鉴赏》,《汉魏六朝诗鉴赏辞典》录)

思考练习题

　　一、结合具体诗句,谈谈本诗的风格特点。

　　二、苏东坡说:"渊明诗初看若散缓,熟看有奇趣。"请结合本诗谈谈你的理解。

　　三、白话翻译本诗。

相关知识

　　田园诗　是指以农村生活、田园风光为歌咏内容的诗歌,它的创始人是陶渊明。在陶渊明之前,中国古典诗歌还没有把审美的焦距对准农村,只有在陶渊明的笔下,那些平淡无奇的农村景色和农人隐士的生活才第一次成为审美的对象,从而开辟了新的审美视域和审美境界。田园诗并不是单单追求田园景物的描写,而是借此来寄托作者的心灵之趣,表达他们的人格世界,寄托作者不与世俗同流合污的高雅情致,或者对农人的生活寄予同情和关切。因此它的语言通常不是繁缛绮丽、生涩僻奥的,而是类似口语的,朴素凝练的,它的艺术风貌往往是平和冲淡、闲适恬静的,格调是清新自然的。不过,那种平和冲淡、清新自然,并非是枯瘠的,而是丰腴深厚的,下面埋伏着情感的潜流。

相关作品

归园田居五首(其二)

〔晋〕陶渊明

　　野外罕人事,穷巷寡轮鞅。白日掩荆扉,对酒绝尘想。
　　时复墟里中,披草共来往。相见无杂言,但道桑麻长。
　　桑麻日已长,我土日已广。常恐霜霰至,零落同草莽。

归园田居五首(其三)

〔晋〕陶渊明

　　种豆南山下,草盛豆苗稀。晨兴理荒秽,带月荷锄归。
　　道狭草木长,夕露沾我衣。衣沾不足惜,但使愿无违。

归园田居五首（其四）

〔晋〕陶渊明

久去山泽游，浪莽林野娱。试携子侄辈，披榛步荒墟。
徘徊丘陇间，依依昔人居。井灶有遗处，桑竹残朽株。
借问采薪者，此人皆焉如？薪者向我言，死殁无复馀。
一世异朝市，此语真不虚。人生似幻化，终当归空无。

归园田居五首（其五）

〔晋〕陶渊明

怅恨独策还，崎岖历榛曲。山涧清且浅，遇以濯吾足。
漉我新熟酒，双鸡招近局。日入室中暗，荆薪代明烛。
欢来苦夕短，已复至天旭。

扩展阅读书目

（1）《陶渊明集校笺》，龚斌校笺，上海古籍出版社1996年版。　（2）《陶渊明集笺注》，袁行霈笺注，中华书局2003年版。　（3）《陶渊明集译注》，郭维森、包景诚译注，贵州人民出版社2008年版。　（4）《陶渊明诗文选注》，唐满先选注，上海古籍出版社1981年版。　（5）《陶渊明诗文选》，李华选注，人民文学出版社1987年版。　（6）《陶渊明资料汇编》，北京大学、北京师范大学中文系编，中华书局1962年版。　（7）《陶渊明》，廖仲安撰，上海古籍出版社1979年版。　（8）《陶渊明年谱》，王质、许逸民撰，中华书局1986年版。（9）《陶渊明研究》，袁行霈撰，中华书局1997年版。　（10）《陶渊明传论》，龚斌撰，华东师范大学出版社2001年版。

10. 世说新语·任诞（五则）

刘义庆

阮公邻家妇①，有美色，当垆酤酒②。阮与王安丰常从妇饮酒③。阮醉，便眠其妇侧。夫始殊疑之④，伺察⑤，终无他意⑥。（第八条）

阮籍当葬母⑦，蒸一肥豚⑧，饮酒二斗，然后临诀⑨，直言：“穷矣⑩！”都得一号⑪，因吐血⑫，废顿良久⑬。（第九条）

王子猷尝暂寄人空宅住⑭，便令种竹。或问：“暂住何烦尔⑯？”王啸咏良久⑰，直指竹曰：“何可一日无此君⑱？”（第四十六条）

王子猷居山阴⑲，夜大雪，眠觉⑳，开室命酌酒㉑，四望皎然㉒。因起彷徨，咏左思《招隐诗》㉓。

一、课文精读

忽忆戴安道㉔。时戴在剡㉕，即便夜乘小舟就之㉖。经宿方至㉗，造门不前而返㉘。人问其故，王曰："吾本乘兴而行，兴尽而返，何必见戴?"（第四十七条）

王子猷出都㉙，尚在渚下㉚。旧闻桓子野善吹笛㉛，而不相识。遇桓于岸上过，王在船中，客有识之者，云是桓子野。王便令人与相闻㉜，云："闻君善吹笛，试为我一奏。"桓时已贵显㉝，素闻王名㉞，即便回下车，踞胡床㉟，为作三调㊱。弄毕㊲，便上车去。客主不交一言。（第四十九条）

《世说新语校笺》，〔南朝宋〕刘义庆著，〔南朝梁〕刘孝标注，杨勇校笺，中华书局，2006）

注释

① 阮公：即阮籍（210—263），字嗣宗，陈留尉氏（今属河南）人。三国魏末文学家、思想家。其父为"建安七子"之一的阮瑀。曾任步兵校尉，世称"阮步兵"。与嵇康齐名，为"竹林七贤"之一。不满司马氏专权，但又不能明拒，常以醉酒来逃避、反抗现实。其五言《咏怀诗》八十二首为传世名作。原有集，已亡佚，后人辑有《阮嗣宗集》。　② 当垆：站在酒垆前，指卖酒。垆，放置酒瓮的土台。酤：卖酒。　③ 王安丰：即王戎（234—305），字濬冲，琅邪临沂（今属山东）人。"竹林七贤"之一。官至尚书令、司徒，伐吴有功，封安丰侯。从：到……那儿，往就。　④ 殊：非常。　⑤ 伺察：侦视，观察。　⑥ 无他意：没有别的意思。　⑦ 当葬母：在安葬母亲的时候。　⑧ 豚：小猪。古代也泛指猪。　⑨ 诀：指下葬前与亡母的最终诀别。　⑩ 直言：径直喊道。言，这里指呼言。　⑪ 穷矣：完了啊。晋代风俗，人子遇父母之丧，例当哭喊"奈何"、"穷矣"。　⑫ 都：总共。号（háo）：大声哭。　⑬ 因：因而。　⑭ 废顿：衰损憔悴。　⑮ 王子猷（yōu）：即王徽之（?—388），字子猷，著名书法家王羲之之子。历官大司马参军、车骑将军骑兵参军、黄门侍郎。后辞官家居。寄：寄住。　⑯ "何烦"句：何必这样麻烦呢。　⑰ 啸咏：长啸高吟，这里显示王徽之的潇洒。　⑱ 何可：怎么可以。此君：古人通常尊称对方为君，这里借作对竹的谑称，后世遂多以"此君"代指竹。　⑲ 山阴：即今浙江绍兴，因在稽山之北，故称。　⑳ 眠觉：睡醒。觉，醒来。　㉑ 开室：打开房门。　㉒ 皎然：洁白的样子。　㉓ 左思：字太冲，齐国临淄（今山东淄博东北）人。晋文学家。出身寒微，曾任秘书郎，后辞去。其《三都赋》、《咏史诗》为传世名篇。《招隐诗》：左思的两首写隐居之乐的诗，见《文选》卷二十二。　㉔ 戴安道：即戴逵（326—396），字安道，谯国铚县（今安徽宿州西）人。隐居会稽剡县。朝廷曾征召他做国子博士，不就。善弹琴，精绘画，崇奉佛教。　㉕ 剡（shàn）：古县名，晋时治所在今浙江嵊州，以境内剡溪得名。　㉖ 就：赴。　㉗ 经宿（xiǔ）：经过一整夜。　㉘ 造门：到了门前。造，到。　㉙ 出都：前往京城。出，在这里是"去"、"到"的意思。据《晋书·桓伊传》，王徽之是"赴召京师"。　㉚ 渚下：据《晋书·桓伊传》，王徽之此时"泊舟青溪侧"。渚，水中的小洲。　㉛ 桓子野：即桓伊，字叔夏，小字子野，一作野王，谯国铚县（今安徽宿州西）人。初任淮南太守，进西中郎将、豫州刺史。淝水之战中，与谢玄等大破前秦苻坚主力，封永修县侯。官至都督江、荆、豫三州十四郡军事、江州刺史，拜护军将军。性谦冲，精音乐，最善吹笛。　㉜ 相闻：相告。　㉝ 贵显：桓伊此时官位勋业已高，故称贵显。　㉞ 素：向来。　㉟ 踞：坐。胡床：一种有靠背可折叠的轻便坐具，也叫交床或交椅。　㊱ 三调：三个曲调。　㊲ 弄毕：吹奏完。弄，演奏乐曲。

作者简介

刘义庆（403—444），彭城（今江苏徐州）人。南朝宋文学家。宋武帝刘裕之侄。幼时得刘裕赏爱，十三岁即袭封南郡公。永初元年（420）又袭封临川王。元嘉元年（424）授丹阳尹。元嘉六年兼任尚书左仆射，参与朝中机务。元嘉九年出任平西将军、荆州刺史，颇有治绩。元嘉十六年移任江州刺史。旋改南兖州刺史，加开府仪同三司。因病回京疗养，不久去世。谥康王。刘义庆赋性简素，寡于嗜欲，唯喜结纳文士。《世说新语》为其主持门下客编撰而成。

《世说新语》为古代著名志人小说集,原名《世说》,唐时亦称《世说新书》,宋以后始定《世说新语》之名。所记魏晋士人言行,原多见于东晋裴启《语林》等书,当是刘义庆借助门客之力搜辑改编而成。全书旧分八卷,今通行本三卷,凡德行、言语、政事、文学、方正、雅量、识鉴、赏誉、品藻、规箴、捷悟、夙慧、豪爽、容止、自新、企羡、伤逝、栖逸、贤媛、术解、巧艺、宠礼、任诞、简傲、排调、轻诋、假谲、黜免、俭啬、汰侈、忿狷、谗险、尤悔、纰漏、惑溺、仇隙三十六门,每门多则百条以上,少则不到十条。《世说新语》主要记述东汉末至南朝宋初近三百年间士人的遗闻轶事,世人瞩目的魏晋风度在此书中有全面的反映,有重要的思想文化史价值。从文学角度说,此书文字修洁清隽,常常寥寥数笔就刻画出人物的神采气性,在后世文人中有极大的影响。南朝梁刘孝标(名峻,以字行)(462—521)为此书所作之注,征引大量今已亡佚的典籍,颇可参证或订正书中事实,一向受到学者们的重视,历代多与《世说新语》原文合刊。

讲解

《世说新语》集中展示了魏晋风度,所谓"魏晋风度",就是魏晋时士人所展现出的超越礼法、放达通脱、任真迈俗、风流自赏的生活态度,通常也与饮酒、服散、重视情感、雅好清谈、喜爱山水自然与文学艺术有关。《世说新语》专设"任诞"一门,所谓"任诞",意思是任意而行,放诞不拘。三国魏末,司马氏专权,士人顺之则昌,逆之则亡,政治空气极其压抑,于是阮籍、嵇康等名士以纵酒越礼,狂放不拘来作消极的反抗,晋代这种风习的面貌与方向虽有变化,但仍延续下来,在士族的王谢子弟等身上得到反映。

这里选的"任诞"第八条,阮籍浑然不管男女交往的礼教大防,狂饮于邻家酒肆的美貌女主人之前也还罢了,居然酣醉后就横卧其侧,这也太匪夷所思了。其放诞随意的程度,怪不得要令女主人的丈夫深为疑忌。但他看来看去,却始终瞧不出阮籍有什么非分的企图,于是也就释然于怀。阮籍曾说:"礼岂为我辈设也!"(《世说新语·任诞》)但他的意思,其实是以蔑弃借尊奉礼法之名而为钳制,力求返于率真淳朴的人性为旨归的,体现了"越名教而任自然"(嵇康《释私论》)的名士风采。

第九条,阮籍在安葬母亲时仍顾着吃肉喝酒,换了别人,换了其他时代,我们会说那人是丧心病狂,但在阮籍这里,这种放诞的行为与丧母引发的悲痛完全无关。我们看到,他哭号出一声"穷矣"之后,竟然口吐鲜血,好长一段时间身心两病,憔悴不支,那种深悲巨痛的感情,又岂是那些侈谈礼法者所能有。虽然这种率真多少可以说是病态的,但谁又能说它不是凄美的?

第四十六条,王徽之暂时寄住别人的一处空宅,时间最长或许也就十来天,但他却没一点嫌麻烦之心,一定要手下人种上竹子,并直说一天没见到绿竹就心里不舒服。指修篁而呼"此君",今日读来,其一本正经的样子未免令人忍俊不禁,但这却充分表明其对自然之物纯粹之美的痴迷,一方面见出他张扬个性的率真,一方面也见出他身上所体现的审美文化的非功利性。人们现在常说:魏晋时代是一个美的自觉的时代,而魏晋名士的言行,足可证明此言不虚。

第四十七条,是著名的"雪夜访戴"故事。王徽之兴之所至,便上船往访,何尝去管他什么风雪严寒造成的阻碍;兴之所尽,又及门而退,也不计礼数有欠,人以为怪,不计徒劳往返,枉费精神。这可真称得上是"任诞"的典型案例了。不以既定的、世俗的标准衡量自己的言行、束缚自己的心性,令人着迷的魏晋名士风度再一次栩栩如生地展现在读者面前。

第四十九条,王徽之出行途中,遇到吹笛圣手桓伊,桓伊也是家世显赫的名门子弟,当时已经身居要职。两人虽各闻对方之名已久,却从未见过面,在这种情况下,一时半晌居然就合演了一出很有意思的活剧。王命人通意,请桓吹笛;桓二话不说,立时下车为奏三曲,然后互不交谈,从容各去。这种默契，当然是建立在一种最高层次的互相理解之上的，那种互相理解当然又是以任真通达的名士风度为基础的。这里最耐人寻味的是最后一句"客主不交一言"，这一方面表现出两人文化素养的超卓，对音乐之美的表现与领略已无须多言；一方面也是不认识就是不认识，即使互相欣赏，也不必落入你夸我赞、相得甚欢俗套的意思，从中更能体会出名士不同流俗、率性而为的本色。

最后，应当交代一下，首先，魏晋风度是由名士的某些言语行为表现出来的，必须全面观察，才能对其人有正确的认识。以王徽之为例，这里选的《任诞》篇中的三则，都显现出他潇洒脱俗的一面，而《雅量》篇第36则却有这样的描写："王子猷、子敬（王徽之弟王献之）曾俱坐一室，上忽发火（起火），子猷遽走避，不惶（没来得及）取屐；子敬神色恬然，徐唤左右，扶凭（扶着靠着）而出，不异平常。世以此定二王神宇（精神气度）。"这里写到的王徽之，又不是那么潇洒了。其次，魏晋风度是特定历史时代的精神产物，展现魏晋风度的那批名士中的某些人，也有令人厌恶的一面。比如这里提到的王徽之，据《世说新语》刘注引《中兴书》说，他"卓荦不羁，欲为傲达，放肆声色颇过度，时人钦其才，秽其行也"。我们读他的故事，就应从积极的一面去体会、思考。

集评

淡。（按：此评第八条）（明·李贽《初谭集·夫妇》）

《世说新语·任诞》篇记载了许多魏晋名士狂放不羁的行为，论者喜从政治背景上解说，认为这是与标榜礼教的司马氏集团故示异趣。这方面的因素固然存在，却又并不尽然。至少在相当一部分名士看来，旷达不拘的行为本身体现了超越世俗的精神境界，是一种表现自我的方式，故任诞亦可能出于"刻情"。……因沽酒妇貌美而屡屡登门买醉，自然不离好色之心；醉卧其侧，则是越礼之举；然"终无他意"，却又表现了对"欲"的超越。谨守礼法不敢越寸分是俗人之行，见色忘义、惹是生非亦是俗人之行，在这两者之上的任性放达，乃是名士风流。（按：此评第八条）（骆玉明《世说新语精读》）

案父母之丧，苟非禽兽，无不变动失据。阮籍虽曰放诞，然有至慎之称。……何至……临葬母而饮酒烹豚？……《世说》所贩，深为害理，贻误后人。有志名教者，亟当辞而辟之也。（按：此评第九条）（清·李慈铭《越缦堂读书简端记》）

以空言翻案，吾所不取。籍之不顾名教如此，而不为清议所废者，赖司马昭保持之也。（按：此评第九条）（余嘉锡《世说新语笺疏》）

人旷我亦旷，如此而已。（按：此评第十条）（明·李贽《初谭集·师友》）

大是佳境。（按：此评第四十七条）（明·王世懋《世说新语》批点本）

读此每令人飘飘欲飞。（按：此评第四十七条）（明·凌濛初《世说新语鼓吹》）

子猷之访戴，其来也，不畏经宿之远；其返也，不惜经宿之劳，一任意兴之所至，而无所迁屈。其尊内心而轻外物，洒落之高致、不羁之远韵，皆晋人之所企求而向往也。（按：此评第四十七条）（钱穆《国学概论·魏晋清谈》）

这截然地寄兴趣于生活过程的本身价值而不拘泥于目的，显示了晋人唯美生活的典型。（按：此评第四十七条）（宗白华《美学散步》）

佳境乃在末语。（按：此评第四十九条）（明·王世懋《世说新语》批点本）

思考练习题

一、《世说新语·任诞》第七条载："阮籍嫂尝回家，籍见与别。或讥之，籍曰：'礼岂为我辈设也？'"又《世说新语·任诞》引王隐《晋书》云："籍邻家处子（处女）有才色，未嫁而卒。籍与无亲，生不相识，往哭，尽哀而去。"（事亦见《晋书》阮籍本传）联系这里所选的"任诞"第8条，谈谈阮籍蔑视男女礼防的时代意义。

二、王徽之对竹的痴迷，是不是与人们对松竹梅"岁寒三友"所代表的高洁坚贞有关（竹节常被比为人之节操)？试分析之。

三、联系阮籍、王徽之的生活环境,体味两人的放诞有何不同。

四、白话翻译"任诞"第49条。

志人小说　所谓志人小说,也称轶事小说,系古代小说类别之一。通常特指魏晋南北朝时期以记载人物(多为士人)逸闻趣事为主的小说,是与记载怪异荒幻之事的"志怪小说"(代表作为干宝《搜神记》)相对的一个概念,其名始见于鲁迅《中国小说的历史的变迁》。志怪小说因时代甚早,当然是用文言写的,与明清流行的白话通俗小说不被列入古代图书四部分类不同,它被归到子部小说类中。志人小说一般不是叙事虚构作品,具有较强的纪实性,像《世说新语》所记的一些事(多源于他书),就曾被唐人所修正史《晋书》采用。不过,志人小说中也有一部分记载出于误传,检《世说新语》刘孝标注所引各书,足证常有与事实不符者,但这并不妨碍将之作为文学作品欣赏。志人小说的代表作就是《世说新语》,今传魏晋南北朝的志人小说还有葛洪(传)《西京杂记》、裴启《语林》(辑佚本)、郭澄之《郭子》(辑佚本)、殷芸《殷芸小说》(辑佚本)等,数量不如志怪小说多。《世说新语》在后世的广泛影响,促使一批文人写了若干续书或模仿作品,主要有宋王谠《唐语林》、宋孔平仲《续世说》、明李绍文《皇明世说新语》、明何良俊《何氏语林》、明林茂桂《南北朝新语》、清王晫《今世说》、清余金(徐锡龄、钱泳)《熙朝新语》、民国初易宗夔《新世说》等。

《世说新语》中的其他记述

〔南朝宋〕刘义庆

桓公北征,经金城,见前为琅邪时种柳,皆已十围,慨然曰:"木犹如此,人何以堪!"攀枝执条,泫然流泪。(《世说新语·言语》55)

王子敬云:"从山阴道上行,山川自相映发,使人应接不暇。若秋冬之际,尤难为怀。"(《世说新语·言语》91)

谢镇西少时,闻殷浩能清言,故往造之。殷未过有所通,为谢标榜诸义,作数百语,既有佳致,兼辞条丰蔚,甚足以动心骇听。谢注神倾意,不觉流汗交面。殷徐语左右:"取手巾与谢郎拭面。"(《世说新语·文学》28)

郗太傅在京口,遣门生与王丞相书,求女婿。丞相语郗信:"君往东厢,任意选之。"门生归,白郗曰:"王家诸郎亦皆可嘉,闻来觅婿,咸自矜持,唯有一郎在东床上坦腹卧,如不闻。"郗公云:"正此好!"访之,乃是逸少,因嫁女与焉。(《世说新语·雅量》19)

张季鹰辟齐王东曹掾,在洛,见秋风起,因思吴中菰菜羹、鲈鱼脍,曰:"人生贵得适意尔,何能羁宦数千里以要名爵?"遂命驾便归。俄而齐王败,时人皆谓见机。(《世说新语·识鉴》10)

王夷甫雅尚玄远,常嫉其妇贪浊,口未尝言"钱"字。妇欲试之,令婢以钱绕床,不得行。夷甫晨起,见钱阂行,令婢:"举却阿堵物!"(《世说新语·规箴》9)

嵇康身长七尺八寸,风姿特秀。见者叹曰:"萧萧肃肃,爽朗清举。"或云:"肃肃如松下风,高而徐引。"山公曰:"嵇叔夜之为人也,岩岩若孤松之独立;其醉也,傀俄若玉山之将崩。"(《世说新

语·容止》5)

　　顾长康画人，或数年不点目精。人问其故，顾曰："四体妍蚩，本无关于妙处，传神写照，正在阿堵中。"(《世说新语·巧艺》13)

　　王子猷作桓车骑参军。桓谓王曰："卿在府久，比当相料理。"初不答，直高视，以手版拄颊云："西山朝来，致有爽气。"(《世说新语·简傲》13)

　　孙子荆年少时欲隐，语王武子"当枕石漱流"，误曰"漱石枕流"。王曰："流可枕，石可漱乎？"孙曰："所以枕流，欲洗其耳；所以漱石，欲砺其齿。"(《世说新语·排调》6)

　　王安丰妇，常卿安丰。安丰曰："妇人卿婿，于礼为不敬，后勿复尔。"妇曰："亲卿爱卿，是以卿卿；我不卿卿，谁当卿卿？"遂恒听之。(《世说新语·溺惑》6)

扩展阅读书目

　　(1)《世说新语校笺》，南朝梁刘孝标注，徐震堮校笺，中华书局 1984 年版。　　(2)《世说新语笺疏》，南朝梁刘孝标注，余嘉锡笺疏，上海古籍出版社 1993 年版。　　(3)《世说新语会评》，刘强集评，凤凰出版社 2007 年版。　　(4)《世说新语全译》，柳士镇、刘开骅译注，贵州人民出版社 1996 年版。　　(5)《世说新语译注》，张㧑之译注，上海古籍出版社 1996 年版。　　(6)《全评新注世说新语》，蒋凡、李笑野、白振奎评注，人民文学出版社 2009 年版。　　(7)《世说新语精粹解读》，范子烨撰，中华书局 2004 年版。　　(8)《世说新语精读》，骆玉明撰，复旦大学出版社 2007 年版。　　(9)《世说新语研究》，王能宪撰，江苏古籍出版社 1992 年版。(10)《世说新语研究》，蒋凡撰，学林出版社 1998 年版。　　(11)《世说新语发微》，王守华撰，上海文艺出版社 1998 年版。

11. 登江中孤屿①

谢灵运

江南倦历览②，江北旷周旋③。怀新道转迥，寻异景不延④。
乱流趋孤屿，孤屿媚中川⑤。云日相晖映，空水共澄鲜。
表灵物莫赏⑥，蕴真谁为传⑦。想像昆山姿⑧，缅邈区中缘⑨。
始信安期术⑩，得尽养生年。

（《谢康乐诗注》，〔南朝宋〕谢灵运著，黄节注，人民文学社，1958）

注释

　　① 孤屿：孤岛。　　② 历览：遍览。　　③ 旷周旋：很久不去游览。旷，荒废，耽搁。周旋，应酬，打交道，这里指游览。　　④ 景：日光，指时间。延：长。这里是说因要找寻奇异的景物，所以要感到时间不够用、太短促。　　⑤ 中川：河流的中间。媚中川：在江中呈现娇媚姿态。　　⑥ 表：表现，显现。灵：灵秀，神奇。物：指人。　　⑦ 蕴真：蕴藏仙人。　　⑧ 昆山姿：指神仙的姿容。昆山，昆仑山的简称，是古代传说中西王母的住处。　　⑨ 缅邈：遥远的样子。区中缘：人世间的相互关系。　　⑩ 安期术：安期生的长生之术。安期，即安期生，是古代传说中的神仙，因得长生不老之术而活过了一千岁。

谢灵运(385—433),字不详,陈郡阳夏(今河南太康)人,移籍会稽(今浙江绍兴)。东晋文学家。东晋名将谢玄之孙。因小时候曾寄养别人家,族人多呼其小名客儿,世称谢客。东晋末袭封康乐公,世称谢康乐。义熙年间担任刘裕太尉参军、相国从事中郎。入宋后,降爵康乐侯。少帝时被贬为永嘉太守,不久辞官。元嘉三年(426)征为秘书监,后来又迁临川内史,最后被当权者以谋反的罪名杀害。谢灵运一生喜游山水,是中国文学史山水诗统的开创者,从他开始,山水诗在中国文学史上乃由附庸而蔚为大国。其主要创作活动在刘宋时代,所作大多描写会稽、永嘉、庐山等地的胜境,刻琢研炼而出以新俊,于汉魏外别开蹊径,抒情缀景,畅达理旨,在后世有较大影响。原有集,已佚,明人辑其存世作品为《谢康乐集》。

讲解

此诗乃是景平元年(423)谢灵运在永嘉太守任上所作。诗题中的"江"指永嘉江。"孤屿"为永嘉江中的岛屿,在温州南四十里,长三百丈,阔七十步,岛屿上有二峰,现在已成为旅游胜地。

本诗开篇即说"江南倦游历",这与史书所载谢灵运"不得志,遂肆意游遨,遍历诸县,动逾旬朔"(《宋书》谢灵运本传)是完全吻合的。这一句是对后面描述的反衬,也顺势引出下文。诗人急于探寻新奇胜景,故而反觉道路遥远,时间紧迫。这样描写也使读者对下面所述景色充满了期待。

"乱流趋孤屿,孤屿媚中川",诗人探险一样发现了优美新奇的景色。天光云影辉映之下,水天一色,澄澈鲜明。此番收获,大有山穷水尽、柳暗花明之趣。于是诗人不禁想到:这样的景色世间不知还有多少,只不过没有传扬出去、不为人们所知罢了。联想到自己的身世,心中不免有些牢骚,自己也像这优美景色一样,不为人所赏识,可谓怀才不遇。世事既已如此,诗人也只能徒唤奈何,不免想到远离这尘世,把期望寄托到安期生的长生之术上。

此诗布局分明,却层层转折,可谓工于谋篇。诗中用字也极为讲究,如"倦"、"旷"、"趋"、"媚"等字,都极为传神,足见诗人炼字手段的高妙。"乱流"二句用顶针修辞,承接颇见经营之妙。"怀新"二句,"云日"二句,"表灵"二句,乃至起首两句,都是对偶句式或准对偶句式,这种排偶化趋向虽非始于谢灵运,但他确是大有推进之功的,实开后世律诗对仗之先河。

集评

以丽情密藻,发其胸中奇秀,有骨,有韵,有色。(明·钟惺《古诗归》)

于未登孤屿前,先写一层,搜奇选胜,意见笃好山水。若此,情倍深,旨倍曲,发端构想,高人几许?○"乱流"二句佳。绝流而渡,正尔时不意复有好景,忽得孤屿,悦目赏心,出于望外,觉此境倍佳耳。○"云日"二句十字,足尽孤屿妙景。亦写景虚写法。○发端语不易得,每作古文词,亦如此。(清·陈祚明《采菽堂古诗选》)

怀新道转迥,谓贪寻新境,忘其道之远也。寻异景不延,谓往前探奇,当前妙景不能少迁延也。深于寻幽者知之。十字字字耐人咀味。○"乱流"二句,谓截流而渡,忽得孤屿。余尝游金焦,诵此二句,愈觉其妙。(清·沈德潜《古诗源》)

凡人行过旧路,多不觉远,以怀新故,冀得见所未见耳。道路既远,则日便觉促,总是急急寻异,以见前倦于江南,非倦于历览也。(清·吴伯其《六朝诗选定论》)

这首诗描绘了江中孤屿秀媚幽丽的景色,同时也寄寓了诗人孤高傲世的性格、遭受排挤的幽愤和厌世求仙的思想情绪。……运思精凿丽密,取势宛转屈伸,可谓匠心独运。欲写江屿之秀媚神奇,先写江南胜景历览之倦，一抑一扬，对比鲜明。然后一笔宕开……遥想昆仑仙人姿容，神会古代安期生道术，进一步烘托和神化了孤屿的幽丽神奇。如此前皴后染，虚实交替，不仅突出了孤屿之美、之奇，也有效地寄寓了自己孤傲不遇的主观情感。结构绵密而意脉一贯，情景相生而物我融一。（熊笃《〈登江中孤屿〉鉴赏》，《汉魏六朝诗鉴赏词典》录）

思考练习题

一、试着对"云日相晖映，空水共澄鲜"两句进行赏析。

二、谢灵运的山水诗只是纯粹对山水进行描摹吗？试结合谢灵运的个人遭遇进行论述。

三、诗中的"媚"字如何理解？你所知道的古代诗词作品中还有哪些像该句一样"着一字而境界全出"的佳句？

相关知识

山水诗 山水诗，顾名思义，就是以山水为主要描写对象的诗歌。孔子曰："知者乐水，仁者乐山。"可以说，在品德情操方面，知者、仁者都与自然界中的山水的某些特征有着相似、相通之处，因此他们往往沉湎于山水景物之中。在欣赏山水之余，往往挥动手中大笔，以诗歌的体裁，对眼前的景色加以刻画，于是便产生了大量脍炙人口的模山范水之作。在《诗经》和《楚辞》里，已经出现了对山水的描写，不过还没有被当作独立的审美对象来歌咏，在内容上处于附属、陪衬的地位。一般来讲，曹操所写的四言诗《观沧海》是中国诗歌史上最早的一首完整的山水诗，只是作者对自然景观的描写并非刻意为之，其创作意图与后世的山水诗人并不相同。东晋时期，"晋人向外发现了自然，向内发现了自己的深情"（宗白华《论〈世说新语〉和晋人的美》），游赏山水开始成为日常的重要活动，为纯粹山水诗的完全成熟创造了良好的条件，一些诗人写下了若干山水诗，而此后出现的谢灵运，无疑是开创山水诗统的大家。

谢康乐体 谢灵运诗今存九十余首，其中有四十多首描写山水。他是第一个有意识地大量创作山水诗的诗坛大家，他的诗歌风格被后人称为"谢康乐体"，对后世影响颇深，在后人诗集中经常出现"谢康乐体"的仿效之作。有人曾对"谢康乐体"加以总结，认为具有以下三个独特之处：一是外无遗物的景物描写，二是剪裁精工的句式安排，三是经营而返于自然的风格。需要注意的是，无论是谢灵运还是其他诗人的作品，虽然都着力描摹山水景物，但除此之外，往往都有作者个人怀抱的寄托。

相关作品

石壁精舍还湖中作

〔南朝宋〕谢灵运

昏旦变气候，山水含清晖。清晖能娱人，游子憺忘归。
出谷日尚早，入舟阳已微。林壑敛暝色，云霞收夕霏。
芰荷迭映蔚，蒲稗相因依。披拂趋南径，愉悦偃东扉。
虑澹物自轻，意惬理无违。寄言摄生客，试用此道推。

石门岩上宿

〔南朝宋〕谢灵运

朝搴苑中兰，畏彼霜下歇。暝还云际宿，弄此石上月。
鸟鸣识夜栖，木落知风发。异音同至听，殊响俱清越。
妙物莫为赏，芳醑谁与伐。美人竟不来，阳阿徒晞发。

入彭蠡湖口

〔南朝宋〕谢灵运

客游倦水宿，风潮难具论。洲岛骤回合，圻岸屡崩奔。
乘月听哀狖，浥露馥芳荪。春晚绿野秀，岩高白云屯。
千念集日夜，万感盈朝昏。攀崖照石镜，牵叶入松门。
三江事多往，九派理空存。灵物郄珍怪，异人秘精魂。
金膏灭明光，水碧辍流温。徒作千里曲，弦绝念弥敦。

扩展阅读书目

(1)《谢灵运集》，李运富注，岳麓书社1999年版。 (2)《谢灵运集校注》，顾绍柏校注，中州古籍出版社，1987年版。 (3)《谢灵运年谱汇编》，陈祖美编选，广西师范大学出版社2001年版。 (4)《山水田园诗派研究》，葛晓音撰，辽宁大学出版社1993年版。 (5)《谢灵运研究论集》，葛晓音主编，广西师范大学出版社2001年版。 (6)《日韩谢灵运研究译文集》，宋红主编，广西师范大学出版社2001年版。

12. 燕歌行①

高 适

汉家烟尘在东北②，汉将辞家破残贼③。男儿本自重横行④，天子非常赐颜色⑤。
摐金伐鼓下榆关⑥，旌旆逶迤碣石间⑦。校尉羽书飞瀚海⑧，单于猎火照狼山⑨。
山川萧条极边土，胡骑凭陵杂风雨⑩。战士军前半死生，美人帐下犹歌舞⑪。
大漠穷秋塞草腓⑫，孤城落日斗兵稀。身当恩遇常轻敌⑬，力尽关山未解围。
铁衣远戍辛勤久⑭，玉箸应啼别离后⑮。少妇城南欲断肠，征人蓟北空回首⑯。
边庭飘飘那可度⑱，绝域苍茫无所有⑲。杀气三时作阵云⑳，寒声一夜传刁斗㉑。
相看白刃血纷纷㉒，死节从来岂顾勋㉓？君不见沙场征战苦㉔，至今犹忆李将军㉕。

（《高适集校注》，〔唐〕高适著，孙钦善校注，上海古籍出版社，1984）

注释

① 燕歌行:乐府古题。属《相和歌辞·平调曲》。其辞多写边地征戍之事。此诗作于唐玄宗开元二十六年(738)。诗前原有序云:"开元二十六年,客有从御史大夫张公出塞而还者,作《燕歌行》以示适,感征戍之事,因而和焉。"张公,指河北节度副大使张守珪。开元二十六年,其部将赵堪等假借张守珪之命,击叛奚余党于潢水之北,先胜后败。张守珪隐匿败绩,谎报军功,事泄,被贬为括州刺史。诗人得悉真情,有感而作此诗。 ② 汉家:汉朝,这里指代唐朝。烟尘:指有战事。东北:契丹的所在地。开元十八年(730)以后的数年间,唐与契丹、奚的战争连年不绝。 ③ 汉将:这里指代唐将。残贼:凶恶残忍的敌人。 ④ 横行:纵横驰骋,扫荡敌寇。 ⑤ 非常:特别。赐颜色:赏脸,厚待。 ⑥ 拟(chuāng)金伐鼓:写行军时军鼓和鸣。拟,撞击。金,军中所用的钲、铃一类铜制的乐器。下:出。榆关:即山海关,在今河北秦皇岛市东北。 ⑦ 旌旆(pèi)军中各色旗帜。逶迤(wēi yí):连绵不断的样子。 ⑧ 校尉:武官名,位次于将军。羽书:插有羽毛的信,指军中紧急的文书。瀚(hàn)海:大沙漠。 ⑨ 单(chán)于:古代匈奴称其君主为单于,此指侵犯唐帝国的契丹等部族的首领。猎火:打猎时点燃火把照出的光。古代游牧民族作战前,往往举行大规模的打猎活动代替军事演习。这里应指单于发动的军事挑衅。狼山:即狼居胥山,在今内蒙古自治区西北部。 ⑩ 胡骑(jì):北方游牧民族敌人的骑兵。凭陵:侵犯。杂风雨:形容敌军来势凶猛,好似急风骤雨。 ⑪ 帐下:指将帅的营帐之中。 ⑫ 穷秋:深秋。腓(féi):草木枯萎。 ⑬ 身当恩遇:身受朝廷的知遇之恩。恒:常常,总是。 ⑭ 铁衣:铠甲,代指战士。 ⑮ 玉箸:玉制的筷子,代指思妇的眼泪。 ⑯ 城南:指唐都长安城南的住宅区。 ⑰ 蓟(jì)北:蓟州之北,泛指北部边塞地区。蓟,蓟州,唐时治所在今天津蓟县。 ⑱ 边庭:边境。飘飖:同"飘摇",动荡不定的样子。 ⑲ 绝域:指荒凉的塞外。苍茫:渺茫无边的样子。 ⑳ "杀气"句:意谓战场上整日杀气腾腾,阴云密布。三时,指晨、午、晚,即一整天。阵云,战云。 ㉑ 寒声:寒夜中传来的刁斗声。刁斗,军中巡更、煮饭两用的铜器,呈有柄的斗形。 ㉒ 白刃:锋利的刀。 ㉓ 死节:指为国事而献身。岂顾勋:哪里是为了获得个人的功勋。 ㉔ 沙场:战场。 ㉕ 李将军:指汉代名将李广。他英勇善战,爱护部下,并能与士卒同甘共苦,因此深受他们爱戴。匈奴畏惧他,不敢进犯边境。事见《史记·李将军列传》。一说,指战国时威震匈奴的赵国良将李牧。

作者简介

高适(702—765),字达夫,渤海蓨(今河北景县)人。早岁家贫,随父旅居岭南,后客居梁、宋(今河南商丘一带)。开元中曾求仕长安,又北上蓟门,于边塞军旅生活多所体察。开元二十三年(735),于长安应制举,不第。天宝三载(744)夏,与李白、杜甫相会于梁、宋,诗酒往还。天宝八载,因睢阳太守张九皋荐,举有道科,授封丘尉。安史之乱起,迁淮南节度使,历彭、蜀二州刺史、西川节度使,官终散骑常侍,封渤海县侯,世称高常侍。高适诗多写边地战争和个人感慨,对民生疾苦有所反映,为盛唐边塞诗派的代表作家,与岑参齐名,世称"高岑"。其诗音调激昂,语句整饬,气势奔放。唐人殷璠评其诗"多胸臆语,兼有气骨,故朝野通赏其文"(《河岳英灵集》)。尤以乐府、古风最为擅长。有《高常侍集》。

讲解

由诗序可知,此诗为作者开元二十六年(738),有感于张守珪军中之事而写下的一首诗。诗作主旨却不限于实写张守珪事,而是在更为广阔的社会背景上高度概括了边塞生活情状,诗歌所描绘的军中苦乐不平,将帅生活腐化,士兵的效命死节与室家别离之景,都深刻地揭示出军旅生活中的种种矛盾现实,在边塞诗中别具一格。

在此之前,高适曾于开元二十年至二十二年间经历过边塞军旅生活,对军中内幕感受颇多,故能进行高度艺术概括,反映军中矛盾及弊端,写出这样思想深刻、感情炽烈的诗篇。

全诗分三个层次:"汉家"八句为第一层,写边关告急,将领奉命率兵出征。"山川"八句,写残酷的战斗场景,将领与士兵苦乐之不均。此层次既为全诗的中心,又是前后转折的关节点。"铁衣"十二句为第三层,专写兵士奔忙艰苦的征战生活和奋勇杀敌、不图名利的高尚气节。其中抗敌的豪情与不平的郁愤错综交织,情感格外沉痛。

诗人有意识运用了强烈鲜明的对比手法。出征的铺张扬厉与战败后的冷落凄惨,战士的浴血奋战与将军的荒淫贪功,征人的飘零与思妇的闺怨,不体恤士卒的将领与关心士卒的李将军,层层对比,加强了诗歌的讽刺力量。

诗人将叙事与抒情、议论紧密结合,笔调时而雄迈高亢,时而悲愤感伤。韵律随情感变化而纡徐转换,抑扬起伏,起到抒情强烈而真切感人的艺术效果。

明代胡应麟曰:"高、岑、王、李,音节鲜明,情致委折。浓纤修短,得衷合度。"(《诗薮》)。此诗确为唐人七言歌行中的优秀之作。

集评

蒋仲舒曰:"少妇"以后,又是一番断肠情况。(明·李攀龙《唐诗广选》)

真志士。"顾勋"二字笑尽妻子身家中人。(明·谭元春《唐诗归》)

金戈铁马之声,有玉磬鸣球之节,非一意抒写以为悲壮也。(明·邢昉《唐风定》)

句中含双单字,此七古造句之要诀,盖如此则顿跌多姿,而不伤于虚弱,杜工部《渼陂行》多用此句法。转韵亦用对法。(清·王士祯《唐贤三昧集笺注》)

七言古中时带整句,局势方不散漫。若李、杜风雨分飞,鱼龙百变,又不可以一格论。(清·沈德潜《唐诗别裁集》)

"汉家"四句起,"拟金"句接,"山川"句换,"大漠"句换,"铁衣"句转,收指李牧以讽。(清·方东树《昭昧詹言》)

思考练习题

一、此诗如何描绘出典型的边塞军旅生活情景?

二、诗中多处运用对比,请分析此手法所产生的艺术效果。

三、仔细体会作者的思想情感和诗作苍凉悲壮的意境。

相关知识

歌行 歌行是中国古代诗歌的一种体裁。歌为总名,铺陈其事而歌之曰行。明人徐师曾在《文体明辨》中说:"放情长言,杂而无方者曰'歌';步骤驰骋,疏而不滞者曰'行';兼之曰'歌行'。"此释歌行之名。歌行体的特点是格式节奏上没有严格要求,也不讲究平仄,字数以五七言为主,可参差不齐,可变韵。

汉魏以前的乐府诗,题名为"歌"和"行"的颇多。七言歌行较早的有《东飞伯劳歌》、《河中之水歌》,三国魏文帝有《燕歌行》,南朝梁元帝亦有《燕歌行》,隋卢思道有《从军行》,皆唐人歌行之祖。唐代文人创作七言歌行颇为积极,且不少诗句开始讲求声律、对偶。如高适的《燕歌行》基本采用律句,大量使用对仗,白居易《长恨歌》、《琵琶行》等名篇中,也有大量句子是入律的,已为入律的七言歌行。

清翟翚《声调谱拾遗》引杜甫《陪王侍御同登东山最高顶宴姚通泉晚携酒泛江》诗评曰:"此古诗歌行极则也。其用韵转换,声调高下疾徐处,皆当细意味之。"这表明歌体虽非近体诗,却并非没有格律上的一些基本要求,只是没有律诗那么严格罢了。

古从军行

〔唐〕李颀

白日登山望烽火，黄昏饮马傍交河。行人刁斗风沙暗，公主琵琶幽怨多。
野云万里无城郭，雨雪纷纷连大漠。胡雁哀鸣夜夜飞，胡儿眼泪双双落。
闻道玉门犹被遮，应将性命逐轻车。年年战骨埋荒外，空见蒲桃入汉家。

老将行

〔唐〕王维

射杀山中白额虎，肯数邺下黄须儿。少年十五二十时，步行夺得胡马骑。
一身转战三千里，一剑曾当百万师。汉兵奋迅如霹雳，虏骑奔腾畏蒺藜。
卫青不败由天幸，李广无功缘数奇。自从弃置便衰朽，世事蹉跎成白首。
昔时飞箭无全目，今日垂杨生左肘。苍茫古木连穷巷，寥落寒山对虚牖。
誓令疏勒出飞泉，不似颍川空使酒。贺兰山下阵如云，羽檄交驰日夕闻。
节使三河募年少，诏书五道出将军。试拂铁衣如雪色，聊持宝剑动星文。
愿得燕弓射天将，耻令越甲鸣吾君。莫嫌旧日云中守，犹堪一战取功勋。

白雪歌送武判官归京

〔唐〕岑参

北风卷地白草折，胡天八月即飞雪。忽如一夜春风来，千树万树梨花开。
散入珠帘湿罗幕，狐裘不暖锦衾薄。将军角弓不得控，都护铁衣冷难着。
瀚海阑干百丈冰，愁云惨淡万里凝。中军置酒饮归客，胡琴琵琶与羌笛。
纷纷暮雪下辕门，风掣红旗冻不翻。轮台东门送君去，去时雪满天山路。
山回路转不见君，雪上空留马行处。

扩展阅读书目

（1）《高适诗集编年笺注》，刘开扬笺注，中华书局1981年版。 （2）《高适诗文注评》，佘正松撰，中华书局2009年版。 （3）《高适岑参诗选注》，涂元渠选注，上海古籍出版社1983年版。 （4）《高适岑参诗选评》，陈铁民著，上海古籍出版社2002年版。 （5）《古代边塞诗精选点评》，赵运仕著，广西师大出版社1996年版。 （6）《唐代边塞诗的文化阐释》，任文京著，人民出版社2005年版。 （7）《高适年谱》，周勋初著，上海古籍出版社1980年版。

13. 宣州谢朓楼饯别校书叔云①

李　白

弃我去者昨日之日不可留,乱我心者今日之日多烦忧。长风万里送秋雁,对此可以酣高楼②。蓬莱文章建安骨③,中间小谢又清发④。俱怀逸兴壮思飞⑤,欲上青天览明月⑥。抽刀断水水更流,举杯消愁愁更愁。人生在世不称意⑦,明朝散发弄扁舟⑧。

（《李太白全集》,〔唐〕李白著,〔清〕王琦注,中华书局,1977)

注释

① 谢朓楼:一名北楼,又称谢公楼。南朝大诗人谢朓任宣州太守时所建。唐懿宗咸通时改名叠嶂楼。校书:官名,秘书省校书郎的省称,掌管朝廷的图书整理工作。叔云:李白的族叔李云。本诗题一作《陪侍御叔华登楼歌》。　② 此:指上句所写的"长风秋雁"景色。酣:指酣饮。酣,畅快。　③ 蓬莱文章:指汉代的文章。汉代官家藏书之所名东观,学者有"老氏藏书室,道家蓬莱山"之言,故称。因李云是秘书省的校书郎,故这里用"蓬莱文章"指代李云的文章,赞其文章风格刚健。古人称赞友人的用语多有夸饰,不足为奇。建安骨:建安风骨,指东汉末建安年间(顺延至三国魏初)以曹操、曹丕、曹植父子三人及建安七子孔融、陈琳、王粲、徐幹、阮瑀、应玚、刘桢为代表的遒劲刚健的诗文风格。　④ 中间:指从建安到唐之间的南齐时代。小谢:即谢朓(464—499),字玄晖,陈郡阳夏(今河南太康)人,南朝齐梁时著名诗人。世称南朝宋谢灵运为大谢,而称谢朓为小谢。清发:清隽英发。　⑤ 逸兴:超逸奔放的意兴。壮思飞:豪壮的情思飞扬。　⑥ 览:通"揽",摘取。　⑦ 不称(chèn)意:不如意。　⑧ 散发:不戴冠帽,披散头发,有狂放不羁和隐逸不仕的意思。弄扁(piān)舟:驾小舟浪游江湖,指高蹈隐居。《史记·货殖列传》:"范蠡既雪会稽之耻,乃喟然而叹曰:'计然之策七,越用其五而得意。既已施于国,吾欲用之家。'乃乘扁舟浮于江湖。"

作者简介

　　李白(701—762),字太白,号青莲居士,祖籍陇西成纪(今甘肃静宁西南)人,隋末随先人流寓碎叶(唐时属安西都护府,在今吉尔吉斯斯坦北部托克马克附近)。唐诗人。幼时随父迁居绵州昌隆(今四川江油),开元十二年(724)二十五岁时离蜀远游。天宝元年(742)应召入京,供奉翰林,后世称李翰林。一年多后遭谗离去,从此漫游各地。安史乱起,他被打着勤王旗号在东南一带起兵的永王李璘邀入幕府。后李璘遭朝廷讨伐,他也受牵累,流放夜郎,中途遇赦东还。晚年漂泊困苦,卒于当涂(今属安徽)。李白的诗以抒情为主,其诗感情奔放豪迈,想象奇特丰富,词采瑰丽绚烂,风格飘逸自然,达到了中国古代积极浪漫主义诗歌艺术的高峰。有"诗仙"之誉,与杜甫并称"李杜"。其作品中,对光明的向往与对黑暗的抨击,构成强烈对比,表现出正直、傲岸的性格。各体诗作中尤以七言古体与七言绝句最具特色,五言古体诗、五言律诗、五言绝句佳作亦多,唯不喜拘束,故七言律诗所作甚少。也工散文辞赋。有《李太白集》。

讲解

　　天宝十二载(753),李白从汴州梁园(故址在今河南开封)来到宣州(治今安徽宣城)。秋天,登宣城谢朓楼饯别族叔校书郎李云,即席写了这首诗。诗名为"饯别",却重在咏怀。诗中既有对李云文章的赞美,也有自己怀才不遇的感慨。整首诗意气风发中带有挥之不去的愁绪,也体现了

一、课文精读

李白在壮志难酬之际进退选择的矛盾与无奈。

诗人下笔伊始，便以破空而来的激愤诗句，一气鼓荡地宣泄出了胸中那股不可遏止的郁结之气。这里有对盛时年华逝去的痛心疾首，有对自己人生际遇的愤愤不平，也有对当时社会的不满。"昨日之日"与"今日之日"巧妙地对接，加以重叠复沓的长句，突出渲染了一种悲怆、沉重的气氛。然而接下来两句奋力宕开，诗境为之陡振，"长空万里送秋雁，对此可以酣高楼"，将眼前景与心中情融为一体，意境开阔，展现了诗人洒脱豪迈的胸怀。"蓬莱"四句承上而来，描绘主客双方的才气兴致，展现欲将理想付诸实现的豪放和执著，写得极其乐观超迈。末四句突然又一落千丈，由"欲上青天览明月"的逸兴壮思折回现实人生的牢骚困顿。诗中以"流水"喻愁，比喻新奇而又形象，三个"愁"字连用，更使人觉出在音节流转中诗人的愁情汩汩然从心底涌出，不称意已达极点。人生在世难以如意，倒不如退隐江湖，"明朝散发弄扁舟"正是诗人这种自怜自叹式的纯真表白。整首诗的情感活动大开大阖，起止无端，极尽腾挪变化之能事，生动体现出李白抒情诗的艺术个性。

本诗体裁为七古，语言奔放自然，全无拘束。开头两个长句多用虚字，且句读近似散文，却仍给人以一气流走的感觉，实开韩愈"以文为诗"的先河。

思考练习题

一、概括本诗的情感内容。

二、为何说本诗生动体现了李白抒情诗的艺术个性？

三、本诗的语言表达有什么特点？

相关知识

古体诗 古体诗，又称古诗，是相对于唐以后的所谓"近体诗"而言的。初唐以后，出现了具有严密格律限制的诗体——律诗和律绝，但"古体诗"作为一种诗体（主要是五言体和七言体）仍然流行不衰，这些不遵近体格律、仿效古体形式而写的诗歌作品，也称为古诗或古体诗。古体诗在体制上，除了押韵平、上、去、入四声分押以外，没有平仄、粘对、字数、句数等限制，束缚较少，写作的自由度较高。古体诗的范围和分类有广、狭义之分，广义的分类包括四言诗、乐府诗、楚辞、五古、七古、杂言古诗等，狭义的仅指五言古诗（简称五古）和七言古诗（简称七古，以七言为主夹杂少量非七言句的古诗通常也被视为七古，杂言古诗在有些选本中也归入七古）。

七言诗最早在民间产生，尔后为文人所注意，被引入诗坛，成为中国古典诗歌普遍流行的形式之一。余冠英说："七言诗体的来源是民间歌谣，七言是从歌谣直接或间接升到文人笔下而成为诗体的。"（《汉魏六朝诗论丛》）据传起于汉武帝与臣子在柏梁台联句的《柏梁诗》是最早的纯粹七言诗，但缺乏艺术性。后世称这种句句押韵（平声韵）的诗体为"柏梁体"。三国魏曹植的两首《燕歌行》是今存最早的富有艺术性的纯粹七言诗，它们也是句句押韵的。七言诗历魏、晋而至南北朝时代，有了较大发展。自梁以后的七言诗，逐渐越出了乐府范围，篇章句式日趋整齐，很少掺以杂言。到了唐代，七言古诗的体式基本确定，主要体现在韵式上。或四句乃至六句、八句一小节，偶数句押韵，四句一换韵（通常平声韵换仄声韵，平声韵换平声韵或仄声韵换仄声韵较少）；或押同一韵的两句杂以换韵的四句乃至六句、八句组成的若干小节；或隔句押韵（即偶数句押韵），一韵到底；或句句押韵；或三句一韵，平仄交替地换韵。在李白、杜甫、岑参、韩愈、白居易等人的创造性运用下，七言古诗充分发挥了其艺术上的优越功能，简单地说，就是篇幅较长，容量较大，用韵灵活。宋代王安石、苏轼、黄庭坚等人进一步发挥了七言古诗的表现力。

庐山谣寄卢侍御虚舟

〔唐〕李白

我本楚狂人,凤歌笑孔丘。手持绿玉杖,朝别黄鹤楼。
五岳寻仙不辞远,一生好入名山游。
庐山秀出南斗傍,屏风九叠云锦张,影落明湖青黛光。
金阙前开二峰长,银河倒挂三石梁。香炉瀑布遥相望,迥崖沓障凌苍苍。
翠影红霞映朝日,鸟飞不到吴天长。登高壮观天地间,大江茫茫去不还。
黄云万里动风色,白波九道流雪山。好为庐山谣,兴因庐山发。
闲窥石镜清我心,谢公行处苍苔没。早服还丹无世情,琴心三叠道初成。
遥见仙人彩云里,手把芙蓉朝玉京。先期汗漫九垓上,愿接卢敖游太清。

把酒问月

〔唐〕李白

青天有月来几时,我今停杯一问之。人攀明月不可得,月行却与人相随。
皎如飞镜临丹阙,绿烟灭尽清辉发?但见宵从海上来,宁知晓向云间没?
白兔捣药秋复春,嫦娥孤栖与谁邻?今人不见古时月,今月曾经照古人。
古人今人若流水,共看明月皆如此。唯愿当歌对酒时,月光长照金樽里。

扩展阅读书目

(1)《李白集校注》,瞿蜕园、朱金城校注,上海古籍出版社1980年版。 (2)《李白全集编年注释》,安旗主编,巴蜀书社1990年版。 (3)《李白全集校注汇释集评》,詹锳主编,百花文艺出版社1996年版。 (4)《李白诗选》,复旦大学古典文学教研室选注,人民文学出版社1983年版。 (5)《李白选集》,郁贤皓选注,上海古籍出版社1990年版。 (6)《李白资料汇编(金元明清之部))》,裴斐、刘善良编,中华书局1994年版。 (7)《李白资料汇编(唐宋之部))》,金涛声、朱文彩编,中华书局2007年版。 (8)《李白十论》,裴斐撰,四川人民出版社,1981年版。 (9)《李白年谱》,安旗、薛天纬撰,齐鲁书社1982年版。 (10)《李白诗文系年》,詹锳撰,人民文学出版社1984年版。 (11)《李白研究管窥》,葛景春著,河北大学出版社2002年版。 (12)《李白评传》,周勋初撰,南京大学出版社2005年版。

集评

厌世多艰,兴思远引,韵清气秀,蓬蓬起东海,蓬蓬起西海。异质快才,自足横绝一世。(明·周敬、周珽《唐诗选脉会通评林》)

此篇三韵两转,而起结别是一法。起势豪迈如风雨之骤至。(清·王尧衢《顾唐诗会解》)

此中格调,太白从心中化出。(清·沈德潜《唐诗别裁集》)

遥情飘竖,逸兴云飞,杜甫所谓"飘然思不群"者,此矣。千载而下,犹见酒间岸异之状,真仙才也。(清·清高宗弘敕编《唐宋诗醇》)

起二句，发兴无端。“长风”二句，落入，如此落法，非寻常所知。“抽刀”二句，仍应起意为章法。“人生”二句，言所以愁。（清·方东树《昭昧詹言》）

思想感情的瞬息万变，波澜迭起，和艺术结构的腾挪跌宕，跳跃发展，在这首诗里被完美地统一起来了。诗一开头就平地突起波澜，揭示出郁积已久的强烈精神苦闷；紧接着却完全撇开“烦忧”，放眼万里秋空，从“酣高楼”的豪兴到“揽明月”的壮举，扶摇直上九霄，然后却又迅即从九霄跌入苦闷的深渊。直起直落，大开大合，没有任何承转过渡的痕迹。这种起落无端、断续无迹的结构，最适宜于表现诗人因理想与现实的尖锐矛盾而产生的急遽变化的感情。自然与豪放和谐结合的语言风格，在这首诗里也表现得相当突出。必须有李白那样阔大的胸襟抱负、豪放坦率的性格，又有高度驾驭语言的能力，才能达到豪放与自然和谐统一的境界。（刘学锴《李白〈宣州谢朓楼饯别校书叔云〉鉴赏》，《唐诗鉴赏辞典》录）

14. 秋兴八首（其一、其八）①

杜 甫

一

玉露凋伤枫树林②，巫山巫峡气萧森③。江间波浪兼天涌，塞上风云接地阴④。
丛菊两开他日泪⑤，孤舟一系故园心⑥。寒衣处处催刀尺⑦，白帝城高急暮砧⑧。

八

昆吾御宿自逶迤⑨，紫阁峰阴入渼陂⑩。香稻啄余鹦鹉粒，碧梧栖老凤凰枝⑪。
佳人拾翠春相问⑫，仙侣同舟晚更移⑬。彩笔昔曾干气象⑭，白头吟望苦低垂。

（《杜诗详注》，〔唐〕杜甫著，〔清〕仇兆鳌注，中华书局，1979）

注释

① 秋兴：秋日的情怀和兴会。也指本有某种感慨，于秋日而兴发。 ② 玉露：白露。凋伤：草木零落枯萎。 ③ 巫山：山名，因山势盘旋曲折形如“巫”字，故名，在今重庆、湖北两省市相接的边境，长江穿流其中，巫山十二峰分矗两岸。巫峡：长江三峡之一，包括金盔银甲峡和铁棺峡，西起重庆巫山县大宁河，东至湖北巴东县官渡口，奇峰峭壁，夹江而立。萧森：萧瑟阴森。 ④ 塞上：关塞上。夔州（唐时治所在今重庆奉节东）以白帝城为塞，塞上犹言白帝城头。阴：幽暗，昏暗。 ⑤ 他日泪：因回忆往事而落泪。《九家集注杜诗》郭知达注：“盖公于夔州见菊者二年矣，方丛菊之两开，皆是他日感伤之泪也。” ⑥ 一系（jì）：长系。故园心：此指东归长安的心愿。 ⑦ 寒衣：御寒的冬衣。催刀尺：催促用刀尺赶制冬衣。 ⑧ 白帝城：在夔州城东之白帝山上，传为汉代公孙述所筑。砧（zhēn）：捣衣石。 ⑨ 昆吾御宿：两个地名。昆吾，在唐京城长安南，靠终南山。御宿，即御宿苑，在长安城南御宿川中，汉武帝时为离宫别馆。逶迤：曲折绵延貌。 ⑩ 紫阁峰：终南山上一山峰名。阴：山的北面。渼陂：古湖名，在今陕西户县西，汇终南山诸谷之水，西北流入涝水。 ⑪ “香稻”二句：有人认为这是用倒装句法，正常语序应是：鹦鹉啄余香稻粒，凤凰栖老碧梧枝。 ⑫ 拾翠：拾取翠鸟羽毛用为首饰，诗文中常指妇女游春。三国魏曹植《洛神赋》：“或采明珠，或拾翠羽”春相问：指游春之女相遇时互相打招呼。 ⑬ 仙侣：神仙伴侣，这里是对同游者的美称。各家注多以为此处用《后汉书·郭太（泰）传》“后归乡里，衣冠诸儒送至河上，车数千两（辆），林宗（郭泰字）唯与李膺同舟而济，众宾望之，以为神仙”之典。移：此指留连忘返。 ⑭ 干：干涉，冲犯。

杜甫(712—770),字子美,原籍襄阳(今湖北襄樊),迁寄巩县(今河南巩义)。唐诗人。年轻时漫游各地,开元二十三年(735)在东都洛阳应进士试,不第。天宝五载(746)至天宝十四载,客居长安十年。官右卫率府胄曹参军。安史之乱起,闻肃宗在临武即位,只身奔赴行在,为叛军所拘,得脱后至凤翔,得授左拾遗。因事贬华州司功参军。后弃官去秦寄身于秦州、同谷等地。复携妻儿入蜀投严武,居蜀八年。严武举荐他为检校工部员外郎,世称杜工部。后辗转飘泊于梓州、阆州、夔州等地近十年。又流徙公安、岳阳、潭州、衡州等地。代宗大历间离川东归,不久病逝于湘江舟中。因曾住长安杜陵附近之少陵,自称少陵野老,世称杜少陵。杜甫是中国古代集古典诗歌艺术之大成的伟大诗人,与李白并称"李杜"。他倾毕生精力为诗,功力臻于炉火纯青的化境,以沉郁顿挫的诗风著称于世。各体皆长,五古厚重,七古豪宕,五律凝练,七律苍雄。他的诗全面地、深刻地反映了一个时代的社会现实,显示出悲天悯人的仁者怀抱,被后世誉为"诗史"。有《杜工部集》。

讲解

《秋兴八首》是杜甫大历元年(766)暮秋流寓夔州时写的一组七律诗,共八首。这八首诗章法严整,脉络分明,体现了杜甫晚年的思想感情和艺术成就,为杜甫晚年"语不惊人死不休"诗学主张的完美体现,艺术上达到炉火纯青的境界。

第一首诗(其一)借深秋的衰残景象和阴沉气氛感发情怀,抒写了因战乱长年流落他乡、不得回归长安的悲哀。诗人巧于谋篇布局,精于语言锤炼,将自然秋景的萧瑟,与人生秋晚的悲凉及国运衰落的感伤,交织在一起,绘景、抒情、志感密合无间,浑然一体,感染力极强。

第二首诗(其八)用相当的篇幅怀念当年出长安城经昆吾、御宿至渼陂游春的情景,再现开元时期帝京的太平繁盛,以及佳人春日拾翠、仙侣晚来同舟的冶思胜情,并将之收束到往昔彩笔干气象的豪气壮心。这种轻快欢乐的情调,既是本诗也是《秋兴八首》整体上的暖色调。可惜的是,这一抹暖色,不过回忆中的甜美,终究还是被"白头吟望"这一现实的凄凉境况所击碎。诗人采用这种先扬后抑善加烘托的手法,令此诗产生了极大的艺术张力,使读者无不为之低徊不已。

《秋兴八首》作为杜甫晚年律诗的代表作,每首诗都结构精严,语句神妙,气度高华,骨格坚苍,于一片浑成老到中显出新警灵奇,称之为七律"集大成"的作品,是毫不为过的。从我们选择的这两首即可窥其一斑了。

集评

首篇领联悲壮,颈联凄紧,以节则杪秋,以地则高城,以时则薄暮,刀尺苦寒,急砧促别,末句标举兴会,略有五重,所谓嵯峨萧瑟,真不可言。(清·钱谦益《钱注杜诗》)

《秋兴》诗体高格厚,意味深长……乃因秋起兴,非咏秋也。其言忽而蜀中,忽而秦中;忽而写景,忽而言怀;忽而壮丽,忽而荒凉;忽而直陈,忽而隐喻。正所谓哀伤之至,语言失伦,或笑或泣,苦乐自知者。(清·贺裳《载酒园诗话》)

杜公七律,当以《秋兴》为裘领,乃公一生心神结聚之所作也。(清·黄生《杜工部诗说》)

若谓玉树斯零,枫林叶映,虽志士之所增悲,亦幽人之所寄托。奈何流滞巫山巫峡,而举目江间,但涌兼天之波浪;凝眸塞上,惟阴接地之风云。真为可痛可悲,使人心尽气绝。(清·金圣叹《杜诗解》)

第一首是组诗的序曲,通过对巫山巫峡的秋色秋声的形象描绘,烘托出阴沉萧森、动荡不安的环境气氛,令人感到秋色秋声扑面惊心,抒发了诗人忧国之情和孤独抑郁之感。这一首开门见山,抒情写景,波澜壮阔,感情强烈。诗意落实在"丛菊两开他日泪,孤舟一系故园心"两句上,下启第二、三首。第二首写诗人身在孤城,从落日的黄昏坐到深宵,翘首北望,长夜不寐,上应第一首。最后两句,侧重写自己已近暮年,兵戈不息,卧病秋江的寂寞,以及身在剑南,心怀渭北,"每依北斗望京华",表现出对长安的强烈怀念。第三首写晨曦中的夔府,是第二首的延伸。诗人日日独坐江楼,秋气清明,江色宁静,而这种宁静给作者带来的却是烦扰不安。面临种种矛盾,深深感叹自己一生的事与愿违。第四首是组诗的前后过渡。前三首诗的忧郁不安步步紧逼,至此才揭示它们的中心内容,接触到"每依北斗望京华"的核心:长安象"弈棋"一样彼争此夺,反复不定。人事的更变,纲纪的崩坏,以及回纥、吐蕃的连年进犯,这一切使诗人深感国运大非昔比。对杜甫说来,长安不是个抽象的地理概念,他在这唐代的政治中心住过整整十年,深深印在心上的有依恋,有爱慕,有欢笑,也有到处"潜悲辛"的苦闷。当此国家残破、秋江清冷、个人孤独之际,所熟悉的长安景象,一一浮现眼前。"故国平居有所思"一句挑出以下四首。第五首,描绘长安宫殿的巍峨壮丽,早朝场面的庄严肃穆,以及自己曾得"识圣颜"至今引为欣慰的回忆。值此沧江病卧,岁晚秋深,更加触动他的忧国之情。第六首怀想昔日帝王歌舞游宴之地曲江的繁华。帝王佚乐游宴引来了无穷的"边愁",清歌曼舞,断送了"自古帝王州",在无限惋惜之中,隐含斥责之意。第七首忆及长安的昆明池,展示唐朝当年国力昌盛、景物壮丽和物产富饶的盛景。第八首表现了诗人当年在昆吾、御宿、渼陂春日郊游的诗意豪情。"彩笔昔曾干气象",更是深刻难忘的印象。八首诗是不可分割的整体,正如一个大型抒情乐曲有八个乐章一样。这个抒情曲以忧念国家兴衰的爱国思想为主题,以夔府的秋日萧瑟,诗人的暮年多病、身世飘零,特别是关切祖国安危的沉重心情作为基调。(冯钟芸《杜甫〈秋兴八首〉鉴赏》,《唐诗鉴赏辞典》录)

思考练习题

一、第一首诗的"悲秋"主旨包含了哪几层含义?
二、第二首诗的颔联应该如何解释才比较好?杜甫如此处理,你认为出于哪几方面的考虑?
三、读一读《秋兴八首》的第二首至第七首,从总体上了解一下课文所选两首与这六首的关系。

相关知识

少陵体律诗 宋严羽《沧浪诗话·诗体》中,列有"少陵体",杜甫古近体皆工,律诗在杜诗中占有极其重要的地位。杜甫在律诗创作上的成就,首先在于扩大了律诗的表现范围。他不仅以律诗写应酬、咏怀、羁旅、宴游、山水,而且用律诗写时事。由于律诗有严格的字数和格律限制,杜甫便用组诗的形式来突破这种局限,这当中最成功的例子便是七律《秋兴八首》。

将律诗写成组诗,极大地扩容了律诗的表现力,这是杜甫在律诗发展史上的一大贡献。杜甫自己说:"晚节渐于诗律细。"(《遣闷呈路十九曹长》)又说:"老去诗篇浑漫与。"(《江上值水如海势聊短述》)这正是他对律诗的主要追求。"诗律细"不仅在于声律的精心安排,还在于从严谨中求变化,变化莫测却又不离规矩。把律诗写得纵横恣肆,极尽变化之能事,合律而又看不出声律的束缚,对仗工整而又看不出对仗的痕迹,浑融流转,无迹可寻,写来若不经意,使人忘其为律诗,也许就是杜甫所谓的"浑漫与"吧。当然,作为一个严肃认真的诗人,杜甫还说过:"为人性僻耽佳句,语不惊人死不休。"(《江上值水如海势聊短述》)他用很大的精力在炼字上,常常达到一字之下,他人难以更改的地步。所以刘熙载《艺概·诗概》说"少陵炼神",这可以说是杜甫律诗别人难以企及的一个重要原因。

《秋兴八首》第二至第七首

〔唐〕杜甫

其二

夔府孤城落日斜，每依北斗望京华。听猿实下三声泪，奉使虚随八月槎。
画省香炉违伏枕，山楼粉堞隐悲笳。请看石上藤萝月，已映洲前芦荻花。

其三

千家山郭静朝晖，日日江楼坐翠微。信宿渔人还泛泛，清秋燕子故飞飞。
匡衡抗疏功名薄，刘向传经心事违。同学少年多不贱，五陵衣马自轻肥。

其四

闻道长安似弈棋，百年世事不胜悲。王侯第宅皆新主，文武衣冠异昔时。
直北关山金鼓振，征西车马羽书驰。鱼龙寂寞秋江冷，故国平居有所思。

其五

蓬莱宫阙对南山，承露金茎霄汉间。西望瑶池降王母，东来紫气满函关。
云移雉尾开宫扇，日绕龙鳞识圣颜。一卧沧江惊岁晚，几回青琐点朝班。

其六

瞿塘峡口曲江头，万里风烟接素秋。花萼夹城通御气，芙蓉小苑入边愁。
珠帘绣柱围黄鹄，锦缆牙樯起白鸥。回首可怜歌舞地，秦中自古帝王州。

其七

昆明池水汉时功，武帝旌旗在眼中。织女机丝虚夜月，石鲸鳞甲动秋风。
波漂菰米沉云黑，露冷莲房坠粉红。关塞极天惟鸟道，江湖满地一渔翁。

扩展阅读书目

(1)《钱注杜诗》，清钱谦益注，上海古籍出版社 1979 年版。 (2)《读杜心解》，清浦起龙注，中华书局 1962 年版。 (3)《杜诗镜诠》，清杨伦注，上海古籍出版社 1981 年版。 (4)《杜甫选集》，邓魁英、聂世樵选注，上海古籍出版社 1983 年版。 (5)《杜甫诗集导读》，刘开扬、刘京生选释，巴蜀书社 1988 年版。 (6)《杜甫选集》，袁世硕等选注，人民文学出版社 1998 年版。 (7)《杜甫诗选》，张忠纲选注，中华书局 2005 年版。 (8)《杜甫秋兴八首集说》，叶嘉莹编，北京大学出版社 2008 年版。 (9)《古典文学研究资料汇编·杜甫卷:上编唐宋之部》，华文轩编，中华书局 1964 年版。 (10)《杜诗学发微》，许总撰，南京出版社 1989 年版。 (11)《杜甫评传》，莫砺锋撰，南京大学出版社 1998 年版。 (12)《杜甫评传》，陈贻焮撰，北京大学出版社 2011 年版。

15. 南柯太守传

李公佐

　　东平淳于棼①,吴、楚游侠之士②。嗜酒使气③,不守细行④。累巨产,养豪客。曾以武艺补淮南军裨将⑤,因使酒忤帅⑥,斥逐落魄,纵诞饮酒为事⑦。家住广陵郡东十里⑧,所居宅南有大古槐一株,枝干修密,清阴数亩。淳于生日与群豪大饮其下。

　　贞元七年九月⑨,因沈醉致疾。时二友人于坐,扶生归家,卧于堂东庑之下⑩。二友谓生曰:"子其寝矣!余将秣马濯足⑪,俟子小愈而去。"生解巾就枕,昏然忽忽⑬,仿佛若梦。见二紫衣使者跪拜生曰:"槐安国王遣小臣致命奉邀。"生不觉下榻整衣,随二使至门。见青油小车⑭,驾以四牡⑮,左右从者七八,扶生上车,出大户⑯,指古槐穴而去。使者即驱入穴中。生意颇甚异之,不敢致问。

　　忽见山川风候、草木道路⑰,与人世甚殊。前行数十里,有郛郭城堞⑱。车舆人物⑲,不绝于路,生左右传车者传呼甚严,行者亦争辟于左右⑳。又入大城,朱门重楼,楼上有金书,题曰"大槐安国",执门者趋拜奔走。旋有一骑传呼曰㉒:"王以驸马远降㉓,令且息东华馆。"因前导而去。

　　俄见一门洞开㉔,生降车而入。彩槛雕楹㉕,华木珍果,列植于庭下;几案茵褥㉖,帘帏肴膳,陈设于庭上。生心甚自悦。复有呼曰:"右相且至㉗。"生降阶祗奉㉘。有一人紫衣象简前趋㉙,宾主之仪敬尽焉㉚。右相曰:"寡君不以弊国远僻㉛,奉迎君子,托以姻亲。"生曰:"某以贱劣之躯,岂敢是望㉜!"右相因请生同诣其所。

　　行可百步,入朱门。矛戟斧钺,布列左右,军吏数百,辟易道侧㉝。生有平生酒徒周弁者,亦趋其中。生私心悦之,不敢前问。右相引生升广殿,御卫严肃,若至尊之所,见一人长大端严,居正位,衣素练服㉞,簪朱华冠㉟。生战慄,不敢仰视。左右侍者令生拜。王曰:"前奉贤尊命,不弃小国,许令次女瑶芳奉事君子㊱。"生但俯伏而已,不敢致词。王曰:"且就宾宇㊲,续造仪式。"有旨,右相亦与生偕还馆舍。生思念之,意以为父在边将,因殁虏中㊳,不知存亡。将谓父北蕃交通㊴,而致兹事。心甚迷惑,不知其由。

　　是夕,羔雁币帛㊵,威容仪度,妓乐丝竹,肴膳灯烛,车骑礼物之用,无不咸备。有群女,或称华阳姑,或称青溪姑,或称上仙子,或称下仙子,若是者数辈。皆侍从数千,冠翠凤冠㊶,衣金霞帔㊷,彩碧金钿㊸,目不可视。遨游戏乐,往来其门,争以淳于郎为戏弄。风态妖丽,言词巧艳,生莫能对。复有一女谓生曰:"昨上巳日㊹,吾从灵芝夫人过禅智寺,于天竺院观右延舞《婆罗门》㊺,吾与诸女坐北牖石榻上㊻,时君少年,亦解骑来看。君独强来亲洽㊼,言调笑谑。吾与穷英妹结绛巾挂于竹枝上,君独不忆念之乎?又七月十六日,吾于孝感寺悟上真子,听契玄法师讲《观音经》。吾于讲下舍金凤钗两只,上真子舍水犀合子一枚㊽。时君亦讲筵中,于师处请钗合视之,赏叹再三,嗟异良久。顾余辈曰㊾:'人之与物,皆非世间所有。'或问吾民,或访吾里。吾亦不答。情意恋恋,瞩盼不舍。君岂不思念之乎?"生曰:"中心藏之,何日忘之㊿。"群女曰:"不意今日与君为眷属。"复有三人,冠带甚伟,前拜生曰:"奉命为驸马相者。"中一人与生且故[51]。生指曰:"子非冯翊田子华乎[52]?"田曰:"然。"生前执手,叙旧久之。生谓曰:"子何以居此?"子华曰:"吾放游,获受知于右相武成侯段公,因以栖托。"生复问曰:"周弁在此,知之乎?"子华曰:"周生贵人也。职为司隶[53],权势甚盛。吾数蒙庇护。"言笑甚欢。俄传声曰:"驸马可进矣。"三子取剑佩冕服,更衣之。子华曰:"不意今日获睹盛礼,无以相忘也。"

　　有仙姬数十,奏诸异乐,婉转清亮,曲调凄悲,非人间之所闻听。有执烛引导者,亦数十。左右见金翠步障㊾,彩碧玲珑,不断数里。生端坐车中,心意恍惚,甚不自安。田子华数言笑以解之。

向者群女姑娣⑤，各乘凤翼辇⑥，亦往来其间。

至一门，号"修仪官"。群仙姑姊亦纷纷在侧，令生降车辇拜，揖让升降，一如人间。撤障去扇，见一女子，云号"金枝公主"。年可十四五，俨若神仙。交欢之礼，颇亦明显。生自尔情义日洽，荣耀日盛，出入车服，游宴宾御⑦，次于王者。王命生与群寮备武卫⑧，大猎于国西灵龟山。山阜峻秀，川泽广远，林树丰茂，飞禽走兽，无不蓄之。师徒大获，竟夕而还。

生因他日启王曰⑨："臣顷结好之日⑪，大王云奉臣父之命。臣父顷佐边将，用兵失利，陷没胡中，尔来绝书信十七八岁矣。王既知所在，臣请一往拜觐⑫。"王遽谓曰⑬："亲家翁职守北土，信问不绝，卿但具书状知闻，未用便去。"遂命妻致馈贺之礼，一以遣之。数夕还答。生验书本意，皆父平生之迹，书中忆念教诲，情意委曲，皆如昔年。复问生亲戚存亡，闾里兴废⑭。复言路道乖远，风烟阻绝，词意悲苦，言语哀伤。又不令生来觐，云："岁在丁丑，当与汝相见。"生捧书悲咽，情不自堪。

他日，妻谓生曰："子岂不思为政乎？"生曰："我放荡不习政事。"妻曰："卿但为之，余当奉赞⑮。"妻遂白于王。累日，谓生曰："吾南柯政事不理，太守黜废，欲藉卿才，可曲屈之。便与小女同行。"生敦授教命。王遂敕有司备太守行李。因出金玉、锦绣、箱奁、仆妾、车马，列于广衢⑯，以伐公主之行。生少游侠，曾不敢有望，至是甚悦。因上表曰："臣将门余子，素无艺术，猥当大任⑰，必败朝章⑱。自悲负乘，坐致覆餗⑲。今欲广求贤哲，以赞不逮。伏见司隶颍川周弁⑳，忠亮刚直，守法不回㉑，有毗佐之器㉒。处士冯翊田子华清慎通变，达政化之源。二人与臣有十年之旧，备知才用，可托政事。周请署南柯司宪㉓，田请署司农㉔，庶使臣政绩有闻，宪章不紊也。"王并依表以遣之。

其夕，王与夫人饯于国南。王谓生曰："南柯，国之大郡，土地丰壤，人物豪盛，非惠政不能以治之。况有周、田二赞。卿其勉之，以副国念。"夫人戒公主曰："淳于郎性刚好酒，加之少年，为妇之道，贵乎柔顺。尔善事之，吾无忧矣。南柯虽封境不遥，晨昏有间，今日暌别㉕，宁不沾巾㉖！"生与妻拜首南去，登车拥骑，言笑甚欢。累夕达郡。

郡有官吏、僧道、耆老、音乐、车舆、武卫、銮铃㉗，争来迎奉。人物阗咽㉘，钟鼓喧哗，不绝数十里。见雉堞台观㉙，佳气郁郁。入大城门，门亦有大榜，题以金字，曰"南柯郡城"。见朱轩棨户㉚，森然深邃。生下车省风俗，疗病苦，政事委以周、田，郡中大理。自守郡二十载，风化广被，百姓歌谣，建功德碑，立生祠宇㉛。王甚重之，赐食邑㉜，锡爵位㉝，居台辅。周、田皆以政治著闻，递迁大位。生有五男二女。男以门荫授官㉞，女亦聘于王族，荣耀显赫，一时之盛，代莫比之。

是岁，有檀萝国者，来伐是郡。王命生练将训师以征之。乃表周弁将兵三万，以拒贼之众于瑶台城。弁刚勇轻敌，师徒败绩。弁单骑裸身潜遁，夜归城。贼亦收辎重铠甲而还。生因囚弁以请罪。王并舍之。是月，司宪周弁疽发背㉟，卒。生妻公主遘疾㊱，旬日又薨㊲。生因请罢郡，护丧赴国。王许之。便以司农田子华行南柯太守事。

生哀恸发引，威仪在途，男女叫号，人吏奠馔㊳，攀辕遮道者不可胜数。遂达于国。王与夫人素衣哭于郊，候灵舆之至，谥公主曰㊴"顺仪公主"。备仪仗羽葆鼓吹㊵，葬于国东十里盘龙岗。是月，故司宪子荣信，亦护丧赴国。

生久镇外藩，结好中国，贵门豪族，靡不是洽。自罢郡还国，出入无恒㊶，交游宾从，威福日盛。王意疑惮之。时有国人上表云："玄象谪见㊷，国有大恐。都邑迁徙，宗庙崩坏。衅起他族，事在萧墙㊸。"时议以生侈僭之应也㊹。遂夺生侍卫，禁生游从，处之私第。生自恃守郡多年，曾无败政，流言怨悖㊺，郁郁不乐。王亦知之，因命生曰："姻亲二十余年，不幸小女夭枉㊻，不得与君子偕老，良用痛伤㊼。"夫人因留孙自鞠育之㊽。又谓生曰："卿离家多时，可暂归本里，一见亲族。诸孙留此，无以为念。后三年，当令迎生。"生曰："此乃家矣，何更归焉？"王笑曰："卿本人间，家非在此。"生忽若惺睡，曹然久之⑫，方乃发悟前事，遂流涕请还。王顾左右以送生。生再拜而去。

复见前二紫衣使者从焉。至大户外，见所乘车甚劣，左右亲使御仆，遂无一人，心甚叹异。生上车，行可数里，复出大城。宛是昔年东来之途，山川原野，依然如旧。所送二使者，甚无威势，生逾怏怏⑬。生问使者曰："广陵郡何时可到？"二使讴歌自若，久乃答曰："少顷即至。"

俄出一穴，见本里闾巷，不改往日，潸然自悲⑭，不觉流涕。二使者引生下车，入其门，升自阶，已身卧于堂东庑之下。生甚惊畏，不敢前近。二使因大呼生名数声，生遂发寤如初。见家之僮仆拥篲于庭⑮，二客濯足于榻，斜日未隐于西垣⑯，余樽尚湛于东牖⑰。梦中倏忽，若度一世矣。

生感念嗟叹，遂呼二客而语之。惊骇。因与生出外，寻槐下穴。生指曰："此即梦中所惊入处。"二客将谓狐狸木媚之所为祟⑱，遂命仆夫荷斤斧⑲，断拥肿，折查枿⑳，寻穴究源。旁可袤丈㉑，有大穴，根洞然明朗，可容一榻。上有积土壤，以为城郭台殿之状。有蚁数斛㉒，隐聚其中。中有小台，其色若丹。二大蚁处之，素翼朱首，长可三寸。左右大蚁数十辅之，诸蚁不敢近。此其王矣。即槐安国都也。又穷一穴，直上南枝可四丈，宛转方中，亦有土城小楼，群蚁亦处其中，即生所领南柯郡也。又一穴，西去二丈，磅礴空圬㉓，嵌窦异状㉔，中有一腐龟，壳大如斗。积雨浸润，小草丛生，繁茂翳荟㉕，掩映振壳，即生所猎灵龟山也。又穷一穴，东去丈余，古根盘屈，若龙虺之状㉖。中有小土壤，高尺余，即生所葬妻盘龙岗之墓也。追想前事，感叹于怀，披阅穷迹，皆符所梦。不欲二客坏之，遽令掩塞如旧。

是夕，风雨暴发。旦视其穴，遂失群蚁，莫知所去。故先言"国有大恐，都邑迁徙"，此其验矣。复念檀萝征伐之事，又请二客访迹于外。宅东一里有古涸涧，侧有大檀树一株，藤萝拥织，上不见日，旁有小穴，亦有群蚁隐聚其间。檀萝之国，岂非此耶？嗟乎！蚁之灵异，犹不可穷，况山藏木伏之大者所变化乎？

时生酒徒周弁、田子华并居六合县，不与过从旬日矣。生遽遣家僮疾往候之。周生暴疾已逝，田子华亦寝疾于床。生感南柯之浮虚，悟人世之倏忽，遂栖心道门，绝弃酒色。后三年，岁在丁丑，亦终于家。时年四十七，将符宿契之限矣㉗。

公佐贞元十八年秋八月㉘，自吴之洛，暂泊淮浦㉙，偶觌淳于生棼㉚，询访遗迹，翻覆再三，事皆摭实㉛，辄编录成传，以资好事。虽稽神语怪㉜，事涉非经㉝，而窃位著生，冀将为戒。后之君子，幸以南柯为偶然，无以名位骄于天壤间云。

前华州参军李肇赞曰㉞：贵极禄位，权倾国都，达人视此，蚁聚何殊。

（《太平广记》，〔宋〕李昉等编，中华书局，1961）

注释

① 东平：县名，即今山东东平。　② 游侠：古称轻生重义、勇于救人急难的人，与今日武侠小说中的侠客不是一个意思。　③ 使气：恣逞意气。　④ 细行：小节。　⑤ 淮南军裨(pí)将：藩镇淮南节度使的偏将。⑥ 使酒：酒醉使性。忤帅：触犯主帅（即节度使）。　⑦ 纵诞：恣肆放诞。　⑧ 广陵：今江苏扬州的古称。⑨ 贞元七年：公元791年。贞元，唐德宗年号。　⑩ 庑：堂下周围的走廊。　⑪ 秣马：喂马吃草料。秣，马吃的草，马饲料。　⑫ 俟(sì)：等候。小愈：（从酒醉中）稍微恢复。　⑬ 忽忽：恍惚，迷糊。　⑭ 青油：又叫梓油，中国特产的一种干性油，榨取乌桕树种仁而得，用作油漆。　⑮ 四牡：四匹公马。　⑯ 大户：大门。⑰ 风候：风土气候。　⑱ 郭(fú)郭：内城外的一道城墙。城堞(dié)：城墙顶上的齿状矮墙。　⑲ 车舆：车辆，车轿。　⑳ 闢：通"避"，躲避。　㉑ 执门者：看门人。趋拜：疾步迎上来拜见。　㉒ 旋：立刻。　㉓ 骈

马:帝王女婿的称谓,由掌车马的官名驸马都尉而来。 ㉔ 俄:不一会。 ㉕ 彩槛(jiàn):彩绘的栏杆。雕楹:刻有浮雕的柱子。 ㉖ 茵褥:床垫子。 ㉗ 右相:右丞相。且:即将。 ㉘ 降阶:走下台阶。祇(zhī)奉:恭敬地奉迎。祇,恭敬。 ㉙ 象简:象牙做的笏,长板状,朝臣手捧此物上朝记事。 ㉛ 仪敬:表示尊敬的礼节。 ㉚ 寡君:臣子对他国、他方谦称自己的国君。 ㉜ "岂敢"句:意思是哪里敢指望这样。是,此,作"望"的前置宾语。 ㉝ 辟易:倒退。 ㉞ 素练:白色的轻质丝织品。 ㉟ 簪:戴。朱华冠:荷花形的王冠。朱华,荷花。 ㊱ 奉事:奉侍,服侍,指嫁与。 ㊲ 宾宇:宾馆。 ㊳ 殁:通"没",陷没。 ㊴ 将谓:大概是。北蕃:北方少数民族。交通:交往,互通信息。 ㊵ 羔雁:小羊和雁。古代用作征召、婚聘、晋谒的礼物。币帛:古代用作祭祀、进贡、馈赠之礼的丝织品。 ㊶ 翠凤冠:翠鸟羽毛装饰的凤冠。凤冠,古代贵族女子、朝廷命妇所戴的有凤形装饰的礼冠,一般妇女举行婚礼时亦用以为饰。 ㊷ 金霞帔(pèi):饰以金线的霞帔。霞帔,一种披风,轻柔艳丽如霞,故称,后成为命妇之服。 ㊸ 金钿(tián):用黄金制成的花朵状的首饰。 ㊹ 上巳:古时节日名,汉以前为农历三月上旬的巳日,魏晋以后定为三月三日。是古时禊修游赏的日子。 ㊺ 《婆罗门》:曲调名。唐开元中西凉都督杨敬述进献唐玄宗,天宝十三年(754)改名《霓裳羽衣曲》。 ㊻ 北牖(yǒu):北窗。 ㊼ 亲洽:亲昵。 ㊽ 水犀合子:以水犀皮做的盒子。水犀,一种生活于水中的犀牛。 ㊾ 余辈:其他人。 ㊿ "中心"二句:语见《诗经·小雅·隰桑》。 (51) 且故:又是旧交。 (52) 冯翊:郡名,辖境相当今陕西韩城、黄龙以南,白水、蒲城以东和渭河以北地区。 (53) 司隶:官名。《周礼》入秋官之属。汉武帝时置司隶校尉,掌捕拿巫蛊,督察奸猾,哀帝时改为司隶,东汉复旧称,魏晋以降沿用,唐废。 (54) 步障:古时一种遮蔽风尘或视线的立屏。 (55) 娣:妹妹。 (56) 辇:帝王后妃及宫人所乘的车。 (57) 宾御:宾客和驭手。 (58) 寮:通'僚'。 (59) 竟夕:终夜,通宵。 (60) 因:乘,趁。启:禀告。 (61) 顷:前不久。结好之日:指结婚日。 (62) 觐(jìn):下级或晚辈拜见上级或长辈。 (63) 遽:连忙。 (64) 闾(lú)里:乡里街坊。闾,里巷的大门。《周礼·天官·小宰》:"听闾里以版图。"贾公彦疏:"在六乡则二十五家为闾,在六遂则二十五家为里。" (65) 奉赞:献上帮助之力。 (66) 广衢:大路。 (67) 猥(wěi):谬,错误地。 (68) 朝章:朝廷的典章。 (69) 覆𫗧(sú):倾覆鼎中的食物,代指力不胜任而败事。语出《周易·鼎卦》:"鼎折足,覆公𫗧。" (70) 颍川:古郡名,本治阳翟(今河南禹州),唐时改治长社(今河南许昌)。 (71) 回:奸邪,邪僻。 (72) 毗(pí)佐:辅佐,辅助。 (73) 署:委任,任命。司宪:职掌刑法的官名。 (74) 司农:职掌农事的官名。 (75) 睽别:离别。 (76) 宁(nìng):岂。 (77) 耆老:特指致仕(退休)的卿大夫。鸾铃:帝王车驾上系的铃铛,也称鸾铃。 (78) 阗咽:喧闹。 (79) 雉堞(dié):城上呈齿形的矮墙,也称女墙。 (80) 朱轩:涂红漆的窗。棨(qǐ)户:设有棨戟的门户。棨,棨戟,古时官员仪仗所用的施缯衣或油漆的木戟。 (81) 生祠宇:给活人修的祠庙。 (82) 食邑:古时帝王赐给臣子世享其禄的封地。 (83) 锡:赐予。 (84) 台辅:三公宰相的高位。 (85) 门荫(yìn):凭借祖先的功勋循例做官。 (86) 疽(jū):中医称局部皮肤肿胀坚硬的毒疮,系细菌感染而成。 (87) 遘(gòu)疾:得病。遘,遇。 (88) 薨(hōng):身份尊贵者之死的称呼。唐代称三品以上大官之死为薨。妇人之死从夫称。 (89) 莫馔:祭奠的食品。 (90) 谥(shì):古代帝王、大臣等地位尊崇者去世后,据其生前品行评定的带有褒贬意义的称号。 (91) 羽葆:古时一种以鸟羽聚于立杆顶盖的葬礼仪仗。 (92) 无恒:不定。 (93) 玄象:天象。谪见(xiàn):灾异的征兆已现。见,通"现"。 (94) 事在萧墙:犹祸起萧墙,典出《论语·季氏》:"吾恐季孙之忧,不在颛臾,而在萧墙之内也。"萧墙,面对宫门的小墙,喻指内部。萧,通"肃"。 (95) 僭(jiàn):在礼制等方面超越本分。 (96) 怨悖(bèi):怨毒乖谬。 (97) 天柱:短命早逝。 (98) 良用:良以,非常。 (99) 鞠育:养育,抚养。 (100) 瞢(méng)然:迷糊不清醒的样子。 (101) 怏怏:心中闷闷不乐的样子。 (102) 潸(shān)然:流泪的样子。 (103) 篲(huì):扫帚。 (104) 西垣:西面的墙壁。 (105) 湛:(酒)清澄的样子。 (106) 木媚:即木魅,树木的精怪。 (107) 斤斧:斧子。斤,斧。 (108) 查枿(niè):树木砍伐后留下的再生株。 (109) 袤(mào)丈:丈把长。袤,长。 (110) 斛:量器,又作量词,古时一斛为十斗。 (111) 空圬(wū):空墙壁。圬,用泥糊墙。 (112) 窞(dàn):凹陷的洞穴。 (113) 翳荟:草木茂盛可以将下面遮蔽起来。 (114) 龙虺(huǐ):龙蛇。虺,土色无花纹的毒蛇。 (115) 宿契:先前(与父亲)的约言。 (116) 贞元十八年:公元802年。 (117) 淮浦:淮河边。 (118) 偶觌(dí):偶尔见到。觌,见面。 (119) 摭(zhí)实:以事实为依据。摭,采取。 (120) 稽神:考察神灵之事。 (121) 非经:荒诞不合常理。 (122) 华州:州名,治华县(今属陕西)。参军:官名,本是参谋军事之意。隋唐时也为州郡属官。

作者简介

李公佐,生卒年不详,字颛蒙,陇西(今甘肃东南)人。唐小说家。宪宗元和年间为江南西道观察使判官。元和八年(813)春罢职。淹留于上元、常州、苏州一带,至十三年夏,始归长安。又《旧唐书·宣宗纪》载有李公佐,于武宗会昌初为扬州录事参军,宣宗大中二年(848)因事削两任官,与小说家李公佐是否一人,不能遽定。李公佐与白行简有交往,曾怂恿白行简作传奇小说《李娃传》。所作传奇小说今存《南柯太守传》、《谢小娥传》、《庐江冯媪传》、《古岳渎经》四篇。另《直斋书录解题》"杂史类"著录《建中河朔记》六卷,今不传。

讲解

唐人小说被称为"传奇",始自晚唐裴铏的《传奇》一书,宋代以后即概称为唐传奇。在唐人传奇中,李公佐的这篇《南柯太守传》,是比较有代表性的篇章。原载《异苑》(久佚),宋初收入《太平广记》,改题《淳于梦》,本书所用文本即选自《太平广记》卷四百七十五。

从创作手法上看,这篇传奇之所以在唐传奇中具有特殊的地位,跟它结构上的复杂精巧密切相关。唐传奇虽已十分注重故事情节的完整,描写的细致入微,人物性格的多侧面,但是,单主线的结构方式,往往容易使人物形象平面化。这篇传奇虽然也是单主线结构,但副线交待十分完备,使故事情节更加曲折,人物形象更加丰满。如写到淳于梦与二客挖掘槐洞,一一验证梦中经历,遇大风雨将蚁穴冲坏,应验槐安国人上表所说"国有大恐,都邑迁徙,宗庙崩坏"的预言,好友周弁、田子华的结局及淳于梦三年后的去世,也一一应验他在槐安国的经历和已故父亲的话语。这样,一系列的前后关合安排,使结构显得十分严密,叙事更加详赡完备,为阐释作者人生如梦的主旨起了很好的辅助作用。鲁迅认为《南柯太守传》与《枕中记》虽题材相同,但结尾更有余韵,评价是相当中肯的。其实不光结尾,就情节描写而言,前者也较后者更为生动,更具有文学意味。

本篇在文学史上有较大的影响,除了"南柯"、"槐梦"成为文人喜欢用的典故,"南柯一梦"也成为习见的成语。像黄庭坚《湖口人李正臣蓄异石九峰……》诗"能回赵璧人安在?已入南柯梦不通"一联所言,甚至典故的语境也有所拓展。由于传诵极广,有人竟然还在扬州城修起了虚构的南柯太守墓。这个故事也屡次被改写为传统戏曲作品,如明车任远作《四梦》杂剧,其中之一即《南柯梦》。而明汤显祖著名的"临川四梦"传奇,也有以李公佐之作为原型的《南柯记》在内。

思考练习题

一、简单比较一下本篇与韩愈《毛颖传》的异同。
二、如何理解本篇的思想主旨?
三、从叙事特点上分析本篇的传记文学特征。

相关知识

唐传奇 传奇是中国古代小说的一种文体,顾名思义,传奇就是传录奇人奇事。其源来自传记文和魏晋南北朝志怪小说。其名得之于唐裴铏的小说集《传奇》,北宋早期散文家尹洙就已经有"传奇体"的说法。后来,人们通常把唐人的单篇文言短篇小说,或者如《传奇》中所收的情节完整、篇幅较一般笔记为长的同类作品称为传奇。

小说进入唐代,有了质的变化。鲁迅《中国小说史略》说:"小说亦如诗,至唐代而一变,虽尚不离于搜奇记逸,然叙述宛转,文辞华艳,与六朝之粗陈梗概者较,演进之迹甚明,而尤显者乃在是时则始有意为小说。"唐代传奇小说是在魏晋小说的基础上发展起来的,魏晋小说受实用主义和功利主义的影响,虽然在内容题材上存在很多虚构的成分,但一般认为,当时小说的作者是相信其真实存在的。那些小说作家是站在史家的角度来定位的,他们只是记录,不作创造,这就使那时的小说总是游移于史学和文学的边缘,既带有文学性,又具备史学特征。

唐代传奇小说在两个方面取得了突破性进展:一是情节的虚构性,二是功能的愉悦性。唐传奇作家确立了小说家的感性思维模式,他们作意好奇,驰骋丰富想象,创造诡奇境界,婉曲细致地表达人物情感,酣畅淋漓地征异话奇;同时,他们还明确地表达愉悦读者的创作意图,这种创作宗旨的转变,使唐传奇文体开始游离史传传统,走向独立,这不能不说是小说发展史上的一大进步。

在中国文学史上,传奇还是明清时期主唱南曲的一种戏曲形式,如汤显祖著名的《牡丹亭》传奇。

相关作品

枕中记

〔唐〕沈既济

开元六年,道士有吕翁者,得神仙术,行邯郸道中,息邸舍,摄帽弛带,隐囊而坐。

俄见旅中少年,乃卢生也。衣短褐,乘青驹,将适于田,亦止于邸中,与翁共席而坐,言笑殊畅。久之,卢生顾其衣装敝亵,乃长叹息曰:"大丈夫生世不谐,困如是也。"翁曰:"观子形体,无苦无恙,谈谐方适,而叹其困者,何也?"生曰:"吾此苟生耳,何适之谓?"翁曰:"此不谓适,而何谓适?"答曰:"士之生世,当建功树名,出将入相,列鼎而食,选声而听。使族益昌而家益肥,然后可以言适乎。吾尝志于学,富于游艺,自惟当年青紫可拾。今已适壮,犹勤畎亩,非困而何?"言讫而目昏思寐。时主人方蒸黍,翁乃探囊中枕以授之,曰:"子枕吾枕,当令子荣适如志。"

其枕青瓷,而窍其两端。生俯首就之,见其窍渐大,明朗。乃举身而入,遂至其家。数月,娶清河崔氏女。女容甚丽,生资愈厚。生大悦,由是衣装服驭,日益鲜盛。明年,举进士,登第。释褐秘校。应制,转渭南尉。俄迁监察御史,转起居舍人,知制诰。三载,出典同州,迁陕牧。生性好土功,自陕西凿河八十里,以济不通。邦人利之,刻石纪德。移节汴州,领河南道采访使,征为京兆尹。是岁,神武皇帝方事戎狄,恢宏土宇。会吐蕃悉抹逻及烛龙莽布支攻陷瓜沙,而节度使王君㚟新被杀,河湟震动。帝思将帅之才,遂除生御史中丞、河西道节度。大破戎虏,斩首七千级,开地九百里,筑三大城以遮要害。边人立石于居延山以颂之。归朝册勋,恩礼极盛。

转吏部侍郎,迁户部尚书兼御史大夫。时望清重,群情翕习,大为时宰所忌。以飞语中之,贬为端州刺史。三年,征为常侍。未几,同中书门下平章事。与萧中令嵩、裴侍中光庭同执大政十余年,嘉谟密令,一日三接。献替启沃,号为贤相。同列害之,复诬与边将交接,所图不轨。下制狱,府吏引从至其门而急收。生惶骇不测,谓妻子曰:"吾家山东,有良田五顷,足以御寒馁。何苦求禄?而今及此,思衣短褐、乘青驹,行邯郸道中,不可得也。"引刃自刎。其妻救之,获免。其罹者皆死,独生为中官保之,减罪死,投驩州。数年,帝知冤,复追为中书令,封燕国公,恩旨殊异。生五子,曰俭、曰传、曰位、曰倜、曰倚,皆有才器。俭进士登第,为考功员外;传为侍御史;位为太常丞;倜为万年尉。倚最贤,年二十八,为左襄。其姻媾皆天下望族。有孙十余人。两窜荒徼,再登台铉。出入中外,徊翔台阁。五十余年,崇盛赫奕。

性颇奢荡,甚好佚乐。后庭声色,皆第一绮丽。前后赐良田、甲第、佳人、名马,不可胜数。后年渐衰迈,屡乞骸骨,不许。病,中人候问,相踵于道。名医上药,无不至焉。将殁,上疏曰:"臣本山东诸生,以田圃为娱。偶逢圣运,得列官叙。过蒙殊奖,特秩鸿私。出拥节旄,入升台辅。周旋中外,绵历岁时。有忝天恩,无裨圣化。负乘贻寇,履薄增忧。日惧一日,不知老至。今年逾八十,位极三事,钟漏并歇,筋骸俱耄。弥留沈顿,待时益尽。顾无成效,上答休明。空负深恩,永辞圣代。无任感恋之至,谨奉表陈谢。"诏曰:"卿以俊德,作朕元辅。出拥藩翰,入赞雍熙,升平二纪,实卿所赖。比婴疾疹,日谓痊平。岂斯沉痼,良用悯恻。今令骠骑大将军高力士就第候省。其勉加针石,为予自爱。犹冀无妄,期于有瘳。"是夕,薨。

卢生欠伸而悟,见其身方偃于邸舍,吕翁坐其傍,主人蒸黍未熟,触类如故。生蹶然而兴,曰:"岂其梦寐也?"翁谓生曰:"人生之适,亦如是矣。"生怃然良久,谢曰:"夫宠辱之道,穷达之运,得丧之理,死生之情,尽知之矣。此先生所以窒吾欲也。敢不受教。"稽首再拜而去。

扩展阅读书目

(1)《唐人小说》,汪辟疆编校,上海古籍出版社1978年版。 (2)《唐传奇鉴赏集》,人民文学编辑部编,人民文学出版社1983年版。 (3)《唐宋传奇全译》,鲁迅原编,程小铭、袁政谦、邱瑞祥译注,贵州人民出版社2009年版。 (4)《唐传奇鉴证》,周绍良撰,中华书局2000年版。 (5)《中国小说史略》(插图本),鲁迅撰,上海古籍出版社2004年版。 (6)《唐人传奇》,吴志达撰,上海古籍出版社1981年版。 (7)《唐人传奇》,李宗为撰,中华书局1985年版。 (8)《传奇小说史》,薛洪勣撰,浙江古籍出版社1998年版。 (9)《传奇小说通论》,石麟撰,中州古籍出版社2005年版。 (10)《传奇小说文体研究》,李军均撰,华中科技大学出版社2007年版。

16. 柳子厚墓志铭

韩 愈

子厚讳宗元①。七世祖庆②,为拓跋魏侍中,封济阴公③。曾伯祖奭④,为唐宰相,与褚遂良、韩瑗俱得罪武后⑤,死高宗朝⑥。皇考讳镇⑦,以事母弃太常博士⑧,求为县令江南⑨。其后以不能媚权贵,失御史。权贵人死,乃复拜侍御史⑩。号为刚直,所与游皆当世名人⑪。

子厚少精敏⑫,无不通达。逮其父时⑬,虽少年,已自成人⑭,能取进士第,崭然见头角⑮。众谓柳氏有子矣。其后以博学宏词⑯,授集贤殿正字⑰。俊杰廉悍⑱,议论证据今古,出入经史百子,踔厉风发⑲,率常屈其座人⑳。名声大振,一时皆慕与之交。诸公要人,争欲令出我门下,交口荐誉之㉑。

贞元十九年㉒,由蓝田尉拜监察御史㉓。顺宗即位,拜礼部员外郎㉕。遇用事者得罪,例出为刺史。未至,又例贬永州司马㉖。居闲㉗,益自刻苦,务记览,为词章,泛滥停蓄㉘,为深博无涯涘㉙。而自肆于山水间㉚。元和中,尝例召至京师;又偕出为刺史,而子厚得柳州㉛。既至,叹曰:"是岂不足为政邪㉜?"因其土俗,为设教禁㉝,州人顺赖㉞。其俗以男女质钱,约不时赎,子本相侔,则没为奴婢㉟。子厚与设方计㊱,悉令赎归㊲。其尤贫力不能者,令书其佣,足相当,则使归其质。观察使下其法于他州㊳,比一岁㊴,免而归者且千人。衡湘以南为进士者㊵,皆以子厚为师,其经承子厚口讲指画为文词者,悉有法度可观。

其召至京师而复为刺史也,中山刘梦得禹锡亦在遣中,当诣播州㊷。子厚泣曰:"播州非人所居,而梦得亲在堂㊸,吾不忍梦得之穷㊹,无辞以白其大人㊺;且万无母子俱往理。"请于朝,将拜疏⁴⁶，愿以柳易播，虽重得罪，死不恨。遇有以梦得事白上者，梦得于是改刺连州⁴⁷。呜呼！士穷乃见节义。今夫平居里巷相慕悦，酒食游戏相徵逐⁴⁸，诩诩强笑语以相取下⁴⁹，握手出肺肝相示⁵⁰，指天日涕泣，誓生死不相背负，真若可信；一旦临小利害，仅如毛发比，反眼若不相识⁵¹。落陷穽，不一引手救⁵²，反挤之，又下石焉者，皆是也。此宜禽兽夷狄所不忍为⁵³，而其人自视以为得计。闻子厚之风，亦可以少愧矣⁵⁴。

子厚前时少年，勇于为人⁵⁵，不自贵重顾藉⁵⁶，谓功业可立就⁵⁷，故坐废退⁵⁸。既退，又无相知有气力得位者推挽⁵⁹，故卒死于穷裔⁶⁰，材不为世用，道不行于时也。使子厚在台省时⁶¹，自持其身⁶²，已能如司马、刺史时，亦自不斥⁶³；斥时，有人力能举之，且必复用不穷⁶⁴。然子厚斥不久，穷不极，虽有出于人⁶⁵，其文学辞章，必不能自力⁶⁶，以致必传于后如今，无疑也。虽使子厚得所愿，为将相于一时，以彼易此⁶⁸，孰得孰失，必有能辨之者。

子厚以元和十四年十一月八日卒⁶⁹，年四十七。以十五年七月十日，归葬万年先人墓侧⁷⁰。子厚有子男二人：长曰周六，始四岁；季曰周七⁷¹，子厚卒乃生。女子二人⁷²，皆幼。其得归葬也，费皆出观察使河东裴君行立⁷³。行立有节概⁷⁴，重然诺，与子厚结交，子厚亦为之尽，竟赖其力。葬子厚于万年之墓者，舅弟卢遵⁷⁷。遵，涿人⁷⁸，性谨慎，学问不厌⁷⁹。自子厚之斥，遵从而家焉⁸⁰，逮其死不去。既往葬子厚，又将经纪其家⁸¹，庶几有始终者。铭曰：

是惟子厚之室⁸²，既固既安，以利其嗣人⁸³。

（《韩昌黎文集校注》，〔唐〕韩愈著，马其昶校注，上海古籍出版社，1986）

注释

① 讳：古人对已故尊者，忌讳直呼其名，故在名前冠"讳"字，以示尊敬。　② 庆：柳庆，字更兴，曾任北魏（为鲜卑族拓跋氏所建，故称拓跋魏）侍中（位同宰相）。仕周为宜州刺史，封平齐县公。　③ 济阴：北魏郡名，今山东菏泽一带。　④ 奭(shì)：柳奭，字子燕，唐贞观中迁中书舍人。后与褚遂良等同得罪武后，贬为爱州刺史，被杀。　⑤ 褚遂良：字登善，钱塘（今浙江杭州）人，一说阳翟（今河南禹县）人。高宗时任尚书右仆射，封河南郡公。因反对武则天为后，被贬而死。与欧阳询、虞世南、薛稷并称唐初四大书法家。韩瑗：字伯玉，雍州三原（今陕西三原）人。官至侍中，因不同意高宗废王皇后立武后，被贬而死。武后：武则天。　⑥ 高宗：李治，字为善，太宗第九子。公元650—683年在位。　⑦ 皇考：旧时对已去世父亲的尊称。指柳宗元父亲柳镇。柳镇于唐肃宗朝授左卫率府兵曹参军，佐郭子仪守朔方，后调长安主簿，又徙吴。　⑧ 事：侍奉。太常博士：官名，唐代掌撰五礼仪注、导引乘舆、赞相祭祀等。　⑨ 求为令江南：指柳镇任宣城县令。　⑩ "其后"四句：柳镇曾迁升殿中侍御史，因得罪中书侍郎、同平章事窦参，谪夔州司马。德宗贞元九年(793)，窦参贬死，复为侍御史。权贵人，指窦参。　⑪ "所与"句：指和柳镇交游的人，皆为当时名流。柳宗元《先君石表阴先友记》记载与柳镇交游六十七人姓名于其墓碑之阴，并说："先君之所与友，凡天下善士举集焉。"　⑫ 精敏：精细而敏捷。　⑬ 逮其父时：在他父亲在世时。逮，及，当。　⑭ "虽少"二句：柳宗元于贞元九年(793)登进士第，时年二十一岁。　⑮ 崭然：高出一般。见，同"现"，显露。　⑯ 博学宏词：唐代吏部考试进士及第者的一种科目，开元九年(721)始设此科。柳宗元于贞元十二年(796)考中此科。　⑰ 集贤殿：是收藏整理图书的机构。正宗：校正书籍的官。柳宗元贞元十四年(798)任此职。　⑱ 俊杰廉悍：才华出众，刚直精悍。　⑲ 踔(chuō)厉：腾跃奋发的样子。　⑳ 率常：经常。屈其座人：使同座的人为之屈服。　㉑ 交口荐誉：众口一辞地推赞、赞誉。　㉒ 贞元十九年：即公元803年。贞元，唐德宗李适年号。　㉓ 蓝田：今陕西蓝田。监察御史：御史台的属官，掌分察百僚，巡按郡县刑狱、军戎、祭祀诸事。　㉔ 顺宗：即李诵，唐德宗子。公元805年在位。　㉕ 礼部员外郎：官名，从六品上，掌管礼、乐、学校诸事。　㉖ "遇用"四句：永贞元年(805)顺宗即位，任用王叔文等进行永贞革新，柳宗元、刘禹锡等积极参与。后宦官俱文珍等胁迫顺宗禅位于宪宗，革新失败，王叔文等骨干成员均遭贬斥。永贞元年八月，宪宗先将王叔文贬官；

九月,柳宗元等同贬,柳宗元为郡州刺史;十一月,柳宗元于赴任途中,又被贬为永州司马。刺史,一州的最高长官。永州,今湖南永州。司马,刺史属下掌管军事的副职,为有职无权的冗员。 ㉗居闲:闲散无事。 ㉘泛滥停蓄:形容学问文章的广博和深厚。 ㉙无涯涘(sì):没有边际,指修养极其广博。 ㉚自肆:自我放纵(精神上的)。 ㉛"元和"四句:元和十年(815)柳宗元等被召至京城。不久,又改官柳州刺史。元和,唐宪宗李纯年号(806—820)。柳州,今属广西。 ㉜"是岂"句:这里难道不能在政治上有所作为吗。 ㉝教禁:教化和禁令。 ㉞顺赖:顺从依赖。 ㉟"其俗"五句:柳州有种风俗,穷人向富人借钱,须用人口作为抵押。约定若过期不赎,到利息与本金相等时,就将抵押的人质没收为奴婢。不时赎,不按时赎取。相伴(móu),相等。 ㊱方计:方法,计划。 ㊲悉:全,都。 ㊳"令书"三句:让债主将被抵押的人的钱记下来,等到钱数与所欠本息相等时,就让债权人归还人质。 ㊴观察使:官名。唐分全国为十道,设观察使,主管考察州县官吏的政绩。柳州属桂管道。 ㊵比一岁:接近一年的时间。比,及,接近。 ㊶衡湘:即衡山和湘水。 ㊷"中山"二句:刘禹锡当时也在被贬谪之中,被贬到播州。中山,今河北定县。刘禹锡字梦得,自言系出中山。诣,往。播州,今贵州遵义。 ㊸亲在堂:母亲在世。亲,父母,此偏指母亲。 ㊹穷:困厄。 ㊺"无辞"句:无言宽慰他的母亲。大人,古称父母为大人。 ㊻拜疏:向朝廷上奏章。 ㊼"遇有"二句:《新唐书·刘禹锡传》:"御史中丞裴度为言:'播极远,猿狄所宅,禹锡母八十余,不能往,当与其子死诀,恐伤陛下孝治,请稍内迁。'……乃易连州。"白上,禀告皇帝。连州,治今广东连州。 ㊽征逐:往来追随。 ㊾诩(xǔ)诩:以媚态取悦于人。相取下:迎合他人,甘居其下。 ㊿"握手"句:握着你手说掏出心窝子给你看。 51反眼:翻脸,反目。 52引手:伸手。 53夷狄:泛称华夏族以外的各族,古人认为夷狄缺乏文化修养。 54少愧:稍微感到一点羞愧。少,稍。 55勇于为人:勇于帮助别人。指柳宗元参加王叔文集团事。这里是曲笔。 56顾藉:顾惜,顾念。 57立就:马上成就。 58坐:获罪。废退:指贬官。 59推挽:荐举和援引。 60卒:最终。穷裔:荒远偏僻之处。 61台省:御史台和尚书省。柳宗元曾官监察御史,属御史台。后任礼部员外郎,属尚书省。 62自持其身:明哲保身。 63斥:贬斥,贬谪。 64复用不穷:再被重用不受困厄。 65然:但,这里有假定的意思。 66出于人:(官位)超过别人。 67自力:自我努力。 68彼:指为将相于一时。易:换。此:指其文学辞章必传于后。 69十一月八日卒:《旧唐书·柳宗元传》作"十月五日卒"。 70万年:唐时县名,故城在今陕西临潼东北。 71季:兄弟姊妹排行最小的。 72女子:女儿。 73河东裴君行立:裴行立,绛州稷山(今属山西)人。初为河东令,元和十二年(817)任桂管观察使。河东,今山西永济。 74节概:志节气概。 75然诺:指言而有信。 76尽:指尽心结交。 77舅弟卢遵:卢遵是柳宗元舅父之子,故称舅弟。 78涿:唐州名,治今河北涿州。 79厌:满足。 80家:定居,安家。 81经纪:管理照料。 82庶几:差不多。 82室:此指墓穴。 83嗣人:子孙后代。

作者简介
　　韩愈(768—824),字退之,河南河阳(今河南孟州南)人,自称郡望昌黎(治今辽宁义县),世称韩昌黎。唐文学家。早孤,由兄嫂抚养,刻苦自学。贞元八年(792)登进士第,曾先后任宣武及宁武节度使判官。后至京师,任四门博士。贞元末,官监察御史,因指斥时政被贬为阳山令。元和元年(806)召为国子博士。十二年,从裴度讨伐藩镇吴元济有功,擢刑部侍郎。十四年,因谏佛骨事,贬潮州刺史。十五年,又召为国子祭酒,转兵部侍郎、京兆尹,官至吏部侍郎,世称韩吏部。谥文,世称韩文公。韩愈政治上反对藩镇割据,思想上尊儒排佛。他反对六朝以来骈偶的文风,提倡散体,与柳宗元同为古文运动的倡导者,并称"韩柳"。其文众体兼长,气势雄健,条理畅达,语言精练,为"唐宋八大家"之首。他又是中唐与元白诗派并峙诗坛的韩孟诗派的代表人物,与孟郊并称"韩孟"。其诗风奇崛雄伟,力求新奇,又善为铺陈,好发议论,开"以文为诗"的风气,对宋诗影响很大。有《昌黎先生集》。

本文作于元和十五年(820),韩愈时任袁州(今江西宜春)刺史。

韩愈与柳宗元同为唐代古文运动的领袖,虽政见不同,但二人交情深厚。柳宗元死后,韩愈除此文外,还写有不少哀悼和纪念文字,如《祭柳子厚文》等。墓志铭类文章主要叙写墓主的世系、爵里、郡望、官阶等,以称美为主。六朝以来,志铭类文章甚多,多铺排藻饰,难有真朴之意。韩愈此文夹叙夹议,语言朴素畅达,情感委婉含蓄,真挚感人。

文中着重叙述了柳宗元政治、德行、文学三方面的事迹。政治上,称扬其特出的政治才能,敬佩其贬官柳州所取得的政绩,对其屡遭贬谪和排挤的不幸遭遇寄予深切的同情。德行上,表彰了柳宗元的重友谊、有节概。文学上,肯定其文学辞章足以传世的贡献。

此文在平实的叙述中,始终蕴含深挚沉痛的感情。有对柳宗元的赞誉和同情,对昏暗官场世道的极大愤慨。自"呜呼,士穷乃见节义"至"必有能辨之者",连发两段议论,语言铿锵,情感激宕,尤具艺术感染力。清代何焯称:"公此文亦在远贬之后作,故尤淋漓感慨。"(《义门读书记》)所言甚是。

作者对王叔文是极其反感的(认为王是乱臣小人),对柳宗元早年参加王叔文集团的革新活动是有微词的,但在文章中无法避免提到此事的情况下,他的措辞是很委婉得体的。前面叙述履历时只说"遇用事者得罪",而在后面讲柳宗元不为困厄所夺志时,却又有"子厚前时少年,勇于为人,不自贵重顾籍"这几句话,这样的处理显然是刻意为之,十分耐人寻味,从中也能体会到作者的用笔之妙。

子厚失身王叔文之党,大节已亏。以柳易播一事,颇合道理。其可传后世者惟文章。退之乃厚交,欲以善掩恶,故叙二事最详。自"召至京师"以下,乃反复论子厚之文章卓然,可敬可爱,此文章之妙也。(元·程端礼《昌黎文式》)

昌黎称许子厚处,尺寸斤两,不放一步。(明·茅坤《茅鹿门先生文集》)

有抑扬隐显不失实之道,有朋友交游无限爱惜之情,有相推以文墨之意,即令先生自第所作《墓志》,亦当压卷此篇。(清·储欣《唐宋十大家全集录》)

昌黎墓志第一,亦古今墓志第一。以韩志柳,如太史公传李将军,为之不遗余力矣。(清·储欣《唐宋八大家类选》卷十三)

此文失当时碑额,公此文亦在远贬之后作,故尤淋漓感慨。(清·何焯《义门读书记》)

子厚不克持身处,公亦不能为之讳。故措词隐约,使人自领。只就文章一节,断其必传,下笔自有轻重。(清·吴楚材、吴调侯《古文观止》)

韩、柳至交,此文以全力发明子厚之文学风义。其酣恣淋漓,顿挫盘郁处,乃韩公真实本领,而视所为墓铭以雕琢奇诡胜者,反为别调。盖至性至情之所发,而文字之变格也。(清·吴闿生《古文范》)

一般墓铭多以纪事为主,容易板滞,韩愈此篇却神采飞动,原因在抓住朋友之义为主线,结合文章成就,极写柳子厚的高风亮节,而又痛斥世俗酒肉之交,处处表现深厚的朋友之情。在叙事上力求简净生动,多用逆笔,正反夹说,将实事化虚,显得空灵。后世如"酒食征逐"、"落井下石"等成语就导源于此篇,也可见韩愈在语言上的深刻影响。刘禹锡也是以文豪自命的。他在《河东先生集序》中说:"凡子厚名氏与仕与年暨行己之大方,有退之之志若祭文在,今附于第一通之末云。"可见刘对韩愈这两篇文章的推重,认为真正写出了柳的主要精神。(周本淳《韩愈〈柳子厚墓志铭〉鉴赏》,《古文鉴赏辞典》录)

一、作者在文中重点记载柳宗元贬谪时期的作为,有何用意?

二、此文夹叙夹议,在古代墓志铭中别具一格,请作具体分析。

三、作者在叙述柳宗元的履历时是怎样注意出语委婉得体的?

 相关知识

墓志铭 墓志铭为埋在墓中的碑文,属文体的一种。一般包括志和铭两部分。志多用散文撰写,似传记,叙死者姓氏、籍贯、生平事略等。铭是用韵文(一般是四言句式,偶数句押韵)来统括全篇,是对死者的赞扬、悼念或安慰之词。但也有只用志或只用铭的。可以是自己生前写的,但大多为死后别人所写。

墓志铭的写作要求叙事概要,语言平实,文字简练。撰写墓志铭,因受墓碑大小的限制,篇幅不能冗长,行文要求有较强的概括性和独创性,风格质朴,情感真挚。一般使用韵文写作,但也有一些为无韵的散文,如韩愈的《柳子厚墓志铭》等。

相关作品

袁随园君墓志铭

〔清〕姚鼐

君钱塘袁氏,讳枚,字子才。其仕在官,有名绩矣。解官后,作园江宁西城居之,曰"随园"。世称随园先生,乃尤著云。祖讳锜,考讳滨,叔父鸿,皆以贫游幕四方。君之少也,为学自成。年二十一,自钱塘至广西,省叔父于巡抚幕中。巡抚金公鉷一见异之,试以《铜鼓赋》,立就,甚瑰丽。会开博学鸿词科,即举君。时举二百余人,惟君最少。及试,报罢。中乾隆戊午科顺天乡试,次年成进士,改庶吉士。散馆,又改发江南为知县;最后调江宁知县。江宁故巨邑,难治。时尹文端公为总督,最知君才;君亦遇事尽其能,无所回避,事无不举矣。既而去职家居,再起,发陕西;甫及陕,遭父丧归,终居江宁。

君本以文章入翰林有声,而忽摈外;及为知县,著才矣,而仕卒不进。自陕归,年甫四十,遂绝意仕宦,尽其才以为文辞歌诗。足迹造东南,山水佳处皆遍。其瑰奇幽邈,一发于文章,以自喜其意。四方士至江南,必造随园投诗文,几无虚日。君园馆花竹水石,幽深静丽,至桊槛器具,皆精好,所以待宾客者甚盛。与人留连不倦,见人善,称之不容口。后进少年诗文一言之美,君必能举其词,为人诵焉。君古文、四六体,皆能自发其思,通乎古法。于为诗,尤纵才力所至,世人心所欲出不能达者,悉为达之;士多仿其体。故《随园诗文集》,上自朝廷公卿,下至市井负贩,皆知贵重之。海外琉球有来求其书者。君仕虽不显,而世谓百余年来,极山林之乐,获文章之名,盖未有及君也。

君始出,试为溧水令。其考自远来县治。疑子年少,无吏能,试匿名访诸野。皆曰:"吾邑有少年袁知县,乃大好官也。"考乃喜,入官舍。在江宁尝朝治事,夜召士饮酒赋诗,而尤多名迹。江宁市中以所判事作歌曲,刻行四方,君以为不足道,后绝不欲人述其吏治云。遂为之铭曰:

君卒于嘉庆二年十一月十七日,年八十二。夫人王氏无子,抚从父弟树子通为子。既而侧室钟氏又生子迟。孙二:曰初,曰禧。始,君葬父母于所居小仓山北,遗命以己祔。嘉庆三年十二月乙卯,祔葬小仓山墓左。桐城姚鼐以君与先世有交,而鼐居江宁,从君游最久。君殁,遂为之铭曰:

粤有耆庞,才博以丰。出不可穷,匪雕而工。

文士是宗,名越海邦。蔼如其冲,其产越中。

载官倚江,以老以终。两世阡同,铭是幽宫。

扩展阅读书目

(1)《韩昌黎文集注释》,阎琦校注,三秦出版社 2004 年版。 (2)《韩愈文集汇校笺注》,岳珍、刘真汇校笺注,中华书局 2010 年版。 (3)《韩愈散文选注》,殷孟伦、杨慧文著,上海古籍出版社 1986 年版。(4)《韩愈诗文评注》,张清华评注,中州古籍出版社 991 年版。 (5)《韩愈选集》,孙昌武选注,上海古籍出版社 1996 年版。 (6)《韩愈选集》,吴小如选注,人民文学出版社 2001 年版。 (7)《韩愈资料汇编》,吴文治编,中华书局 1983 年版。 (8)《韩愈年谱》,徐敏霞校辑,中华书局 1991 年版。 (9)《韩愈散文艺术论》,孙昌武著,南开大学出版社 1986 年版。 (10)《韩愈评传》,卞孝萱、张清华、阎琦撰,南京大学出版社 1998 年版。 (11)《国学大讲堂·韩愈文集导读》,钱伯城撰,中国国际广播出版社 2009 年版。

17. 长恨歌①

白居易

汉皇重色思倾国②,御宇多年求不得③。杨家有女初长成,养在深闺人未识。
天生丽质难自弃,一朝选在君王侧④。回眸一笑百媚生,六宫粉黛无颜色⑤。
春寒赐浴华清池⑥,温泉水滑洗凝脂⑦。侍儿扶起娇无力,始是新承恩泽时⑧。
云鬓花颜金步摇⑨,芙蓉帐暖度春宵⑩。春宵苦短日高起,从此君王不早朝。
承欢侍宴无闲暇,春从春游夜专夜。后宫佳丽三千人,三千宠爱在一身。
金屋妆成娇侍夜⑪,玉楼宴罢醉和春。姊妹弟兄皆列土⑫,可怜光彩生门户⑬。
遂令天下父母心,不重生男重生女⑭。骊宫高处入青云⑮,仙乐风飘处处闻。
缓歌慢舞凝丝竹⑰,尽日君王看不足。渔阳鼙鼓动地来⑰,惊破霓裳羽衣曲⑱。
九重城阙烟尘生⑲,千乘万骑西南行。翠华摇摇行复止⑳,西出都门百余里。
六军不发无奈何㉒,宛转蛾眉马前死㉓。花钿委地无人收㉔,翠翘金雀玉搔头㉕。
君王掩面救不得,回看血泪相和流。黄埃散漫风萧索,云栈萦纡登剑阁㉖。
峨嵋山下少人行㉗,旌旗无光日色薄。蜀江水碧蜀山青,圣主朝朝暮暮情。
行宫见月伤心色㉘,夜雨闻铃肠断声。天旋日转回龙驭㉚,至此踌躇不能去。
马嵬坡下泥土中,不见玉颜空死处㉛。君臣相顾尽沾衣,东望都门信马归㉜。
归来池苑皆依旧,太液芙蓉未央柳㉝。芙蓉如面柳如眉,对此如何不泪垂。
春风桃李花开日,秋雨梧桐叶落时。西宫南内多秋草㉞,落叶满阶红不扫。
梨园弟子白发新㉟,椒房阿监青娥老㊱。夕殿萤飞思悄然,孤灯挑尽未成眠㊲。
迟迟钟鼓初长夜㊳,耿耿星河欲曙天㊴。鸳鸯瓦冷霜华重㊵,翡翠衾寒谁与共㊶?
悠悠生死别经年,魂魄不曾来入梦。临邛道士鸿都客㊷,能以精诚致魂魄。
为感君王辗转思,遂教方士殷勤觅。排空驭气奔如电㊸,升天入地求之遍。
上穷碧落下黄泉㊹,两处茫茫皆不见。忽闻海上有仙山,山在虚无缥缈间。
楼阁玲珑五云起㊺,其中绰约多仙子㊻。中有一人字太真,雪肤花貌参差是㊼。

金阙西厢叩玉扃⁴⁸，转教小玉报双成⁴⁹。闻道汉家天子使，九华帐里梦魂惊⁵⁰。
揽衣推枕起徘徊，珠箔银屏迤逦开⁵¹。云鬓半偏新睡觉⁵²，花冠不整下堂来。
风吹仙袂飘飘举⁵³，犹似霓裳羽衣舞。玉容寂寞泪阑干⁵⁴，梨花一枝春带雨。
含情凝睇谢君王⁵⁵，一别音容两渺茫。昭阳殿里恩爱绝⁵⁶，蓬莱宫中日月长⁵⁷。
回头下望人寰处，不见长安见尘雾。唯将旧物表深情，钿合金钗寄将去⁵⁸。
钗留一股合一扇，钗擘黄金合分钿⁵⁹。但教心似金钿坚，天上人间会相见。
临别殷勤重寄词，词中有誓两心知。七月七日长生殿⁶¹，夜半无人私语时。
在天愿作比翼鸟⁶²，在地愿为连理枝⁶³。天长地久有时尽，此恨绵绵无绝期。

（《白居易集笺校》，〔唐〕白居易著，朱金城笺校，上海古籍出版社，1988）

注释

① 长恨歌：元和元年（806），白居易在盩厔县（今陕西周至）任职，某日与友人陈鸿、王质夫到邻近马嵬坡的寺院游赏，谈到唐玄宗与杨贵妃故事，陈鸿对白居易说："乐天深于诗，多于情者也，试为歌之，如何？"于是，白居易写下这首长诗。陈鸿则写下传奇小说《长恨歌传》。　② 汉皇：指唐玄宗李隆基，借汉言唐是当时诗人的常技。重色：喜好女子美艳的姿色。倾国：绝代美女。《汉书·外戚传上·李夫人》："（李）延年侍上起舞，歌曰：'北方有佳人，绝世而独立。一顾倾人城，再顾倾人国。宁不知倾城与倾国，佳人难再得！'"　③ 御宇：统治宇内。　④ "杨家"四句：杨玉环是蜀州司户杨玄琰的女儿，叔父杨玄珪携之入长安。后嫁为玄宗第十八子寿王李瑁的王妃。其姿色深为唐玄宗所喜，遂以暗度陈仓之法，先让她离开李瑁去做女道士，然后再进入皇帝的后宫。这里所谓"养在深闺人未识"，系为尊者讳。　⑤ 六宫粉黛：指皇帝后宫所有的妃嫔。六宫，古时皇后寝宫，正寝一，燕寝五，合而为六。粉黛，女子化妆时用以抹脸的铅粉，用以描眉的黛青，此代指宫中嫔妃。无颜色：谓那些嫔妃与杨妃相比，都成了没有姿色的人。　⑥ 华清池：唐玄宗常去有温泉的骊山，曾建浴池多处，并筑温泉宫，后改名华清池。　⑦ 凝脂：形容皮肤白嫩柔滑如凝结的油脂。　⑧ 新承恩泽：初蒙皇帝的宠幸。　⑨ 金步摇：一种插在头发上的金制花枝状首饰，缀有珠玉，行路时随脚步摇动，故名。　⑩ 芙蓉帐：绣有荷花图形的帷帐。芙蓉，荷花。　⑪ 金屋：据《汉武故事》记载，汉武帝年幼时，他的姑母曾抱着他问道："儿欲得妇不？"他说："欲得妇。"姑母指着自己的幼女陈阿娇问："阿娇好不？"他回答："好！若得阿娇作妇，当作金屋贮之也"。　⑫ 列土：裂土赐封。列，通"裂"。杨玉环成为皇帝的贵妃后，家族中的人都得了不少好处。大姐封韩国夫人，三姐封虢国夫人，八姐封秦国夫人，堂兄弟杨铦官鸿胪卿，杨锜官侍御史，杨钊赐名国忠，官至右丞相。　⑬ 可怜：可爱。怜，爱。　⑭ "不重"句：据陈鸿《长恨歌传》所载，当时民谣有"生女勿悲酸，生男勿欢喜"之语。　⑮ 骊宫：即华清宫。因建造在骊山上，故称。　⑯ 凝：凝固，承前半句"缓"、"慢"而来，谓乐曲宛转悠扬与歌、舞相配。　⑰ 渔阳：唐郡名，治今天津蓟县。安禄山发动叛乱时身任平卢、范阳、河东三镇节度使，渔阳为其辖地。鼙：古时的军用小鼓。　⑱ 霓裳羽衣舞：唐代著名舞曲，传为唐玄宗据西凉节度使杨敬述所献乐曲改编润色而成。　⑲ 九重城阙：指京师长安的皇城。九重，古人所认为的天的最高层，因皇帝之位至尊，且又有天子之称，故也常以之指涉与皇帝有关的事物。烟尘生：指安禄山叛军进袭。　⑳ 乘（shèng）：一驾马车。西南行：向西南逃亡。天宝十五载（755）六月，安禄山破潼关，唐玄宗从延秋门出长安，匆匆奔蜀。　㉑ 翠华：翠鸟羽毛装饰的旗子，为皇帝的仪仗所用，此指皇帝的车驾。　㉒ 六军：古时天子领六军，此指护送唐玄宗的禁卫军。　㉓ 宛转：指身子翻来覆去转动。蛾眉：像蛾子的须一样纤秀的眉毛，这是以美女身体的一部分代本人，指杨贵妃。　㉔ 花钿：用金玉之类珍宝制成的首饰，呈花朵状，故称。委地：抛弃在地。　㉕ 翠翘：一种形如翠鸟尾羽的首饰。金雀：一种形如雀鸟的金钗。玉搔头：一种玉制簪子，抽出可以搔头，故称。　㉖ 云栈：建在高耸入云的山中的栈道。剑阁：即剑门关，古时著名的关隘，在今四川剑阁县北。　㉗ 峨嵋山：中国名山之一，在今四川峨嵋县。按唐玄宗奔蜀途中，其实并未经过峨嵋山，这里出于艺术虚构。　㉘ 行宫：皇帝出京在外的临时住处。　㉙ 夜雨闻铃：据《明皇杂录》载，"明皇既幸蜀，西南行，初入斜谷，霖雨涉旬，于栈道中闻铃音，与山相应。上既悼念贵妃，

采其声为《雨淋铃曲》以寄恨焉"。诗中所写当为此事。　　㉚天旋日转：喻时局发生大的变化。龙驭：皇帝的车驾。唐玄宗奔蜀期间，其第三子李亨在灵武即帝位，是为唐肃宗。长安被官军收复后，肃宗遣太子太师韦见素赴蜀迎玄宗回京师。　　㉛"不见"句：此用省略修辞，据语意，"空死处"前应补"只见"（或"但见"）意思才完满。空，徒然，白白地。　　㉜信：听任。　　㉝太液：汉时皇宫池名。未央：汉时皇宫名。这里都是是借汉言唐。　　㉞西宫：唐太极宫，也叫西内。南苑：唐兴庆宫，也叫南内。唐玄宗回京后，以太上皇身份居兴庆宫，后肃宗及左右亲信恐其图谋复辟，又让他迁居太极宫。　　㉟梨园弟子：《雍录》："开元二年，置教坊于蓬莱宫，上自教法曲，谓之'梨园弟子'。至天宝中，即东宫置宜春北苑，命宫女数百人为梨园弟子，即是。'梨园'者，按乐之地；而预教者，名为'弟子'耳。"　　㊱椒房：后妃居住的宫殿。因用花椒和泥涂壁，故名。阿监：皇宫女侍官名。青娥：指姿容佳妙的年轻宫女。　　㊲孤灯挑尽：指夜不能寐，暗示唐玄宗晚年生活情境的凄凉。古时夜间用油灯照明，常需拨动灯草，使之充分发挥灯芯燃烧中心的作用。按唐代宫禁入夜燃烛而不用油灯，诗中所写当为艺术虚构。　　㊳迟迟：谓报时的钟声鼓声迟而又迟，表示长夜难捱的心情。按诗中所写意在表现唐玄宗对心理时间的特定感受。　　㊴耿耿：明亮的样子。欲曙天：将近破晓之时。　　㊵鸳鸯瓦：一张面朝下、一张面朝上叠合起来的两瓦片，如鸳鸯之相就，故称。霜华：霜花。　　㊶翡翠衾（qīn）：绣有翡翠鸟的被子。谁与共：谓与谁共卧，这里是疑问代词宾语前置。　　㊷临邛（qióng）：古县名，即今四川邛崃。鸿都客：作客长安的人。鸿都，东汉都城洛阳宫门名，此借指长安。　　㊸排空驭气：推开天云，驾驭天风。　　㊹"上穷"句：向上找到天的最上面，向下找到地的最下处。穷，穷极，找到头。碧落、黄泉，古人以为天有九重，最上者为碧落；地有九层，最下者为黄泉。　　㊺五云：五彩云朵。　　㊻绰约：形容姿态美好。㊼参差：仿佛，差不多。　　㊽金阙：金光灿灿的神仙宫阙。叩：敲击。扃（jiōng）：门闩，代指门扇。　　㊾小玉、双成：均为古代神话传说中女子名，这里借指杨妃所在神仙府第的侍婢。　　㊿九华帐：装饰华美的帷帐。51珠箔：珍珠串联编成的帘子。屏：屏风。迤逦（yǐ lǐ）：连绵不断。52新：初，刚。睡觉（jué）：睡醒。觉，醒。53袂（mèi）：衣袖。54阑干：纵横。55凝睇（dì）：凝视。56昭阳殿：汉时皇宫名，西汉成帝皇后赵飞燕所居，这里借指杨妃生前在京师的寝宫。绝：断。57蓬莱：传说中海上三仙山之一。58钿盒：镶嵌金花的盒子。寄将去：指委托道士带去。59"钗留"句：谓钗由两股组成，捎去一股给唐玄宗，留下一股给自己；盒由两半组成，捎去一半给唐玄宗，留下一半给自己。60擘（bāi）：分开。盒分钿：钿盒上的金花双方各分一半。61七月七日：农历七月七日，即中国的传统节日七夕，传说天上牛郎、织女此夜借灵鹊搭成的桥跨越银河，作一年一度的相会。长生殿：唐殿名，在骊山上，建于天宝元年（742），用以祀神。一说为唐时后妃所居寝宫的通称。62比翼鸟：传说中的鸟名，即鹣，雌鸟雄鸟将翅膀并排起来飞行。63连理枝：两棵不同根的树长出的枝叶连在一起。

作者简介

白居易（772—846），字乐天，号香山居士，原籍太原（今属山西），迁居下邽（今陕西渭南）。唐诗人。贞元十六年（800）登进士第。十八年，又与元稹一起中书判拔萃科。次年春授校书郎。历官翰林学士、左拾遗等。他关心时政，数上疏言事，并写有一批针对弊政的讽喻诗，由此触忤权贵。元和十年（815），被借故贬为江州司马。后历任忠州、杭州、苏州刺史，秘书监，刑部侍郎，河南尹，太子少傅等。会昌二年（842）以刑部尚书致仕。白居易在文学上主张"文章合为时而著，歌诗合为事而作"（《与元九书》）。他是中唐最重要的诗人，与元稹并称"元白"，题材广泛，形式多样，语言亲切晓畅，人称"老妪能解"，在中唐开创诗风平易的一派，与诗风尚奇的韩孟诗派双峰并峙。他与元稹还是新乐府运动的发起者，创作了一批深刻反映社会现实的新乐府诗。两人以《长恨歌》、《连昌宫词》为代表的长庆体歌行，也是诗史上的重要贡献。他的词作如《忆江南》、《长相思》等，是早期词的佳作。有《白氏长庆集》。

　　这是一首长篇叙事诗,可分为四段赏析。第一段由开头至"不重生男重生女",写李、杨遇合经过以及李对杨的宠幸。第二段从"骊宫高处入青云"至"不见玉颜空死处",写安史之乱爆发,贵妃殒命,玄宗伤痛不已。第三段由"君臣相顾尽沾衣"至"魂魄不曾来入梦",写李重归长安后对杨的无尽思念。第四段从"临邛道士鸿都客"至结尾,写杨对李的忠贞不渝之情。全诗对李、杨情事的叙述,虽根据一定的史实与传说,但已融进了作者的艺术想象和思想感情,故而这首叙事长诗具有浪漫的传奇色彩和浓郁的抒情气氛。

　　诗歌叙述的是一出美化了的宫廷爱情悲剧。对于唐玄宗早年的耽乐误国,作者不无讽刺。对于唐玄宗、杨贵妃后来的生死相隔,作者怀有怜悯。对于唐玄宗、杨贵妃不顾人天相隔、依然苦苦相思的那份深情,作者则深表同情。尽管此诗的内容亦有所"讽刺",但基调显然还是同情与欣赏。

　　本诗情节生动曲折,这既有唐玄宗、杨贵妃本身情事的离奇,也缘于诗人的精心构撰。以常规思路,至贵妃身死,悲剧即完结,而作者却匠心独运,大肆铺写玄宗在幸蜀途中、还京路上以及回长安后对杨的苦苦思念,细致地写出了人物的情感活动,推动情节继续深入发展。这不仅生发出了整个第四段的一系列情节,使得诗歌波澜再起,生面别开,而且还在皇帝身上写出了如常人一般的真切感情,大大加重了故事的悲剧气氛,强化了"长恨"的主题。

　　作者着力塑造的两个人物形象。对唐玄宗,主要突出了他早先的耽乐误国和后来对杨的苦苦思念;对杨贵妃,则着重描绘了她的美丽风姿和身登仙界后依然对玄宗忠贞不渝。作者将笔触深入到两个人物的内心世界,生动地写出了他们的心理活动。如第三段"夕殿萤飞思悄然"以下几句,写玄宗从傍晚到入夜、到夜深、到黎明、到清晨的整整一夜的心理活动;再如第四段"闻道汉家天子使"以下诸句,写贵妃的震惊、激动、惶惑、急切、悲楚、委屈、感激等诸般感触,诗人都尽力揣摩人物的内心活动,又充分发挥艺术想象,故写得颇合情理。此诗叙事有致,张弛自如;抒情深挚,缠绵细腻;章法上下贯通,前后钩连;语言优美明丽,自然流畅;运用对偶、排比、顶针等修辞手法娴熟圆美。这些艺术表现的特长,会同前述种种,使此诗被后人奉为古代长篇歌行中的绝唱。

　　作长篇法如构危宫大厦,全须借隼合缝,铢两皆称。乐天《琵琶行》、《长恨歌》几许胆力!觉龙气所聚,有疑行疑伏之妙,读者未易测其涯岸。(明·周敬、周珽《唐诗选脉会通评林》)

　　乐天诗如《长恨歌》、《琵琶行》,皆所谓老妪解颐者也。然无一字不深入人情,而且刺心入髓,即少陵、长吉歌行皆不能及。所以然者,少陵、长吉虽能为情语,然犹兼才与学为之。凡情语一类才学,终隔一层,便不能刺透心髓。乐天之妙,妙在全不用才学,一味以本色真切出之,所以感人最深。由是观之,则老妪解颐,谈何容易!(清·黄周星《唐诗快》)

　　迷离恍惚,不用收结,此正作法之妙。诗本陈鸿《长恨传》而作,悠扬绮旎,情至文生,本王、杨、卢、骆而又加变化者矣。时有一妓夸于人曰:"我能颂白学士《长恨歌》,岂与他妓等哉!"诗之见重于时如此。(清·沈德潜《唐诗别裁集》)

　　香山诗名最著,及身已风行海内,李谪仙后一人而已……盖其得名在《长恨》一篇。其事本易传,以易传之事,为绝妙之词,有声有情,可歌可泣,文人学士既叹为不可及,妇人女子亦喜闻而乐诵之。是以不胫而走,传遍天下。(清·赵翼《瓯北诗话》)

　　吴北江曰:如此长篇,一气舒卷,时复风华掩映,非有绝世才力,未易到也。(高步瀛《唐宋诗举要》引)

　　诗人并不拘泥于历史,而是借着历史的一点影子,根据当时人们的传说,街坊的歌唱,从中蜕化出一个回旋曲折、宛转动人的故事,用回环往复、缠绵悱恻的艺术形式,描摹、歌咏出来。由于诗中的故事、人物都是艺术化的,是现实中人的复杂真实的再现,所以能够在历代读者的心中漾起阵阵涟漪。(饶芃子《白居易〈琵琶行〉鉴赏》,《唐诗鉴赏辞典》录)

思考练习题

一、对《长恨歌》的主旨,历来有不同认识。有人以为是讽刺荒淫,有人以为是歌颂爱情,有人以为是双重主题。你怎样认为?理由是什么?

二、第三段玄宗思念贵妃的有关描写,对故事情节的发展有什么作用?

三、唐玄宗虽有常人之情,但他和杨贵妃之间的感情,果真能真挚深刻到诗中所写的程度吗?如果说其中有虚构的成分,那为什么历来的读者对此津津乐道,备加赞赏?试各抒己见,共同探讨。

相关知识

长庆体　中唐时期,白居易、元稹创作了以《长恨歌》、《连昌宫词》为代表的一批特色鲜明的七言歌行,不但在诗坛影响很大,在社会上也深受各阶层读者的喜爱。由于白居易在唐穆宗长庆年间编其诗文为《白氏长庆集》,元稹也随之将他自己的诗文集命名为《元氏长庆集》,所以人们就称两人这一类以《长恨歌》、《连昌宫词》为代表作的风格体式为"长庆体"。此名首见于宋戴复古《望江南》词:"诗律变成长庆体,歌词渐有稼轩风。"这种风格体式的歌行,押韵多数韵一转,平仄韵相间,并不时插入若干对偶句,以获得声调谐婉的效果;语言上不事雕琢,不取生涩,不用僻典,唯尚平易流畅;情感的抒发上表现为缠绵悱恻,能够哀感顽艳;叙事元素尤其在诗中起着至关重要的作用,多表现悲欢离合、人世沧桑的情事内容。在后世,嗣承并发扬光大这种风格体式的诗人,以明清之际吴伟业(号梅村)最著名,他的以《圆圆曲》为代表的一批七言歌行,被人们称作"梅村体"。

相关作品

上阳白发人

〔唐〕白居易

上阳人,红颜暗老白发新。绿衣监使守宫门,一闭上阳多少春。
玄宗末岁初选入,入时十六今六十。同时采择百余人,零落年深残此身。
忆昔吞悲别亲族,扶入车中不教哭。皆云入内便承恩,脸似芙蓉胸似玉。
未容君王得见面,已被杨妃遥侧目。妒令潜配上阳宫,一生遂向空房宿。
宿空房,秋夜长,夜长无寐天不明。耿耿残灯背壁影,萧萧暗雨打窗声。
春日迟,日迟独坐天难暮。宫莺百啭愁厌闻,梁燕双栖老休妒。
莺归燕去长悄然,春往秋来不记年。惟向深宫望明月,东西四五百回圆。
今日宫中年最老,大家遥赐尚书号。
小头鞋履窄衣裳,青黛点眉眉细长。外人不见见应笑,天宝末年时世妆。
上阳人,苦最多。少亦苦,老亦苦,少苦老苦两如何?
君不见昔时吕向《美人赋》,又不见今日上阳白发歌!

扩展阅读书目

(1)《白居易诗集校注》,谢思炜校注,中华书局 2006 年版。　(2)《白居易选集》,王汝弼选注,上海古籍出版社 1980 年版。　　（3）《白居易选集》，周勋初、严杰选注，人民文学出版社 2002 年版。　　（4）《白居易诗选》，顾学颉、周汝昌选注，人民文学出版社 1982 年版。　　（5）《白居易诗选》，谢思炜选注，中华书局 2005 年版。　　（6）《白居易诗集导读》，朱金城撰，巴蜀书社 1988 年版。　　（7）《白居易资料汇编》，陈友琴编，中华书局 1986 年版。　　（8）《白居易传》，王拾遗撰，陕西人民出版社 1983 年版。　　（9）《白居易评传》，褚斌杰撰，北京大学出版社 1994 年版。　　（10）《白居易评传》，蹇长春撰，南京大学出版社 2002 年版。　　（11）《白居易〈长恨歌〉研究》，张中宇撰，中华书局 2005 年版。

18. 始得西山宴游记①

柳宗元

自余为僇人②，居是州③，恒惴栗④。其隙也⑤，则施施而行⑥，漫漫而游⑦，日与其徒上高山⑧，入深林，穷回溪⑨，幽泉怪石，无远不到。到则披草而坐⑩，倾壶而醉；醉则更相枕以卧，卧而梦，意有所极⑪，梦亦同趣⑫；觉而起，起而归；以为凡是州之山水有异态者，皆我有也，而未始知西山之怪特⑬。

今年九月二十八日，因坐法华西亭⑭，望西山，始指异之⑮。遂命仆人过湘江⑯，缘染溪⑰，斫榛莽⑱，焚茅茷⑲，穷山之高而止。攀援而登，箕踞而遨⑳，则凡数州之土壤，皆在衽席之下㉑。其高下之势，岈然洼然㉒，若垤若穴㉓，尺寸千里㉔，攒蹙累积㉕，莫得遁隐；萦青缭白，外与天际，四望如一。然后知是山之特立，不与培塿为类㉖。悠悠乎与颢气俱㉗，而莫得其涯；洋洋乎与造物者游㉘，而不知其所穷。引觞满酌㉙，颓然就醉㉚，不知日之入㉛。苍然暮色，自远而至，至无所见，而犹不欲归。心凝形释㉜，与万化冥合㉝。然后知吾向之未始游㉞，游于是乎始㉟。故为之文以志㊱。是岁，元和四年也㊲。

（《柳河东集》，〔唐〕柳宗元著，〔宋〕廖莹中辑注，上海古籍出版社，2008）

注释

① 西山：永州的一座小山，在今湖南永州西湘江附近。　　② 僇（lù）人：受刑戮的人，即罪人，因作者被贬到荒僻的永州任职，故称。僇，同"戮"，刑罚。《商君书·算地》："故圣人之为治也，刑人无国位，戮人无官任。"　　③ 是州：此州，即永州（今属湖南）。是，代词，此，这。　　④ 恒：常常。惴栗（zhuì lì）：惊惧而战栗。语出《诗经·秦风·黄鸟》："临其穴，惴惴其栗。"　　⑤ 其隙也：在公余闲暇的时候。其，代词，指公务。隙，空隙，引申为闲暇。也，语气助词，用在句中表示停顿。　　⑥ 施（yí）施：缓缓而行的样子。　　⑦ 漫漫：无拘无束任意而行的样子。　　⑧ 日：每天。其徒：那些与自己志趣相同的人。徒，同类的人。《汉书·东方朔传》："今世之处士，魁然无徒，廓然独居。"　　⑨ 穷：到达终端，跑到头。　　⑩ 披：拨开。　　⑪ 极：至。　　⑫ 趣（qū）：趋，赴，往。　　⑬ 未始：未尝，不曾。怪特：奇怪独特。　　⑭ 法华西亭：法华，寺名，位于永州城内东山上，元和四年（809）柳宗元在此寺西面建亭，即文中之"西亭"，曾作《永州法华寺新作西亭记》记其事。　　⑮ 指异：遥指而以为卓异。　　⑯ 湘江：水名，源出广西，流经今湖南省境，为湖南的标志性河流。　　⑰ 缘：沿着。染溪：湖南的另一著名河流潇水的支流，在永州西南。一名冉溪，柳宗元把它改名为愚溪。　　⑱ 斫（zhuó）：砍伐。榛莽：枝干杂乱的草木丛，联系下文"焚茅茷"，则当指灌木丛。　　⑲ 茅茷（fá）：茂盛的草。茷，草叶茂盛的样子。　　⑳ 箕（jī）踞：古代一种不拘礼节的坐姿，席地而坐，随随便便两腿岔开前伸，形似簸箕，故称。遨：游，此指纵目四览。　　㉑ 衽（rèn）席之下：形容靠近自己。衽席，卧席。　　㉒ 岈（xiā）然：（山）深邃的样子。

洼然:(溪谷)低洼的样子。　㉓ 垤(dié):蚁冢,蚂蚁营巢时所挖出并堆积在洞口周围的浮土。　㉔ 尺寸千里:远远望去,眼中尺寸之景便是千里山川。　㉕ 攒蹙(chán cù):聚集缩拢。　㉖ 萦青缭白:山的青翠之色萦纡,水的莹白之色缭绕。　㉗ 际:交会,互相接触。　㉘ 培塿(pǒu lǒu):小土堆。　㉙ 悠悠乎:渺远的样子。颢(hào)气:即浩气,天地自然之气。俱:与……同在。　㉚ 洋洋乎:广大的样子。造物者:天地万物的创造者,指大自然。　㉛ 引觞(shāng):举起酒杯。此用陶渊明《归去来兮辞》:"引壶觞以自酌,眄庭柯以怡颜。"　㉜ 颓然:(喝醉酒等)倒下的样子。　㉝ 日之入:太阳下山。　㉞ 心凝神释:心情专注,神态放松,进入一种忘我的境界。　㉟ 万化:自然界万物。冥合:暗合,此指非刻意追求的自然契合。　㊱ 向:以前。　㊲ "游于是"句:(真正的)游赏在这里开始。于是,在此。　㊳ 志:记。元和:唐宪宗李纯年号(806—820)。

作者简介

柳宗元(773—819),字子厚,河东解县(今山西运城西南)人。世称柳河东。唐文学家。贞元九年(793)登进士第。十二年,又中博学宏词科。十五年,授集贤殿正字。十七年,调蓝田尉。十九年,回朝任监察御史里行。顺宗即位,王叔文等用事,实行革新政策,提拔他为礼部员外郎。永贞元年(805)八月,宪宗即位,王叔文等失势,他被贬为邵州刺史,行至半道,又被加贬到更偏远的永州任司马。元和十年(815)受召回京师,不久改放仍属偏远之地的柳州任刺史,世称柳柳州。因病卒于任所。柳宗元是唐代与韩愈齐名的散文家,并称"韩柳",两人的文学主张相近,共同倡导古文运动,一起被后人列入"唐宋古文八大家"。他的散文精警峭拔,隽永有味,识见颇高,在后世有非常深远的影响。在诗歌创作方面,柳宗元作品虽少,然雅淡而具深长之味,有独到的造诣,与韦应物并称"韦柳"。有《柳河东集》。

讲解

柳宗元因参与王叔文为首的"永贞革新"失败,被贬到辖地荒远的永州任司马。他忠而见逐,满腔悲凉郁闷之情唯有借登山临水或吟山咏水才能得到一点排遣,而通过游赏而与自然达成的冥契中,作者也完成了人格的升华。情景交融的《永州八记》就是写于此时,这里所选的《始得西山宴游记》为作者"永州八记"的首篇。

"始得"二字是全篇的题眼,"始"字贯通全文。文章以"自余为僇人"开头,表明了自己被贬的身份。"日与其徒"五句具体且概括地叙述了自己的游踪,以坐、醉、卧、梦、觉、起、归之所行所为为后文"始得西山"所产生的心灵的颤动和精神的超越做铺垫。后半部分郑重交代时间,"始"字再出,正式点题。过、缘、斫、焚四字领起四个短句,气势急促,西山之吸引力顿现。作者不从正面描写西山,而是写所见之西山。"则凡数州之土壤,皆在衽席之下"以自身之极目远望写西山之高,是总括之笔。

本文将描摹山水与抒情言志完美融合,由被贬之后的忧惧和漫游而透露当时的处境和心情;由泛泛游览着重写西山之"怪特"。不与培塿为类的孤高,岈然洼然的幽深,咫尺而有千里之势,青山白水的纵意萦纡缭绕,勾勒出西山之杰特,让我们觉得莫不是作者在以自然景观映射自己的心志,西山的超凡脱俗、卓尔不群不正是作者高尚人格和人生理想的体现?于是我们不禁想起他的《江雪》:"千山鸟飞绝,万径人踪灭。孤舟蓑笠翁,独钓寒江雪。"那种孤独寂寞而不屈不挠的精神,正与此文中的基调有相通之处。西山的悠悠无际、漫漫无涯又使作者想到宇宙的无穷无尽,此时作为个体的人,与山川、与时空浑化,一己的荣辱得失,也已不再值得牵系心头,这也是作者个人精神上的一次解放。

本文文字虽短,但在写作手法上却有很多讲究,布局结构,词藻语句,皆曲尽其妙,而挥洒自如,直造浑成之境,又不曾令人有刻意而为之感,所以为妙,所以为高。

"始得"有惊喜意,得而宴游,且有快足意,此扼题眼法也。(清·浦起龙《古文眉诠》)

前后将"始得"二字,极为翻剔。盖不尔,则为"西山宴游记"五字题也。可见作文凡题中虚处,必不可轻易放过。其笔力矫拔,故是河东本来能事。(清·储欣《唐宋八大家类选》)

苍劲秀削,一归元化,人巧既尽,浑然天工矣。此篇领起后诸小记。(清·沈德潜《唐宋八大家文读本》)

柳州山水诸记,能引人入胜,千载之下,读者立觉当时之人与地宛在,而已若有物焉。导向使与相会,因而古今人物彼己,都汇而为一。引吭微诵,其文字字沁人心脾,感受一种无言之妙。柳记人人道好,好处应即在此。(章士钊《柳文指要》)

作为山水游记的伟大宗匠,柳宗元在本文中采用了"从对面着笔"的描写手法,产生了不同凡响的艺术效果。文中写登西山远眺之所见,呈现了雄奇开阔的境界,而不写西山本身,写了"不以培塿为类"的培塿,从而也就衬托了西山,突出了西山。这种不从实处落笔的写法,颇类于汉乐府诗《陌上桑》的从旁人所见来写罗敷美貌,和罗敷自夸其夫的"坐中千馀人,皆言夫婿殊"一样,是将诗的"虚处着墨"化为文中的"从对面着笔"。如此写来,大有"不着一字,尽得风流"之妙。近人林纾曾说:"文有诗境,是柳州本色。"揆之本文,洵非虚誉。(邓乔彬《柳宗元〈始得西山宴游记〉鉴赏》,《古文鉴赏辞典》录)

游东林山水记

〔宋〕王质

绍兴二十八年八月三日,欲夕,步自阛阓中出,并溪南行百步,背溪而西又百步,复并溪南行。溪上下色皆重碧,幽邃靖深,意若不欲流。溪未穷,得支径,西升上数百尺。既竟,其顶隐而青者,或远在一舍外,锐者如簪,缺者如玦,隆者如髻,圆者如璧;长林远树,出没烟霏,聚者如悦,散者如别,整者如载,乱者如发,于冥蒙中以意命之。水数百脉,支离胶葛,经纬参错,迤者为溪,漫者为汇,断者为沼,洄者为坳。洲汀岛屿,向背离合;青树碧蔓,交罗蒙络。小舟叶叶,纵横进退,摘翠者菱,挽红者莲,举白者鱼,或志得意满而归,或夷犹容与若无所为者。山有浮图宫,长松数十挺,偃立门左右,历历如流水声从空中坠也。既暮,不可留,乃并山北下。冈重岭复,乔木苍苍,月一眉挂修岩巅,迟速若与客俱。尽山足,更换二鼓矣。

翌日,又转北出小桥,并溪东行,又西三四折,及姚君贵聪门。俯门而航,自柳、竹翳密间,循渠而出,又三四曲折,乃得大溪。一色荷花,风自两岸来,红披绿偃,摇荡葳蕤,香气勃郁,冲怀胃袖,掩苒不脱。小驻古柳根,得酒两罍,菱芡数种。复引舟入荷花中,歌豪笑剧,响震溪谷。风起水面,细生鳞甲;流萤班班,奄忽去来。夜既深,山益高且近,森森欲下搏人。天无一点云,星斗张明,错落水中,如珠走镜,不可收拾。隶而从者曰学童,能嘲哳为百鸟音,如行空山深树间,春禽一两声,倏然使人怅而惊也;曰沈庆,能为歌声,回曲宛转,了亮激越,风露助之,其声愈清,凄然使人感而悲也。

追游不两朝昏,而东林之胜殆尽。同行姚贵聪、沈虞卿、周辅及余四人。三君虽纨绮世家,皆积岁忧患;余亦羁旅异乡,家在天西南隅,引领长望而不可归。今而遇此,开口一笑,不偶然矣。皆应曰:"嘻!子为之记。"

唐宋古文八大家 简称"唐宋八大家"。是唐宋时期八大古文家的合称,即唐代的韩愈、柳宗元和宋代的欧阳修、王安石、曾巩、苏洵、苏轼、苏辙。大体言之,韩愈之文浑浩雄奇,柳宗元之文清深幽隽,欧阳修之文委婉条畅,王安石之文劲拔刻峭,曾巩之文纡徐简奥,苏洵之文横放恣肆,苏轼之文豪宕灵动,苏辙之文秀杰深醇。

古文是古代相对于骈文而言的文体名,也就是不用或很少用对偶文句,即使用对偶文句也不讲究句式工整、音律和谐的文章。骈文在六朝齐梁时期,占据了公私文章的统治地位,绮靡萎弱的文风成为文学发展的大敌。在唐贞元、元和时期,韩、柳崛起,掀起古文运动,树立了古文的历史地位,一时古文作家蜂起,形成了"辞人咳唾,皆成珠玉"的高潮局势。宋代早期,欧阳修为文坛魁首,王安石、曾巩和三苏父子等人都受他荐拔和引导,他们继韩、柳而起,以各自的散文创作将古文运动的精神发扬光大,在后世产生了很大的影响。明初朱右首先将韩愈、柳宗元、苏轼、苏洵、苏辙、欧阳修、王安石、曾巩八个作家的散文作品编选在一起,刊行为《八先生文集》,作为士人学习文章的楷模。其后明嘉靖时古文家唐顺之所选《文编》一书也选录了这八个唐宋作家的作品。稍后古文家茅坤又编选了煌煌一百六十卷的《八大家文钞》,"唐宋古文八大家"的名称自此确立。唐顺之、茅坤和同时期的古文家王慎中、归有光,今人将他们归为"唐宋派"作家,他们是受唐宋八大家影响,自不待言。明代的另一文学流派"公安派"也深受唐宋八大家的影响。

韩愈、柳宗元是唐代古文运动的领袖,欧阳修是宋代古文运动的领袖,三苏等五人是宋代古文运动的核心人物。他们先后掀起了古文革新浪潮,使得散文发展的陈旧面貌焕然一新。他们对后世的古文创作亦有悠远而深刻的影响。对明代中叶文学流派——唐宋派和清朝乾隆年间的桐城派的影响尤为巨大。

思考练习题

一、找出文中点题的词语,分别说明他们的作用。

二、为什么说本文以自然的山水之美与作者的人格之美相互映衬?

三、找出文中寓情于景的句子并说明其中寓意。

扩展阅读书目

(1)《柳宗元集》,吴文治等点校,中华书局 1979 年版。　(2)《柳宗元选集》,高文、屈光选注,上海古籍出版社 1992 年版。　(3)《柳宗元散文选集》,汪贤度选注,上海古籍出版社、三联书店(香港)有限公司 1997 年版。　(4)《柳宗元选集》,吴文治选注,人民文学出版社 1998 年版。　(5)《柳宗元诗文选评》,尚永亮评注,上海古籍出版社 2003 年版。　(6)《柳宗元资料汇编》,吴文治编,中华书局 1964 年版。　(7)《柳宗元年谱》,施子愉撰,湖北人民出版社 1958 年版。　(8)《柳宗元》,顾易生撰,上海古籍出版社 1979 年版。(9)《柳宗元传论》,孙昌武撰,人民文学出版社 1982 年版。　(10)《柳宗元评传》,孙昌武著,南京大学出版社 1998 年版。　(11)《柳宗元研究》,何书置撰,岳麓书社 1994 年版。　(12)《贬谪时期的柳宗元研究》,龚玉兰撰,凤凰出版社 2010 年版。

19. 咏史绝句二首

杜　牧

赤　壁①

折戟沉沙铁未销②,自将磨洗认前朝③。

东风不与周郎便④,铜雀春深锁二乔⑤。

题乌江亭⑥

胜败兵家事不期⑦,包羞忍耻是男儿⑧。
江东子弟多才俊⑨,卷土重来未可知⑩。

(《樊川文集》,〔唐〕杜牧著,陈允吉点校,上海古籍出版社,2007)

注释

① 赤壁:地名,东汉末建安十三年(208)十月发生的赤壁之战的战场所在,位于今湖北蒲圻西;本诗中的赤壁,指黄州赤壁,也即赤鼻矶,位于今湖北黄州城西北长江边。这里是借同名之地发思古之幽情,后来宋代苏轼的《念奴娇·赤壁怀古》与《(前)赤壁赋》也是如此。 ② 折戟:折断的铁戟。戟,一种古代长兵器,形似戈与矛的结合体,兼有戈的横击与矛的直刺功能,但与武侠小说中的方天画戟不是一回事。铁未销:(做兵器的)铁还没有销蚀。 ③ 磨洗:磨去锈迹,洗刷干净。认:确认。前朝(cháo):以往的朝代,过去的朝代。 ④ "东风"句:东风如果不给周瑜行方便的话。按《三国志·吴书·周瑜传》云:"时曹公军众已有疾病,初一交战,公军败退,引次江北。瑜等在南岸。瑜部将黄盖曰:'今寇众我寡,难与持久。然观操军船舰首尾相接,可烧而走也。'"裴松之注引《江表传》云:"至战日,盖先取轻利舰十舫,载燥荻枯柴积其中,灌以鱼膏,赤幔覆之,建旌旗龙幡于舰上。时东南风急,因以十舰最著前,中江举帆,盖举火白诸校,使众兵齐声大叫曰:'降焉!'操军人皆出营立观。去北军二里余,同时发火,火烈风猛,往船如箭,飞埃绝烂,烧尽北船,延及岸边营柴。瑜等率轻锐寻继其后,雷鼓大进,北军大坏,曹公退走。"此句本此。东风,即裴注所说的"东南风",后世小说《三国演义》又敷衍出诸葛亮借东风的故事。周郎,即周瑜(175—210),字公瑾,庐江舒县(今安徽庐江西南)人。东汉末年东吴名将。建安三年(198)孙策任命他为建威中郎将,时年二十四,吴中皆呼之为"周郎"。孙策死,以中护军与长史张昭同辅新主孙权。赤壁之战时,他坚决反对屈膝媚敌,统帅吴军,联合刘备,最终取得胜利。拜偏将军,领南郡太守。后病卒,年仅三十六。小说《三国演义》中的周瑜是个气量褊狭的人,但史实他"性度恢廓",甚有"雅量高致"。 ⑤ "铜雀"句:春色浓郁的铜雀台就会把美丽的大乔、小乔困在里面。铜雀,即东汉末曹操所建的铜雀台,也作铜爵台,建安十五年(210)冬建成,故址在今河北临漳西南,因台楼顶上立有高一丈多的铜铸大孔雀,故名。锁,困住,囚禁。二乔,孙策的夫人大乔、周瑜的夫人小乔,是乔公的两个女儿。《三国志·吴书·周瑜传》云:"策欲取荆州,以周瑜为中护军,领江夏太守,从攻皖,拔之。时得桥公两女,皆国色也,策自纳大桥,瑜纳小桥。"裴松之注引《江表传》云:"策从容戏瑜曰:'桥公二女虽流离,得吾二人作婿,亦足为欢。'"桥、乔古通。后世小说《三国演义》敷衍出曹操造铜雀台是为了在攻下东吴后掠取二乔的故事。 ⑥ 乌江亭:地名,即今安徽和县乌江浦,唐时属和州乌江县。亭是秦汉时乡以下、里以上的行政区划。 ⑦ "胜败"句:战争的胜利与失败常常是军事家所难以逆料的,即胜败乃兵家常事。不期,不能预料。 ⑧ 包羞忍耻:忍受羞惭耻辱。包,隐藏、掩盖的引申义,与"忍"意思基本相同。男儿:男子汉大丈夫。 ⑨ "江东"句:按《史记·项羽本纪》载,项羽在垓下之战中主力尽失,败退至乌江边,乌江亭长对他说:"江东虽小,地方千里,众数十万人,亦足王也。"请他渡江以图再举。他笑曰:"天之亡我,我何渡为!且籍(项羽名)与江东子弟八千人渡江而西,今无一人还,纵江东父老怜而王我,我何面目见之?"遂自刎而死。此句本此。江东,指芜湖、南京以下的长江南岸地区,因长江下游在这里略呈南北流向,故称。子弟,本义是儿子、弟弟,引申为年轻的兵士。才俊,才能出众的人。 ⑩ 卷土:卷起尘土。古时作战多用骑兵,战场上往往尘埃飞扬,故云。重来:重新回来。

作者简介

杜牧(803—852),字牧之,京兆万年(今陕西西安)人。唐文学家。唐名相、史学家杜佑之孙。大和二年(828)登进士第,不久又中贤良方正直言极谏科,授弘文馆校书郎,迁左武卫兵曹参军。后离京,入宣歙观察使、淮南节度使幕。又回京任监察御史、左补阙等。会昌二年(842)授黄州刺史,转池州、睦州。大中二年(848)再度入朝,任司勋员外郎。后历官湖州刺史、考功郎中、中书舍人。晚年居于长安城南樊川,世称杜樊川。杜牧有经世之才,但未得大用。自负知兵,曾为《孙子兵法》作注。他是晚唐有代表性的重要作家,诗、赋、古文都有成就,尤以诗著称。他的诗俊爽英发,清隽疏宕,独具面目,与李商隐并称"小李杜",所作以七绝尤为脍炙人口。其《阿房宫赋》是唐赋的名篇,历来为选家所重。其《罪言》等议论文,眼光锐利,具见其经世之才。有《樊川文集》。

讲解

这是唐代两首著名的翻案诗。好的诗,要有个人的印记,抒发个人的别样情致,表现个人的独特见解,否则人云亦云,就没什么意思了。作翻案文章,就是一种别具一格的创作手法。所谓翻案,就是在一定的事实基础上推翻公认的旧说,提出自己的新说。好的翻案诗,不但意思好,语言表达也有浓郁的诗味,并且往往有一定的哲理意义。翻案诗只需从某一点上引申出去做文章,不可能像论文那样作全方位的分析、讨论,但是全诗必须在逻辑上自洽,这一点非常重要。人性中天然有好奇的因素,因此,翻案诗通常也为人所津津乐道。杜牧的这两首诗,可以说是翻案诗的典范之作。

前一首诗作于会昌年间诗人任黄州刺史时。赤壁之战,今人通常视为奠定魏蜀吴三分天下之基础的有战略意义的一战(虽然有不同意见),古人也是如此,由于周瑜在这场大战中体现出了克敌制胜的大将风度,古人往往予以热情赞颂,如先于杜牧的李白,其《赤壁歌送别》诗云:"二龙争战决雌雄,赤壁楼船扫地空。烈火张天照云海,周瑜于此破曹公。"后于杜牧的苏轼,其《念奴娇·赤壁怀古》词云:"遥想公瑾当年,小乔初嫁了,雄姿英发。羽扇纶巾,谈笑间,樯橹灰飞烟灭。"而杜牧呢,则一反周瑜的沉着应战是赤壁之战取胜关键的旧论,一方面刻意从虚拟的真实事件之反面去营造诗境,一方面刻意从偶然性的作用上去展现思想。曹军如果取得胜利,那么江东人民就沦为奴虏,二乔这样的绝色女子就极可能被掠走;用火攻,当然要考虑风向,所以得东风而助火势,竟似是天意而非周郎之功。从这两方面说,他的描写在意境上是美的,他的看法在逻辑上是自洽的,在理性上是有启发意义的。或许有人认为战争的胜负取决于天时、地利、人和,像杜牧这样简单地将之归结为偶然因素,是不是太过分? 其实,杜牧在此无意深究这些,他只是从一个特定的角度去抒发一时的感想罢了,更何况偶然性的作用确乎不应小视。他这种不落俗套的迁想妙得,自是人所喜诵。

后一首诗作于会昌年间诗人任池州刺史时。项羽不肯渡江回故地寻机再起,甘愿自刎而死,他自己表示,一方面是天亡我也,再战无益;一方面作为一个"力拔山兮气盖世"(项羽《垓下歌》)的有血性的男子汉大丈夫,带着精兵强将遭全歼的耻辱也无颜再见江东父老。古人一般都对项羽的前一句话表示非议,对后一句话则表示同情。那么杜牧是怎么做翻案文章的呢? 首先,他重申胜败乃兵家常事的常识;其次,他指出败而不馁,能忍重辱以雪奇耻者,才是真正的男子汉大丈夫;最后,他说明根据江东地灵人杰的条件,项羽如能从头再来作一番奋斗,胜负之数尚属难定。这里,他既推翻了项羽之败是他的性格悲剧的必然命运的陈说,也推翻了视其拒绝渡江,以死洗刷耻辱为刚烈的旧判,设想了项羽重夺天下的可能,否定了项羽实际上的自暴自弃。而有了上文所言之大、小前提,则如此之设想在逻辑上竟是毫无破绽呢。所以,这样一首避开项羽思想行为缺点的诗,因其思理的独特,也就成为了名作。

从诗的表现形式上看,前一首诗纯以思理胜,以人为喻,可谓骨格清奇,不问肌肤;后一首诗则意隽象美,以人为喻,可谓骨肉匀停,风姿俊朗。另一方面,这两首诗也如大多数七绝一样,前两句是铺垫,后两句才是重点,但两者又如臣之辅君、君之倚臣,缺一不可,相得益彰;从这里也可以领悟诗歌创作奇与正的辩证关系。

集评

杜牧之作《赤壁》诗……意谓赤壁不能纵火,为曹公夺二乔置之铜雀台上也。孙氏霸业,系此一战。社稷存亡,生灵涂炭都不问,只恐被捉了二乔,可见措大不识好恶。(宋·许《彦周诗话》)(按,评第一首)

牧之于题咏好异于人,如《赤壁》云:"东风不与周郎便,铜雀春深锁二乔。"《题商山四皓庙》云:"南军不袒左边袖,四皓安刘是灭刘。"皆反说其事。至《题乌江亭》,则好异而畔于理……项氏以八千人渡江,败亡之余,无一还者,其失人心为甚,谁肯复附之? 其不能卷土重来,决矣。(宋·胡仔《苕溪渔隐丛话》)(按,两首俱评)

用翻案法,跌入一层,正意益醒。(清·吴景旭《历代诗话》)(按,评第二首)

牧之之意,正谓幸而成功,几乎家国不保。(清·何文焕《历代诗话考索》)(按,评第一首)

讥杜牧《赤壁》诗为不说社稷存亡,惟说二乔,不知大乔乃孙策妇,小乔为周瑜妇,二人入魏,即吴亡可知。此诗人不欲质言,故变其词耳。(清·纪昀等《四库全书总目》)(按,评第一首)

杜牧精于兵法,此诗似有不足周郎处。(清·王尧衢《古唐诗合解》)(按,评第一首)

杜牧有经邦济世之才,通晓政治军事,对当时中央与藩镇、汉族与吐蕃的斗争形势,有相当清楚的了解,并曾经向朝廷提出过一些有益的建议。如果说,孟轲在战国时代就已经知道"天时不如地利,地利不如人和"的原则,而杜牧却还把周瑜在赤壁战役中的巨大胜利,完全归之于偶然的东风,这是很难想象的。他之所以这样地写,恐怕用意还在于自负知兵,借史事以吐其胸中抑郁不平之气。其中也暗含有阮籍登广武战场时所发出的"时无英雄,使竖子成名"那种慨叹在内,不过出语非常隐约,不容易看出来罢了。(沈祖棻《唐人七绝诗浅释》)(按,评第一首)

"卷土重来未可知",是全诗最得力的句子。……急转直下,一气呵成,令人想见"江东子弟""卷土重来"的情状,是颇有气势的。同时,在惋惜、批判、讽刺之余,又表明了"败不馁"的道理,也是颇有积极意义的。议论不落传统说法的窠臼,是杜牧咏史诗的特色。……宋人胡仔在《苕溪渔隐丛话》中谓这首诗"好异而畔于理……"清人吴景旭在《历代诗话》中则反驳胡仔……其实从历史观点来看,胡氏的指责不为无由。吴景旭为杜牧辩护,主要因这首诗借题发挥,宣扬百折不挠的精神,是可取的。(陶道恕《杜牧〈题乌江亭〉鉴赏》,《唐诗鉴赏辞典》录)(按,评第二首)

相关作品

咏史诗·乌江

〔唐〕胡曾

争帝图王势已倾,八千兵散楚歌声。乌江不是无船渡,耻向东吴再起兵。

咏史诗·赤壁

〔唐〕胡曾

烈火西焚魏帝旗,周郎开国虎争时。交兵不假挥长剑,已挫英雄百万师。

六朝咏史·赤壁

〔唐〕孙元晏

会猎书来举国惊，只应周鲁不教迎。曹公一战奔波后，赤壁功传万古名。

乌江亭

〔宋〕王安石

百战疲劳壮士哀，中原一败势难回。江东子弟今虽在，肯为君王卷土来？

项王

〔宋〕胡宏

快战焉知霸术疏，乌江亭上独欷歔。万人三尺俱无用，可惜当年不读书。

夏日绝句

〔宋〕李清照

生当作人杰，死亦为鬼雄。至今思项羽，不肯过江东。

扩展阅读书目

（1）《杜牧集系年校注》，吴在庆校注，中华书局 2008 年版。 （2）《樊川诗集注》，唐杜牧撰，清冯集梧注，上海古籍出版社 1978 年版。 （3）《杜牧选集》，朱碧莲选注，上海古籍出版社 1995 年版。 （4）《杜牧诗赏析》，曹中孚注析，广东人民出版社 2003 年版。 （5）《杜牧诗选》，胡可先选注，中华书局 2006 年版。（6）《杜牧资料汇编》，张金海编，中华书局 2006 年版。 （7）《杜牧年谱》，缪钺撰，人民文学出版社 1980 年版。 （8）《杜牧》，冯海荣撰，上海古籍出版社 1991 年版。 （9）《晚唐诗人杜牧》，曹中孚撰，陕西人民出版社 1985 年版。 （10）《杜牧全传：伤春伤别复谈兵》，吴在庆撰，长春出版社 1998 年版。 （11）《杜牧研究丛稿》，胡可先撰，人民文学出版社 1993 年版。

20. 无题四首（选二）

李商隐

其一

来是空言去绝踪①，月斜楼上五更钟②。梦为远别啼难唤，书被催成墨未浓。
蜡照半笼金翡翠③，麝熏微度绣芙蓉④。刘郎已恨蓬山远⑤，更隔蓬山一万重。

其二

飒飒秋风细雨来，芙蓉塘外有轻雷⑥。金蟾啮锁烧香入⑦，玉虎牵丝汲井回⑧。
贾氏窥帘韩掾少⑨，宓妃留枕魏王才⑩。春心莫共花争发⑪，一寸相思一寸灰。

（《玉谿生诗集笺注》，〔唐〕李商隐著，〔清〕冯浩笺注，上海古籍出版社，1979）

注释

① 空言：空话。绝踪：没有踪影。 ② 五更：汉魏以来黄昏至拂晓的时间分为甲、乙、丙、丁、戊五段，每段一更，总称五更。 ③ 蜡照：蜡烛的光。笼：照射。金翡翠：以金线绣成翡翠鸟图案的帷帐。 ④ 麝熏：麝香的香气。绣芙蓉：绣着芙蓉图案的被褥。 ⑤ 刘郎：这里指汉武帝刘彻。武帝曾遣人入海至蓬莱山寻仙，以求长生。蓬山：蓬莱山，传说中海上三神山之一，此泛指仙界。 ⑥ 轻雷：指车声，因有如轻雷鸣响，故称。 ⑦ 金蟾：一种金属薰香器具（香炉一类）上的蟾形鼻纽，蟾口中有锁可以开闭。 ⑧ 玉虎：井上的辘轳。丝：井绳。 ⑨ "贾氏"句：《世说新语·惑溺》载，韩寿美姿容，贾充辟为掾。贾女在窗格后面窥看韩寿，内心很爱慕他。她的婢女就去韩寿家告知此事，韩寿便翻墙去与贾女幽会。因贾女所用皇帝特赐给贾家的香染到韩寿身上，他们的私情终被发现。 ⑩ "宓妃"句：曹植所撰《洛神赋》，记他将息洛水上，洛水女神为之留枕，并说：我本托心君王，其心不遂。此枕是我在家时从嫁之物，今赠与君王。宓（fú）妃，洛水女神。魏王，此指曹植，他曾受封陈王。 ⑪ 春心：春日的情思，也指男女思慕之情。

作者简介

李商隐（812—858），字义山，号玉谿生、樊南生，荥阳（今河南郑州）人，祖籍怀州河内（今河南沁阳）。大和二年（829）因受天平节度使令狐楚赏识，入其幕中为巡官，并与令狐楚子令狐绹交游。开成二年（837）登进士第。次年春，入泾源节度使王茂元幕，不久娶其女。因令狐楚父子属牛党，而王茂元近李党，于是李商隐一生从此便身不由己地陷入牛李党争的漩涡。会昌二年（842）他中书判拔萃科，授秘书省正字。此后，又先后入桂管观察使、武宁军节度使、东川节度使幕，其间一度在京任国子博士。大中九年（855）回京后，任盐铁推官。病卒于郑州。李商隐是晚唐最有代表性的诗人，与温庭筠齐名，并称"温李"；又与杜牧齐名，并称"小李杜"。他的诗，风格绮丽绵密、委婉深邈，反映现实的一些作品，又与杜甫的沉郁顿挫为近。也工骈文。有《玉谿生诗集》、《樊南文集》。

讲解

无题，就是没有题目，或无题可标，或不需、不愿标题，也有可能失去本题，后人标为无题。但无论如何并不是没有主题。李商隐的诗歌中，有直接标为"无题"的，也有摘取诗的首句文字或句中文字为题的，其实都属于无题诗。

李商隐所写这类"无题"诗，一般主旨比较隐晦，所以历代赏析者多从不同的角度出发进行理解和阐发。以这两首诗为例,以前的诗论家十分喜欢用知人论世的态度,循着"美刺"的传统,结合作者的生平经历,附会他与牛李两党的关系,认为是在抒发他不为人知的政治失意。其实,我们今天大可不必将这种感情固定在政治与人生的大背景下去理解,就诗中所抒发的感情而言,可以更多、也更直观地把它视为男女之间缠绵悱恻爱情的表达。两首诗都是写分手之后刻骨铭心的思念之情。所不同的是,第一首诗是因情感梦,梦虽成而情不能已,万重蓬山难阻一片痴情;第二首诗是闻声心惊,情丝缕缕缭绕不绝,飒飒冷雨浇不灭寸相思。而采用虚实相生的表现手法营造变幻的意境,通过典丽的语言、工稳的对仗传达难以名状的情感,却是两首诗共同的特点。

李商隐诗运律严整,而其诗情却是那么的绵邈朦胧,又给读者带来了另一种巨大的想象空间:我们完全可以将两两对偶的诗句,理解成男女双方以对话的方式在表达彼此间的相思,读来别有情致。还可以将第一首诗看成是男方对女方的惦记,第二首看成是女方对男方的挚恋。寄托的有无,全在读者的一念之间,诗情的灵动摇曳,更增其艺术魅力。

集评

(首章)极言两人情愫之未易通,开口便将世间所谓幽期密约之丑尽情扫去,其来也固空言,其去也已绝踪,当此之时,真是水穷山断。然每到月斜钟动之际,黯然魂销,梦中之别,催成之书,幽忆怨乱,有非胶漆之所能喻者。乃知世间咫尺天涯之苦,正在此时。遥想翡翠灯笼,芙蓉帏幔,所谓"其室则迩,其人甚远",纵复沥血刳肠,谁知我耶?(次章)极言相忆之苦。首句暗用巫云事,思之专而恍若有见也。次句暗用古诗"雷隐隐,动妾心"语,思之专而恍若有闻也。计此时,金蟾啮锁,非侍女烧香莫入;玉虎牵丝,或侍儿汲井时回,惆怅终无益耳。于是春心一发,妄想横生,念贾氏之窥帘,或者怜我之少;如宓妃之留枕,或者怜我之才。要之念念相续,念念成灰,毕竟何益!至此则心尽气绝时矣。(清·姚培谦《李义山诗集笺注》)

(首章)"啼难唤"者,言悲思之深;"墨未浓"者,言草书之促;五六句指所忆之地言。(次章)古诗"雷隐隐,感妾心。侧耳倾听非车音。"第二句略用其意,以兴三四句,言所忆者之自外独归也。五六句以下,则禁约闲情之词。言情事与韩寿、曹植既殊,则徒思无益者也。"东风细雨",所以兴起"轻雷",而"轻雷"又非真雷,乃以拟车声也。三四句亦所以足第二之意,言其自外独归而已,非必有"烧香""汲井"之事也。诗乃有所求于人而人不见谅之词也。(黄侃《李义山诗偶评》)

原编共四首……盖编者取其用意从同,故统括以《无题》耳,当非一时所作也……首章前四句写梦中,后四句写梦觉。来去既不常,故言曰空言,踪曰绝踪,已非醒眼时境界,从古诗"既来不须臾,又不处重帏"脱化出也。次句点时地,入梦之时地也。三四梦中之情事,极恍惚迷离之境,决非果有其事。而张、冯二家必泥《上绡书》云令代书《太清宫寄张相公》旧诗,抑何可笑。五六则为梦醒时之景况,故云"半笼",云"微度",即为梦醒时在枕上重理梦境之感觉。七八则叹蓬山本远而加以梦中障隔,较之醒时之蓬山更远也。此诗变化不拘常格。○次章言事已如此,然终似有几希之望而终断之无益也。起二句曰细雨,曰轻雷,喻泽之不能大需。然香炉虽闭,而金蟾可以啮通之;井水虽深,而玉虎可以汲引之。况已与令狐,乖隔虽深,旧情犹在,则援手亦不难也。但所疑虑者,窥帘以韩掾之少,留枕以魏王之才,而我何有哉?转念至此,则寸心灰尽,其无益也可断言之。此二首或为一时之作。(汪辟疆《玉谿诗笺举例》)

相关知识

李商隐体 宋严羽《沧浪诗话·诗体》中,列有"李商隐体",所谓"李商隐体",就是体现李商隐典型创作风格的诗体。李商隐之前,尚奇崛的韩孟诗派与尚平易的元白诗派双峰并峙于中唐。中唐后期,李贺的瑰丽诡谲,开启了晚唐诗歌重心灵、重自我的趋向。与时代变迁相应,晚唐人的审美观也开始向重视纤细婉约的一路发展,诗歌创作出现了一些新的变化。从题材上讲,情爱与绮艳题材受到关注,齐梁声色渐渐潜入晚唐诗苑;从表现方法上讲,揭示心灵世界、表达主观感受成为主要手段;从审美追求上讲,细美幽约成为时尚。三者相互结合,共同构建起晚唐诗歌绮密华妍的风格特征。

李商隐的诗歌,特别是他那些表达缠绵恋情与身世感慨的无题诗,用纤细敏感的心灵,去咀嚼、体验难以言表的情感,将心中的朦胧境象,幻化为恍惚迷离的意象,一重情思套着一重情思,幽微隐约、迂回曲折地将若隐若显的心象呈现给读者,从而使诗歌产生了朦胧、细约、婉艳之美,最好地体现了晚唐诗歌的那种审美特征,故诗论家将他的诗风列为"李商隐体"。宋初以杨亿、刘筠、钱惟演为代表的西崑派,就是专在形式上模拟李商隐体的。

相关作品

无题二首(其一)

〔唐〕李商隐

昨夜星辰昨夜风,画楼西畔桂堂东。身无彩凤双飞翼,心有灵犀一点通。
隔座送钩春酒暖,分曹射覆蜡灯红。嗟余听鼓应官去,走马兰台类转蓬。

无题二首

〔唐〕李商隐

凤尾香罗薄几重? 碧文圆顶夜深逢。扇裁月魄羞难掩,车走雷声语未通。
曾是寂寥香烬暗,断无消息石榴红。斑骓只系垂杨岸,何处西南待好风?

重帏深下莫愁堂,卧后清宵细细长。神女生涯原是梦,小姑居处本无郎。
风波不信菱枝弱,月露谁教桂叶香? 直道相思了无益,未妨惆怅是轻狂。

无题

〔唐〕李商隐

相见时难别亦难,东风无力百花残。春蚕到死丝方尽,蜡炬成灰泪始干。
晓镜但愁云鬓改,夜吟应觉月光寒。蓬山此去无多路,青鸟殷勤为探看。

锦瑟

〔唐〕李商隐

锦瑟无端五十弦,一弦一柱思华年。庄生晓梦迷蝴蝶,望帝春心托杜鹃。
沧海月明珠有泪,蓝田日暖玉生烟。此情可待成追忆,只是当时已惘然。

扩展阅读书目

(1)《李商隐诗歌集解》,唐李商隐撰,刘学锴、余恕诚集解,中华书局1988年版。 (2)《李商隐诗集疏注》,叶葱奇疏注,人民文学出版社1985年版。 (3)《李商隐选集》,周振甫选注,上海古籍出版社1986年版。 (4)《李商隐诗选》,刘学锴、余恕诚选注,人民文学出版社1986年版。 (5)《李商隐诗选译》,陈永正译注,巴蜀书社1991年版。 (6)《李商隐诗选》,黄世中选注,中华书局2005年版。 (7)《李商隐资料汇编》,刘学锴编,中华书局2001年版。 (8)《玉谿生年谱会笺·李义山诗辨正》,张采田撰,上海古籍出版社2010年版。 (9)《李商隐传》,董乃斌撰,陕西人民出版社1985年版。 (10)《李商隐研究》,吴调公撰,上海古籍出版社1982年版。 (11)《李商隐诗歌研究》,刘学锴撰,安徽大学出版社1998年版。

21. 浪淘沙

李 煜

帘外雨潺潺①,春意阑珊②。罗衾不耐五更寒③。梦里不知身是客,一晌贪欢④。 独自莫凭栏,无限江山。别时容易见时难。流水落花春去也⑥,天上人间⑦。

(《南唐二主词校订》,〔南唐〕李璟、李煜著,王仲闻校订,中华书局,2007)

注释

① 潺潺:水流的声音,此处形容雨声。 ② 阑珊:衰落的样子。 ③ 罗衾(qīn):轻软丝织品做成的被子。衾,被子。 ④ 一晌:一会儿,片刻。 ⑤ 江山:指故国的河流山岭。 ⑥ 春:暗喻过去的美好生活。 ⑦ 天上人间:指过去的生活和现在相比,有着天上和人间的差别。

作者简介

李煜(937—978),字重光,初名从嘉,号钟隐、莲峰居士,彭城(今江苏徐州)人。五代词人。南唐后主。降宋后被宋太宗毒死。他精书法,善绘画,通音律,诗和文均有一定造诣,尤以词的成就最高。其词内容主要为两类:一类为降宋之前所写的,主要为反映宫廷生活和男女情爱,题材较窄;二为降宋后所写,抒发亡国的悲痛、处境的凄凉、对往事的怀旧的惆怅,感情恻恻动人,此期的作品成就超越前期。《虞美人》《浪淘沙》《乌夜啼》《相见欢》等杰作皆成于此时。此时期的词作大都哀婉凄绝,主要抒写了自己凭栏远望、梦里重归的情景,表达了对"故国"、对"往事"的无限留恋。李煜在中国词史上占有重要的地位,对后世影响亦甚大。他继承了晚唐以来花间派词人的传统,但又通过具体可感的个性形象,反映现实生活中具有一般意义的某种意境,将词的创作向前推进了一大步,扩大了词的表现领域。近人辑有《南唐二主词》。

讲解

上片用倒叙的手法,起句即云薄薄的罗衾耐不住五更的晨寒,帘外则是潺潺春雨,此情此境使作者倍增凄苦之感。紧接着述梦里之事,全然忘记自己身为俘虏,似乎依然在故国华美的宫殿中贪恋片刻的欢娱,可是梦醒时分,"想得玉楼瑶殿影,空照秦淮",只能是加倍的痛苦。

一、课文精读

下片第一句一个"莫"字有无限凄苦,因为不能见江山,故而悲叹莫要"凭栏"。三国魏曹丕的《燕歌行》有"别日何易会日难"句,《颜氏家训·风操》有"别易会难"句,"别时容易见时难"是当时的常用语,这里的"别"并不仅仅指与亲友之别,更是指与故国的永诀,"见时难"则是满怀亡国降宋之后再也无法见到故土的悲苦。"流水落花春去也"是叹息春归无处寻觅,唐张泌的《浣溪沙》有"天上人间何处去,旧欢新梦觉来时"句,天上人间相隔甚远,此处明指春,暗喻人。词人长叹水流远,花落去,不仅是词的结句,更是词人一生的结束。

王国维《人间词话》说:"词至李后主而眼界始大,感慨遂深,遂变伶工之词而为士大夫之词。"本词以白描的手法倾诉内心的极度痛苦,具有震撼读者的极大魅力。

集评

"梦觉"语妙,那知半生富贵,醒亦是梦耶?末句,可言不可言,伤哉。(明·沈际飞《草堂诗余正集》)

绵邈飘忽之音,最为感人深至。李后主之"梦里不知身是客,一晌贪欢"所以独绝也。(清·郭麐《灵芬馆词话》)

结得怨悱,尤妙在神不外散,而有流动之致。(清·陈廷焯《词则·大雅集》)

就词而论,李、刘、秦诸家之以水喻愁,不若后主之"春江"九字,真伤心人语也。(俞陛云《南唐二主词辑述评》)

此亦托为别情,实乃思念故国之词。"流水"句,以比"见时难"也。"流水"、"落花"、"春去",三事皆难重返者。当未流、未落、未去之时,比之已流、已落、已去之后,有如天上之比人间,以见重见别后之江山,其难易相差,亦如此也。(刘永济《唐五代两宋词简析》)

此首殆后主绝笔,语意惨然。五更梦回、寒雨潺潺,其境之黯淡凄凉可知。"梦里"两句,忆梦中情事,尤觉哀痛。换头宕开,两句自为呼应,所以"独自莫凭阑"者,盖因凭阑见无限江山,又引起无限伤心也。此与"心事莫将和泪说,凤笙休向泪时吹",同为悲愤已极之语。辛稼轩之"休去倚危阑,斜阳正在烟柳断肠处"亦袭此意。"别时"一句,说出过去与今后之情况。自知相见无期而下世亦不久矣。故"流水"两句,即承上申说不久于人世之意。水流尽矣,花落尽矣,春归去矣,而人亦将亡矣。将四种了语,并合人处作结,肝肠断绝,遗恨千古。(唐圭璋《唐宋词简释》)

相关知识

词 词是中国古代韵文的一种体裁,起源于唐代,盛行于宋代。原是一种音乐文学,是配合燕乐演唱的歌词,唐五代时原称"曲"、"杂曲"或"曲子词"。其特点是句式多长短不齐,所以也称"长短句"。也有人认为词的地位远低于诗,为诗之余,故也称词为"诗余"。因其原属音乐文学,也借旧名词"乐府"称呼它,还有称其为"琴趣"的。按照字数多少,词可以分为三类,小令、中调和长调。一般来说,五十八字以内为小令,五十九字至九十字为中调,九十字以外为长调,但亦非绝对,如六十字的《蝶恋花》,通常都是视为小令的。小令通常也称令词,节奏较舒缓的长调词也称慢词。按照词的段落多少,词可以分为单调、双调、三叠和四叠。单调都是小令。双调最为常见,上(前)段称上(前)片,下(后)段称下(后)片。三叠仅见字数在一百四十五十字的《兰陵王》、《夜半乐》、《宝鼎现》和二百十余字的《戚氏》等几种僻调,四叠则只有最长的词调《莺啼序》。

词最初是配音乐的,以后才逐渐跟音乐分离了,成为一种单纯的韵文文体。写词必须按照曲调,曲调也叫做词调,如"菩萨蛮"、"忆秦娥"、"念奴娇",等等。词调并不是题目,它们其实是一种固定体式(平仄、字数、句数、韵位等)的代码,其来源往往是一些语典事典,在早期也往往与词的内容主题有关。词的押韵一般平声单押、去上通押、入声单押,也有平仄韵转换格、平仄韵通押格、平仄韵交错格。(参见唐圭璋《唐宋词格律》)写词必须按格律选字成句,故称"填词"。

思考练习题

一、全词描写了词人怎样的心绪？

二、这首词主要运用了什么表现手法？

三、请对全词做简要赏析。

相关作品

清平乐

〔南唐〕李煜

别来春半，触目柔肠断。砌下落梅如雪乱，拂了一身还满。　　雁来音信无凭，路遥归梦难成。离恨恰如春草，更行更远还生。

捣练子令

〔南唐〕李煜

深院静，小庭空，断续寒砧断续风。无奈夜长人不寐，数声和月到帘枕。

虞美人

〔南唐〕李煜

春花秋月何时了，往事知多少？小楼昨夜又东风，故国不堪回首月明中。　　雕阑玉砌应犹在，只是朱颜改。问君能有几多愁，恰似一江春水向东流。

相见欢

〔南唐〕李煜

林花谢了春红，太匆匆。无奈朝来寒雨，晚来风。　　胭脂泪，相留醉，几时重？自是人生长恨，水长东。

浪淘沙

〔南唐〕李煜

往事只堪哀，对景难排。秋风庭院藓侵阶。一任珠帘闲不卷，终日谁来？　　金剑已沉埋，壮气蒿莱。晚凉天净月华开。想得玉楼瑶殿影，空照秦淮。

扩展阅读书目

(1)《李煜李璟词》,詹安泰校注,人民文学出版社 1998 年版。 (2)《李煜词集》,王兆鹏导读,上海古籍出版社 2009 年版。 (3)《李璟李煜词赏析集》,蔡厚示撰,巴蜀书社 1996 年版。 (4)《恰似一江春水向东流：李煜词注评》,王兆鹏、田松青注评,上海古籍出版社 2010 年版。 (5)《李后主评传》,高兰、孟祥鲁撰,齐鲁书社 1985 年版。 (6)《南唐李后主词研究》,谢世涯撰,学林出版社 1994 年版。 (7)《李璟李煜》,杨海明撰,春风文艺出版社 1999 年版。 (8)《林花谢了春红：赵晓岚说李煜》,赵晓岚撰,人民文学出版社 2009 年版。 (9)《李煜》,董希平撰,中华书局 2010 年版。 (10)《南唐后主李煜传》,杨军撰,吉林人民出版社 2010 版。

22. 梅圣俞诗集序①

欧阳修

予闻世谓诗人少达而多穷②,夫岂然哉③?盖世所传诗者,多出于古穷人之辞也④。凡士之蕴其所有而不得施于世者⑤,多喜自放于山巅水涯⑥。外见虫鱼、草木、风云、鸟兽之状类,往往探其奇怪⑦,内有忧思感愤之郁积,其兴于怨刺⑧,以道羁臣寡妇之所叹⑨,而写人情之难言⑩,盖愈穷则愈工⑪。然则非诗之能穷人,殆穷者而后工也⑫。

予友梅圣俞,少以荫补为吏⑬,累举进士⑭,辄抑于有司⑮,困于州县凡十余年。年今五十,犹从辟书⑯,为人之佐⑰,郁其所蓄,不得奋见于事业⑱。其家宛陵⑲,幼习于诗,自为童子,出语已惊其长老⑳。既长㉑,学乎六经仁义之说㉒。其为文章,简古纯粹,不求苟说于世㉓,世之人徒知其诗而已。然时无贤愚㉔,语诗者必求之圣俞,圣俞亦自以其不得志者㉕,乐于诗而发。故其平生所作,于诗尤多。世既知之矣,而未有荐于上者。昔王文康公尝见而叹曰㉖:"二百年无此作矣!"虽知之深,亦不果荐也㉗。若使其幸得用于朝廷,作为雅颂,以歌咏大宋之功德,荐之清庙,而追商、周、鲁《颂》之作者,岂不伟欤㉘!奈何使其老不得志㉙,而为穷者之诗,乃徒发于虫鱼物类㉚,羁愁感叹之言?世徒喜其工,不知其穷之久而将老也,可不惜哉!

圣俞诗既多,不自收拾㉛。其妻之兄子谢景初惧其多而易失也㉜,取其自洛阳至于吴兴已来所作㉝,次为十卷㉞。予尝嗜圣俞诗,而患不能尽得之㉟,遽喜谢氏之能类次也㊱,辄序而藏之㊲。其后十五年,圣俞以疾卒于京师。余既哭而铭之㊳,因索于其家,得其遗稿千余篇,并旧所藏,掇其尤者六百七十七篇㊴,为一十五卷。呜呼!吾于圣俞诗,论之详矣,故不复云。庐陵欧阳修序㊵。

(《欧阳修全集》,〔宋〕欧阳修著,李逸安点校,中华书局,2001)

注释

① 梅尧臣(1002—1060):字圣俞,宣州宣城(今属安徽)人。宣城古称宛陵,故世称宛陵先生。北宋诗人。他强调诗歌的形象性,提倡"平淡"的艺术境界,意内言外。在北宋诗文革新运动中与欧阳修、苏舜钦齐名,并称"梅欧"、"苏梅"。刘克庄在《后村诗话》中称之为宋诗的"开山祖师"。有《宛陵先生集》。 ② "予闻"句:我听到世人常说,诗人仕途畅达的少,困厄的多。 ③ "夫岂"句:哪里是这样的啊。夫,发语词。然,这样。 ④ 穷人:遭受困厄的士人。 ⑤ 蕴:藏。不得施于世,不能充分施展于世。 ⑥ 自放:自我放逸。 ⑦ 奇怪:奇特怪异之处。 ⑧ 兴于怨刺:寄托在讽刺之中。怨刺,讽刺。《汉书·礼乐志》:"周道始缺,怨刺

之诗起。王泽既竭，而诗不能作。" ⑨"以道"句：去表达放逐的臣子和寡居的妇人的慨叹。 ⑩ 人情之难言：人的情感中难于言传的微妙感受。 ⑪ 愈穷则愈工：越困厄(诗写得)就越精妙。 ⑫ 殆：大概。穷者而后工：穷困潦倒后才能写出好诗来。 ⑬ 少：年少时。以荫补为吏：凭着庇荫授予吏员的官职。荫，即庇荫，古代子孙因先世有功劳而得到封赏或免罪。这里指梅圣俞荫袭叔父梅询的官爵，出任河南主簿。补，将空缺的职官位子授人。吏，低级官员。 ⑭ 举进士：参加进士考试。举，参加科举考试。 ⑮ "辄抑"句：总是遭到主考部门的压制。有司，官吏。古时设官分职，各专其司，故称。 ⑯ "犹从"句：还要靠别人下聘书。辟(bì)，征召。庆历八年(1048)，梅尧臣四十八岁，应晏殊召聘，赴签书陈州镇安军节度判官任。 ⑰ 佐：辅佐者，僚属。 ⑱ "不得"：不能在事业上充分地表现出来。 ⑲ 家：家乡。宛陵：今安徽宣城古名。 ⑳ 长老：父老长辈。 ㉑ 既长：长大以后。既，已。 ㉒ 六经仁义之说：指儒家的学问。六经，相传经过孔子整理而传授的六部先秦经典《诗》《书》《礼》《乐》《易》《春秋》，其中《乐经》早已失传，《礼经》后称《仪礼》，据学者考证，有部分散逸，宋以后《五经》中的《礼》一般是指《礼记》。 ㉓ "不求"句：不希求苟且取悦于世人。说(yuè)，通"悦"。 ㉔ 无：不论。 ㉕ 以：因。 ㉖ 王文康公：即王曙，宋仁宗时宰相，谥文康。 ㉗ 不果荐也：到底还是没有加以推荐。果，终究。 ㉘ "若使"六句：假使他有幸得到朝廷的任用，写出如《诗经》中雅、颂那样的作品，来歌颂大宋的功业恩德，献给宗庙，使他能够上追《商颂》、《周》颂、《鲁颂》的作者，难道不是很壮伟的吗？作为(wéi)，创制。雅颂，《诗经》中的两个部分，"雅"是贵族宴飨乐歌，分《大雅》、《小雅》；"颂"是王室、诸侯祭祀乐歌，分《周颂》、《鲁颂》、《商颂》，这里借指歌颂朝廷的诗。清庙，即太庙，古时帝王祭祀祖先的宗庙，《诗经·周颂》有《清庙》篇。 ㉙ 奈何：为什么。 ㉚ 虫鱼物类：虫儿鱼儿一类东西，代指琐碎的事物。 ㉛ 不自收拾：自己没有收拾整理。 ㉜ 其妻之兄子：即他的外甥。 ㉝ 吴兴：今浙江湖州。 ㉞ 次：编次。 ㉟ 患：担心。 ㊱ 遽：立刻。类次：分类编排。 ㊲ 辄：马上。序而藏之：为诗集作序并且收藏起来。 ㊳ 铭之：指为梅尧臣作墓志铭。 ㊴ 掇：选取。 ㊵ 庐陵：因欧阳修籍贯属旧庐陵郡，故称。

据沈德潜《唐宋八家文读本》云，末段乃是梅圣俞死后欧阳修补笔。

作者简介

欧阳修(1007—1073)，字永叔，号醉翁，又号六一居士。籍贯吉州吉水(今属江西)，出生于绵州(今四川绵阳)。北宋政治家、文学家、史学家。天圣八年(1030)登进士第。授西京留守推官，迁馆阁校勘。庆历时知谏院，参与范仲淹等发起的庆历新政。后范仲淹等被贬，他也被贬知滁州。历官翰林学士、枢密副使、参知政事、刑部尚书、兵部尚书。熙宁初，王安石在宋神宗支持下实施变法，他对新法青苗法等颇有异议。熙宁三年(1071)以太子少师致仕。谥文忠。欧阳修喜奖掖后进，苏轼兄弟及曾巩皆出其门下。精于史学，曾著《新唐书》(与宋祁合撰)、《新五代史》。作为北宋诗文革新运动的领袖，他文、诗、词并工，而以散文上的成就最高，与韩愈、柳宗元、曾巩、王安石、苏洵、苏轼、苏辙合称"唐宋八大家"，又与苏轼并称"欧苏"，其文简而有法，从容流畅。诗受韩愈影响较大，也有学李白、杜甫的，初开宋诗新局面，与梅尧臣并称"欧梅"。词清丽婉约，富有情韵。还善于论诗，开创"诗话"文体，著《六一诗话》。有《欧阳文忠公文集》。

"西伯拘而演《周易》；仲尼厄而作《春秋》；屈原放逐，乃赋《离骚》；左丘失明，厥有《国语》；孙子膑脚，《兵法》修列；不韦迁蜀，世传《吕览》；韩非囚秦，《说难》、《孤愤》。《诗》三百篇，大氐贤圣发愤之所为作也。"司马迁《报任安书》的这段话人们耳熟能详，这里提到了"发愤之所为作"，而韩愈《送孟东野序》则提出了"大凡物不得其平则鸣"的观点，这是对"发愤而作"的进一步阐发。作为中国文论的一个经典命题，历代都有人对这一问题作出发挥，欧阳修的这篇文章虽然是"序"而不是专门的文学理论文章，但提出了"穷而后工"的观点，可谓个中翘楚，因此它本身也成为了经典。

一、课文精读

欧阳修在二十来岁任西京留守推官时就结识梅尧臣,与之有很深的交谊,熟知其为人与诗风,在他的《书梅圣俞稿后》及《六一诗话》中,都曾谈及梅尧臣的诗歌成就,而这篇序则没有拘拘于对梅诗的具体评论,而是在主题上作了更深入的开掘。文章一开头就高屋建瓴,批评了"诗人少达而多穷"的世俗流行观点,阐发了自己"穷而后工"的创作思想,有破有立,颇具匠心。文章第二段则叙写自己的老友梅尧臣的生平和创作,生平紧扣住第一段的"穷",创作则着眼"工",既流露出对梅尧臣诗作的赞赏,同时也完美地证明了自己首段的说理,不粘不滞,从容不迫。这一段是该序的高潮,以铺垫手法说其幼时语出惊人,再借公众之口、王文康公对梅诗的赞叹以及自己对梅诗的爱不释手称赏其"工",然后有感而发。梅尧臣的诗才若能"得用于朝廷",则"岂不伟哉",笔锋一转,言诗人纵能写出优秀诗篇却终归落拓不遇,令人悲从中来。文势兔起鹘落,流畅自然,展示出欧文典型的风采。

集评

优秀的古文名篇,发端总是精心结撰,气象万千,振起全文,开合自如。本篇第一段,即是工于发端的一个范例。这一段的成功,首先在它提炼出"穷而后工"这样一个千古独创的命题,对后世有深远影响。类似的意思,前人也有所表述。……但都不如"穷而后工"这样言简意赅,清楚明白。欧阳修推出这一命题也极具匠心。他并不急于求成,一泻无遗,而是针对世情,从容曲折。最后用两句作一收束:"然则非诗之能穷人",水到渠成,点出世论之误;"殆穷者而后工也",揭出千古名言。

这一段的成功,还表现在它统摄全文,是后面展开叙述和议论的灵魂,牵一发而能动全身。没有这一段,后文将成为无源之水,无本之木,黯然失色。本文的主角梅圣俞在此只字未提,好像不着边际,然而联系下文细加吟味,方知此段议论处处影射圣俞,并非泛笔。点题而不着痕迹,确是文家上乘笔墨。(曹光甫《欧阳修〈梅圣俞诗集序〉鉴赏》,《古文鉴赏辞典》录)

思考练习题

一、你对"穷而后工"和"不平则鸣"怎么理解?

二、从欧阳修和梅尧臣的诗文集(上海古籍出版社版《欧阳修诗文集校笺》、《梅尧臣集编年校注》)中找出他们的赠答唱和诗作,了解他们之间的深厚友谊。

三、将本篇第一段翻译为白话文。

相关知识

序 《尔雅》云:"序,绪也。"明代吴讷《文章辨体序说》说:"序之体,始于诗之大序,首言六义,次言风雅之变,又次言二南王化之自。其言次第有序,故谓之序也。"序也作"叙"或称"引",有如今日的"引言"、"前言",是说明书籍著述或出版意旨、编次体例和作者情况的文章,当然也可包括对作家作品的评论和对有关问题的研究阐发。

"序"一般写在书籍或文章前面,也有列在后面的,如《史记·太史公自序》。列于书后同类文章称为"跋"(如陆游《跋岑嘉州诗集》)或"书后"(如朱熹《书欧阳文忠公集古录跋尾后》),一般文字较短。还有书前已有序,另写一序加在书后的,称为"后序"。这类文章,按不同的内容分别属于说明文或议论文、记叙文。说明编写目的、简介编写体例和内容的属于说明文,多数序文属于此类。对作者作品进行评论或对问题进行阐发的属于议论文,著名的有欧阳修的《五代史伶官传序》等。以记录、叙述人物事迹经历及反映悲欢穷通遭际为主的属于记叙文,著名的有李清照的《金石录后序》等。

范饶州坐中客语食河豚鱼

〔宋〕梅尧臣

春洲生荻芽，春岸飞杨花。　河豚当是时，贵不数鱼虾。
其状已可怪，其毒亦莫加。　忿腹若封豕，怒目犹吴蛙。
庖煎苟失所，入喉为镆铘。　若此丧躯体，何须资齿牙。
持问南方人，党护复矜夸。　皆言美无度，谁谓死如麻？
我语不能屈，自思空咄嗟。　退之来潮阳，始惮殆笼蛇。
子厚居柳州，而甘食虾蟆。　二物虽可憎，性命无舛差。
斯味曾不比，中藏祸无涯。　甚美恶亦称，此言诚可嘉。

汝坟贫女

〔宋〕梅尧臣

汝坟贫家女，行哭音凄怆。　自言有老父，孤独无丁壮。
郡吏来何暴，官家不敢抗。　督遣勿稽留，龙种去携杖。
勤勤嘱四邻，幸愿相依傍。　适闻闾里归，问讯疑犹强。
果然寒雨中，僵死壤河上。　弱质无以托，横尸无以葬。
生女不如男，虽存何所当。　拊膺呼苍天，生死将奈向。

梦登河汉

〔宋〕梅尧臣

夜梦上河汉，星辰布其傍。　位次稍能辩，罗列争光芒。
自箕历牛女，与斗直相当。　既悟到上天，百事应可详。
其中有神官，张目如电光。　玄衣乘苍虬，身佩水玉珰。
丘蛇与穹鳖，盘结为纪纲。　我心恐且怪，再拜忽祸殃。
臣实居下土，不意涉此方。　既得接威灵，敢问固不量。
有牛岂不力，何惮使服箱。　有女岂不工，何惮缝衣裳。
有斗岂不柄，何惮挹酒浆。　卷舌不得言，安用施穹苍。
何彼东方箕，有恶务簸扬。　唯识此五者，愿言无我忘。
神官呼我前，告我无不臧。　上天非汝知，何苦诘其常。
岂惜尽告汝，于汝恐不祥。　至如人间疑，汝敢问於王。
扣头谢神官，臣言大为狂。　骇汗忽尔觉，残灯荧空堂。

扩展阅读书目

（1）《欧阳修诗文集校笺》,洪本健校笺,上海古籍出版社 2009 年版。 （2）《欧阳修文选读》,陈蒲清选注,岳麓书社 1984 年版。 （3）《欧阳修选集》,陈新、杜维沫选注,上海古籍出版社 1986 年版。 （4）《欧阳修诗文选注》,宋新昌选注,上海古籍出版社 1994 年版。 （5）《欧阳修资料汇编》,洪本健编,中华书局 1995 年版。 （6）《欧阳修纪年录》,刘德清撰,上海古籍出版社 2006 年版。 （7）《欧阳修传》,陈铭撰,广东高等教育出版社 1998 年版。 （8）《欧阳修评传》,黄进德撰,南京大学出版社 1998 年版。 （9）《欧阳修传：达者在纷争中的坚持》,王水照、崔铭撰,天津人民出版社 2008 年版。 （10）《复古与创新：欧阳修散文与古文复兴》,〔日〕东英寿撰,王振宇、李莉等译,上海古籍出版社 2005 年版。

23. 文与可画筼筜谷偃竹记①

苏 轼

竹之始生,一寸之萌耳,而节叶具焉。自蜩腹蛇蚹以至于剑拔十寻者②,生而有之也。今画者乃节节而为之③,叶叶而累之④,岂复有竹乎！故画竹必先得成竹于胸中,执笔熟视,乃见其所欲画者,急起从之⑤,振笔直遂⑥,以追其所见,如兔起鹘落⑦,少纵则逝矣⑧。与可之教予如此⑨。予不能然也⑩,而心识其所以然⑪。夫既心识其所以然而不能然者,内外不一,心手不相应,不学之过也。故凡有见于中而操之不熟者⑫,平居自视了然⑬,而临事忽焉丧之⑭,岂独竹乎！子由为《墨竹赋》以遗与可曰⑮:"庖丁⑯,解牛⑰者也,而养生者取之;轮扁⑱,斫轮者也⑲,而读书者与之⑳。今夫夫子之托于斯竹也㉑,而予以为有道者㉒,则非耶?"子由未尝画也,故得其意而已。若予者,岂独得其意,并得其法。

与可画竹,初不自贵重㉓,四方之人持缣素而请者㉔,足相蹑于其门㉕。与可厌之,投诸地而骂曰:"吾将以为袜材㉖。"士大夫传之,以为口实㉗。及与可自洋州还,而余为徐州㉘。与可以书遗余曰:"近语士大夫,吾墨竹一派,近在彭城㉙,可往求之。袜材当萃于子矣㉚。"书尾复写一诗,其略曰:"拟将一段鹅溪绢㉛,扫取寒梢万尺长。"予谓与可:"竹长万尺,当用绢二百五十匹㉜,知公倦于笔砚,愿得此绢而已。"与可无以答,则曰:"吾言妄矣,世岂有万尺竹哉!"余因而实之㉝,答其诗曰:"世间亦有千寻竹,月落庭空影许长㉞。"与可笑曰:"苏子辩则辩矣,然二百五十匹,吾将买田而归老焉。"因以所画筼筜谷偃竹遗予,曰:"此竹数尺耳,而有万尺之势。"筼筜谷在洋州,与可尝令予作《洋州三十咏》,《筼筜谷》其一也。予诗云:"汉川修竹贱如蓬,斤斧何曾赦箨龙。料得清贫馋太守,渭滨千亩在胸中。"与可是日与其妻游谷中,烧笋晚食,发函得诗㉟,失笑喷饭满案。

元丰二年正月二十日㊱,与可没于陈州㊲。是岁七月七日,予在湖州曝书画㊳,见此竹,废卷而哭失声㊴。昔曹孟德《祭桥公文》,有"车过腹痛"之语㊵。而予亦载与可畴昔戏笑之言者㊶,以见与可于予亲厚无间如此也㊷。

（《苏轼文集》,〔宋〕苏轼著,孔凡礼点校,中华书局,1986）

注释

① 文与可(1018—1079):名同,字与可,号笑笑居士,梓州永泰(今四川盐亭东)人。北宋画家、诗人,苏轼的表兄。官至湖州知府,世称文湖州。擅画竹,工诗。有《丹渊集》。筼筜(yún dāng)谷:地名,在洋州(治

今陕西洋县),文同知洋州时曾常去那里。篔筜,大竹名。偃竹:枝干横生如倒伏的竹子。偃,倒伏。　②蜩(tiáo):蝉。蚹(fú):蛇皮。寻:古代长度单位,八尺为寻。这里蜩腹、蛇蚹、剑拔十寻都是喻指竹子不同生长周期中的形态。　③为之:指刻意描绘。　④累之:添加东西。　⑤从之:指顺着艺术上的直觉。　⑥振笔:运笔,挥笔。直遂:直接完成。　⑦兔起鹘(hú)落:兔子刚出来,鹘立即降落捕猎,形容动作敏捷。鹘,即隼,一种猛禽。　⑧少纵即逝:同"稍纵即逝"。　⑨予:我。　⑩然:这样,指做到像文同这样。　⑪所以然:指其中的道理。　⑫中:内心。操:实际操作。　⑬平居:平日,平素。了然:明白,清楚。　⑭忽焉:很快,马上。丧之:指忘了怎么做。　⑮子由:即苏辙(1039—1112),字子由,号颍滨遗老,眉州眉山(今属四川)人。北宋文学家。苏轼之弟。官至门下侍郎。工古文,为唐宋古文八大家之一。有《栾城集》。遗(wèi):给,赠。　⑯庖丁:《庄子·养生主》中提到的屠牛游刃有余的厨师。　⑰解牛:屠宰牛。　⑱轮扁:《庄子·天道》中提到的斫制车轮得心应手的工匠。　⑲斫轮:砍木做车轮。　⑳与:称赞。　㉑"今夫"句:第一个"夫"字是语气助词。夫子,古代对男子的敬称。斯,这,此。　㉒道:道理,规律。　㉓不自贵重:不珍惜自己的作品。　㉔缣(jiān)素:白色细绢,古代常用来作画。　㉕"足相"句:意思是上门求画的人多,以至于在门口人们互相踩脚。蹑,踏。　㉖袜材:做袜子的材料。　㉗口实:闲谈时讲的故事,谈资。　㉘为徐州:苏轼曾担任徐州知州。为,做官。　㉙彭城:徐州的古称。　㉚萃:聚集,汇集。　㉛鹅溪绢:产于四川盐亭鹅溪的绢帛。唐代为贡品,宋人书画尤重之。　㉜匹:古代纺织品长度单位,四丈为一匹,故苏轼有此玩笑。　㉝妄:随意,胡乱。　㉞因而实之:顺着对方原先的话把它坐实了。　㉟许:这般。㊱辩:会说话。　㊲归老:归田养老。　㊳汉川:汉水。　㊴斤:斧。赦:指不砍伐。　箨(tuò)龙:竹笋的别名。　㊵渭滨:渭水之滨,指洋州。　㊶发函:开信,启封。　㊷元丰二年:公元1079年。元丰,宋神宗年号。　㊸陈州:州名,治今河南淮阳。　㊹曝:晒。七月七日为七夕节,旧俗于此日晒书。　㊺废:抛弃,丢弃。　㊻"车过腹痛"之语:《三国志·魏书·武帝纪》载桥玄年辈长于曹操,很早以"命世之才"称许曹氏。曹操破袁绍后,遣使祭奠桥玄,作文追述往事,记昔年桥玄曾开玩笑说:"殂逝之后,路有经由,不以斗酒只鸡过相沃酹,车过三步,腹痛勿怪。"　㊼畴昔:往日,昔日。　㊽亲厚无间:关系亲密笃厚绝无隔阂。

作者简介

苏轼(1037—1101),字子瞻,号东坡居士,眉州眉山(今属四川)人。宋文学家。嘉祐二年(1057)与弟苏辙中同榜进士,大受担任主考的文坛领袖欧阳修赏识。嘉祐六年授大理评事、签书凤翔府判官。神宗熙宁年间在朝任职,因对王安石的变法措施有不同意见,自请调往地方,任杭州通判,历知密州、徐州、湖州知州。元丰二年(1079)被新党小人罗织罪名弹劾,逮赴御史台狱,史称"乌台诗案"。获释后贬黄州团练副使。"元祐更化"时,授中书舍人,除翰林学士。后出知杭州、颍州、扬州、定州。绍圣元年(1094)哲宗亲政,他被一贬再贬,谪惠州,又谪儋州。元符三年(1100)徽宗即位,遇赦南归,次年卒于常州。南宋时追谥文忠。苏轼为北宋著名文学家兼艺术家,其文章、诗词、书法、绘画均有很高的成就。文自然畅达,随物赋形,如行云流水,与父苏洵、弟苏辙合称"三苏",为唐宋古文八大家之一。诗富于想像,长于比喻,善于体物,能做到"出新意于法度之中,寄妙理于豪放之外"(苏轼《书吴道子画后》),呈现出多样化的风格,开有宋一代诗歌的新风气,与黄庭坚并称"苏黄"。词开豪放一派,在内容与体制上都有开拓,与辛弃疾并称"苏辛"。有《东坡先生全集》。

评解

此文以文同的一幅画为题,事实上是在写文同其人。文章开始由画面上的竹说起,提出了先要成竹在胸才能真正画好竹子的高屋建瓴的理论。和普通人只求形似的追求相反,文同要画的是那神完气足、浑然一体的竹,那样的竹只会在反复观察、再三揣摩的基础上偶尔在心头、在眼前闪过,用熟练的画技刹那间捕捉住它,这才是最好的画。这是很高深的审美理论,尽管有庄子这

一、课文精读

样的先哲用浅显的寓言阐述过,但一般人还是似懂非懂,就是苏轼兄弟二人,一个学画,一个不学,其理解程度就相差不少。文同就是这样一个真正的画家,他有着自己的理论和实践,有他的精神世界,也有他的物质生活,现实中的朋友如果凑巧能和他进行精神层面上的交流并达成一定默契,那是莫大的幸福。苏轼和文同就是这样一对幸福的朋友。他们一起嘲笑附庸风雅的俗人,笑称他们拿来的细绢是"袜材";他们可以拿笔下的竹子开玩笑,说竹子没画多少,笋倒是吃了一肚子。在绘画理论和朋友笑谈之间,读者自然而然地看到了文同炉火纯青的画技和当时文人对他的推崇,在文法上说,这是两实夹一虚,相辅相成。最后,苏轼提到了文同之死和自己作这篇文章的目的。朋友去了,朋友之间的默契也永远去了,有默契的朋友才能有那些让两个人都开怀大笑的幽默,就像年龄能做爷爷的老桥玄对曹操说:我死之后,你路过我的坟墓要是不拿一斗酒、一只鸡祭奠一下,你的车子过去三步路之后你肚子疼可不要怪我哦!这就是朋友。画是有境界的,朋友也是有境界的。

本文是一篇画记,通常写法是介绍画面内容、评价技法得失以及补充与作者及画作相关的背景资料,但到了苏轼手中便有了更丰富的表现力。由于他自己也精通绘画,所以能从艺术规律的高度加以归纳;由于他和文同有着非同一般的关系,所以能做到文中饱含深厚的友情。文章内容看似错杂散乱,却能很好地表现多角度的不同思想感情,这正是散文形散质不散的典范。

集评

前后"曰"字凡八见,是虚处着力。○前以数"曰"字翻波澜,此又以笑与哭生游戏。(明·杨慎《三苏文范》)

自画法说起,而叙事错列,见与可竹法之妙,而公与与可之情,尤最厚也。笔端出没,却是仙品。(明·杨慎《三苏文范》引丘濬)

人言此记类《庄》,余谓有类司马子长体。(明·杨慎《三苏文范》引赵宽)

有此"失笑",那得不"哭失声"。(明·郑之惠《苏长公合作》)

中多诙谐之言,而画竹入解。(明·茅坤《唐宋八大家文钞·宋大家苏文忠公文钞》)

该嘲游戏皆可书而诵之,此记其一班也。须知此出天才,尤不易学,学之俚俗村鄙,令人欲呕矣。(清·储欣《唐宋十大家全集录·东坡集录》)

该文信笔挥洒,舒卷自如……如同行云流水一般。文中有正论,有戏语,或引诗赋,或摘书牍,时而讲琐事,时而举典故,机变灵活,姿态横生。不过它虽然写得随便洒脱,纵横变化,但并不杂乱无章,散漫失纪,而是始终紧扣题目,环绕着文与可所画的《篔筜谷偃竹图》来展开文章。(吴小林《苏轼〈文与可画篔筜谷偃竹记〉鉴赏》,《古文鉴赏辞典》录)

思考练习题

一、在文章开始的一段画竹理论之后,作者才说"与可之教予如此"。如果把这个话搬到前面先加以点明,对文章的表达效果会有怎样的影响?

二、苏轼的《篔筜谷》诗为什么会让文同笑出来?结合全文内容,分析一下它的幽默点。

三、文中有许多语言描写,从这些话中反映出苏轼和文同两人各有什么样的性格特征?

文体、流派知识与写作

记 记,是一种散文类的文体,以记叙为主,兼及抒情、议论和描写。所谓"记",实际上是杂记,广义地说,包括所有记事、记物、记人之文,也即南朝梁刘勰《文心雕龙·书记》所言"衣被事体"、"古今多品"之意。明徐师曾《文体明辨》给"记"下的定义是:"记者,所以备不忘也。"清末林纾《春觉斋论文》根据前人的类别划分及创作实际,认为:"勘灾、浚渠、筑塘、修祠宇、纪亭台,当为一类。记琐细奇骇之事,不能入正传者,其名为'书某事',又别为一类。学记则为说理之文,不当归入厅壁。至游拟筋咏之事,又别为一类。综名为记,而体例实非一。"今人褚斌杰《中国古代文体概论》则将记分成四类:台阁名胜记、山水游记、书画杂物记和人事杂记。记文的标题一般是一个具体实物或事件,也是文章的主题所在。单纯描摹实物或记叙事件,文章必定流于刻板乏味,虽某些实用性的体裁有之,但文章高手往往不满足于这样的做法,而在构思,命意上多有波澜起伏的变化。

相关作品

喜雨亭记

〔宋〕苏轼

亭以雨名,志喜也。古者有喜则以名物,示不忘也。周公得禾,以名其书;汉武得鼎,以名其年;叔孙胜狄,以名其子。喜之大小不齐,示其不忘一也。予至扶风之明年,始治官舍。为亭于堂之北,而凿池其南,引流种树,以为休息之所。是岁之春,雨麦于岐山之阳,其占为有年。既而弥月不雨,民方以为忧。越三月,乙卯乃雨,甲子又雨,民以为未足。丁卯大雨,三日乃止。官吏相与庆于庭,商贾相与歌于市,农夫相与抃于野,忧者以乐,病者以愈,而吾亭适成。于是举酒于亭上,以属客而告之,曰:"五日不雨可乎?曰:'五日不雨则无麦。'十日不雨可乎?曰:'十日不雨则无禾。'无麦无禾,岁且荐饥,狱讼繁兴而盗益滋炽。则吾与二三子,虽欲优游以乐于此亭,其可得耶?今天不遗斯民,始旱而赐之以雨,使吾与二三子,得相与优游以乐于此亭者,皆雨之赐也。其又可忘耶?"既以名亭,又从而歌之,曰:"使天而雨珠,寒者不得以为襦;使天而雨玉,饥者不得以为粟。一雨三日,繄谁之力?民曰太守,太守不有。归之天子,天子曰不然。归之造物,造物不自以为功。归之太空,太空冥冥,不可得而名。吾以名吾亭。"

扩展阅读书目

(1)《苏轼选集》,王水照选注,上海古籍出版社 1984 年版。 (2)《苏轼选集》,张志烈、张晓蕾选注,人民文学出版社 2002 年版。 (3)《苏轼选集》,刘乃昌选注,齐鲁书社 2005 年版。 (4)《苏轼文选》,石声淮、唐玲玲选注,上海古籍出版社 1989 年版。 (5)《苏轼散文精选》,王水照、聂安福选注,东方出版中心 1998 年版。 (6)《苏轼散文选集》,崔承运选注,百花文艺出版社 2009 年版。 (7)《苏轼年谱》,孔凡礼撰,中华书局 1998 年版。 (8)《苏轼资料汇编》,四川大学中文系唐宋文学研究室编,中华书局 1994 年版。 (9)《苏东坡传》,林语堂撰,东方出版社 2009 年版。 (10)《苏轼评传》,王水照撰,南京大学出版社 2004 年版。 (11)《苏轼评传》,曾枣庄撰,四川人民出版社 1981 年版。 (12)《漫话东坡》莫砺锋撰,凤凰出版社 2008 年版。

24.　永遇乐

李清照

落日熔金,暮云合璧①,人在何处?染柳烟浓,吹梅笛怨②,春意知几许?元宵佳节,融和天气,次第岂无风雨③?来相召、香车宝马,谢他酒朋诗侣。　　中州盛日④,闺门多暇,记得偏重三五⑤。铺翠冠儿,捻金雪柳⑥,簇带争济楚⑦。如今憔悴,风鬟霜鬓⑧,怕见夜间出去⑨。不如向、帘儿底下,听人笑语。

（《重辑李清照集》,〔宋〕李清照著,黄墨谷辑校,中华书局,2009）

注释

①"落日"二句:熔金:形容落日的余辉像熔解的金子。合璧:形容四周暮云连成一片,如玉块相合。②"染柳"二句:染柳烟浓,指柳树为浓浓的烟霭所笼罩。吹梅笛怨,笛子吹奏出哀怨的《梅花落》曲调。③ 次第:转眼。　④ 中州:本指今河南一带,此专指汴京(今河南开封)。　⑤ 三五:指正月十五元宵节。⑥"铺翠"二句:铺翠冠儿,饰有翠鸟羽毛的帽子。捻金雪柳,妇女的一种装饰物,大约以丝绸或彩纸制成。⑦ 簇带:宋时俗语,即插戴。济楚:整齐。　⑧ 风鬟霜鬓:发鬟散乱,两鬓如霜。　⑨ 怕见:懒得。

作者简介

李清照(1084—1155?),号易安居士,齐州章丘(今属山东济南)人。宋女词人。父亲李格非为当时著名学者,丈夫赵明诚为出色的金石家。早年随父居汴京、洛阳,家境优裕,受过良好的教育。建中靖国元年(1101)与赵明诚成婚。赵明诚在京仕为鸿胪寺少卿,她与丈夫致力于书画金石的搜集整理,其乐融融。丈夫失官后,夫妇俩回到青州,屏居乡里十年。后赵明诚又重新出仕,夫妇俩开始编写《金石录》。金兵入据中原,她避乱到南方,而赵明诚在驰赴建康接受知湖州府的任命时病死。从此她流离失所,艰苦备尝。晚年始定居临安。李清照是中国古代最优秀的女性作家,所为词,南渡前多描写悠闲清雅的闺秀生活,风格清丽明快;南渡后多抒发遭逢乱离的悲苦意绪,某些作品也流露出对中原的怀念,情调低回凄凉。形式上善用白描手法,蹊径独辟,新意自出,却并无刻意雕琢的痕迹。论词强调音律,崇尚雅致,提出词"别是一家"之说。能诗,留存不多,《夏日绝句》等凛凛有生气。原有集,已佚,后人辑有《漱玉词》。今人辑有《李清照集》。

讲解

这首词是作者晚年寓居江南时所作。敏感的词人以弱女子之身,承受国破家亡之痛,饱受颠沛流离之苦,所以,虽然同样是面对热闹的元宵佳节,却是两样的心境:在黄昏落日之中,她自问飘零江南,人在哪里?闻越烟柳而传来的笛曲,她感叹春意还能够消受多少?融和的天气,兴起的是她的风雨之忧。那酒朋诗侣们的宝马香车,除了勾起年轻时中州盛日闺门种种欢娱的惦念,就是映衬她离乱后满目的憔悴和内心的恍惚。于是,她怕了元宵,谢了诗侣,独自咀嚼帘儿底下传来的欢声笑语:用眼前恍然隔世的景,噬食她早已枯竭的心。

词由今而昔,又由昔而今,借今昔盛衰的对比,绘出年少欢娱与老大伤悲的别样心境,几经转换,总是一个愁字绾合着。全词情景交融,感情深沉真挚,以至于南宋末年同样面对国破家亡的词人刘辰翁会"诵李易安《永遇乐》,为之涕下"。

易安居士李氏,赵明诚之妻。《金石录》亦笔削其间。南渡以来,常怀京、洛旧事,晚年赋元宵《永遇乐》词云:"落日熔金,暮云合璧。"已自工致。至于"染柳烟轻,吹梅笛怨,春意知几许?"气象更好。后段云"于今憔悴,风鬟霜鬓,怕见夜间出去。"皆以寻常语度入音律。炼句精巧则易,平淡入调者难。(宋·张端义《贵耳集》)

至如李易安《永遇乐》云:"不如向帘儿底下,听人笑语。"此词亦自不恶,而以俚词歌于坐花醉月之际,似乎击缶韶外,良可叹也。(宋·张炎《词源》)

晚年自南渡后,怀京洛旧事,赋元宵《永遇乐》词云:"落日熔金,暮云合璧。"已自工致。至于"染柳烟浓,吹梅笛怨,春意知几许",气象更好。后叠云:"于今憔悴,风鬟雾鬓,怕见夜间出去。"皆以寻常言语,度入音律。炼句精巧则易,平淡入妙者难。山谷所谓以故为新,以俗为雅者,易安先得之矣。(明·杨慎《词品》)

李易安"落日"、"暮云",虑周而藻密。综述性灵,敷写器象,盖骎骎乎大雅之林矣。(清·谢章铤《赌棋山庄词话》)

此事感怀京洛,须有沉痛语方佳。词中如"如今憔悴,风鬟霜鬓,怕向花间重去。"固是佳语,而上下文皆不称。上云"铺翠冠儿,捻金雪柳,簇带争济楚",下云"不如向帘儿底下,听人笑语",皆太质率,明者自能辨之。(吴梅《词学通论》)

作为全篇的收束:"不如向、帘儿底下,听人笑语。"这一结愈见悲凉。词人一方面耽心面对元宵胜景会触动今昔盛衰之慨,加深内心的痛苦;另一方面却又怀恋着往昔的元宵盛况,想在观赏今夕的繁华中重温旧梦,给沉重的心灵一点慰藉。这种矛盾心理,看来似乎透露出她对生活还有所追恋和向往,但骨子里却蕴含着无限的孤寂悲凉。历史的巨变、人事的沧桑,已经使她再也不敢面对现实的繁华热闹,只能在隔帘笑语声中聊温旧梦。帘外的那个世界,似乎很近,却又离得很远,因为它已经不再属于自己了。(刘学锴《李清照〈永遇乐〉鉴赏》,《唐宋词鉴赏辞典》录)

思考练习题

一、你是如何理解词人"谢他酒朋诗侣"的心境的?
二、词中多处巧妙地使用对比的手法,试举例说说你的体会。

相关知识

易安体 李清照一向被归为古代词婉约派的主要代表之一,影响很大,南宋初侯寘《懒窟词》之《眼儿媚》一阕,下注:"效易安体。"辛弃疾《丑奴儿近》词,则题"博山道中效李易安体"。可知至少在南宋初,已有"易安体"的名称。尽管是婉约风格的词人,李清照的作品却与柳永的浅易明畅、秦观的深婉含蓄、周邦彦的绵密工细、姜夔的清空骚雅都不相同,在宋代自成一大家,世人遂有"易安体"之目。

易安体特点,一是注重并严守声律,揭橥"词别是一家",其词作在声调、格律上无懈可击。二是精于以寻常语句,甚至通俗语句表现优雅的情韵,即便铸造警句也不取雕琢,可谓善尽"化俗为雅"之能事。三时构思有独到的妙处,巧于营造意境,能在日常生活中提炼出令人耳目一新的东西。四是运用白描手法炉火纯青,刻画神妙,堪称圣手。五是身为女性,在书写闺中生活的感受时,较代言式的男性词人更为细腻生动,极其切合词体"要眇宜修"的特征,而这种感受在文学表述上的境界又大大超出于一般闺秀的纤弱单薄。六是其南渡后作品,因身世之感、家国之恨的深深浸染,更趋浑成,由其一己苦难中可以读出人类的普遍苦难,从而具有类似宗教悲悯的兴发感动力。

永遇乐

刘辰翁

余自乙亥上元诵李易安《永遇乐》，为之涕下。今三年矣，每闻此词，辄不自堪。遂依其声，又托之易安自喻。虽辞情不及，而悲苦过之。

璧月初晴，黛云远淡，春事谁主？禁苑娇寒，湖堤倦暖，前度遽如许！香尘暗陌，华灯明昼，长是懒携手去。谁知道、断烟禁夜，满城似愁风雨。　　宣和旧日，临安南渡，芳景犹自如故。缃帙流离，风鬟三五，能赋词最苦。江南无路，鄜州今夜，此苦又谁知否？空相对，残釭无寐，满村社鼓。

永遇乐

十七夜

〔清〕钱谦益

白发盈头，清光照眼，老颠思裂。折简徵歌，酾钱置酒，漫浪从他说。银筝画鼓，翠眉檀板，恰称合欢佳节。隔船窗、暗笑低鬟，一缕歌喉如发。　　生公石上，周遭云树，遮掩一分残阙。天上霓裳，人间桂树，曲调都清切。干戈满地，乌惊鹊绕，一寸此时心折。凭谁把、青天净洗，长留皓月？

永遇乐

舟中感旧

〔清〕徐灿（女）

无恙桃花，依然燕子，春景多别。前度刘郎，重来江令，往事何堪说？逝水残阳，龙归剑杳，多少英雄泪血？千古恨、河山如许，豪华一瞬抛撇。　　白玉楼前，黄金台畔，夜夜只留明月。休笑垂杨，而今金尽，秾李还消歇。世事流云，人生飞絮，都付断猿悲咽。西山在、愁容惨淡，如共人凄切。

永遇乐

登丹凤楼望黄浦怀陈忠愍公，楼在沪城东北女墙上，宋淳熙间立

〔清〕周星誉

放眼东南，苍茫万感，奔赴阑底。斗大孤城，当年曾此，笳鼓屯千骑。劫灰飞尽，怒潮如雪，犹卷

三军痛泪。满江头、阵云团黑,蛟龙敢啮残垒。　　登临狂客,高歌散髪,唤得英魂都起。天意倘教,欲平此虏,肯令将军死?只今回首,笙歌依旧,一片残山剩水。伤心处、青天无语,夕阳千里。

扩展阅读书目

①《李清照集校注》,王仲闻校注,人民文学出版社 1979 年版。　②《李清照集笺注》,徐培均笺注,上海古籍出版社 2002 年版。　③《李清照词新释辑评》,陈祖美撰,中国书店 2003 年版。　④《李清照诗文词选译》,平慧善译注,巴蜀书社 1988 年版。　⑤《李清照诗词选》,孙崇恩选注,人民文学出版社 1994 年版。　⑥《李清照诗词选》,诸葛忆兵选注,中华书局 2005 年版。　⑦《李清照资料汇编》,褚斌杰、孙崇恩、荣宪宾编,中华书局 1984 年版。　⑧《中国历代著名文学家评传·李清照》,唐圭璋、潘君昭撰,江苏教育出版社 1984 年版。　⑨《李清照词鉴赏》,齐鲁书社编,齐鲁书社 1986 年版。　⑩《李清照评传》,陈祖美撰,南京大学出版社 1995 年版。

25. 念奴娇

过洞庭

张孝祥

洞庭青草①,近中秋、更无一点风色②。玉鉴琼田三万顷③,著我扁舟一叶。素月分辉,明河共影④,表里俱澄澈。悠然心会,妙处难与君说。　　应念岭表经年⑤,孤光自照⑥,肝胆皆冰雪⑦。短发萧骚襟袖冷⑧,稳泛沧溟空阔。尽挹西江,细斟北斗,万象为宾客。扣舷独啸,不知今夕何夕!

（《于湖居士文集》,〔宋〕张孝祥著,上海古籍出版社,1980）

注释

① 洞庭青草:洞庭湖与青草湖。青草湖是古湖名,据说此湖逢季节性干涸,便长满青草,故名,也称巴丘湖,位于今洞庭湖东南部,乃湘江所汇,北面有沙洲与洞庭湖隔开,潮涨时两湖便连在一起。　② 风色:即风。元稹《酬乐言长庆四年元日郡斋感怀见寄》:"闲观风色动青旆。"　③ 玉鉴琼田:指洞庭湖明净如玉。鉴,《于湖先生长短句》作"界"。鉴,镜子,　④ 明河:银河,天河。明,《于湖先生长短句》作"银"。　⑤ 岭表经年:指作者在岭南任知静江府事一年多。岭表,原作"岭海",据《绝妙好词》改。岭表、岭海,都指今广东、广西。　⑥ 孤光:指月光。这里"孤"隐含孤高的意思。　⑦"肝胆"句:表示自己襟怀澄澈,与唐人"一片冰心在玉壶"是相近的表现手法。　⑧ 萧骚:指头发萧疏、稀少。襟袖冷:指两袖清风。　⑨"尽挹"三句:以千里长江水为酒,以北斗七星为酒器,邀请宇宙万物为宾客,畅饮一番。挹,《于湖居士长短句》作"挹",舀水;按:《景德传灯录》记马祖答庞居士问佛法,曾以"待汝一口挹尽西江水,既向汝道"之语开示禅机。西江,指长江中下游。斟北斗,反用《诗经·小雅·大东》"维北有斗,不可以挹酒浆"。

作者简介

张孝祥(1132—1170),字安国,号于湖居士,历阳乌江(今安徽和县乌江镇)人。南宋词人、书法家。绍兴二十四年(1154)进士第一。初授镇东军签判,迁秘书省正字。后知平江府。

一、课文精读

101

隆兴二年(1164)入为中书舍人,直学士院。又摄建康留守,因支持张浚北伐被罢职。后知荆南府,兼荆湖北路安抚使,兴水利,筑金堤,有政绩。后因病以显谟阁直学士致仕,退居芜湖,未几辞世。张孝祥善诗文,以苏轼为学习榜样。尤工词,多有以抗金恢复为主题的感怀时事之作,词风清俊豪迈,上承苏轼,下启辛弃疾,是南宋词坛豪放派的代表人物之一。与张元幹一起被今人推为南渡初期词坛双璧。有《于湖居士文集》《于湖先生长短句》。

讲解

张孝祥是南宋著名的爱国词人。这首词作于孝宗乾道二年(公元1166年),当时,他被谗落职,从桂林北归,经过洞庭湖。

有学者说过,所谓豪放,无非是将个体的悲喜放置在宇宙大化之间,足见其微不足道,从而达至宠辱不惊,物我两忘的境界。张孝祥的这首《念奴娇》借洞庭夜月之景,抒发了作者的高洁忠贞和豪迈气概,深得豪放精髓。词的上片侧重描绘物境,描写了中秋月下洞庭湖广阔清静、上下一色的景观,突出写它的澄明清澈。一个"著"字,表达了他如鱼归水般的无比欣喜。"悠然心会,妙处难与君说"传递了诗人体验到的天人合一、物我两忘的美妙境界。下片着重抒情,写自己内心的澄澈。经历岭南(当时是不发达地区)一年的磨练,心胸更为光明磊落。"孤光自照",表现了既不为人所了解,也无须别人了解的孤高心情。"尽挹西江"三句极尽想象之能事,表现了词人超越时空的精神境界和雄伟气魄,把全词感情推向高潮。最后两句"扣舷独啸,不知今夕何夕"收得轻松,又余味无穷。一方面说自己已经完全沉醉,忘记了这是一个什么日子,也忘记了一切富贵功名、荣辱得失。另一方面又回到开头"近中秋"三字所点出的时间上来。首尾呼应,结束全词。

这首中秋词,不仅通过月夜泛舟洞庭,描绘了浩渺开阔的自然景象,更表现了作者超拔高洁,遗世独立的人格魅力。清词家黄蓼园评此词"神采高骞,兴会洋溢"(《蓼园词选》),确乎如此。这首词在情与景的交融上的很有独到之处,天光与水色,物境与心境,昨日与今夕,全都和谐地融会在一起,光明澄澈,给人以美的感受与启迪。

集评

张于湖有英姿奇气,著之湖湘间,未为不遇。洞庭所赋在集中最为杰特。方其吸江酌斗,宾客万象时,讵知世间有紫微青锁哉!(宋·魏了翁《鹤山大全集》)

写景不能绘情,必少佳致。此题咏洞庭,若只就洞庭落想,纵写得壮观,亦觉寡味。此词开首从洞庭说至"玉界琼田三百顷",题已说完,即引入"扁舟一叶"。以下从舟中人心迹与湖光映带写,隐现离合,不可端倪,镜花水月,是二是一。自尔神采高骞,兴会洋溢。(清·黄苏《蓼园词选》)

飘飘有凌云之气,觉东坡《水调》犹有尘心。(清·王闿运《湘绮楼词选》)

此首月夜泛洞庭作。写水光月光,上下澄澈,境极空阔。而胸襟之洒落,气概之轩昂,亦可于境中见之。"洞庭"两句,言湖中无风。"玉鉴"两句,言湖面之广。"素月"三句,言月光映水之美。"悠然"两句,收束上片,言泛舟之适。下片,写月下之感。"应念"三句,言中心之纯洁。"短发"两句,言夜深湖冷。"尽吸"三句,言湖上豪饮。末句,言湖上独啸。通篇景中见情,笔势雄奇。(唐圭璋《唐宋词简释》)

写月、湖、人三者俱冰雪晶莹,表里澄彻,词品、人品,堪与苏轼争雄长。汤衡《张紫微雅词序》说:"自仇池(指苏轼)仙去,能继其轨者,非公其谁与哉!"并不过当。(吴熊和《唐宋词通论》)

思考练习题

一、具体分析这首词的思想意义和物境与心境交融的艺术特色。

二、词论家说张孝祥的词风豪放,上承苏轼,下启辛弃疾,请课外阅读三人有关词作,分析豪放派的词风特征。

相关知识

念奴娇 《念奴娇》词调因唐代天宝年间有著名歌女念奴而得名,定格双调一百字,仄韵,上片十句四十九字四仄韵,下片十句五十一字四仄韵,几种变格句读字数略有出入。另又有平韵体。其别名有《百字令》《酹江月》《大江东去》《壶中天》《湘月》《太平欢》《杏花天》《赤壁词》《淮甸春》《寿南枝》《双翠羽》等。此调宜于抒写豪迈感情。《词谱》以苏轼"凭空眺远"一阕为仄体正格,传世此调名作有苏轼的"大江东去"、李清照的"萧条庭院"、张孝祥的"洞庭青草"、辛弃疾的"野棠花落"、姜夔的"闹红一舸"等阕。

相关作品

念奴娇

中 秋

〔宋〕苏轼

凭高眺远,见长空万里,云无留迹。桂魄飞来光射处,冷浸一天秋碧。玉宇琼楼,乘鸾来去,人在清凉国。江山如画,望中烟树历历。　　我醉拍手狂歌,举杯邀月,对影成三客。起舞徘徊风露下,今夕不知何夕。便欲乘风,翻然归去,何用骑鹏翼。水晶宫里,一声吹断横笛。

念奴娇

〔宋〕黄庭坚

八月十七日,同诸甥步自永安城楼,过张宽夫园待月。偶有名酒,因以金荷酌众客。客有孙彦立,善吹笛。援笔作乐府长短句,文不加点。

断虹霁雨,净秋空、山染修眉新绿。桂影扶疏,谁便道、今夕清辉不足? 万里青天,姮娥何处? 驾此一轮玉。寒光零乱,为谁偏照醽醁?　　年少从我追游,晚凉幽径,绕张园森木。共倒金荷,家万里、难得尊前相属。老子平生,江南江北,最爱临风笛。孙郎微笑,坐来声喷霜竹。

扩展阅读书目

(1)《张孝祥词笺校》,张孝祥著,宛敏灏校,黄山书社1993年版。　(2)《张孝祥诗词选》,张孝祥著,宛新彬、贾忠民选编,黄山书社1986年版。　(3)《张孝祥诗文集》,张孝祥、彭国忠著,黄山书社2001年版。(4)《张孝祥年谱》,韩酉山著,安徽人民出版社1993年版。　(5)《于湖居士文集》四十卷,张孝祥著,上海古籍出版社1980年版。　(6)《张孝祥研究》,黄佩玉著,三联书店(香港)公司1993年版。　(7)《张孝祥资料汇编》,宛新彬著,中华书局2006年版。

26. 摸鱼儿

雁丘词

元好问

乙丑岁①，赴试并州②，道逢捕雁者云："今旦获一雁③，杀之矣。其脱网者悲鸣不能去，竟自投于地而死。"予因买得之，葬之汾水之上④，累石为识⑤，号曰"雁丘"。时同行者多为赋诗，予亦有《雁丘词》，旧所作无宫商⑥，今改定之。

问世间，情是何物，直教生死相许？天南地北双飞客，老翅几回寒暑？欢乐趣，离别苦，就中更有痴儿女。君应有语⑦。渺万里层云，千山暮雪，只影向谁去⑧？　　横汾路⑨，寂寞当年箫鼓。荒烟依旧平楚⑩。招魂楚些何嗟及⑪，山鬼暗啼风雨⑫。天也妒⑬，未信与⑭，莺儿燕子俱黄土。千秋万古。为留待骚人⑮，狂歌痛饮，来访雁丘处。

（《元好问全集》增订本，姚奠中主编，李正民增订，山西古籍出版社，2004）

注释

① 乙丑岁：当为金泰和五年（1205）。　② 并（bīng）州：古州名，即金太原府（治今山西太原）。　③ 旦：早晨。　④ 汾水：水名，源出山西宁武管涔山，至河津汇入黄河，是山西的标志性河流。上：这里表示河流的边侧。　⑤ 累：堆积。识（zhì）：标记。　⑥ 宫商：中国古代五声音阶中的两个音阶，这里代指音律。　⑦ 君：这里指那只"投于地而死"的大雁。　⑧ 向谁去：暗指双雁余下的一只将为被杀的那只殉情而死。　⑨ 横汾路：《汉武故事》载汉武帝巡视河东郡，坐楼船游汾水，与群臣饮宴尽欢，作《秋风辞》，有"横中流兮扬素波"之句。词中就用这个典故。　⑩ 平楚：平野。　⑪ 招魂：古代风俗，人死后作招魂仪式，不使其魂散失无归。也有招生魂（活人的魂）的，则是为了复其精神，延其年寿。《楚辞》有《招魂》篇。楚些：《招魂》篇的句尾语气词用的是楚地风俗表示禁咒的"些"字，与当时通用的"兮"字不同。这里代指招魂的歌词。何嗟及："嗟何及"的倒装。为雁招魂，雁也不能复生，故此嗟叹。　⑫ 山鬼：屈原仿民间祭祀辞所作《九歌》中的一篇，诗中的山鬼是女性山神。啼风雨：《山鬼》有"雷填填兮雨冥冥，猿啾啾兮又夜鸣"之句，写的是哀猿之啼，这里说山鬼"暗啼风雨"，是活用语典。　⑬ 天也妒：这里指老天也对大雁的一往情深怀有妒羡之心。妒，这里意在表现大雁之至情连苍天也为之感动，并非一般意义上的妒嫉。　⑭ 未信与：当连下句一起读，意指大雁身虽死而其情不朽。这里因词调格律的关系而加中标点。　⑮ 骚人：诗人。因屈原的《离骚》是文学史上的伟大诗篇，故后世常以"骚人"代指诗人。

作者简介

元好问（1190—1257），字裕之，号遗山，太原秀容（今山西忻县）人。金文学家。祖出北魏鲜卑族拓跋氏，又是唐诗人元结的后裔。青少年时代师从名儒郝天挺，研读经史，复通百家之学。兴定五年（1221）登进士第，没有参加选官。正大元年（1224）又中博学宏词科，授儒材郎，充国史编修。次年即退居嵩山。后曾任镇平县令等职。正大八年，受诏入都。授尚书省掾、左司都事。蒙古灭金后，守志不再出仕。元好问是金元之际一代文学大家，诗文、词曲、小说、文学批评皆有可观的成就。诗苍劲浑厚，上追杜甫。文典重自然，继武韩、欧。词气雄韵丰，兼豪放、婉约二派之长。散曲数量不多，而名伶能歌。笔记小说亦有佳作。文学批评以《论诗绝句三十首》独步天下，影响深远。有《遗山先生文集》、《遗山乐府》及笔记小说集《续夷坚志》，另编有金诗总集《中州集》（后附《中州乐府》）。

读过新派武侠小说大家金庸所写《神雕侠侣》的人,恐怕没有谁会对为情所困的赤练仙子李莫愁所唱的一曲"问世间情是何物"漠然置之的。大家都喜欢这几句词,但他们或许不知道,这几句词其实出自元好问的《摸鱼儿》。这首词,写的是大雁的痴情,却没有一句不是渗透着人的深情,读来是那么地感人肺腑,排在古今情诗的前十名,一点问题也没有。

词为讴歌雁之至情而作,但词的开头却是震撼人心的一问:能令人生死相许的情(专指男女的爱情),究竟是什么东西? 下面虽拿大雁说事,回到咏雁的主题,但其实是作者自己对情的探解:所谓情是比翼双飞,不管炎凉,长相厮守;是分享欢乐,共担悲苦,近于痴迷;是生死不渝,超越生死,垂之永恒。其中插入一句"君应有语",仿佛在辨听大雁之魂深情的倾诉,情辞摇曳,愈添低徊要眇之致。"双飞"与"只影"的对比,"几回"与"向谁"的呼问,令人感慨万端。下片以汾水之畔往昔箫鼓相随的欢会映衬如今雁死后的凄凉寥落,笔势跌进一层。接着写为雁招魂而不得的惆怅,写雁之至情感动苍天,不会埋没于世。其中"天也妒"三字,是一个极高的评价。苍天本无情,故唐李贺《金铜仙人辞汉歌》有"天若有情天亦老"之句,这里竟说"天也妒",也就是苍天也为之感动,褒扬之意,确已登峰造极。再用"千秋万古"从时间之轴上加力,便更为圆满。最后以诗人凭吊雁丘作结,则是顺水推舟了。

元遗山极称稼轩词,及观遗山词,深于用事,精于炼句,风流蕴藉处,不减周、秦。如《双莲》、《雁丘》等,妙在摹写情意,立意高远。(宋·张炎《乐府指迷》)

遗山二阕(《雁丘词》、《双蕖怨》),绵至之思,一往而深,读之令人低徊欲绝,同时诸公和章,皆不能及。○前(《雁丘词》)云"天也妒",此(《双蕖怨》)云"天已许",真所谓"天若有情天亦老"矣! (清·查慎行《初白庵诗评》附《词综偶评》)

六龙向日悔蹉跎,一炬幽兰感若何? 麝篝城头嘴儿曲,琵琶马上小娘歌。秋风古寺南冠泣,落日横汾北雁过。莫唱唐宫新乐府,贞元朝士已无多。(清·陈逈声《书元好问新乐府后》)

词的开头三句,陡然发问,奇思妙想,破空而来。……赋予雁情以超越自然的意义,想象极为新奇。……围绕开头两句发问,一层一层地写出了一段动人的情事,用事实回答了什么是"至情"。全词情节虽不复杂,而行文却腾挪多变,有大雁生前的欢乐,也有死后的凄苦,前后照应,上下勾联,寓缠绵之情于豪宕之中,寄人生哲理于淡悟之外,清丽质朴,温婉蕴藉,具有很高的艺术价值。(薛祥生《元好问〈摸鱼儿·雁丘词〉鉴赏》,《唐宋词鉴赏辞典》录)

一、古人本不重情,儒家主流讲的是"性善情恶",魏晋时期玄学兴起,一些名士才开始尊情。《世说新语·伤逝》载王戎语云:"圣人忘情,最下不及情;情之所钟,正在我辈。"试联系元好问的这首词,谈谈你对"情"的认识。

二、唐李商隐诗有"春心莫共花争发,一寸相思一寸灰"之句,宋欧阳修有"人生自是有情痴,此恨不关风与月"之句,请再找五到十句古人写情的名句、佳句。

三、下面是元好问的一首词《木兰花慢·游三台》,请找出韵脚,再为其加上标点(可查阅词谱)。

拥岩岩双阙龙虎气郁峥嵘想幕雨珠帘秋香桂树指顾台城台城为谁西望但哀弦凄断似平生只道江山如画争教天地无情风云奔走十年兵惨淡入经营问对酒当歌曹侯墓上何用虚名青青故都乔木怅西陵遗恨几时平安得参军健笔为君重赋芜城

长调 词的篇幅长短不一,差异颇大。前人曾有将词调按照字数多少进行分类的,五十八字以内为小令,五十九至九十字为中调,九十一字以上的为长调。一部分音乐节奏比较舒缓的长调词,又称慢词。常见词调中,押平声韵的《满庭芳》、《水调歌头》、《八声甘州》、《木兰花慢》、《望海潮》、《沁园春》,押仄声韵的《满江红》、《念奴娇》、《水龙吟》、《齐天乐》、《摸鱼儿》、《贺新郎》等均为长调,其分段除了上下两片的,还有三叠的,甚至四叠的。长调最长的是定格二百四十字的《啼莺序》。除《莺啼序》外,康熙钦定《词谱》所载超过二百字的词调只有定格二百十五字的《胜州令》、二百十二字的《戚氏》、二百零三字的《哨遍》三种,一百五十字以上的也不过定格一百五十七字的《宝鼎现》、一百五十九字的《个侬》、一百六十字的《解红慢》、一百六十九字的《穆护砂》、一百七十一字的《三台》五种,这些都不是常用的词调。

摸鱼儿

〔金〕李仁卿

雁双双、止飞汾水,回头生死殊路。天长地久相思债,何似眼前俱去?摧劲羽,倘万一,幽冥却有重逢处。诗翁感遇。把江北江南,风嚌月唉,并付一丘土。　仍为汝,小草幽兰丽句。声声字字酸楚。拍江秋影今何在?□□欲迷烟树。霜魂苦,算犹胜,王嫱青冢真娘墓。凭谁说与?对鸟道长空,龙艘古渡,马耳泪如雨。

摸鱼儿

同遗山赋雁丘

〔金〕杨果

怅年年、雁飞汾水,秋风依旧兰渚。网罗惊破双栖梦,孤影乱翻波素。还碎羽,算古往今来,只有相思苦。朝朝暮暮。想塞北风沙,江南烟月,争忍自来去。　埋恨处,依约并门旧路。一丘寂寞寒雨。世间多少风流事,天也有心相妒。休说与,还却怕、有情多被无情误。一杯会举。待细读悲歌,满倾清泪,为尔酹黄土。

摸鱼儿

〔金〕元好问

泰和中,大名民家小儿女,有以私情不如意赴水者,官为踪迹之,无见也。其后踏藕者得二尸水中，衣服仍可验，其事乃白。是岁此陂荷花开，无不并蒂者。沁水梁国用，时为录事判官，为李用章内翰言如此。此曲以乐府《双蕖怨》命篇。"咀五色之灵芝，香生九窍；咽三危之瑞露，春动七情"，韩偓《香奁集》中自序语。

问莲根、有丝多少，莲心知为谁苦？双花脉脉妖相向，只是旧家儿女。天已许，甚不教、白头生死鸳鸯浦？夕阳无语。算谢客烟中，湘妃江上，未是断肠处。　　香奁梦，好在灵芝瑞露。人间俯仰今古。海枯石烂情缘在，幽恨不埋黄土。相思树，流年度，无端又被西风误。兰舟少住。怕载酒重来，红衣半落，狼藉卧风雨。

迈陂塘

〔金〕李治

大名有男女以私情不遂赴水者，后三日，二尸相携出水滨，是岁陂荷俱并蒂。

为多情、和天也老，不应情遽如许。请君试听双蕖怨，方见此情真处。谁点注？香潋滟、银塘对抹胭脂露。藕丝几缕。伴玉骨春心，金沙晓泪，漠漠瑞红吐。　　连理树，。一样骊山怀古。古今朝暮云雨。六郎夫妇三生梦，幽恨从来艰阻。须念取，共鸳鸯翡翠，照影长相聚。西风不住。恨寂寞芳魂，轻烟北渚。凉月又南浦。

扩展阅读书目

(1)《遗山乐府校注》，赵永源校注，凤凰出版社 2006 年版。　(2)《元好问诗编年校注》，狄宝心校注，中华书局 2011 年版。　(3)《元好问诗文选注》，钟星选注，上海古籍出版社 1990 年版。　(4)《元好问词注析》，姚奠中注析，山西古籍出版社 2001 年版。　(5)《元好问诗词选》，狄宝心选注，中华书局 2005 年版。(6)《元好问传》，郝树侯、杨国勇撰，山西人民出版社 1990 年版。　(7)《元好问诗词研究》，贺新辉撰，中国妇女出版社 1990 年版。　(8)《腹心软寇仇软：元好问传》，刘明浩撰，东方出版社 1999 年版。　(9)《遗山词研究》，赵永源撰，上海古籍出版社 2007 年版。

27.〔南吕〕一枝花①
不伏老

关汉卿

攀出墙朵朵花，折临路枝枝柳②。花攀红蕊嫩，柳折翠条柔。浪子风流。凭着我折柳攀花手，直煞得花残柳败休。半生来折柳攀花，一世里眠花卧柳。

【梁州③】我是个普天下郎君领袖④，盖世界浪子班头⑤。愿朱颜不改常依旧。花中消遣，酒内忘忧。分茶攧竹⑥，打马藏阄⑦。通五音六律滑熟⑧，甚闲愁到我心头？伴的是银筝女银台前理银筝笑倚银屏，伴的是玉天仙携玉手并玉肩同登玉楼，伴的是金钗客歌金缕捧金樽满泛金瓯⑨。你道我老也？暂休，占排场风月功名首⑩，更玲珑又剔透。我是个锦阵花营都帅头⑪，曾玩府游州。

一、课文精读

【隔尾】子弟每是个茅草岗沙土窝初生的兔羔儿乍向围场上走⑫，我是个经笼罩受索网苍翎毛老野鸡蹅踏的阵马儿熟⑬。经了些窝弓冷箭蜡枪头⑭，不曾落人后。恰不道人到中年万事休，我怎肯虚度了春秋？

【尾】我是个蒸不烂煮不熟捶不匾炒不爆响珰珰一粒铜豌豆⑮，恁子弟每谁教你钻入他锄不断斫不下解不开顿不脱慢腾腾千层锦套头⑯。我玩的是梁园月⑰，饮的是东京酒⑱。赏的是洛阳花，攀的是章台柳⑲。我也会围棋会蹴鞠会打围会插科⑳，会歌舞会吹弹会咽作会吟诗会双陆㉑。你便是落了我牙歪了我嘴瘸了我腿折了我手，天赐与我这几般儿歹症候㉒，尚兀自不肯休㉓。则除是阎王亲自唤，神鬼自来勾㉔。三魂归地府㉕，七魄丧冥幽㉖。天哪，那其间才不向烟花路儿上走㉗。

（《全元散曲》，隋树森编，中华书局，1964）

注释

① 南吕：宫调名。杂剧所用宫调主要是五宫四调，即仙吕宫、南吕宫、黄钟宫、正宫、中吕宫、大石调、双调、商调、越调。这里"南吕"是本套散曲全部四支曲子所用的宫调。一枝花：北曲曲牌名，用作【一枝花】套数的第一支曲子。 ② "攀出"二句：指与勾栏、青楼中的娼优结交。朵朵花、枝枝柳，都指娼优。攀，牵拉，抓住。 ③ 梁州：北曲曲牌名，【梁州第七】的简称，用作【一枝花】套数的第二支曲子。 ④ 郎君：元曲中多用作习惯走风月场的青年男子的称呼。 ⑤ 浪子：精于游荡玩乐的风流子弟。班头：班行之首，泛指领袖、第一人。 ⑥ 分茶：宋元时煎茶的技法，注入沸水后用箸搅茶浆，使表面波纹变化出种种形状。陆游《临安春雨初霁》诗："矮纸斜行闲作草，晴窗细乳戏分茶。"颠(diān)竹：古时一种博戏名，颠摇竹筒使筒中掉出一支竹签，根据签上的标志决定胜负。 ⑦ 打马：古时一种博戏名，李清照《打马图经序》："打马世有二种：一种一将十马，谓之关西马；一种无将，二十四马，谓之依经马。流传既久，各有图经。"藏阄(jiū)：古时一种游戏名，据说汉昭帝母钩弋夫人少时手掌拳曲张不开，入宫后汉武帝展其手，得一小钩，后人受此启发创出藏钩之戏。邯郸淳《艺经·藏钩》："义阳腊日饮祭之后，叟妪儿童为藏钩之戏，分为二曹，以交(较)胜负。" ⑧ 五音：中国古代音乐的五声音阶，即宫、商、角、徵、羽。六律：古代十二乐律中的六个阳律，即黄钟、大蔟、姑洗、蕤宾、夷则、无射。 ⑨ "伴的是"三句：意思同开头两句差不多，有如乐曲中旋律的反复进行。银筝女、玉天仙、金钗客都是指娼优。金缕：即唐代杜秋娘善唱的《金缕衣》曲，其词云："劝君莫惜金缕衣，劝君须惜少年时。花开堪折直须折，莫待无花空折枝。"金瓯：酒器的美称。 ⑩ 排场：戏场，舞台。臧懋循《元曲选序》："元以曲取士，设十有二科，而关汉卿辈争挟长技自见，至躬践排场，面傅粉墨，以为我家生活，偶倡优而不辞者，或西晋竹林诸贤托杯酒自放之意。"风月：指亲近娼优的游戏风尘的生活。 ⑪ 锦阵花营：指娼优聚集之所。都帅头：总头领。 ⑫ 子弟每：子弟们，这里特指走风月场的青年男子。每，们。 ⑬ 蹅(chǎ)踏：踩踏。阵马：上阵冲锋的战马，比喻人有冲击力，这里指老练精熟。 ⑭ 窝弓：打猎射兽用的伏弩。冷箭：乘人不备暗中射出的箭。镴枪头：蜡做的枪头，比喻看而不中用的东西。 ⑮ 铜豌豆：风月场中对此道老手的戏称。铜，表示硬朗不好对付；豌豆，圆形之物，表示圆滑有手腕。这里是指性格坚强。 ⑯ 锦套头：锦类织物做的诱捕猎物的套子，这里指外美内狠的圈套。 ⑰ 梁园：即梁苑，也称兔园，即西汉时梁孝王的东苑，是中国古代素负盛名的园林，方三百余里，宫室众多，游赏驰猎，无不如意，一时名士如司马相如、枚乘、邹阳等均延为座上客。故址在今河南开封东南。 ⑱ 东京：东汉国都洛阳，即今河南洛阳。或谓指北宋国都汴梁，即今河南开封。 ⑲ 章台柳：相传唐韩翃有姬妾柳氏，姿色艳丽，安史之乱起，韩翃正归里省亲，而柳氏留居长安，出家为尼。后韩在平卢节度使幕中掌书记，以诗寄柳云："章台柳，章台柳，昔日青青今在否？纵使长条似旧垂，亦应攀折他人手。"章台，汉都长安街名。 ⑳ 蹴(cù)鞠：也作"蹴毱"或"蹴踘"。亦作"蹵踘"。中国古代的一种踢球运动。战国时已流行，《史记》中就有记载。打围：本是古代的一种儿童游戏，宋代骨牌游戏兴起后也用以指称玩骨牌。平步青《霞外攟屑·释谚》："骨牌之戏有曰打围者。"或释为打猎，非。插科：即插科打诨，以滑稽的动作和谐谑的语言作表演引人发笑。 ㉑ 咽作：根据上下文意，当指唱曲。双陆：也称"双鹿"，古代一种博戏。谢肇淛《五杂组·人部二》："双陆，一名握槊……子随骰行，若得双陆，则无不胜

也。……其法以先归宫为胜,亦有任人打子,布满他宫,使之无所归者,谓之'无梁',不成则反负矣。其胜负全在骰子,而行止之间,贵善用之。……《事始》以为陈思王制,不知何据。" ㉒ 歹症候:坏毛病。 ㉓ 兀自:仍然,还是。 ㉔ 勾:谓无常鬼勾魂。 ㉕ 三魂:道教认为人的魂有三个,魄有七个。三魂即爽灵、胎元、幽精。 ㉖ 七魄:道教谓七魄为尸狗、伏矢、雀阴、吞贼、非毒、除秽、臭肺。冥幽:同"冥幽",阴间。 ㉗ 烟花儿路:指走风月场狎昵娼优的生活。

作者简介

关汉卿(约1230—约1310),号己斋叟、已斋、一斋,字汉卿,以字行,名不详,大都(今北京)人。元戏曲家、散曲家。生平事迹文献记载甚少,据元后辈戏曲家钟嗣成记录已去世戏曲家事迹的《录鬼簿》所载,关汉卿做过太医院尹(一作"太医院户"),因金元时期职官无太医院尹之名,而医户则是当时户籍之一,故有学者认为他的身份很可能就是一位医生。又据元末朱经记录元代歌妓女伶事迹的《青楼集》所载,关汉卿是"金之遗民(按:指其生于金末)","不屑仕进"。明臧懋循在所编《元曲选》的序中,称关汉卿"躬践排场,面敷粉墨,以为我家生活,偶倡优而不辞"。他与戏曲家白朴等组织玉京书会,一生倾力于杂剧创作,与勾栏瓦舍的伶人有深挚的交谊。与白朴、马致远、郑光祖有"元曲四大家"之称。所作杂剧内容丰厚,富有现实意义。艺术上善于安排戏剧冲突,结构紧凑,形象鲜明,语言生动,风格本色当行。又工散曲,是元散曲本色派的重要一员。作有杂剧六十余种,今存《窦娥冤》《望江亭》《救风尘》《单刀会》等十八种,散曲今存小令四十一首,套数十三套。今人辑有《关汉卿集》。

讲解

元代蒙古贵族掌握国家政权,民族尊卑分等次,社会行业也有等次,据说诗礼传家的读书人,其"九儒"的地位乃在"八娼"与"十丐"之间,影响下及现当代,遂使知识分子亦有"臭老九"之称。加上几十年没开科举考试,士人仕进之路完全堵塞,擅长传统诗文似乎也意义不大,于是许多有才华的失意文人趋近市民阶层,乘着杂剧、散曲的兴盛,与伶人相契,为他们编撰词曲,成为一代"书会才人"。元曲大家关汉卿就是这一批文人中最具典型性的。在这首套曲中,作者借好为狭邪游的浮浪子弟貌似自嘲的声口,抒发了与世相忤的叛逆意气,展现了孤傲不驯的独立精神,具有鲜明的个性印记。全曲由四支曲子联缀而成,每支曲子各有重点,根据中心思想联系起来,层层深入地表现出主题。

第一支曲子【一枝花】反复渲染自己的生活就是"眠花卧柳",津津乐道的口吻,不免令人称奇。第二首曲子【梁州第七】进一步声称做"锦阵花营"的"浪子班头"就是自己的人生快事,更以精通各种游艺博戏自诩,这种特定的人物形象既是关汉卿个人生涯的夸张表述,更可视为以他代表的一批元代下层文人的重点突出的共同形象。"你道我老也?暂休",直接切合了"不伏老"的题旨。第三支曲子【隔尾】,是固定安排在【尾声】前的一个曲牌,继续述说"不伏老"的心情,表示虽然"人到中年",但"怎肯虚度了春秋"。从这里的几句曲词,可以看出作者惯经人生波折,冷对种种鬼蜮伎俩,个性早已完全成熟,意志更是十分坚定。第四支曲子【尾】,系【尾声】曲牌的简称,是全套的最后一支曲子。这支曲子可以说是作品最有意义的一段,作者把自己比喻成"响珰珰一粒铜豌豆",前面再加上"蒸不烂煮不熟捶不匾炒不爆"等一连串泼辣硬朗的衬字,更突出一个"不伏老"的"浪子班头"的坚韧刚强、成熟老到,把无所顾忌的"不伏老"题旨抒发推向登峰造极之境。

这套散曲的艺术特色十分鲜明,酣畅淋漓、气势逼人的第一人称直截倾诉,反复渲染、通俗易入、活泼生鲜的语句,比喻巧妙、排偶繁富、衬字爽脆的修辞,都予人极其深刻的印象,不愧元散曲本色派的杰作。

109

一、课文精读

需要说明的是,作者在此所标榜的"眠花卧柳"、"烟花路儿",具有特定时代背景下的象征性意义,旨在展现处于黑暗社会下层的文人的铮铮傲骨,切勿只从字面上去理解,否则真把这首套曲当成狭斜游指南,那就大错特错了。

集评

　　这套曲子用了一些与妓院、狎客有关的词语,并且一开头就用"折柳攀花"、"眠花卧柳"来形容"我"这个"浪子"的"风流",容易带来消极影响。但只要结合特定的历史环境认真分析,就决不会以此为根据而否定这篇作品的审美价值。第一,这篇作品通过"我"概括了以作者本人为代表的"书会才人"们的某些性格特征。他们是出入于勾栏行院,与杂剧演员相结合的市民化了的下层知识分子,其思想作风,已经与正统儒者背道而驰。第二,尽情地夸赞封建统治阶级所讳言、所禁止的东西,具有以惊世骇俗的形式反对黑暗统治的意义。第三,紧承"人到中年"仍不肯"虚度春秋"的最后一支曲子,突出地表现了"不伏老",而"不伏老"的具体内容,则是不肯放弃那些"歹症候"。稍加分析,便发现在作者罗列的"歹症候"中,有许多并不"歹",而且诸如"插科"、"歌舞"、"吹弹"、"吟诗"等等,都与创作杂剧和演出杂剧有关。把这一切都冠以"歹"字,说明连创作杂剧和演出杂剧都受到来自统治者的诽谤和打击。你说"歹",我也不妨借用你的"歹",这里饱含着作者的愤激之情。任你诬蔑为"歹症候","我"这"症候"是"天赐"的,"我""兀自不肯休",甚至不惜以"落了我牙、歪了我嘴、瘸了我腿、折了我手"为代价,其反抗性何等强烈!(霍松林《关汉卿〈一枝花·不伏老〉鉴赏》,《元曲鉴赏辞典》录)

思考练习题

　　一、在《不伏老》套曲中,关汉卿以"浪子班头"自居,其形象是不是完全写实的? 有没有象征性意义? 表达的是怎样的思想感情?
　　二、在这套散曲中,关汉卿是怎样描写主人公的狂放不羁的性格的?
　　三、这套散曲在写作手法上有什么特色?

扩展阅读书目

　　(1)《关汉卿全集》,吴国钦编校,广东高等教育出版社 1988 年版。 (2)《关汉卿集》,马欣来校编,山西人民出版社 1996 年版。 (3)《汇校详注关汉卿集》,蓝立萱校注,中华书局 2006 年版。 (4)《元明散曲集刊:关汉卿散曲集》,李汉秋、周维培编校,上海古籍出版社 1990 年版。 (5)《关汉卿作品赏析集》,霍松林编,巴蜀书社 1990 年版。 (6)《关汉卿选集》,康保成、李树玲选注,人民文学出版社 1998 年版。(7)《关汉卿杂剧选译》,黄仕忠选译,巴蜀书社 1991 年版。 (8)《关汉卿名剧赏析》,李汉秋赏析,安徽文艺出版社 1986 年版。 (9)《关汉卿戏曲选评》,翁敏华选评,上海古籍出版社 2002 年版。 (10)《关汉卿研究资料》,李汉秋、袁有芬编,上海古籍出版社 1988 年版。 (11)《关汉卿评传》,李占鹏撰,南京大学出版社 2000 年版。 (12)《关汉卿白朴马致远三家散曲之比较研究》,马显慈撰,中华书局 2004 年版。(13)《关汉卿名剧赏论》,李汉秋、李韵撰,上海交通大学出版社 2010 年版。

28.　徐文长传①

袁宏道

　　余一夕坐陶太史楼②,随意抽架上书,得《阙编》诗一帙③,恶楮毛书④,烟煤败黑⑤,微有字形。稍就灯间读之,读未数首,不觉惊跃,急呼周望:"《阙编》何人作者,今邪古邪?"周望曰:"此余乡徐文长先生书也。"两人跃起，灯影下读复叫，叫复读，僮仆睡者皆惊起。盖不佞生三十年⑥，而始知海内有文长先生，嘻，是何相识之晚也！因以所闻于越人士者，略为次第⑦，为徐文长传。

徐渭，字文长，为山阴诸生⑧，声名藉甚。薛公蕙校越时⑨，奇其才，有国士之目。然数奇⑩，屡试辄蹶⑪。中丞胡公宗宪闻之⑫，客诸幕⑬。文长每见，则葛衣乌巾，纵谈天下事，胡公大喜。是时公督数边兵，威振东南，介胄之士⑭，膝语蛇行⑮，不敢举头，而文长以部下一诸生傲之，议者方之刘真长、杜少陵云⑯。会得白鹿，属文长作表。表上，永陵喜⑰。公以是益奇之，一切疏记，皆出其手。

文长自负才略，好奇计，谈兵多中，视一世士无可当意者，然竟不偶⑱。文长既已不得志于有司⑲，遂乃放浪曲蘖⑳，恣情山水，走齐鲁燕赵之地，穷览朔漠。其所见山奔海立，沙起云行，风鸣树偃，幽谷大都，人物鱼鸟，一切可惊可愕之状，一一皆达之于诗。其胸中又有勃然不可磨灭之气，英雄失路、托足无门之悲。故其为诗，如嗔如笑，如水鸣峡，如种出土，如寡妇之夜哭，羁人之寒起；虽其体格时有卑者，然匠心独出，有王者气㉑，非彼巾帼而事人者所敢望也㉒。文有卓识，气沉而法严，不以模拟损才，不以议论伤格，韩曾之流亚也㉓。文长既雅不与时调合㉔，当时所谓骚坛主盟者，文长皆叱而奴之㉕，故其名不出于越。悲夫！喜作书，笔意奔放如其诗，苍劲中姿媚跃出，欧阳公所谓"妖韶女老，自有余态"者也㉖。间以其余㉗，旁溢为花鸟，皆超逸有致。卒以疑杀其继室㉘，下狱论死。张太史元汴力解㉙，乃得出。

晚年愤益深，佯狂益甚，显者至门，或拒不纳。时携钱至酒肆，呼下隶与饮。或自持斧击破其头，血流被面，头骨皆折，揉之有声。或以利锥锥其两耳，深入寸余，竟不得死。周望言晚岁诗文益奇，无刻本，集藏于家。余同年有官越者㉚，托以钞录，今未至。余所见者，《徐文长集》《阙编》二种而已。然文长竟以不得志于时，抱愤而卒。

石公曰㉛：先生数奇不已，遂为狂疾；狂疾不已，遂为圄圉㉜。古今文人牢骚困苦，未有若先生者也。虽然，胡公间世豪杰㉝，永陵英主；幕中礼数异等，是胡公知有先生矣；表上，人主悦㉞，是人主知有先生矣。独身未贵耳。先生诗文崛起，一扫近代芜秽之习，百世而下，自有定论，胡为不遇哉？梅客生尝寄余书曰㉟："文长吾老友，病奇于人，人奇于诗。"余谓文长无之而不奇者也㊱。无之而不奇，斯无之而不奇也㊲，悲夫！

（《袁宏道集笺校》，〔明〕袁宏道著，钱伯城笺校，上海古籍出版社，1981）

注释

① 徐文长：即徐渭（1521—1593），初字文清，后改字文长，号天池山人、青藤道士。浙江山阴（今绍兴）人。明书画家、文学家。二十岁为诸生，后屡试不第。一生命运坎坷。诗文书画奇肆纵恣，不拘成法。有《徐文长三集》等。　② 一夕：指万历二十五年（1597）三月作者游绍兴时的一个晚上。陶太史：指陶望龄（1562—1609），字周望，号石篑，浙江会稽（今绍兴）人。明诗文家。万历十七年（1589）进士，授翰林院编修，官至国子监祭酒。有《歇庵集》。明代称翰林为太史。　③《阙编》：徐渭诗文集之一种。帙：书册。　④ 恶楮毛书：纸质低劣，刻写粗糙。　⑤ 烟煤败黑：指刷印书籍的墨质量差。　⑥ 不佞：自称的谦词　⑦ 次第：依次编写。　⑧ 诸生：明清指经过各级考试进入府、州、县学的学生，有增生、附生、廪生等名目，统称诸生。俗称秀才。　⑨ 薛公蕙：薛蕙（1489—1541），字君采，号西原，亳州（今属安徽）人。明诗文家。正德九年（1514）进士，授刑部主事，官至吏部郎中。有《考功集》。校越：指主持绍兴府的地方考试。　⑩ 数奇(jī)：命运乖舛。　⑪ 蹶：失败。　⑫ 中丞：明清称巡抚为中丞。胡公宗宪：胡宗宪（？—1565），字汝贞，绩溪（今属安徽）人。嘉靖十七年（1358）进士，嘉靖三十四年任浙江巡抚，总督军务，全力抗倭。但同时也结交权相严嵩，严嵩倒台后，下狱死。　⑬ 诸：之于。幕：本指将帅在外的营帐，后世也称衙署为幕府，辅佐将帅的各种官僚称幕宾、幕僚。　⑭ 介胄之士：披甲戴盔之士，指武将。　⑮ 膝语蛇行：跪着说话，匍匐前行，形容极其恭敬惶恐。膝、蛇，名词作状语。　⑯ 刘真长：刘惔，字真长，东晋时著名的清谈家，曾为简文帝幕中上宾。

111

杜少陵：即杜甫，号少陵野老，曾为剑南节度使严武的幕僚。　⑰ 永陵：明世宗朱厚熜的陵墓，此处代指明世宗。古代常以皇帝的陵墓名指代皇帝。　⑱ 不偶：失意不遇。　⑲ 有司：主管专门事务的官员。　⑳ 曲蘖（niè）：酿酒用的剂，即酒曲，代指酒。　㉑ 王者气：指有诗国之王的气派。　㉒ 巾帼：代指妇女。巾，头巾。帼，妇女覆在头发上的巾。此处名词用如动词，作状语的一部分，意思是像戴巾帼的柔弱女子那样。　㉓ 韩曾：指唐朝的韩愈和宋朝的曾巩，皆为古文大家。流亚：指同一类的人物。　㉔ 雅：素来，向来。　㉕ 奴：意动用法，以……为奴。　㉖ 欧阳公：指欧阳修。"妖韶女老，自有余态"：欧阳修《水谷夜行寄子美圣俞》有句云："譬如妖韶女，老自有余态。"用来形容梅尧臣的诗歌风韵。　㉗ 间：间或，有时。余：余力。　㉘ 卒：最终。继室：续娶的妻子。　㉙ 张太史汝霖：张元汴（1538—1588），字子荩，号阳和，浙江山阴（今绍兴）人。隆庆五年（1571）廷试第一，授翰林院修撰，故称太史。迁左谕德。卒谥文恭。　㉚ 同年：科举考试中同科考中的人互称同年。　㉛ 石公：作者的号。　㉜ 图圄：牢狱。　㉝ 间世：隔世。意为杰出的人物隔一代才会出现。世，古以三十年为一世。　㉞ 人主：君主，帝王。　㉟ 梅客生：梅国桢，字客生，湖广麻城（今属湖北）人。万历进士，官至兵部右侍郎。　㊱ 之：往。奇：奇特。　㊲ "无之"二句：无往而不奇特，这就会无往而不数奇了。前一个"奇"音qí，解为奇特，奇异，后一个"奇"，音jī，乃"数奇"之奇，即命不好、倒霉。

作者简介

　　袁宏道（1568—1610），字中郎，号石公。湖广公安（今属湖北）人。明文学家。万历二十年（1592）进士，选吴县知县。不久解官归。起授顺天教授，历国子助教、礼部主事等，官至吏部稽勋司郎中。与兄宗道、弟中郎并称"三袁"，是公安派的创始者和领袖。诗文兼擅，在三袁中成就最高。袁宏道在思想上受李贽的影响，对"后七子"李攀龙等人的复古主张和诗坛的摹拟的风气深表不满，主张"独抒性灵，不拘格套"。他还重视小说、戏曲和民歌的地位，甚至认为《水浒传》的地位要高于《六经》和《史记》。因而，他的文学观体现了晚明思想和个性解放的时代要求。他的诗歌，多写闲情逸致，也有对于国事民生的忧虑，也不乏对于传统价值观的怀疑；语言方面，主张"信心而出，信口而谈"，造语不避俗，不求雅，浅易率直，却常常体现出新意。他成就最大的是小品文，无论游记，还是书信、传记等，都很好地体现了他对于性灵以及"韵"和"趣"的追求，不拘格套，收放自如，空灵秀逸，清新洒脱。有《袁中郎全集》。

讲解

　　袁宏道的这篇传记，借鉴了《史记》以事传人的笔法，颇有一点游侠与刺客列传的神韵，但是又独具魅力。他抓住了主人公"奇"的特点，刻画了徐渭的多个生活侧面。起首一段，作者绘声绘形描写了他和陶望龄灯下快读徐渭诗集的图景，一下子就把徐渭诗歌的艺术魅力烘托出来了。这种入题的笔法，既抓住了读者，又交代了作传的缘由。接下来，作者简笔勾勒了徐渭清高傲岸、平视公侯、放浪壮游的性情行事之奇，奔放纵恣与超逸妍丽兼具的诗文之奇，以斧锥自戕的狂疾之奇。结尾部分，作者满怀沉痛地总结道："余谓文长无之而不奇者也。无之而不奇，斯无之而不奇也。"徐渭的奇，正是导致他"数奇"的原因。具有叛逆思想，不肯与世浮沉的天才人物，常常落得这样的结局。李贽如此，徐渭也是如此。从他们多舛的命运不难看出，个体的觉醒与社会主流思想之间仍然存在着激烈的冲突。这样的冲突，不仅存在于晚明，也存在于许多其他的时代。

　　写奇人，要用奇笔，尤其是"葛衣乌巾，纵谈天下事"以及以斧锥自戕两节，最能刻画出徐渭睥睨一世的奇士风貌。作者行文时，浸透了自身仰慕钦敬的强烈感情，交错运用了散句和整句，精悍传神，顿挫疏宕，骨力劲健。

不群之致。中郎之传文长,伯敬之传白云,皆能不蔽人于没者也。使其生得之,当何如哉! 传中亦多悲愤语不欲竟之象。摹其品,衡其诗,俱千秋定案。(明·陆云龙《翠娱阁袁宏道文选》)

文长讥评王、李,其持论迥异时流。文长殁,王李之焰益炽,无过而问焉者。后三十余年,楚人袁中郎游越中,得其残帙,示陶祭酒周望,相与激赏,谓嘉靖以来第一人。几因是盛传于世。微中郎,世岂复有文长! 周望作文长传谓中郎徐氏之桓谭,讵不信夫! (清·钱谦益《列朝诗集小传》)

以"奇"字作骨,而重惜其不得志。悲壮淋漓,文如其人。且令天下后世负才不遇者读之,一齐下泪。(清·林云铭《古文析义》)

自来奇人,必有奇事奇文;无奇事奇文,何以为奇人? 然奇事奇文,必有奇穷;若无奇穷,何以成奇事奇文? 文长之为人奇穷矣,而文与事皆奇。故此传之文,即以"奇"字为骨,且末段用"石公曰"三字,俨然史笔,尤为大奇。然非是文,不足以表是人也。(清·李扶九《古文笔法百篇》)

文长"不与时调合",对"当时所谓骚坛主盟者""皆叱而奴之",又与作者排击七子同一立场。张扬其才而首推诗文,正是二者才合上的契合点。文长傲视权贵、孤行癖举种种狂的本质,在于以坚守个性构成对封建礼法的反叛。作者也是大力揄扬个性解放,呼唤纯真自然的人生,反对虚伪的纲常,亦曾有过程度不同的放浪形骸的疏狂,这又是二者在人奇上的契合点。对这样一位志同道合者,作者惜才,悲人,抒愤,其深层机心,乃在为同道也就是自己一派张目,这才是"为什么"这一问题的全部答案。知道了这一层才会最终懂得"写什么"和"怎样写"的根本原因,也才能体会到文章之所以写得如此声色动人的原委。同情、悲悯、愤恨溢于楮墨,皆在于心会神交的情感契合。(魏中林《袁宏道〈徐文长传〉鉴赏》,《古文鉴赏辞典》录)

一、有人说本文"以'奇'字作骨",你对此有何看法?

二、文章结尾处写道:"无之而不奇,斯无之而不奇也。"你如何理解这句话? 请另举一例加以说明。

三、将下面几句译成现代汉语:

1. 其所见山奔海立,沙起云行,风鸣树偃,幽谷大都,人物鱼鸟,一切可惊可愕之状,一一皆达之于诗。

2. 文长自负才略,好奇计,谈兵多中,视一世士无可当意者,然竟不偶。

3. 余谓文长无之而不奇者也。无之而不奇,斯无之而不奇也,悲夫!

传 作为文体的传,在古代有四种意思。

一是解释经典(由官方规定的儒家经典,如"五经"、"九经"、"十三经")原文的文字,古籍分类中属经部。这里"传"是解释的意思,常与注合称"传注",如《春秋》三传:《公羊传》、《谷梁传》、《左传》。二是史书中专卷收入的实有其人的人物传记,古籍分类属史部。汉代司马迁《史记》创设"列传"体,有专传、合传、附传、类传,编排在一起,成为后来各类史书传记之祖,传末多有赞,以作总评。三是文人写作的单篇传记,有小传、别传、外传、自传、家传等名目,通常收在个人文集中,古籍分类属集部。其中有些传主是虚构的,带有寓言色彩,作者意在借此抒发某些感想、说明某种观点,甚或加入议论性文字,如阮籍的《大人先生传》;唐代传奇小说有一部分是虚构性的人物传记,则又另是一类。此外,记录人物名字、年里、仕履等的行状,与传合称"传状";叙述人物一生事迹的墓碑文,与"传"合称"碑传",也都属于传记文。四是文人用拟人手法写的传,描写对象不是人,而是物,作者赋予物以人的性格,以抒情志感,表现意图与虚构人物的传相似,如韩愈的《毛颖传》,从叙事虚构文学的角度看,这其实可视为短篇小说。五是在史实基础上进行艺术加工,甚或完全虚构的长篇叙事文学作品,通常是章回体小说,如《水浒传》、《英烈传》之类,这类小说意义的"传",是后起的概念。

传记文为人物立传,多采取叙事、记言以及侧面烘托等文学手法对人物生平进行真实、详细的描述,展示人物的生平风貌。

公安派　公安派是指明代后期以袁宏道、袁宗道、袁中道三人为代表,还包括陶望龄、江盈科等成员的一个文学流派。三袁是湖广公安(今属湖北)人,故得名。这一流派反对"后七子"李攀龙等人的复古、拟古主张,继承了李贽童心说、徐渭贵真我的思想,主张文与时变,要"独抒性灵,不拘格套,非从自己胸臆流出,不肯下笔",追求雅俗共赏,富于趣味。所以公安派的散文小品,多题材不拘,清新可喜,富有清韵,长于抒写个人性灵怀抱而不落俗套。虽然也有题材较狭、内容较浅的不足之处,却独具面貌,甚至对现代散文的创作也有一定影响。

相关作品

虎丘记

〔明〕袁宏道

虎丘去城可七八里,其山无高岩邃壑,独以近城故,箫鼓楼船无日无之。凡月之夜,花之晨,雪之夕,游人往来,纷错如织,而中秋为尤胜。每至是日,倾城阖户,连臂而至。衣冠士女,下迨蔀屋,莫不靓妆丽服,重茵累席,置酒交衢间。从千人石上至山门,栉比如鳞,檀板丘积,樽罍云泻。远而望之,如雁落平沙,霞铺江上,雷辊电霍,无得而状。

布席之初,呕者千百,声若聚蚊,不可辨识。分曹部署,竞以歌喉相斗,雅俗既陈,妍媸自别。未几而摇头顿足者,得数十人而已。已而明月浮空,石光如练,一切瓦釜,寂然停声,属而和者,才三四辈。一箫,一寸管,一人缓板而歌,竹肉相发,清声亮彻,听者魂销。比至夜深,月影横斜,荇藻凌乱,则箫板亦不复用。一夫登场,四座屏息,音若细发,响彻云际,每度一字,几尽一刻,飞鸟为之徘徊,壮士听而下泪矣。

剑泉深不可测,飞岩如削。千顷云得天池诸山作案,峦壑竞秀,最可觞客。但过午则日光射人,不堪久坐耳。文昌阁亦佳,晚树尤可观。面北为平远堂旧址,空旷无际,仅虞山一点在望。堂废已久,余与江进之谋所以复之,欲祠韦苏州、白乐天诸公于其中;而病寻作,余既乞归,恐进之亦兴阑矣。山川兴废,信有时哉!

吏吴两载,登虎丘者六。最后与江进之、方子公同登,迟月生公石上,歌者闻令来,皆避匿去。余因谓进之曰:"甚矣,乌纱之横,皂隶之俗哉!他日去官,有不听曲此石上者,如月!"今余幸得解官称吴客矣,虎丘之月,不知尚识余言否耶?

与丘长孺书

〔明〕袁宏道

闻长孺病甚,念念。若长孺死,东南风雅尽矣,能无念耶?

弟作令备极丑态,不可名状。大约遇上官则奴,候过客则妓,治钱谷则仓老人,谕百姓则保山婆。一日之间,百暖百寒,乍阴乍阳,人间恶趣,令一身尝尽矣。苦哉!毒哉!

家弟秋间欲过吴。虽过吴,亦只好冷坐衙斋,看诗读书,不得如往时,携猢狲登虎丘山故事也。

近日游兴发不?茂苑主人虽无钱可赠客子,然尚有酒可醉,茶可饮,太湖一勺水可游,洞庭一块石可登,不大落寞也。如何?

扩展阅读书目

(1)《袁宏道集》,赵伯陶编注,凤凰出版社 2009 年版。 (2)《公安三袁选集》,吴调公主编,湖北人民出版社 1988 年版。 (3)《三袁诗文选注》,李茂肃选注,上海古籍出版社 1988 年版。 (4)《中国文学研究(第一辑)·袁宏道年谱》,沈维藩撰,江西教育出版社 1999 年版。 (5)《袁宏道评传》,周群撰,南京大学出版社 1999 年版。 (6)《公安派研究》,钟林斌撰,辽宁大学出版社 2001 年版。 (7)《公安派文化阐释》,易闻晓撰,齐鲁书社 2003 年版。

29. 宝玉挨打

曹雪芹

原来宝玉会过雨村回来听见了①,便知金钏儿含羞赌气自尽②,心中早又五内摧伤,进来被王夫人数落教训③,也无可回说。见宝钗进来④,方得便出来,茫然不知何往,背着手,低头一面感叹,一面慢慢的走着,信步来至厅上。刚转过屏门,不想对面来了一人正往里走,可巧儿童了个满怀。只听那人喝了一声"站住!"宝玉唬了一跳,抬头一看,不是别人,却是他父亲,不觉的倒抽了一口气,只得垂手一旁站着。贾政道:"好端端的,你垂头丧气喵些什么?方才雨村来了要见你,叫你那半天你才出来;既出来了,全无一点慷慨挥洒谈吐,仍是葳葳蕤蕤萎靡不振⑤。我看你脸上一团思欲愁闷气色,这会子又咳声叹气。你那些还不足,还不自在?无故这样,却是为何?"宝玉素日虽是口角伶俐,只是此时一心总为金钏儿感伤,恨不得此时也身亡命殒,跟了金钏儿去。如今见了他父亲说这些话,究竟不曾听见,只是怔呵呵的站着。

贾政见他惶悚,应对不似往日,原本无气的,这一三分气。方欲说话,忽有回事人来回:"忠顺亲王府里有人来,要见老爷。"贾政听了,心下疑惑,暗暗思忖道:"素日并不和忠顺府来往,为什么今日打发人来?"一面想,一面令"快请",急走出来看时,却是忠顺府长史官⑥,忙接进厅上坐了献茶。未及叙谈,那长史官先就说道:"下官此来,并非擅造潭府⑦,皆因奉王命而来,有一件事相求。看王爷面上,敢烦老大人作主,不但王爷知情,且连下官辈亦感谢不尽。"贾政听了这话,抓不住头脑,忙陪笑起身问道:"大人既奉王命而来,不知有何见谕,望大人宣明,学生好遵谕承办。"那长史官便冷笑道:"也不必承办,只用大人一句话就完了。我们府里有一个做小旦的琪官⑧,一向好好在府里,如今竟三五日不见回去,各处去找,又摸不着他的道路,因此各处访察。这一城内,十停人倒有八停人都说⑨,他近日和衔玉的那位令郎相与甚厚。下官辈等听了,尊府不比别家,可以擅入索取,因此启明王爷。王爷亦云:'若是别的戏子呢,一百个也罢了,只是这琪官随机应答,谨慎老诚,甚合我老人家的心,竟断断少不得此人。'故此求老大人转谕令郎,请将琪官放回,一则可慰王爷谆谆奉恩,二则下官辈也可免操劳求觅之苦。"说毕,忙打一躬。

贾政听了这话,又惊又气,即命唤宝玉来。宝玉也不知是何原故,忙赶来时,贾政便问:"该死的奴才!你在家不读书也罢了,怎么又做出这些无法无天的事来!那琪官现是忠顺王爷驾前承

一、课文精读

奉的人，你是何等草芥，无故引逗他出来，如今祸及于我。"宝玉听了唬了一跳，忙回道："实在不知此事。究竟连'琪官'两个字不知为何物，岂更又加'引逗'二字！"说着便哭了。贾政未及开言，只见那长史官冷笑道："公子也不必掩饰。或隐藏在家，或知其下落，早说了出来，我们也少受些辛苦，岂不念公子之德？"宝玉连说不知，"恐是讹传，也未见得"。那长史官冷笑道："现有据证，何必还赖？必定当着老大人说了出来，公子岂不吃亏？既云不知此人，那红汗巾子怎么到了公子腰里？"宝玉听了这话，不觉轰去魂魄，目瞪口呆，心下自思："这话他如何得知！他既连这样机密事都知道了，大约别的瞒他不过，不如打发他去了，免的再说出别的事来。"因说道："大人既知他的底细，如何连他置买房舍这样大事倒不晓得了？听得说他如今在东郊离城二十里有个什么紫檀堡，他在那里置了几亩田地几间房舍。想是在那里也未可知。"那长史官听了，笑道："这样说，一定是在那里。我且去找一回，若有了便罢，若没有，还要来请教。"说着，便忙忙的走了。

贾政此时气的目瞪口歪，一面送那长史官，一面回头命宝玉"不许动！回来有话问你"，一直送那官员去了。才回身，忽见贾环带着几个小厮一阵乱跑⑩。贾政喝令小厮："快打，快打！"贾环见了他父亲，唬的骨软筋酥，忙低头站住。贾政便问："你跑什么？带着你的那些人都不管你，不知往那里逛去，由你野马一般！"喝令叫跟上学的人来。贾环见他父亲盛怒，便乘机说道："方才原不曾跑，只因从那井边一过，那井里淹死了一个丫头，我看见人头这样大，身子这样粗，泡的实在可怕，所以才赶着跑了过来。"贾政听了惊疑，问道："好端端的，谁去跳井？我家从无这样事情，自祖宗以来，皆是宽柔以待下人。——大约我近年于家务疏懒，自然执事人操克夺之权⑪，致使生出这暴殄轻生的祸患⑫。若外人知道，祖宗颜面何在！"喝令快叫贾琏、赖大、来兴⑬。小厮们答应了一声，方欲叫去，贾环忙上前拉住贾政的袍襟，贴膝跪下道："父亲不用生气。此事除太太房里的人，别人一点也不知道。我听见我母亲说……"说到这里，便回头四顾一看。贾政知意，将眼一看众小厮，小厮们明白，都往两边后面退去。贾环便悄悄说道："我母亲告诉我说，宝玉哥哥前日在太太屋里，拉着太太的丫头金钏儿强奸不遂，打了一顿。那金钏儿便赌气投井死了。"

话未说完，把个贾政气的面如金纸，大喝："快拿宝玉来！"一面说，一面便往里边书房里去，喝令"今日再有人劝我，我把这冠带家私一应交与他与宝玉过去⑭！我免不得做个罪人，把这几根烦恼鬓毛剃去，寻个干净去处自了⑮，也免得上辱先人下生逆子之罪。"众门客仆从见贾政这个形景，便知又是为宝玉了，一个个都是咬指咬舌，连忙退出。那贾政喘吁吁直挺挺坐在椅子上，满面泪痕，一叠声"拿宝玉！拿大棍！拿索子捆上！把各门都关上！有人传信往里头去，立刻打死！"众小厮们只得齐声答应，有几个来找宝玉。

那宝玉听见贾政吩咐他"不许动"，早知多凶少吉，那里承望贾环又添了许多的话⑯。正在厅上干转，怎得个人来往里头去捎信，偏生没个人，连焙茗也不知在那里。正盼望时，只见一个老姆姆出来⑰。宝玉如得了珍宝，便赶上来拉他，说道："快进去告诉：老爷要打我呢！快去，快去！要紧，要紧！"宝玉一则急了，说话不明白；二则老婆子偏生又聋，竟不曾听见是什么话，把"要紧"二字只听作"跳井"二字，便笑道："跳井让他跳去，二爷怕什么？"宝玉见是个聋子，便着急道："你出去叫我的小厮来罢。"那婆子道："有什么不了的事？老早的完了。太太又赏了衣服，又赏了银子，怎么不了事的！"

宝玉急的跺脚，正没抓寻处，只见贾政的小厮走来，逼着他出去了。贾政一见，眼都红紫了，也不暇问他在外流荡优伶，表赠私物，在家荒疏学业，淫辱母婢等语，只喝令"堵起嘴来，着实打死！"小厮们不敢违拗，只得将宝玉按在凳上，举起大板打了十来下。贾政犹嫌打轻了，一脚踢开掌板的，自己夺过来，咬着牙狠命盖了三四十下。众门客见打的不祥了⑱，忙上前夺劝。贾政那里肯听，说道："你们问问他干的勾当可饶不可饶！素日皆是你们这些人把他酿坏了⑲，到这步田地还来解劝。明日酿到他弑君杀父，你们才不劝不成！"

众人听这话不好听，知道气急了，忙又退出，只得觅人进去给信。王夫人不敢先回贾母，只得忙穿衣出来，也不顾有人没人，忙忙赶往书房中来，慌的众门客小厮等避之不及。王夫人一进房来，贾政更如火上浇油一般，那板子越发下去的又狠又快。按宝玉的两个小厮忙松了手走开，宝玉早已动弹不得了。贾政还欲打时，早被王夫人抱住板子。贾政道："罢了，罢了！今日必定要气死我才罢！"王夫人哭道："宝玉虽然该打，老爷也要自重。况且炎天暑日的，老太太身上也不大好，打死宝玉事小，倘或老太太一时不自在了，岂不事大！"贾政冷笑道："倒休提这话。我养了这不肖的孽障②，已不孝；教训他一番，又有众人护持；不如趁今日一发勒死了，以绝将来之患！"说着，便要绳索来勒死。

王夫人连忙抱住哭道："老爷虽然应当管教儿子，也要看夫妻分上。我如今已将五十岁的人，只有这个孽障，必定苦苦的以他为法，我也不敢深劝。今日越发要他死，岂不是有意绝我。既要勒死他，快拿绳子来先勒死我，再勒死他。我们娘儿们不敢含怨，到底在阴司里得个依靠②。"说毕，爬在宝玉身上大哭起来。贾政听了此话，不觉长叹一声，向椅上坐了，泪如雨下。王夫人抱着宝玉，只见他面白气弱，底下穿着一条绿纱小衣皆是血渍，禁不住解下汗巾看，由臀至胫，或青或紫，或整或破，竟无一点好处，不觉失声大哭起来，"苦命的儿吓！"因哭出"苦命儿"来，忽又想起贾珠②来，便叫着贾珠哭道："若有你活着，便死一百个我也不管了。"此时里面的人闻得王夫人出来，那李宫裁、王熙凤与迎春姊妹早已出来了②。王夫人哭着贾珠的名字，别人还可，惟有宫裁禁不住也放声哭了。贾政听了，那泪珠更似滚瓜一般滚了下来。

正没开交处，忽听丫鬟来说："老太太来了。"一句话未了，只听窗外颤巍巍的声气说道："先打死我，再打死他，岂不干净了！"贾政见他母亲来了，又急又痛，连忙迎接出来，只见贾母扶着丫头，喘吁吁的走来。

贾政上前躬身陪笑道："大暑热天，母亲有何生气亲自走来？有话只该叫了儿子进去吩咐。"贾母听说，便止住步喘息一回，厉声说道："你原来是和我说话！我倒有话吩咐，只是可怜我一生没养个好儿子，却教我和谁说去！"贾政听这话不像，忙跪下含泪说道："为儿的教训儿子，也为的是光宗耀祖。母亲这话，我做儿的如何禁得起？"贾母听说，便啐了一口，说道："我说一句话，你就禁不起，你那样下死手的板子，难道宝玉就禁得起？你说教训儿子是光宗耀祖，当初你父亲怎么教训你来！"说着，不觉就滚下泪来。

贾政又陪笑道："母亲也不必伤感，皆是作儿的一时性起，从此以后再不打他了。"贾母便冷笑道："你也不必和我使性子赌气的。你的儿子，我也不该管你打不打。我猜着你也厌烦我们娘儿们。不如我们赶早儿离了你，大家干净！"说着便令人去看轿马②，"我和你太太、宝玉立刻回南京去！"家下人只得干答应着。贾母又叫王夫人道："你也不必哭了。如今宝玉年纪小，你疼他，他将来长大成人，为官作宰的，也未必想着你是他母亲了。你如今倒不要疼他，只怕将来还少生一口气呢。"贾政听说，忙叩头哭道："母亲如此说，贾政无立足之地。"贾母冷笑道："你分明使我无立足之地，你反说起你来！只是我们回去了，你心里干净，看有谁来许你打。"一面说，一面只令快打点行李车轿回去。贾政苦苦叩求认罪。

贾母一面说话，一面又记挂宝玉，忙进来看时，只见今日这顿打不比往日，又是心疼，又是生气，也抱着哭个不了。王夫人与凤姐等解劝了一会⑤，方渐渐的止住。早有丫鬟媳妇等上来，要搀宝玉，凤姐便骂道："糊涂东西，也不睁开眼瞧瞧！打的这么个样儿，还要搀着走！还不快进去把那藤屉子春凳抬出来呢。"众人听说连忙进去，果然抬出春凳来，将宝玉抬放凳上，随着贾母王夫人等进去，送至贾母房中。

彼时贾政见贾母气未全消，不敢自便，也跟了进去。看看宝玉，果然打重了。再看看王夫人，"儿"一声，"肉"一声，"你替珠儿早死了，留着珠儿，免你父亲生气，我也不白操这半世的心了。这会子你倘或有个好歹，丢下我，叫我靠那一个！"数落一场，又哭"不争气的儿"。贾政听了，也就灰心，自悔不该下毒手打到如此地步。先劝贾母，贾母含泪说道："你不出去，还在这里做什么！难道于心不足，还要眼看着他死了才去不成！"贾政听说，方退了出来。

此时薛姨妈同宝钗、香菱、袭人、史湘云也都在这里㉖。袭人满心委屈，只不好十分使出来，见众人围着，灌水的灌水，打扇的打扇，自己插不下手去，便越性走出来到二门前，令小厮们找了焙茗来细问㉗："方才好端端的，为什么打起来？你也不早来透个信儿！"焙茗急的说："偏生我没在跟前，打到半中间我才听见了。忙打听原故，却是为琪官、金钏姐姐的事。"袭人道："老爷怎么得知道的？"焙茗道："那琪官的事，多半是薛大爷素日吃醋㉘，没法儿出气，不知在外头唆挑了谁来，在老爷跟前下的火㉙。那金钏儿的事是三爷说的，我也是听见老爷的人说的。"袭人听了这两件事都对景㉚，心中也就信了八九分。然后回来，只见众人都替宝玉疗治。调停完备，贾母令"好生抬到他房内去"。众人答应，七手八脚，忙把宝玉送入怡红院内自己床上卧好㉛。又乱了半日，众人渐渐散去，袭人方进前来经心服侍，问他端的㉜。

（《红楼梦》，〔清〕曹雪芹著，俞平伯校，启功等注，人民文学出版社，2000）

注释

① 雨村：即贾雨村，名化，字时飞，号雨村。得甄士隐资助考中进士，任职知府。　② 金钏：王夫人房中丫鬟。姓白，因受屈而跳井自杀。　③ 王夫人：贾宝玉的母亲。　④ 宝钗：薛宝钗，贾宝玉的姨表姐，后嫁给贾宝玉。　⑤ 葳葳（wēi）蕤蕤（ruí）：萎顿的样子。　⑥ 长史官：亲王府里总管内务的官。　⑦ 潭府：深宅大院，用作对他人府第的尊称。潭，深，深邃。　⑧ 琪官：本名蒋玉菡，忠顺亲王府中唱小旦的优伶，后娶袭人为妻。　⑨ 停：整体分成若干份，其中的一份叫一停。　⑩ 贾环：贾宝玉的弟弟，贾政之妾赵姨娘所生。小厮：很年轻的仆役。　⑪ 克夺：定夺。　⑫ 暴殄（tiǎn）：暴残害。殄，灭绝。轻生：轻视生命，指自杀。　⑬ 贾琏：贾赦之子，贾政之侄。捐有同知官衔，住荣国府，和妻子王熙凤帮着料理荣国府家务。赖大：荣国府的总管家。来兴：荣国府的男仆。　⑭ 冠带：帽子和腰带，是官服的代称，这里代指官爵。一应：所有的一切。　⑮ 烦恼鬓毛：须发。成为正式的佛教僧徒必须剃去须发受戒，是现清净僧尼相的标志之一，故称头发为"烦恼丝"。干净去处：指出家当和尚的寺庙。　⑯ 承望：料到。　⑰ 姆姆：老女仆。　⑱ 不祥：指快要打死了。　⑲ 酿：酿成，纵容。　⑳ 不肖：不好，不良。孽障：坏小子。　㉑ 阴司：阴曹地府。　㉒ 贾珠：贾宝玉的哥哥，王夫人所生，因病早逝。　㉓ 李宫裁：即李纨，贾珠的妻子，贾宝玉的嫂子，宫裁是她的字号。迎春姊妹：贾迎春、贾惜春，贾赦的两个女儿，贾宝玉的堂妹，住在荣国府。　㉔ 看：料理，备办。　㉕ 凤姐：即王熙凤，贾琏之妻，当时荣国府由她管理。　㉖ 香菱：本名甄英莲，甄士隐的女儿，薛宝钗之兄薛蟠的侍妾。袭人：贾宝玉的贴身大丫头。史湘云：贾母娘家的侄孙女，贾宝玉的表妹。　㉗ 焙茗：贾宝玉的书僮和小厮。　㉘ 薛大爷：即"呆霸王"薛蟠。　㉙ 下的火：煽风点火挑唆使坏。　㉚ 对景：对得上号。　㉛ 怡红院：荣国府为迎接元妃省亲而建的大观园中的一处建筑，贾宝玉所住。　㉜ 端的：底细，怎么回事。

作者简介

　　曹雪芹（1715？—1763？），名霑，字梦阮，号雪芹，又号芹圃、芹溪，祖籍辽阳，先世原是汉族，后入满洲正白旗。清小说家。原为满洲贵族的包衣（高级家奴），家族自曾祖曹玺任江宁织造起移居南京，其后祖父曹寅、曹寅之子曹頫先后继任江宁织造，祖孙三代占据江宁织造职位达六十年之久。曹雪芹自幼在秦淮风月地的繁华生活中长大。雍正五年（1727），曹頫遭朝廷定罪，被革职抄家。整个家族遭此打击后一蹶不振，曹雪芹也随全家迁回京师居住，开始过起贫困的日子。经历这一人生中的重大变故，他对世态炎凉，对社会和人生有了清醒深刻的认识。晚年移居北京西郊，生活更为艰辛。然而他以坚韧不拔的毅力，历经十年创作了现实主义巨著《石头记》(即《红楼梦》),可惜只完成前八十回,后四十回虽有构思,未及写出,通行本的后四十回一般认为系高鹗所续。《红楼梦》以贵族子弟贾宝玉与其表妹林黛玉的爱情为叙事主线,以贵族府第宁国府、荣国府(尤其是荣国府中的大观园)为叙事地境,展现了封建贵族家族由盛而衰的悲剧命运,艺术上精致优美,技法超妙,是中国小说史上划时代的经典作品。

讲解

本篇选自《红楼梦》第三十三回《手足耽耽小动唇舌,不肖种种大承笞挞》,题目为今人所拟。这段小说写的是《红楼梦》中的重要事件之一,集中反映了贾政与贾宝玉父子两代激化的矛盾,对带有叛逆个性色彩的男主人公的遭遇寄予了深深的怜悯。

贾政并不是不爱儿子,何以下此辣手? 这是因为贾政寄予厚望并符合他心意的第一个儿子贾珠早死,自己年事又渐高,对承载家族未来希望的贾宝玉的期待就特别高,但宝玉却对所谓"仕途经济"不感兴趣,不愿走读《四书》《五经》应科举"学而优则仕"的老路,乐于交往的人不是丫鬟就是优伶,绝非其父所愿见。这就为他们之间的冲突埋下了导火索。宝玉挨打的直接原因主要是三件事,一是宝玉在和与贾政有旧的官员贾雨村应酬时,没有好好与之晤谈,被贾政认为不思上进(按:此段故事本文未录)。二是宝玉与才艺出色的年少优伶琪官交往密切,使琪官很久不归忠顺王府,引起王爷的愤恨,并派人来告状。三是宝玉与金钏开玩笑说的话无意中触怒了王夫人,金钏遭王夫人责打,不甘受辱,跳井自杀,庶出的贾环一向嫉妒宝玉,便借机在贾政面前造谣,说金钏之死系宝玉逼迫所致。这些加在一起,使贾政觉得自己的心血完全白费,就再也控制不住怒气,不顾一切狠打宝玉,酿成了一场惨剧。

在封建宗法社会中,子孙(尤其是嫡出的子孙)能否继承家业、光宗耀祖,决定了家族的命运,因此,不愿意走"仕途经济"之路,有着个性解放倾向的宝玉,必然与思想正统保守的贾政产生矛盾与对立。而这种矛盾与对立怎样突破亲情的护身衣发展为直接冲突,就得有个触发机制,作者在这里的叙事令人信服地表现了这一点。

这段小说中的人物塑造体现了作者的一贯的高水准。贾宝玉的张皇失措,贾政的急怒攻心,贾环的粗鄙恶毒,王夫人的溺爱迁就,贾母的倚尊护孙,袭人的心疼追责,乃至忠顺王府长史的倨傲凌人、凤姐的泼辣干练,无不栩栩如生。而除父子矛盾的主线外,贾环与宝玉的庶嫡矛盾,贾母与贾政在教育宝玉上的矛盾,王夫人与贾政在对待宝玉、与赵姨娘在嫡庶之争两方面的矛盾,也都草蛇灰线,斑斑可见,而所有这些矛盾,都贯穿全书,读者不可轻轻放过。

集评

写宝玉吃此大亏,引出袭人在王夫人前浸润之言,为杀晴雯、离黛玉之根苗也。而姐妹中情分之浅深,亦可一一写出。(清·陈其泰《柳花凤阁评〈红楼梦〉》)

《红楼》宝玉受打,为一大关键。受打之先,宝玉、黛玉时相讽讥口角,受打之后,互相宾礼。所以然者在手帕之传递耳。此回情节,犹赴岸之波,层层相连逐,不达彼岸不止。归卧怡红,梦中复惊床头之哭,露泪淋漓,不能不逼出手帕之赠。○吾读之垂泪者,为《红楼》宝玉受打,王夫人、贾母、贾政互相问答一节,而于王夫人哭贾珠,李纨亦哭一笔,出泪尤多。(解弢《小说话》)

写贾政,活龙活现出一个气急败坏的父亲;写王夫人,逼真勾画出一个疼子心切的母亲。尤其老夫人,写得同老婆子毫无二致。写众人,也各具特色,令人毛发悚立;写哭号,使人心肠随动。依次看去,种种情景跃然纸上,真是作丹青也画不出,已经到了如此妙境。(哈斯宝《新译红楼梦》回批)

每一段都是一种意象,都是一种波浪,一波未了,他波又起……贾政见宝玉这样垂头丧气,蔫蔫萎萎的

一、课文精读

神色，本就生气；忽然忠顺王府长史官又向他讨宝玉藏匿的琪官，又加了一层气；最后又听到金钏儿之死，是宝玉治的，三浪齐来，酿成宝玉吃苦的大波涛。在前章伏下的种子，到这里才正式开放了。（李辰冬《〈红楼梦〉在艺术上的价值》）

思考练习题

一、小说是怎样描写贾政在责打宝玉前后的复杂心理的？

二、为什么说王夫人与贾政在对待宝玉、与赵姨娘在嫡庶之争两方面的矛盾在小说中都有反映？

三、同是怜惜被打的宝玉，贾母与王夫人的表现方式有什么不一样？

相关知识

章回小说　章回体小说是中国古典长篇小说的主要形式，除了少数为了逞才而写的文言作品外，都是白话作品。白话章回小说由宋元时期的讲史话本发展而来。讲史说的是历代兴亡和战争故事，一般篇幅很长。艺人表演时必须分为若干次才能讲完，每讲一次，就等于后来章回体中的一回。经过较长的发展过程，明代初年出现了首批章回小说，其中著名的有《三国志通俗演义》、《水浒传》等（今所见通行本已经文人修订润色）。章回体小说的篇幅比话本更长，早期明确分为若干卷，每卷又分若干节，在每节前面均有一个单句或对句的名目，正文中常穿插一些诗词和短赋，以增添文采。明代中叶以后，章回体小说的发展更加成熟，出现了《西游记》、《金瓶梅》等著名作品。它们在内容上和讲史已没有多少联系，只是在体裁上还保持着讲史的痕迹。这时章回小说全都明确地分成多少回，回目也由单句发展成为参差不齐的双句，最后成为工整的对句。但每回结尾处常有的"欲知后事如何，请听下回分解"套语，充分表明了它作为一种文学体式的来历。清代章回小说十分发达，出现了《红楼梦》、《儒林外史》等伟大作品。清代中后期，章回体小说越来越多地成为说唱艺术所使用的故事底本。

相关作品

《红楼梦》第三十四回（节选）

〔清〕曹雪芹

话说袭人见贾母王夫人等去后，便走来宝玉身边坐下，含泪问他："怎么就打到这步田地？"宝玉叹气说道："不过为那些事，问他做什么！只是下半截疼的很，你瞧瞧打坏了那里。"袭人听说，便轻轻的伸手进去，将中衣褪下。宝玉略动一动，便咬着牙叫"嗳哟"，袭人连忙停住手，如此三四次才褪了下来。袭人看时，只见腿上半段青紫，都有四指宽的僵痕高了起来。袭人咬着牙说道："我的娘，怎么下这般的狠手！你但凡听我一句话，也不得到这步地位。幸而没动筋骨，倘或打出个残疾来，可叫人怎么样呢！"

正说着，只听丫鬟们说："宝姑娘来了。"袭人听见，知道穿不及中衣，便拿了一床袷纱被替宝玉盖了。只见宝钗手里托着一丸药走进来，向袭人说道："晚上把这药用酒研开，替他敷上，把那淤血的热毒散开，可以就好了。"说毕，递与袭人，又问道："这会子可好些？"宝玉一面道谢说："好了。"又让坐。宝钗见他睁开眼说话，不像先时，心中也宽慰了好些，便点头叹道："早听人一句话，也不至今日。别说老太太、太太心疼，就是我们看着，心里也疼。"刚说了半句又忙咽住，自悔说的话急了，不觉的就红了脸，低下头来。

....

这里宝玉昏昏默默，只见蒋玉菡走了进来，诉说忠顺府拿他之事，又见金钏儿进来哭说为他投井之情。宝玉半梦半醒，都不在意。忽又觉有人推他，恍恍忽忽听得有人悲戚之声。宝玉从梦中惊醒，睁眼一看，不是别人，却是林黛玉。宝玉犹恐是梦，忙又将身子欠起来，向脸上细细一认，只见两个眼睛肿的桃儿一般，满面泪光，不是黛玉，却是那个？宝玉还欲看时，怎奈下半截疼痛难忍，支持不住，便"嗳哟"一声，仍就倒下，叹了一声，说道："你又做什么跑来！虽说太阳落下去，那地上的余热未散，走两趟又要受了暑。我虽然挨了打，并不觉疼痛。我这个样儿，只装出来哄他们，好在外头布散与老爷听，其实是假的。你不可认真。"此时林黛玉虽不是嚎啕大哭，然越是这等无声之泣，气噎喉堵，更觉得利害。听了宝玉这番话，心中虽然有万句言词，只是不能说得，半日，方抽抽噎噎的说道："你从此可都改了罢！"宝玉听说，便长叹一声，道："你放心，别说这样话。就便为这些人死了，也是情愿的！"

推荐阅读书目

（1）《脂砚斋批评本红楼梦》，清脂砚斋评，大江点校，凤凰出版社 2010 年版。 （2）《红楼梦鉴赏辞典》，上海市红楼梦学会、上海师范大学文学研究所编，上海古籍出版社 1988 年版。 （3）《红楼梦鉴赏辞典》，孙逊主编，汉语大词典出版社 2005 年版。 （4）《红楼梦诗词曲赋鉴赏》，蔡义江注析，中华书局 2001 年版。 （5）《古典文学研究资料汇编·红楼梦卷》，一粟编，中华书局 1964 年版。 （6）《红楼梦大辞典》，冯其庸、李希凡主编，文化艺术出版社 1990 年版。 （7）《曹雪芹评传》，李广柏撰，南京大学出版社 1998 年版。 （8）《红楼梦评论》，王国维、蔡元培、胡适、俞平伯撰，岳麓书社 1999 年版。 （9）《红楼艺术》，周汝昌撰，人民文学出版社 1995 年版。 （10）《红楼梦研究》插图本，俞平伯撰，上海古籍出版社 2005 年版。（11）《敝帚集：冯其庸论红楼梦》，冯其庸撰，文化艺术出版社 2005 年版。 （10）《红楼梦研究》，何永康主编，中华书局 2011 年版。

30. 绮怀（其十五）①

黄景仁

几回花下坐吹箫①，银汉红墙入望遥②。似此星辰非昨夜③，为谁风露立中宵④？
缠绵思尽抽残茧⑤，宛转心伤剥后蕉⑥。三五年时三五月⑦，可怜杯酒不曾消⑧。

（《两当轩集》，〔清〕黄景仁著，李国章点校，上海古籍出版社，1983）

注释

①"几回"句：意思是我多少次坐在花下吹箫。 ②"银汉"句：银河红墙对我来说是那样的遥远。银汉，银河。红墙，指女子居所。李商隐《代应》："本来银汉是红墙，隔得卢家白玉堂。" ③"似此"句：眼前的星辰已不是昨夜的星辰。似此星辰，化用李商隐《无题》"昨夜星辰昨夜风，画楼西畔桂堂东"。 ④"为谁"句：我为了谁在风露中伫立了整整一夜呢。 ⑤"缠绵"句：缠绵的情思已尽如抽丝的蚕茧。 ⑥"宛转"句：宛转的心已经像被剥的芭蕉。宛转，委婉曲折。 ⑦"三五"句：回想起她十五岁时在那月圆之夜的情景。三五年，十五年。三五月，农历每月十五日月圆之夜。 ⑧"可怜"句：可叹我手中的这杯酒竟已无法消除心中的忧愁。

一、课文精读

黄景仁(1749—1783),字仲则,又字汉镛,号鹿菲子,江苏武进(今常州)人。清诗人。十七岁补博士弟子员,但此后屡次参加乡试都落榜。二十岁起漫游浙、皖、赣、湘等地。曾先后入湖南按察使王太岳、太平知府沈业富、安徽学政朱筠幕中。乾隆四十一年(1776),参加清高宗东巡召试,取为二等,授武英殿书签官。后又为陕西巡抚毕沅幕客。四十七年,回京捐县丞,未及补官。次年因躲避逼债,抱病再投毕沅,半道卒于运城。黄景仁少年即以诗著名,因一生贫病漂泊,屡试不第,所作诗歌多抒发穷愁不遇、寂寞凄怆的情怀,也有部分慷慨任气、愤世嫉俗的篇章。所作爱情诗,则缠绵悱恻。怀古咏史的篇什,也能别出新意。又工词。有《两当轩集》。

讲解

黄景仁的《绮怀》诗共十六首,以组诗的形式抒写与其表妹的情感故事。此为第十五首,专写相思不得的缠绵心伤。

黄景仁年轻时曾和他的表妹两情相悦,但不知何种原因有情人未成眷属。所以在这首诗中,我们同样能读到陆游在《钗头凤》里所表达的"山盟虽在,锦书难托"的感伤。

诗的首联写相思之深。追忆当年花前月下,多少次坐着吹箫,以箫声向她倾诉心声的情景。但这司马相如"琴挑"卓文君式的浪漫并没能结成良缘。苦苦相思,痴痴凝望的那人儿居住的"红墙"虽然近在咫尺,却如天上的银汉一般遥遥而不可及,"遥"字透出忆念的深远;泰戈尔说"世界上最遥远的距离,不是生与死,而是明明心中相爱,却不能在一起"。颔联写相思之情状,彻夜难寐,踟蹰难耐:抬头仰望星空,想起当年与她月下幽会的情景,是的,那晚的星辰和今夜的星空一样明亮!但是"星辰"不变,人事全非。今夜已非昨夜,昨夜的星辰,是见证花下吹箫相依相伴,忘记时间流逝的星辰,而今夜的星辰,却只有伤心之人独立中庭,久久望月,一任夜晚的冷露打湿衣裳,打湿心灵了。颈联写相思不得的伤心,"缠绵思尽抽残茧,宛转心伤剥后蕉",这段青春恋情比李商隐的"春蚕到死丝方尽,蜡炬成灰泪始干"还要欲罢不能,缠绵情思如抽丝之蚕茧,如剥后之芭蕉,就如他的另一首诗《秋夕》中说的"此生无分了相思",这种明明知道思念无用却仍然不能不思念的缠绵,格外令人痛心。尾联再一次呼应首联,将忆念推移到多年以前的美好时光,对比昔日之美好,更难耐当下之凄凉。

全诗感情缠绵悱恻,动人心弦,比喻精警,感人肺腑,把恋爱中的人相见不得的纠缠和焦灼入木三分地表达出来,颇似李商隐的无题诗,但没有李诗那种朦胧神秘、秾艳晦涩,自有一种清新真挚之美,是爱情诗中的杰作。

集评

古今诗人,有为大造清淑灵秀之气所特钟,而不可学而至者,其天才乎!飘飘乎其思,浩浩乎其气也,落落乎其襟期也。不必求其奇而自奇,故非牛鬼蛇神之奇;未尝立异而自异,故非佶屈聱牙之异。众人共有之意,入之此手而独超;众人同有之情,出之此笔而独隽……有味外之味,……有音外之音,……夫是谓之天才,夫是谓之仙才,自古一代无几人,近求之,百余年以来,其惟黄仲则乎!(清·张维屏《国朝诗人征略》)

孤身只影,呆呆鹄"立"于风露之中,又是为谁呢?又还有什么意义?诗人自知无用,却又痴心自苦,真是千古伤心人也!颔联这两句诗,写情最为深刻,活现出诗人一片痴情神态,遂成为脍炙人口的名句。郭麐《灵芬馆诗话》说,作者友人杨荔裳(揆)在黄诗中最爱诵此联,洪亮吉《北江诗话》也称此联为"隽语"。○也许连诗人自己也感到惊奇,这段青春恋情竟然使自己如此刻骨铭心。李商隐吟出千古名句"春蚕到死丝方尽"；而我黄仲则呢？则是"缠绵思尽抽残茧"，我的缠绵的情思尽管也像春蚕那样吐尽了，一切可以休矣！然而，不，这情思（丝）又作成了茧，把我牢牢缚住，我是"此生无分了相思"了！李商隐又曾形容愁情说"芭蕉不展丁香结"，而我黄仲则这颗心啊，则是"宛转心伤剥后蕉"，我的心完全破碎了，就像那芭蕉被剥光了一层层叶子，快要枯萎了！颈联这两句诗化用李商隐诗句，而在意思上更翻进一层。感情惨恻，沉着，比喻真切。
（铁明《黄景仁〈绮怀〉其十五鉴赏》，《元明清诗鉴赏辞典》录）

思考练习题

一、全诗后两联用了哪些表现手法，有何作用？

二、请描述全诗的意境，并说明表达了作者怎样的思想感情。

三、"似此星辰非昨夜，为谁风露立中宵"是最让人称道的一联，试作简要赏析。

相关知识

香奁体　香奁体是指以唐末韩偓《香奁集》为代表的一种诗风。宋代严羽《沧浪诗话·诗体》说，韩偓《香奁集》里的诗"皆裾裙脂粉之语"，故称之为"香奁体"。后来人们就将这类专门以妇女身边琐事和女性生活为题材的作品通称为"香奁体"，又名"艳体"。实际上就是今天人们说的言情诗或言情作品。

据韩偓《香奁集序》自称，他的香奁体诗源于六朝宫体，也就是说，南朝齐梁时代在宫廷中形成的"宫体诗"是典型的言情诗。徐陵的《玉台新咏》中收录了不少轻浮绮靡之作，纤弱艳丽之辞，所以人们称为"玉台体"。尽管中国古代文人大都尊崇"诗言志"的文学创作主流，尽管言情作品的创作者也常常被视为另类或遭到诟病，但是描写妇女生活和男女情爱的情诗在中国古典文学作品中依然熠熠生辉。用今天的眼光来看，无论是来自民间的《诗经》国风、汉乐府、南北朝民歌、还是文人们的有意创作，如宫体诗人、花间词派、婉约派、明清言情小说，都不乏感情真挚、笔触细腻、措词艳美、风流旖旎、艳而不荡的优秀作品。当然，其中出现少数描写士大夫的扭曲恋情、狭邪生活的轻艳浮薄之作，也在所难免。

相关作品

绮怀

〔清〕黄景仁

其一

楚楚腰肢掌上轻，得人怜处最分明。千围步障难藏艳，百合蕹葵不锁情。
朱鸟窗前眉欲语，紫姑乩畔目将成。玉钩初放钗初堕，第一销魂是此声。

其七

自送云辀别玉容，泥愁如梦未惺忪。仙人北烛空凝盼，太岁东方已绝踪。
检点相思灰一寸，抛离密约锦千重。何须更说蓬山远，一角屏山便不逢。

其十二

小阁炉烟断水沉，竟床冰簟薄凉侵。灵妃唤月将归海，少女吹风半入林。
炧尽兰釭愁的的，滴残虬水思愔愔。文园渴甚兼贫甚，只典征裘不典琴。

其十三

生年虚负骨玲珑，万恨俱归晓镜中。君子由来能化鹤，美人何日便成虹？
王孙香草年年绿，阿母桃花度度红。闻道碧城阑十二，夜深清倚有谁同？

其十四

经秋谁念瘦维摩？酒渴风寒不奈何。水调曲从邻院度，雷声车是梦中过。
司勋绮语焚难尽，仆射余情忏较多。从此飘蓬十年后，可能重对旧梨涡。

其十六

露槛星房各悄然，江湖秋枕当游仙。有情皓月怜孤影，无赖闲花照独眠。
结束铅华归少作，屏除丝竹入中年。茫茫来日愁如海，寄语羲和快着鞭。

扩展阅读书目

（1）《黄仲则诗选》，清黄景仁撰，止水选注，广东人民出版社 1985 年版。　（2）《昨夜星辰：李商隐、杜牧、黄景仁诗选》，李克和、郑小宁、余福智选注，岳麓书社 2002 年版。　（3）《黄景仁诗选》，李圣华选注，人民文学出版社 2009 年版。　（4）《黄仲则年谱考略》，许隽超撰，上海古籍出版社 2008 年版。　（5）《纪念诗人黄仲则》，黄葆树编，学林出版社 1983 年版。　（6）《清诗史》，朱则杰撰，江苏古籍出版社 2000 年版。（7）《清诗史》，严迪昌撰，浙江古籍出版社 2002 年版。　（8）《清诗流派史》，刘世南撰，人民文学出版社 2004 年版。

31. 咏史①

龚自珍

金粉东南十五州②，万重恩怨属名流③。牢盆狎客操全算④，团扇才人踞上游⑤。
避席畏闻文字狱⑥，著书都为稻粱谋⑦。田横五百人安在⑧？难道归来尽列侯⑨。

（《龚自珍全集》，〔清〕龚自珍著，王佩诤校，上海古籍出版社，1999）

注释

① 咏史：以史事为题材创作诗歌。　② 金粉：原指古代妇女打扮、化妆用的花钿和铅粉，此处指江南一带的富庶繁华。十五州：泛指江浙一带。《资治通鉴》卷二三一载李泌答辞云："（韩）滉公忠清俭，自车驾在外，滉贡献不绝。且镇江东十五州，盗贼不起，皆滉之力也。"胡三省注说：唐时浙江东、西道所统，只有润、昇、常、湖、苏、杭、睦、越、明、台、温、衢、处、婺十四州。前此韩滉遣宣州、润州弩手援宁陵，实是兼统宣州，故为十五州。龚氏用语盖源出于此。　③ 万重恩怨：指所谓名流才士因为争名夺利、相互猜忌而产生的无数恩怨。　④ 牢盆：古代煮盐的器具，此处借指盐商。狎客：指权贵豪贵蓄养的清客。《陈书·江总传》："总当权宰，不持政务，但日与后主游宴后庭，共陈暄、孔范、王瑳等十余人，当时谓之狎客。"按：龚自珍《明良论二》云："伺主人喜怒之狎客，试召而诘之，则岂有为主人分一夕之愁苦者哉？"与诗中所言可以互参。　⑤ 团扇才人：摇着团扇的才子。团扇，《宋书·乐志》："《团扇歌》者，中书令王珉与嫂婢有情，爱好甚笃。嫂捶挞婢过苦，婢素善歌，而珉好捉白团扇，故制此歌。"才人，有才能的人。王融《报范通直》诗："三楚多秀士，江上复

才人。"诗中指身居高位,却不通政事,只会谈玄说佛的无能之辈。　⑥避席:古人席地而坐,为表示恭敬或戒惧离席而起。文字狱:清朝统治者常常从诗词或其他著作中寻章摘句,来罗织罪名,制造冤狱,借以打击具有反抗倾向的知识分子。其中,尤以康熙、雍正、乾隆三朝为最。　⑦稻粱谋:指谋求一饱。杜甫《同诸公登慈恩寺塔》:"君看随阳雁,各有稻粱谋。"　⑧田横:秦末狄(今山东高青东南)人,与兄田儋、田荣一度占有齐地,自立为齐王。刘邦登帝位后,率徒党五百余人逃亡海岛。刘邦派人招降,说:"田横来,大者王,小者乃侯耳;不来,且举兵加诛焉。"田横与门客二人被迫西行,行至离洛阳三十里时,终以向刘邦称臣为耻而自杀。岛上的五百人闻讯也都自杀,世称"田横五百士"。　⑨列侯:爵位名。汉代官制,群臣异姓封侯者称列侯。

作者简介

龚自珍(1792—1841),一名巩祚,字璱人,号定庵,又号羽琌山民,浙江仁和(今杭州)人。清学者、文学家和启蒙思想家。嘉庆二十三(1818)年举人,任内阁中书。道光九年(1829)成进士。官至礼部主事。道光十九年乞官南归,二十一年暴卒于丹阳云阳书院。龚自珍早年从外祖父段玉裁治《说文解字》,后从刘逢禄治公羊学。主张改革弊政,抵御外侮,任用贤人,被认为是嘉庆、道光年间提倡经世致用的今文经学派的重要代表。与魏源齐名,世称"龚魏"。他对当时社会的矛盾和危机有着深刻的认识,因而强烈地批判社会的腐朽与没落,今人推之为一代启蒙思想家。其诗沉郁瑰丽,想象丰富,雄奇高迈。其文臧否时事,恣肆纵横,不拘一格。对后世影响颇大。有《定庵文集》、《定庵诗集》、《定庵词》。今人辑有《龚自珍全集》。

讲解

本诗作于道光五年(1825)冬。作者当时服丧期满,寓居昆山。

《咏史》一诗,借吟咏汉代田横的史事来讽刺现实,揭露了清王朝对士人精神的钳制,以及作者对士风堕落的深沉慨叹。六朝以来,江南即为人文渊薮,繁华富庶,至明清而臻于极盛。然而作者满目所见,却是庸俗猥琐、相互倾轧的所谓名流才士,是逢迎拍马却稳操全算的牢盆狎客,是畏惧文网、明哲保身、为了谋生而毫无士人骨气的庸碌之辈,以至于东南一带根本看不到有铮铮铁骨的英杰了。作者的笔下,充分表现出对醉心功名而毫无思想的尸位素餐者满眼皆是的社会现实的愤慨,对颓靡不振的士风和庸俗精神状态的痛心,对万马齐喑世局的不满,他的矛头还隐隐对准了所谓康乾盛世一度流行的文字狱。

诗的前六句,作者用浓笔重彩刻画当下士风的萎靡不振,末二句以田横五百壮士殉难的典故作结,对比鲜明,属对精切,情感沉郁,寄托遥深。尤其是颈联,用高度精练的笔墨,作出了深刻的社会批判,令人读之不由为之一震。在诗中大胆使用"文字狱"一词,也体现了诗人的斗争精神。

集评

天下震矜定庵之诗,徒以其行间璀璨,吐属瑰丽;夫人读万卷书供驱使,璀璨瑰丽何待言?要之有形者也。若其声情沉烈,恻悱道上,如万玉哀鸣,世鲜知之。抑人抱不世之奇材与不世之奇情,及其为诗,情赴乎词,而声自异,要亦可言者也。至于变化从心,倏忽万匠,光景在目,欲捉已逝,无所不有,所过如扫,物之至也无方,而与之为无方,此其妙明在心,世乌从知之?(清·程金凤跋《己亥杂诗》)

论者谓"定庵诗文皆有剑拔弩张之概,尽是霸气",此言甚是。因道光、咸丰以来,海内多故,已非太平景象,文学当然要随时代而发生变化。(胡怀琛《中国文学史概要》)

定庵诗,或亦以侧媚薄之,其价值当俟定论,今但究其影响。自光绪中叶以来,定庵诗遂大著于世。儿时,当庚子以前,所过亲友家,凡稍称新党者,案头莫不有定庵诗集,作者亦竞效其体。(吴宓《余生随笔》)

按,作者在"金粉东南"这个热闹地区,满眼所见都是庸俗猥琐的所谓名流。他们有些人因善于吹牛拍马,爬上高位;有些人本是亲贵子弟,盘踞要津;有些人一味明哲保身,对国计民生不闻不问;有些人自夸著

述，却奔走王公之门，成为吹牛拍马的食客……所有这些，在作者看来，都是可悲可痛的现象。(刘逸生注《龚自珍诗选》)

这首《咏史诗》，则尖锐地刻画出士林的卑琐情状……在"金粉东南"，官场士林则是一片苟且无聊却自命风流的景象，而这正是清王朝运用高压手段，使"天下之廉耻"被"震荡摧锄(《古史钩沉论一》)的结果。诗人不禁要问：像田横五百壮士所表现的英雄主义精神，难道在世间已不可复得了吗？这里交杂着对于民族前途的绝望和希望。(章培恒、骆玉明《中国文学史》)

思考练习题

一、结合清代屡兴文字狱和学者多将精力集中于考据学的史实，谈谈你对颈联的理解。

二、本诗的尾联用了什么典故？有何作用？

三、用现代汉语翻译此诗。

相关知识

咏史诗　咏史诗是指借吟咏史事来抒发作者情感或表达观点的一种诗歌体式。班固咏缇萦救父的诗，或题为《咏史》，被认为是最早以"咏史"为题的诗。其后王粲、左思等人均有同题之作，《文选》据此特意在诗的分类中专立"咏史"一门。班固的《咏史》，南朝梁钟嵘《诗品》评为"有感叹之词"，陈延杰注说："孟坚(班固)《咏史》诗，其辞甚质直，又加以咏叹，此传体，为咏史正宗。左太冲(左思)其变也。"后世此类作品更多。咏史诗大致可分为两类，一类通过对史实(可以是概括性的，也可以是具体的)追忆抒发自己的感受，阐发作者对历史的认识；一类则借历史与现实的某些相似处作文章，来反省或批判现实。咏史诗忌就史言史，空发议论，堆砌资料，拾人牙慧，贵在贯通古今，借历史上的人与事反映现实，以浑成的表现手法抒发创作主体具有个性的深沉感慨。

相关作品

咏史（其二）

〔晋〕左思

郁郁涧底松，离离山上苗。以彼径寸茎，荫此百尺条。
世胄蹑高位，英俊沉下僚。地势使之然，由来非一朝。
金张籍旧业，七叶珥汉貂。冯公岂不伟？白首不见招。

咏史

〔唐〕戎昱

汉家青史上，计拙是和亲。社稷依明主，安危托妇人。
岂能将玉貌，便拟静胡尘。地下千年骨，谁为辅佐臣？

咏史

〔唐〕李商隐

历览前贤国与家，成由勤俭败由奢。何须琥珀方为枕，岂得真珠始是车。
运去不逢青海马，力穷难拔蜀山蛇。几人曾预南薰曲，终古苍梧哭翠华。

咏史

〔清〕陆次云

儒冠儒服委丘墟，文采风流化土苴。尚有陆生坑不尽，留他马上说诗书。

咏史

〔清〕张裕钊

功名富贵尽危机，烹狗藏弓剧可悲。范蠡浮家子胥死，可怜吴越两鸱夷。

扩展推荐书目

　　（1）《龚自珍己亥杂诗注》，万尊巇注，中华书局香港分局 1978 年版。　　（2）《龚自珍编年诗注》，刘逸生
等注，浙江古籍出版社 1995 年版。　　（3）《龚自珍选集》，孙钦善选注，人民文学出版社 2004 年版。
（4）《龚自珍诗选》，郭延礼选注，人民文学出版社 2009 年版。　　（5）《龚自珍研究资料集》，孙文光、王世芸
编，黄山书社 1984 年版。　　（6）《龚自珍年谱》，郭延礼撰，齐鲁书社 1987 年版。　　（7）《龚自珍研究》，管林
等撰，人民文学出版社 1984 年版。　　（8）《龚自珍研究论文集》，孙文光、王世芸，上海书店出版社 1992 年
版。　　（9）《龚自珍评传》，陈铭撰，南京大学出版社 1998 年版。　　（10）《龚自珍传论》，麦若鹏撰，安徽大学
出版社 2005 年版。

32. 鸭窠围的夜

沈从文

　　天快黄昏时落了一阵雪子，不久就停了。天气真冷，在寒气中一切都仿佛结了冰。便是空
气，也像快要冻结的样子。我包定的那一只小船，在天空大把撒着雪子时已泊了岸，从桃源县沿
河而上这已是第五个夜晚。看情形晚上还会有风有雪，故船泊岸边时便从各处挑选好地方。沿
岸除了某一处有片沙岨宜于泊船以外，其余地方全是黛色如屋的大岩石。石头既然那么大，船又

那么小，我们都希望寻觅得到一个能作小船风雪屏障，同时要上岸又还方便的处所。凡是可以泊船的地方早已被当地渔船占去了。小船上的水手，把船上下各处撑去，钢钻头敲打着沿岸大石头，发出好听的声音，结果这只小船，还是不能不同许多大小船只一样，在正当泊船处插了篙子，把当作锚头用的石碇抛到沙上去，尽那行将来到的风雪，摊派到这只船上。

这地方是个长潭的转折处，两岸是高大壁立千丈的山，山头上长着小小竹子，长年翠色逼人。这时节两山只剩余一抹深黑，赖天空微明为画出一个轮廓。但在黄昏里看来如一种奇迹的，却是两岸高处去水已三十丈上下的吊脚楼。这些房子莫不俨然悬挂在半空中，借着黄昏的余光，还可以把这些希奇的楼房形体，看得出个大略。这些房子同沿河一切房子有个共通相似处，便是从结构上说来，处处显出对于木材的浪费。房屋既在半山上，不用那么多木料，便不能成为房子吗？半山上也用吊脚楼形式，这形式是必须的吗？然而这条河水的大宗出口是木料，木材比石块还不值价。因此，即或是河水永远长不到处，吊脚楼房子依然存在，似乎也不应当有何惹眼惊奇了。但沿河因为有了这些楼房，长年与流水斗争的水手，寄身船中枯闷成疾的旅行者，以及其他过路人，却有了落脚处了。这些人的疲劳与寂寞是从这些房子中可以一律解除的。地方既好看，也好玩。

河面大小船只泊定后，莫不点了小小的油灯，拉了篷。各个船上皆在后舱烧了火，用铁鼎罐煮红米饭。饭焖熟后，又换锅子熬油，哗的把菜蔬倒进热锅里去。一切齐全了，各人蹲在舱板上三碗五碗把腹中填满后，天已夜了。水手们怕冷怕动的，收拾碗盏后，就莫不在舱板上摊开了被盖，把身体钻进那个预先卷成一筒又冷又湿的硬棉被里去休息。至于那些想喝一杯的，发了烟瘾得靠靠灯，船上烟灰又翻尽了的，或一无所为，只是不甘寂寞，好事好玩想到岸上去烤烤火谈谈天的，便莫不提了桅灯，或燃一段废缆子，摇晃着从船头跳上了岸，从一堆石头间的小路径，爬到半山上吊脚楼房子那边去，找寻自己的熟人，找寻自己的熟地。陌生人自然也有来到这条河中来到这种吊脚楼房子里的时节，但一到地，在火堆旁小板凳上一坐，便是陌生人，即刻也就可以称为熟人乡亲了。

这河边两岸除了停泊有上下行的大小船只三十左右以外，还有无数在日前趁融雪涨水放下形体大小不一的木筏。较小的木筏，上面供给人住宿过夜的棚子也不见，一到了码头，便各自上岸找住处去了。大一些的木筏呢，则有房屋，有船只，有小小菜园与养猪养鸡栅栏，还有女眷和小孩子。

黑夜占领了全个河面时，还可以看到木筏上的火光，吊脚楼窗口的灯光，以及上岸下船在河岸大石间飘忽动人的火炬红光。这时节岸上船上都有人说话，吊脚楼上且有妇人在黯淡灯光下唱小曲的声音，每次唱完一支小曲时，就有人笑嚷。什么人家吊脚楼下有匹小羊叫，固执而且柔和的声音，使人听来觉得忧郁。我心中想着，"这一定是从别一处牵来的，另外一个地方，那小畜生的母亲，一定也那么固执的鸣着吧。"算算日子，再过十一天便过年了。"小畜生明不明白只能在这个世界上活过十天八天？"明白也罢，不明白也罢，这小畜生是为了过年而赶来，应在这个地方死去的。此后固执而又柔和的声音，将在我耳边永远不会消失。我觉得忧郁起来了。我仿佛触着了这世界上一点东西，看明白了这世界上一点东西，心里软和得很。

但我不能这样子打发这个长夜。我把我的想象，追随了一个唱曲时清中夹沙的妇女声音，到她的身边去了。于是仿佛看到了一个床铺，下面是草荐，上面摊了一床用旧帆布或别的旧货做成脏而又硬的棉被，搁在床正中被单上面的是一个长方水托盘，盘中有一把小茶盏，一个小烟盒，一支烟枪，一块小石头，一盏灯。盘边躺着一个人在烧烟。唱曲子的妇人，或是袖了手捏着自己的膀子站在吃烟者的面前，或是靠在男子对面的床头，为客人烧烟。房子分两进，前面临街，地是土地，后面临河，便是所谓吊脚楼了。这些人房子窗口既一面临河，可以凭了窗口呼喊河下船中人，当船上人过了瘾，胡闹已够，下船时，或者尚有些事情嘱托，或有其他原因，一个晃着火炬停顿在大石间，一个便凭立在窗口，"大老你记着，船下行时又来。""好，我来的，我记着的。""你见了顺顺就说：会呢，完了；孩子大牛呢，脚膝骨好了。细粉带三斤，冰糖或片糖带三斤。""记得到，记得到，大娘你放心，我见了顺顺大爷就说：会呢，完了。大牛呢，好了。细粉来三斤，冰糖来三斤。""杨氏，杨氏，一些四吊七，莫错账！""是的，放心呵，你说四吊七就四吊七，年三十夜莫会要你多的！你自己记着就是了！"这样那样的说着，我一一都可听到，而且一面还可以听着在黑暗中某一处咩咩的羊鸣。我明白这些回船的人是上岸吃过"荤烟"了的。

我还估计得出，这些人不吃"荤烟"，上岸时只去烤烤火的，到了那些屋子里时，便多数只在临街那一面铺子里。这时节天气太冷，大门必已上好了，屋里一隅或点了小小油灯，屋中土地上必就地掘了浅凹火炉膛，烧了些树根柴块。火光煜煜，且时时刻刻爆炸着一种难于形容的声音。火旁矮板凳上坐有船上人，木筏上人，有对河住家的熟人。且有虽为天所厌弃还不自弃年过七十的老妇人，闭着眼睛蜷成一团蹲在火边，悄悄的从大袖筒里取出一片薯干或一枚红枣，塞到嘴里去咀嚼。有穿着肮脏身体瘦弱的孩子，手擦着眼睛傍着火旁的母亲打盹。屋主人有为退伍的老军人，有翻船背运的老水手，有单身寡妇。藉着火光灯光，可以看得出这屋中的大略情形，三堵木板壁上，一面必有个供奉祖宗的神龛，神龛下空处或另一面，必贴了一些大小不一的红白名片。这些名片倘若有那些好事者加以注意，用小油灯照着，去仔细检查检查，便可以发现许多动人的名衔，军队上的连副，上士，一等兵，商号中的管事，当地的团总，保正，催租吏，以及照例姓滕的船主，洪江的木簰商人，与其他各行各业人物，无所不有。这是近一二十年来经过此地若干人中一小部分的题名录。这些人各用一种不同的生活，来到这个地方，且同样的来到这些屋子里，坐在火边或靠近床边，逗留过若干时间。这些人离开了此地后，在另一世界里还是继续活下去，但除了同自己的生活圈子中人发生关系以外，与一同在这个世界上其他的人，却仿佛便毫无关系可言了。他们如今也许早已死掉了；水淹死的，枪打死的，被外妻用砒霜谋杀的，然而这些名片却依然将好好的保留下去。也许有些人已成了富人名人，成了当地的小军阀，这些名片却仍然写着催租人，上士等等的衔头。……除了这些名片，那屋子里是不是还有比它更引人注意的东西呢？锯子，小捞兜，香烟大画片，装干栗子的口袋，……

提起这些问题时使人心中很激动。我到船头上去眺望了一阵。河面静静的，木筏上火光小了，船上的灯光已很少了，远近一切只能藉着水面微光看出个大略情形。另外一处的吊脚楼上，又有了妇人唱小曲的声音，灯光摇摇不定，且有猜拳声音。我估计那些灯光同声音所在处，不是木筏上的簰头在取乐，就是水手们小商人在喝酒。妇人手指上说不定还戴了水手特别为从常德府捎带来的镀金戒指，一面唱曲一面把那只手理着鬓角，多动人的一幅画图！我认识他们的哀乐，这一切我也有份。看他们在那里把每个日子打发下去，也是眼泪也是笑，离我虽那么远，同时又与我那么相近。这正同读一篇描写西伯利亚的农人生活动人作品一样，使人掩卷引起无言的哀戚。我如今只用想象去领味这些人生活的表面姿态，却用过去一分经验，接触着了这种人的灵魂。

羊还固执的鸣着。远处不知什么地方有锣鼓声音，那一定是某个人家禳土酬神还愿巫师的锣鼓。声音所在处必有火燎与九品蜡照耀争辉。眩目火光下必有头包红布的老巫师独立作旋风舞，门上架上有黄钱，平地有装满了谷米的平斗。有新宰的猪羊伏在木架上，头上插着小小五色纸旗。有行将为巫师用口把头咬下的活生公鸡，缚了双脚与翼翅，在土坛边无可奈何的躺卧。主人锅灶边则热了满锅猪血稀粥，灶中正火光熊熊。

邻近一只大船上，水手们已静静的睡下了，只剩余一个人吸着烟，且时时刻刻把烟管敲着船舷。也像听着吊脚楼的声音，为那点声音所激动，引起种种联想，忽然按捺自己不住了，只听到他轻轻的骂着野话,擦了支自来火,点上一段废缆,跳上岸往吊脚楼那里去了。他在岸上大石间走动时,火光便从船篷空处漏进我的船中。也是同样的情形吧,在一只装载棉军服向上行驶的船上,泊到同样的岸边,躺在成束成捆的军服上面,夜既太长,水手们爱玩牌的各蹲坐在舱板上小油灯光下玩天九,睡既不成,便胡乱穿了两套棉军服,空手上岸,借着石块间还未融尽残雪返照的微光,一直向高岸上有灯光处走去。到了街上,除了从人家门罅里露出的灯光成一条长线横卧着,此外一无所有。在计算中以为应可见到的小摊上成堆的花生,用哈德门长烟盒装着干瘪瘪的小橘子,切成小方块的片糖,以及在灯光下看守摊子把眉毛扯得极细的妇人(这些妇人无事可作时还会在灯光下做点针线的),如今什么也没有。既不敢冒昧闯进一个人家里面去,便只好又回转河边船上了。但上山时向灯光凝聚处走去,方向不会错误。下河时可糟了。糊糊涂涂在大石小石间走了许久,且大声喊着,才走近自己所坐的一只船。上船时,两脚全是泥,刚攀上船舷还不及脱鞋落舱,就有人在棉被中大喊:"伙计哥子们,脱鞋呀!"把鞋脱了还不即睡,便镶到水手身旁去看牌,一直看到半夜,——十五年前自己的事,在这样地方温习起来,使人对于命运感到十分惊异。我懂得那个忽然独自跑上岸去的人,为什么上去的理由!

等了一会,邻船上那人还不回到他自己的船上来,我明白他所得的必比我多了一些。我想听听他回来时,是不是也像别的船上人,有一个妇人在吊脚楼窗口喊叫他。许多人都陆续回到船上了,这人却没有下船。我记起"柏子"①。但是,同样是水上人,一个那么快乐的赶到岸上去,一个却是那么寂寞的跟着别人后面走上岸去,到了那些地方,情形不会同柏子一样,也是很显然的事了。

为了我想听听那个人上船时那点推篷声音,我打算着,在一切声音全已安静时,我仍然不能睡觉。我等待那点声音。大约到午夜十二点,水面上却起了另外一种声音。仿佛鼓声,也仿佛汽油船马达转动声,声音慢慢的近了,可是慢慢的又远了。像是一个有魔力的歌唱,单纯到不可比方,也便是那种固执的单调,以及单调的延长,使一个身临其境的人,想用一组文字去捕捉那点声音,以及捕捉在那长潭深夜一个人为那声音所迷惑时节的心情,实近于一种徒劳无功的努力。那点声音使我不得不再从那个业已用被单塞好空罅的舱门,到船头去搜索它的来源。河面一片红光,古怪声音也就从红光一面掠水而来。原来日里隐藏在大岩下的一些小渔船,在半夜前早已静悄悄的下了拦江网。到了半夜,把一个从船头伸在水面的铁兜,盛上燃着熊熊烈火的油柴,一面用木棒槌有节奏的敲着船舷各处漂去。身在水中见了火光而来与受了枊声吃惊四窜的鱼类,便在这种情形中触了网。

一切光,一切声音,到这时节已为黑夜所抚慰而安静了,只有水面上那一分红光与那一派声音。那种声音与光明,正为着水中的鱼和水面的渔人生存的搏战,已在这河面上存在了若干年,且将在接连而来的每个夜晚依然继续存在。我弄明白了,回到舱中以后,依然默听着那个单调的声音。我所看到的仿佛是一种原始人与自然战争的情景。那声音,那火光,都近于原始人类的战争,把我带回到四五千年那个"过去"时间里去。

不知在什么时候开始落了很大的雪,听船上人细语着,我心想,第二天我一定可以看到邻船上那个人上船时节,在岸边雪地上留下那一行足迹。那寂寞的足迹事实上我却不曾见到,因为第二天到我醒来时,小船已离开那个泊船处很远了。

(《中国现当代著名作家文库·沈从文代表作》,李瑞山编,黄河文艺出版社,1987)

注释

① 柏子:沈从文小说《柏子》中的主人公。小说描述了一个名叫柏子的普通得不能再普通的水手和居住在岸边的某个不知名姓的妓女之间的一个交往片断。

作者简介

沈从文（1902—1988），原名沈岳焕，湖南凤凰县人，苗族。中国现代文学家、学者，"京派"文学代表作家。1922年受五四新文学思潮的吸引只身来到北京。后在郁达夫、徐志摩等人的鼓励下，开始自学写作。自1924年始，作品先后在《晨报副刊》《现代评论》《小说月报》等著名刊物上发表。1928年迁徙上海以后，创作逐渐进入高产状态，以描写独特的湘西民风和生活引起文学界的注目。这一时期还与胡也频、丁玲一起创办《红黑》杂志，曾在上海中国公学教书。1930年赴青岛大学执教。至抗战前，共出版了二十多个作品集和重要的选本《从文小说习作选》。抗日战争爆发后，南下云南至昆明西南联合大学任教。1945年返京，执教于北京大学，同时编《大公报》《益世报》文艺副刊。1949年后从事文物工作，先后在中国历史博物馆、故宫博物馆、中国社科院历史所研究中国古代服饰和物质文化史。

讲解

1934年，因为母亲病重，已享誉全国的知名作家沈从文回到了阔别十余年的家乡。他一路上乘船由常德沿沅水溯流而上，将沿途湘西乡村的所见景物、人事记录下来，写进给新婚妻子张兆和的信中，后整理结集为散文集《湘行散记》。此集不仅代表了沈从文散文创作的最高成就，也是中国现代文学的精品之作。

这篇《鸭窠围之夜》是《湘行散记》中的第三篇，作者书写的是阴历年前某天夜晚，他沿沅水渡船夜泊鸭窠围岸边的见闻与思绪：水手的生活，湘西特有的吊脚楼景观，以及由此引发的对湘西的历史命运和人的生命感喟。充溢在这篇文章的感情基调和风格与《湘行散记》全书是一致的，其叙述之特别正如学者赵园所指出的那样：叙述者"我"始终是在船上，对于岸上的一切人事——水手上岸到吊脚楼吃"荤烟"或烤火歇息的情形，全是"我"的想象。但因为作者经验丰富，刻绘入微，细节生动饱满，实景与想象已经浑不可分。实际上，无论是沈从文本人在旅行中观察湘西，还是在书信中书写湘西，都交叉着现实和对十五年前自身经历的回忆。叙述者观察和想象两种视角不留痕迹地交接融和在对"湘西世界"魂魄的提炼书写上，恰如沈从文在文中所说："我如今只用想象去领味这些人生活的表面姿态，却用过去一分经验，接触着了这种人的灵魂"。

刻画一个独特的湘西，书写人生形态的另一面，是沈从文创作的追求，也是其成就所在，这篇散文亦不例外。在对吊脚楼上水手和妇人的关系的叙述处理上，集中体现了作者对现实和美学的独特思考。书写妓女在中国现代文学中并不少见，但如此"怀着不可言说的温爱"的叙述却独出自沈氏笔下。与其说这是因为湘西的独特，不如说这是因为沈从文观察思考世界的"眼光"的独特。可以明显地看出，对水手和妇人的"畸形"关系，他压根不打算作通常伦理上的度量，也就是并不用"文明"、"愚昧"这样的历史文化判断来伤害对湘西的审美书写。从另一方面来说，这又恰恰是沈氏独特的伦理尺度。在《箱子岩》一文中，沈从文写到："提起这件事，使我重新感到人类文字语言的贫俭。那一派声音，那一种情调，真不是用文字语言可以形容的事情。"他所指的"文字语言"也即伦理尺度，而刻意避免这种文字语言，寻求新的语言，某种程度上正是沈从文的伦理自觉。也正是这种不做简单的道德评断、超越普通的"同情"和不是猎奇地融入湘西，以及感同身受的书写姿态，使得沈从文在如此温存又不无哀伤的笔调中，刻画出了湘西肆意迸溅的生命力，及其坚韧、强悍、温情和残酷中透出的人生的庄严——他们接受摊派到自己身上的那一份苦难命运，也从不逃避为了生存而应有的一切努力。

一、如何理解本文所写的湘西水手的生活情状？通过这样的书写,作者在文本中寄托了什么样的生命观？

二、具体分析作者虚实结合的叙述手法。

三、体悟并试着说明作者在平凡人生世相中发掘诗意、保持生活原生态的叙写方式。

33. 怀念萧珊

巴 金

一

今天是萧珊逝世的六周年纪念日。六年前的光景还非常鲜明地出现在我的眼前。那一天我从火葬场回到家中,一切都是乱糟糟的,过了两三天我渐渐地安静下来了,一个人坐在书桌前,想写一篇纪念她的文章。在五十年前我就有了这样一种习惯:有感情无处倾吐时我经常求助于纸笔。可是一九七二年八月里那几天,我每天坐三四个小时望着面前摊开的稿纸,却写不出一句话。我痛苦地想,难道给关了几年的"牛棚"①,真的就变成"牛"了?头上仿佛压了一块大石头,思想好像冻结了一样。我索性放下笔,什么也不写了。

六年过去了。林彪、"四人帮"及其爪牙们的确把我搞得很"狼狈",但我还是活下来了,而且偏偏活得比较健康,脑子也并不糊涂,有时还可以写一两篇文章。最近我经常去火葬场,参加老朋友们的骨灰安放仪式。在大厅里,我想起许多事情。同样地奏着哀乐,我的思想却从挤满了人的大厅转到只有二、三十个人的中厅里去了,我们正在用哭声向萧珊的遗体告别。我记起了《家》里面觉新说过的一句话:"好像珏死了,也是一个不祥的鬼。"四十七年前我写这句话的时候,怎么想得到我是在写自己!我没有流眼泪,可是我觉得有无数锋利的指甲在搔我的心。我站在死者遗体旁边,望着那张惨白色的脸,那两片咽下千言万语的嘴唇,我咬紧牙齿,在心里唤着死者的名字。我想,我比她大十三岁,为什么不让我先死?我想,这是多不公平!她究竟犯了什么罪?她也给关进"牛棚",挂上"牛鬼蛇神"的小纸牌②,还扫过马路。究竟为什么?理由很简单,她是我的妻子。她患了病,得不到治疗,也因为她是我的妻子。想尽办法一直到逝世前三个星期,靠开后门她才住进医院。但是癌细胞已经扩散,肠癌变成了肝癌。

她不想死,她要活,她愿意改造思想,她愿意看到社会主义建成。这个愿望总不能说是痴心妄想吧。她本来可以活下去,倘使她不是"黑老K"的"臭婆娘"③。一句话,是我连累了她,是我害了她。

在我靠边的几年中间④,我所受到的精神折磨她也同样受到。但是我并未挨过打,她却挨了"北京来的红卫兵"的铜头皮带⑤,留在她左眼上的黑圈好几天后才褪尽。她挨打只是为了保护我,她看见那些年轻人深夜闯进来,害怕他们把我揪走,便溜出大门,到对面派出所去,请民警同志出来干预。

那里只有一个人值班,不敢管。当着民警的面,她被他们用铜头皮带狠狠抽了一下,给押了回来,同我一起关在马桶间里。她不仅分担了我的痛苦,还给了我不少的安慰和鼓励。在"四害"横行的时候,我在原单位(中国作家协会上海分会)给人当作"罪人"和"贱民"看待,日子十分难过,有时到晚上九、十点钟才能回家。我进了门看到她的面容,满脑子的乌云都消散了。我有什么委屈、牢骚，都可以向她尽情倾吐。有一个时期我和她每晚临睡前要服两粒眠尔通才能够闭眼，可是天刚刚发白就都醒了。我唤她，她也唤我。我诉苦般地说："日子难过啊！"她也用同样的声音回答："日子难过啊！"但是她马上加一句："要坚持下去。"或者再加一句："坚持就是胜利。"我说"日子难过"，因为在那一段时间里，我每天在"牛棚"里面劳动、学习、写交代、写检查、写思想汇报。任何人都可以责骂我、教训我、指挥我。从外地到"作协分会"来串联的人可以随意点名叫我出去"示众"，还要自报罪行。上下班不限时间，由管理"牛棚"的"监督组"随意决定。任何人都可以闯进我家里来，高兴拿什么就拿走什么。这个时候大规模的群众性批斗和电视批斗大会还没有开始，但已经越来越逼近了。

她说"日子难过"，因为她给两次揪到机关，靠边劳动，后来也常常参加陪斗。在淮海中路"大批判专栏"上张贴着批判我的罪行的大字报，我一家人的名字都给写出来"示众"，不用说"臭婆娘"的大名占着显著的地位。这些文字像虫子一样咬痛她的心。她让上海戏剧学院"狂妄派"学生突然袭击、揪到"作协分会"去的时候，在我家大门上还贴了一张揭露她的所谓罪行的大字报。幸好当天夜里我儿子把它撕毁。否则这一张大字报就会要了她的命！

人们的白眼，人们的冷嘲热骂蚕食着她的身心。我看出来她的健康逐渐遭到损害。表面上的平静是虚假的。内心的痛苦像一锅煮沸的水，她怎么能遮盖住！怎样能使它平静！她不断地给我安慰，对我表示信任，替我感到不平。然而她看到我的问题一天天地变得严重，上面对我的压力一天天地增加，她又非常担心。有时同我一起上班或者下班，走进巨鹿路口，快到"作协分会"，或者走进南湖路口，快到我们家，她总是抬不起头。我理解她，同情她，也非常担心她经受不起沉重的打击。我记得有一天到了平常下班的时间，我们没有受到留难，回到家里她比较高兴，到厨房去烧菜。我翻看当天的报纸，在第三版上看到当时做了"作协分会"的"头头"的两个工人作家写的文章《彻底揭露巴金的反革命真面》。真是当头一棒！我看了两三行，连忙把报纸藏起来，我害怕让她看见。她端着烧好的菜出来，脸上还带笑容，吃饭时她有说有笑。饭后她要看报，我企图把她的注意力引到别处。但是没有用，她找到了报纸。她的笑容一下子完全消失。

这一夜她再没有讲话，早早地进了房间。我后来发现她躺在床上小声哭着。一个安静的夜晚给破坏了。今天回想当时的情景，她那张满是泪痕的脸还在我的眼前。我多么愿意让她的泪痕消失，笑容在她憔悴的脸上重现，即使减少我几年的生命来换取我们家庭生活中一个宁静的夜晚，我也心甘情愿！

二

我听周信芳同志的媳妇说⑥，周的夫人在逝世前经常被打手们拉出去当作皮球推来推去，打得遍体鳞伤。有人劝她躲开，她说："我躲开，他们就要这样对付周先生了。"萧珊并未受到这种新式体罚。可是她在精神上给别人当皮球打来打去。她也有这样的想法：她多受一点精神折磨，可以减轻对我的压力。其实这是她一片痴心，结果只苦了她自己。我看见她一天天地憔悴下去，我看见她的生命之火逐渐熄灭，我多么痛心。我劝她，我安慰她，我想拉住她，一点也没有用。

她常常问我："你的问题什么时候才解决呢？"我苦笑说："总有一天会解决的。"她叹口气说："我恐怕等不到那个时候了。"后来她病倒了，有人劝她打电话找我回家，她不知从哪里得来的消息，她说："他在写检查，不要打岔他。他的问题大概可以解决了。"等到我从五七干校回家休假⑦，她已经不能起床。她还问我检查写得怎样，问题是否可以解决。我当时的确在写检查，而且已经写了好几次了。他们要我写，只是为了消耗我的生命。但她怎么能理解呢？

这时离她逝世不过两个多月，癌细胞已经扩散，可是我们不知道，想找医生给她认真检查一次，也毫无办法。平日去医院挂号看门诊，等了许久才见到医生或者实习医生，随便给开个药方就算解决问题。只有在发烧到摄氏三十九度才有资格挂急诊号，或者还可以在病人拥挤的观察室里待上一天半天。当时去医院看病找交通工具也很困难，常常是我女婿借了自行车来，让她坐在车上，他慢慢地推着走。有一次她雇到小三轮车去看病，看好门诊回家雇不到车了，只好同陪她看病的朋友一起慢慢地走回来，走走停停，走到街口，她快要倒下了，只得请求行人到我们家通知，她一个表侄正好来探病，就由他去把她背了回家。她希望拍一张X光片子查一查肠子有什么病，但是办不到。后来靠了她一位亲戚帮忙开后门两次拍片，才查出她患肠癌。以后又靠朋友设法开后门住进了医院。她自己还很高兴，以为得救了。只有她一个人不知道真实的病情，她在医院里只活了三个星期。

我休假回家假期满了，我又请过两次假，留在家里照料病人。最多也不到一个月。我看见她病情日趋严重，实在不愿意把她丢开不管，我要求延长假期的时候，我们那个单位的一个"工宣队"头头逼着我第二天就回干校去⑧。我回到家里，她问起来，我无法隐瞒。她叹了口气，说"你放心去吧。"她把脸掉过去，不让我看见她。我女儿、女婿看到这种情景，自告奋勇地跑到巨鹿路向那位"工宣队"头头解释，希望同意我在市区多留些日子照料病人。可是那个头头"执法如山"，还说：他不是医生，留在家里，有什么用！"留在家里对他改造不利！"他们气愤地回到家中，只说机关不同意，后来才对我传达了这句"名言"。我还能讲什么呢？明天回干校去！

整个晚上她睡不好，我更睡不好。出乎意外，第二天一早我那个插队落户的儿子在我们房间里出现了，他是昨天半夜里到的。他得了家信，请假回家看母亲，却没有想到母亲病成这样。我见了他一面，把他母亲交给他，就回干校去了。

在车上我的情绪很不好。我实在想不通为什么会有这样的事情。我在干校待了五天，无法同家里通消息。我已经猜到她的病不轻了。可是人们不让我过问她的事情。这五天是多么难熬的日子！到第五天晚上在干校的造反派头头通知我们全体第二天一早回市区开会。这样我才又回到了家，见到了我的爱人。靠了朋友帮忙，她可以住进中山医院肝癌病房，一切都准备好，她第二天就要住院了。她多么希望住院前见我一面，我终于回来了。连我也没有想到她的病情发展得这么快。我们见了面，我一句话也讲不出来。她说了一句："我到底住院了。"我答说："你安心治疗吧。"她父亲也来看她，老人家双目失明，去医院探病有困难，可能是来同他的女儿告别了。

我吃过中饭，就去参加给别人戴上反革命帽子的大会，受批判、戴帽子的不止一个，其中有一个我的熟人王若望同志，他过去也是作家，不过比我年轻。我们一起在"牛棚"里关过一个时期，他的罪名是"摘帽右派"⑨。他不服，不听话，他贴出大字报，声明"自己解放自己"，因此罪名越搞越大，给提去关了一个时期还不算，还戴上了反革命的帽子监督劳动。在会场里我一直像在做怪梦。开完会回家，见到萧珊我感到格外亲切，仿佛重回人间，可是她不舒服，不想讲话，偶尔讲一句半句。我还记得她讲了两次："我看不到了。"我连声问她看不到什么？她后来才说："看不到你解放了。"我还能再讲什么呢？

我儿子在旁边，垂头丧气，精神不好，晚饭只吃了半碗，像是患感冒。她忽然指着他小声说："他怎么办呢？"他当时在安徽山区已经待了三年半，政治上没有人管，生活上不能养活自己，而且因为是我的儿子，给剥夺了好些公民权利。他先学会沉默，后来又学会抽烟。我怀着内疚的心情看看他，我后悔当初不该写小说，更不该生儿育女。我还记得前两年在痛苦难熬的时候她对我说："孩子们说爸爸做了坏事，害了我们大家。"这好像用刀子在割我身上的肉。我没有出声，我把泪水全吞在肚里。她睡了一觉醒过来忽然问我："你明天不去了？"我说："不去了。"就是那个"工宣队"头头今天通知我不用再去干校就留在市区。他还问我："你知道萧珊是什么病？"我答说："知道。"其实家里瞒住我，不给我知道真相，我还是从他这句问话里猜到的。

三

　　第二天早晨她动身去医院，一个朋友和我女儿、女婿陪她去。她穿好衣服等候车来。她显得急躁，又有些留恋，东张张西望望，她也许在想是不是能再看到这里的一切。我送走她，心上反而加了一块大石头。

　　将近二十天里，我每天去医院陪伴她大半天。我照料她，我坐在病床前守着她，同她短短地谈几句话。她的病情恶化，一天天衰弱下去，肚子却一天天大起来，行动越来越不方便。

　　当时病房里没有人照料，生活方面除饭食外一切都必须自理。

　　后来听同病房的人称赞她"坚强"，说她每天早晚都默默地挣扎着下了床，走到厕所。医生对我们谈起，病人的身体经不住手术，最怕的是她肠子堵塞，要是不堵塞，还可以拖延一个时期。她住院后的半个月是一九六六年八月以来我既感痛苦又感到幸福的一段时间，是我和她在一起渡过的最后的平静的时刻，我今天还不能将它忘记。但是半个月以后，她的病情有了发展，一天吃中饭的时候，医生通知我儿子找我去谈话。他告诉我：病人的肠子给堵住了，必须开刀。开刀不一定有把握，也许中途出毛病。但是不开刀，后果更不堪设想。他要我决定，并且要我劝她同意。我做了决定，就去病房对她解释。我讲完话，她只说了一句："看来，我们要分别了。"她望着我，眼睛里全是泪水。我说："不会的……"我的声音哑了。接着护士长来安慰她，对她说："我陪你，不要紧的。"她回答："你陪我就好。"时间很紧迫，医生、护士们很快作好准备，她给送进手术室去了，是她表侄把她推到手术室门口的，我们就在外面走廊上等了好几个小时，等到她平安地给送出来，由儿子把她推回到病房去。儿子还在她身边守过一个夜晚。过两天他也病倒了，查出来他患肝炎，是从安徽农村带回来的。本来我们想瞒住他的母亲，可是无意间让他母亲知道了。她不断地问："儿子怎么样？"我自己也不知道儿子怎么样，我怎么能使她放心呢？晚上回到家，走进空空的、静静的房间，我几乎要叫出声来："一切都朝我的头打下来吧，让所有的灾祸都来吧。我受得住！"

　　我应当感谢那位热心而又善良的护士长，她同情我的处境，要我把儿子的事情完全交给她办。她作好安排，陪他看病、检查，让他很快住进别处的隔离病房，得到及时的治疗和护理。他在隔离房里苦苦地等候母亲病情的好转。母亲躺在病床上，只能有气无力地说几句短短的话，她经常问："棠棠怎么样？"从她那双含泪的眼睛里我明白她多么想看见她最爱的儿子。但是她已经没有精力多想了。

　　她每天给输血，打盐水针。她看见我去就断断续续地问我："输多少西西的血？该怎么办？"我安慰她："你只管放心。没有问题，治病要紧。"她不止一次地说："你辛苦了。"我有什么苦呢？我能够为我最亲爱的人做事情，哪怕做一件小事，我也高兴！后来她的身体更不行了。医生给她输氧气，鼻子里整天插着管子。她几次要求拿开，这说明她感到难受，但是听了我们的劝告，她终于忍受下去了。开刀以后她只活了五天。谁也想不到她会去得这么快！五天中间我整天守在病床前，默默地望着她在受苦（我是设身处地感觉到这样的），可是她除了两三次要求搬开床前巨大的氧气筒，三四次表示担心输血较多付不出医药费之外，并没有抱怨过什么。见到熟人她常有这样一种表情：请原谅我麻烦了你们。她非常安静，但并未昏睡，始终睁大两只眼睛。眼睛很大，很美，很亮。我望着，望着，好像在望快要燃尽的烛火。我多么想让这对眼睛永远亮下去！我多么害怕她离开我！我甚至愿意为我那十四卷"邪书"受到千刀万剐，只求她能安静地活下去。

　　不久前我重读梅林写的《马克思传》，书中引用了马克思给女儿的信里一段话，讲到马克思夫人的死。信上说："她很快就咽了气。……这个病具有一种逐渐虚脱的性质，就像由于衰老所致一样。甚至在最后几小时也没有临终的挣扎，而是慢慢地沉入睡乡。她的眼睛比任何时候都更大、更美、更亮！"这段话我记得很清楚。马克思夫人也死于癌症。我默默地望着萧珊那对很大、很美、很亮的眼睛，我想起这段话，稍微得到一点安慰。听说她的确也"没有临终的挣扎"，也是"慢慢地沉入睡乡"。我这样说，因为她离开这个世界的时候，我不在她的身边。那天是星期天，卫生防疫站因为我们家发现了肝炎病人，派人上午来做消毒工作。她的表妹有空愿意到医院去照料她，讲好我们吃过中饭就去接替。没有想到我们刚刚端起饭碗，就得到传呼电话，通知我女儿去医院，说是她妈妈"不行"了。真是晴天霹雳！我和我女儿、女婿赶到医院。她那张病床上连床垫也给拿走了。别人告诉我她在太平间。我们又下了楼赶到那里，在门口遇见表妹。还是她找人帮忙把"咽了气"的病人抬进来的。死者还不曾给放进铁匣子里送进冷库，她躺在担架上，但已经白布床单包得紧紧的，看不到面容了。我只看到她的名字。我弯下身子，把地上那个还有点人形的白布包拍了好几下，一面哭唤着她的名字。不过几分钟的时间，这算是什么告别呢？

据表妹说，她逝世的时刻，表妹也不知道。她曾经对表妹说："找医生来。"医生来过，并没有什么。后来她就渐渐地"沉入睡乡"。表妹还以为她在睡眠。一个护士来打针，才发觉她的心脏已经停止跳动了。我没有能同她诀别，我有许多话没有能向她倾吐，她不能没有留下一句遗言就离开我！我后来常常想，她对表妹说："找医生来。"很可能不是"找医生"。是"找李先生"（她平日这样称呼我）。为什么那天上午偏偏我不在病房呢？家里人都不在她身边，她死得这样凄凉！

我女婿马上打电话给我们仅有的几个亲戚。她的弟媳赶到医院，马上晕了过去。三天以后在龙华火葬场举行告别仪式。她的朋友一个也没有来，因为一则我们没有通知，二则我是一个审查了将近七年的对象。没有悼词没有吊客，只有一片伤心的哭声。我衷心感谢前来参加仪式的少数亲友和特地来帮忙的我女儿的两三个同学，最后，我跟她的遗体告别，女儿望着遗容哀哭，儿子在隔离房还不知道把他当作命根子的妈妈已经死亡。值得提说的是她当作自己儿子照顾了好些年的一位亡友的男孩从北京赶来，只为了见她最后一面。这个整天同钢铁打交道的技术员，他的心倒不像钢铁那样。他得到电报以后，他爱人对他说："你去吧，你不去一趟，你的心永远安定不了。"我在变了形的她的遗体旁边站了一会。别人给我和她照了像。我痛苦地想：这是最后一次了，即使给我们留下来很难看的形象，我也要珍视这个镜头。

一切都结束了。过了几天我和女儿、女婿到火葬场，领到了她的骨灰盒。在存放室寄存了三年之后，我按期把骨灰盒接回家里。有人劝我把她的骨灰安葬，我宁愿让骨灰盒放在我的寝室里，我感到她仍然和我在一起。

四

梦魇一般的日子终于过去了。六年仿佛一瞬间似的远远地落在后面了。其实哪里是一瞬间！这段时间里有多少流着血和泪的日子啊。不仅是六年，从我开始写这篇短文到现在又过去了半年，半年中我经常在火葬场的大厅里默哀，行礼，为了纪念给"四人帮"迫害致死的朋友。想到他们不能把个人的智慧和才华献给社会主义祖国，我万分惋惜。每次戴上黑纱插上纸花的同时，我也想起我自己最爱的朋友，一个普通的文艺爱好者，一个成绩不大的翻译工作者，一个心地善良的人。她是我生命的一部分，她的骨灰里有我的泪和血。

她是我的一个读者。一九三六年我在上海第一次同她见面。一九三八年和一九四一年我们两次在桂林像朋友似的住在一起。一九四四年我们在贵阳结婚。我认识她的时候，她还不到二十，对她的成长我应当负很大的责任。她读了我的小说，给我写信，后来见到了我，对我发生了感情。她在中学念书，看见我以前，因为参加学生运动被学校开除，回到家乡住了一个短时期，又出来进另一所学校。倘使不是为了我，她三七、三八年一定去了延安。她同我谈了八年的恋爱，后来到贵阳旅行结婚，只印发了一个通知，没有摆过一桌酒席。从贵阳我和她先后到了重庆，住在民国路文化生活出版社门市部楼梯下七八个平方米的小屋里。她托人买了四只玻璃杯开始组织我们的小家庭。她陪着我经历了各种艰苦生活。

在抗日战争紧张的时期，我们一起在日军进城以前十多个小时逃离广州，我们从广东到广西，从昆明到桂林，从金华到温州，我们分散了，又重见，相见后又别离。在我那两册《旅途通讯》中就有一部分这种生活的记录。四十年前有一位朋友批评我："这算什么文章！"我的《文集》出版后，另一位朋友认为我不应当把它们也收进去。他们都有道理。两年来我对朋友、对读者讲过不止一次，我决定不让《文集》重版。但是为我自己，我要经常翻看那两小册《通讯》。在那些年代，每当我落在困苦的境地里、朋友们各奔前程的时候，她总是亲切地在我耳边说："不要难过，我不会离开你，我在你的身边。"的确，只有她最后一次进手术室之前她才说过这样一句："我们要分别了。"

我同她一起生活了三十多年。但是我并没有好好地帮助她。她比我有才华，却缺乏刻苦钻研的精神。我很喜欢她翻译的普希金和屠格涅夫的小说⑩。虽然译文并不恰当，也不是普希金和屠格涅夫的风格，它们却是有创造性的文学作品，阅读它们对我是一种享受。她想改变自己的生活，不愿作家庭妇女，却又缺少吃苦耐劳的勇气。她听一个朋友的劝告，得到后来也是给"四人帮"迫害致死的叶以群同志的同意，到《上海文学》"义务劳动"，也做了一点点工作，然而在运动中却受到批判，说她专门向老作家组稿，又说她是我派去的"坐探"。她为了改造思想，想走捷径，要求参加"四清"运动，找人推荐到某铜厂的工作组工作，工作相当忙碌、紧张，她却精神愉快。但是到我快要靠边的时候，她也被叫回"作协分会"参加运动。她第一次参加这种急风暴雨般的斗争，而且是以反动权威家属的身份参加，她不知道该怎么办才好。她张皇失措，坐立不安，替我担心，又为儿女们的前途忧虑。她盼望什么人向她伸出援助的手，可是朋友们离开了她，"同事们"拿她当作箭靶，还有人想通过整她来整我。她不是"作协分会"或者刊物的正式工作人员，可是仍然被"勒令"靠边劳动、站队挂牌，放回家以后，又给揪到机关。她怕人看见，每天大清早起来，拿着扫帚出门，扫得精疲力尽，才回到家里，关上大门，吐了一口气。但有时她还碰到上学去的小孩，对她叫骂"巴金的臭婆娘"。我偶尔看见她拿着扫帚回来，不敢正眼看她，我感到负罪的心情，这是对她的一个致命的打击。不到两个月，她病倒了，以后就没有再出去扫街（我妹妹继续扫了一个时期），但是也没有完全恢复健康。尽管她还继续拖了四年，但一直到死她并不曾看到我恢复自由。

这就是她的最后，然而绝不是她的结局。她的结局将和我的结局连在一起。

我绝不悲观。我要争取多活。我要为我们社会主义祖国工作到生命的最后一息。在我丧失工作能力的时候，我希望病榻上有萧珊翻译的那几本小说。等到我永远闭上眼睛，就让我的骨灰同她的搀和在一起。

（《随想录》，巴金著，三联书店，1987）

注释

①牛棚：原指养牛的牛舍，"文革"时期指关押改造、非法剥夺"右派"等人身自由的场所。 ②牛鬼蛇神：原指奇形怪状的鬼神，后来被用来泛称那些在历次政治运动中被错误地打入另册的人，是对他们的不尊称呼。 ③黑老K：这是当时对巴金的贬义称呼。"文革"语言中，常用"黑"放在名词前起修饰作用，以此作为政治定性和道德审判的工具。 ④靠边：比喻失去权利或自由等。 ⑤红卫兵："文革"时期的一种特殊的群团组织，主要由青年学生组成，对"文革"在全国范围内的发展起到了推波助澜的负面作用。 ⑥周信芳（1895—1975）：中国京剧表演艺术家、京剧麒派艺术创始人。浙江慈城人。"文革"中，周信芳身心遭到严重的折磨与摧残，含冤逝世。 ⑦五七干校："文革"期间，为了贯彻毛泽东《五七指示》和让干部接受贫下中农教育，将党政机关、科技人员和大专院校教师等人下放到农村进行劳动的场所。 ⑧工宣队：是"工人毛

泽东思想宣传队"的简称。 ⑨ 摘帽右派:1959年中央发布《关于确实表现改好了的右派分子的处理问题的决定》,声明凡是已经改恶从善,并且在言论和行动上表现出确实是改好了的右派分子,即摘掉他们的右派的帽子。 ⑩ 普希金(1799—1837):俄国作家,代表作有《叶甫盖尼·奥涅金》、《致恰达耶夫》等。屠格涅夫(1818—1883):俄国作家,代表作有《前夜》、《父与子》等。

作者简介

巴金(1904—2005),原名李尧棠,字芾甘,笔名巴金。四川成都人。中国现代作家。1927年初赴法国留学,1928年底回到上海,在此期间开始文学创作和翻译,回国后陆续发表的《爱情三部曲》(《雾》《雨》《电》)、《激流三部曲》(《家》《春》《秋》)在青年读者中产生了巨大而持续的影响。抗日战争时期,他辗转各地,编辑书刊,并一直写作不辍,先后出版了《寒夜》、《憩园》等长篇小说。建国后,巴金曾历任全国文联副主席,中国作家协会副主席、主席等职。晚年发表的五卷《随想录》以独立的思考和深切的人文关怀,引起了强烈反响。今人编有《巴金文集》、《巴金译文全集》。

讲解

《怀念萧珊》是作家巴金在妻子萧珊逝世六周年的日子里为悼念妻子而作的一篇散文,记叙妻子在"文革"中因自己而受牵连,尝尽人间冷暖,身患绝症,但是又得不到正常、有效的治疗,最后凄凉离世的过程。全篇悼文感情真挚深沉,文字朴实无华,处处透露出一个丈夫对亡妻的爱,对曾经患难与共、相濡以沫的生活的深情追忆。

在作家笔下,萧珊质朴无华、业不惊人,她是"一个普通的文艺爱好者,一个成绩不大的翻译工作者,一个心地善良的好人"。从最初勇敢地追求爱情的时代进步少女到不离不弃地陪伴丈夫度过各种艰难困苦和颠沛流离生活的贤妻,萧珊始终无怨无悔。特别是在暴风雨来袭的日子里,萧珊用真挚的爱支撑丈夫几近崩溃的脆弱灵魂。每当丈夫落难,她总是亲切地在丈夫的耳边说:"不要难过,我不会离开你,我在你的身边。"她性格刚强,在"文革"那非人般的日子里,为了保护丈夫,她宁肯挨铜头皮带。为了减轻对丈夫的压力,她甘愿"多受一点精神折磨"。即使病倒了,她仍安慰和鼓励丈夫"要坚持下去","坚持就是胜利"。弥留之际,她牵挂的是丈夫的"解放",始终希望丈夫的问题尽早解决。应该说,巴金笔下的萧珊既是他的良妻,也是他的精神慰藉。

在读者读来,萧珊其实是一个时代的女性的象征,她们顾全大局,对未来始终抱有希望,以家庭和伴侣为生活重心,忍辱负重,甚至牺牲自我。萧珊与巴金之间的爱情也是一个时代的夫妻感情和家庭生活的缩影,他们相互扶持、互敬互爱,共同经历生活中的风风雨雨,彼此成为对方的依靠,成为家庭的精神纽带。然而,在萧珊的个人形象和家庭剪影背后,全篇文字所透露出来的还有作家对那个非人年代的控诉。尽管作家回忆叙述的言辞是那样的平易、舒缓,但其悲愤之情力透纸背,引发读者对毁灭真善美的"文革"年代的反思。作者在回忆亡妻时的种种自责和悔恨,也提醒读者对美的毁灭的警惕、对人性摧残的反思。

思考练习题

一、本文是作者怀念亡妻之作,在写萧珊的经历与事迹时,叙事结构上有什么特点?这样的结构安排有何作用?

二、举例说明本文是如何运用细节描写来写人物的。

三、你怎样理解本文作者所说的"梦魇一般的日子"?

34. 说笑

·钱锺书

　　自从幽默文学提倡以来,卖笑变成了文人的职业。幽默当然用笑来发泄,但是笑未必就表示着幽默。刘继庄《广阳杂记》云:"驴鸣似器,马嘶如笑。"①而马并不以幽默名家,大约因为脸太长的缘故。老实说,一大部分人的笑,也只等于马鸣萧萧,充不得什么幽默。

　　把幽默来分别人兽,好像亚理士多德是第一个②。他在《动物学》里说:"人是唯一能笑的动物。"近代奇人白伦脱(W. s. Blunt)有《笑与死》的一首十四行诗,略谓自然界如飞禽走兽之类,喜怒爱惧,无不发为适当的声音,只缺乏表示幽默的笑声。不过,笑若为表现幽默而设,笑只能算是废物或者奢侈品,因为人类并不都需要笑。禽兽的鸣叫,尽够来表达一般人的情感,怒则狮吼,悲则猿啼,争则蛙噪。遇冤家则如犬之吠影,见爱人则如鸠之呼妇(cooing)。请问多少人真有幽默,需要笑来表现呢?然而造物者已经把笑的能力公开地分给了整个人类,脸上能做出笑容,嗓子里能发出笑声;有了这种本领而不使用,未免可惜。所以,一般人并非因为幽默而笑,是会笑而借笑来掩饰他们的没有幽默。笑的本意,逐渐丧失;本来是幽默丰富的流露,慢慢地变成了幽默贫乏的遮盖。于是你看见傻子的呆笑,瞎了的趁淘笑——还有风行一时的幽默文学。

　　笑是最流动、最迅速的表情,从眼睛里泛到口角边。东方朔《神异经·东荒经》载车王公投壶不中,"天为之笑",张华注说天笑即是闪电,真是绝顶聪明的想象③。据荷兰夫人(Lady Holland)的《追忆录》,薛德尼斯密史(Sidney Smith)也曾说:"电光是天的诙谐(Wit)。"笑的确可以说是人面上的电光,眼睛忽然增添了明亮,唇吻间闪烁着牙齿的光芒。我们不能扣留住闪电来代替高悬普照的太阳和月亮,所以我们也不能把笑变为一个固定的、集体的表情。经提倡而产生的幽默,一定是矫揉造作的幽默。这种机械化的笑容,只像骷髅的露齿,算不得活人灵动的姿态。柏格森《笑论》(Le Rire)说④,一切可笑都起于灵活的事物变成呆板,生动的举止化作机械式(Le mécanique plaque sur le vivant)。所以,复出单调的言动,无不惹笑,像口吃,像口头习惯语,像小孩子的有意模仿大人。老头子常比少年人可笑,就因为老头子不如少年人灵变活动,只是一串僵化的习惯。幽默不能提倡,也是为此。一经提倡,自然流露的弄成模仿的,变化不居的弄成刻板的。这种幽默本身就是幽默的资料,这种笑本身就可笑。一个真有幽默的人别有会心,欣然独笑,冷然微笑,替沉闷的人生透一口气。也许要在几百年后、几万里外,才有另一个人和他隔着时间空间的河岸,莫逆于心,相视而笑。假如一大批人,嘻开了嘴,放宽了嗓子,约齐了时刻,成群结党大笑,那只能算下等游艺场里的滑稽大会串。国货提倡尚且增添了冒牌,何况幽默是不能大批出产的东西。所以,幽默提倡以后,并不产生幽默家,只添了无数弄笔墨的小花脸。挂了幽默的招牌,小花脸当然身价大增、脱离戏场而混进文场;反过来说,为小花脸冒牌以后,幽默品格降低,一大半文艺只能算是"游艺"。小花脸也使我们笑,不错! 但是他跟真有幽默者绝然不同。真有幽默的人能笑,我们跟着他笑;假充幽默的小花脸可笑,我们对着他笑。小花脸使我们笑,并非因为他有幽默,正因为我们自己有幽默。

　　所以,幽默至多是一种脾气,决不能标为主张,更不能当作职业。我们不要忘掉幽默(humour)的拉丁文原意是液体;换句话说,好象贾宝玉心目中的女性,幽默是水做的。把幽默当为一贯的主义或一生的衣食饭碗,那便是液体凝为固体,生物制成标本。就是真有幽默的人,若要卖笑为生,作品便不甚看得,例如马克·吐温(Mark Twain),自十八世纪末叶以来,德国人好讲幽默,然而愈讲愈不相干,就因为德国人是做香肠的民族,错认幽默也像肉末似的,可以包扎得停停当当,作为现成的精神食料。幽默减少人生的严重性,决不把自己看得严重。真正的幽默是能反躬自笑的,它不但对于人生是幽默的看法,它对于幽默本身也是幽默的看法。提倡幽默作为一个口号、一种标准,正是缺乏幽默的举动;这不是幽默,这是一本正经的宣传幽默,板了面孔的劝笑。我们又联想到马鸣萧萧了！听来声音倒是笑,只是马脸全无笑容,还是拉得长长的,像追悼会上后死的朋友,又像讲学台上的先进的大师。

大凡假充一桩事物,总有两个动机。或出于尊敬,例如俗物尊敬艺术,就收集古董,附庸风雅。或出于利用,例如坏蛋有所企图,就利用宗教道德,假充正人君子。幽默被假借,想来不出这两个缘故。然而假货毕竟充不得真。西洋成语称笑声清扬者为"银笑",假幽默像掺了铅的伪币,发出重浊呆木的声音,只能算铅笑。不过,"银笑"也许是卖笑得利,笑中有银之意,好比说"书中有黄金屋";姑备一说,供给辞曲学者的参考。

（《写在人生边上》,钱锺书著,中国社会科学出版社,1991）

注释

① 刘继庄(1648—1695)：名献廷,字继庄,直隶大兴(今属北京)人。清初学者。《广阳杂记》：刘献廷所撰的一部笔记,共五卷,记载明清杂事、历代典制,旁及地理、水利、象纬、律历、财赋、音韵、医药等。　② 亚里士多德(前384—前322)：古希腊哲学家、科学家。　③ 东方朔(前154—前93)：字曼倩,平原厌次(今山东惠民)人。西汉文学家。武帝时官太中大夫。《神异经》：志怪小说集,旧题东方朔撰,实为伪托,全书分为《东荒经》、《东南荒经》、《南荒经》、《西南荒经》、《西荒经》、《西北荒经》、《北荒经》、《东北荒经》、《中荒经》等九章。有晋张华注。张华(232—300),字茂先,范阳方城(今河北固安)人。西晋文学家、学者。惠帝时官至司空,封壮武郡公。有《张茂先集》(辑本)。　④ 柏格森(1859—1941),法国哲学家,生命哲学与直觉主义的主要代表之一。法兰西学院院士。1928年获诺贝尔文学奖。代表作有《时间与自由意志》等。　⑤ 马克·吐温(1835—1910)：本名S.L·克莱门斯,美国作家。代表作有长篇小说《哈克贝利·芬历险记》等。

作者简介

钱锺书(1910—1988),字默存,号槐聚。江苏无锡人。中国现代学者、小说家。1933年毕业于清华大学外国语文系,1935年赴欧洲留学,先后就读于英国牛津大学、法国巴黎大学,1938年归国。长期致力于中国和西方文学的研究。主张用比较文学、心理学、风格学、哲理意义学等多学科的方法,从多种角度理解和评价文学作品。有学术著作《谈艺录》、《管锥编》等,散文集《写在人生边上》,短篇小说集《人·兽·鬼》,长篇小说《围城》,选本《宋诗选注》等。

讲解

钱钟书对世态人情有着敏锐的洞察和分析,语言幽默风趣,笔调犀利。《说笑》语言辛辣,是典型的钱氏幽默的风格,不仅如此,钱钟书还对笑与幽默的问题做了鞭辟入里的分析。

在钱钟书看来,笑是幽默的一种体现,他开篇就点出："自从幽默文学提倡以来,卖笑变成了文人的职业。"把幽默和笑联系起来,并且作进一步的区分："幽默当然用笑来发泄,但是笑未必就表示着幽默。"接下来,钱钟书先生引用了亚里士多德之言说,区分人和兽在于其是否能笑。没人见过哪只猪或哪头驴会笑,只有人才会笑。然而,现在人的笑已渐渐失去本意,笑成了"幽默贫乏的遮盖"。随着人类历史的发展,人们的幽默感逐渐沦丧,现在大多数所谓的"幽默"不过是一些低俗的供人消遣的东西。这是在丰富物质条件下生活的人们的悲哀。在第三段中,钱钟书先生指出："笑是最流动、最迅速的表情,从眼睛里泛到口角边。"他认为笑就是这么一个简单、单纯的东西,人们没有必要刻意地去提倡而产生幽默。这样的幽默是矫揉造作的幽默,在根本上失去了幽默的意义,而这样的笑也成了机械、呆板的笑。于是,这样的幽默,这样的笑的本身也就成了可笑的了。所以说,幽默这个东西是勉强不来的,幽默不幽默是一个人自身修养的问题,不是能说几个笑话就能算做幽默的。"提倡而产生的幽默"给我们带来了什么呢?钱钟书先生认为那便是小丑。小丑是为了幽默而存在的"幽默家",他用自己的表演给人们带来笑,但这笑不是真正的幽默的笑。钱先生说:"幽默至多是一种脾气,决不能标为主张,更不能当作职业。"如果真的把幽默当做一件严肃的事情来看,那么只能让人联想到马鸣萧萧了。真正的幽默应是一种液体,可以流动,而不应该是死板的,一成不变的固体。最后,钱钟书先生总结了假借幽默的两种情况,但不管怎样,终究是假借。"假货毕竟充不得真。"假幽默永远也不可能成为经典。所以,要做到真正的幽默,还是应该提高我们自身的修养,这样,幽默才不会被遗忘。

思考练习题

一、思考钱钟书笔下幽默的具体含义。

二、"笑"与"幽默"有什么关系?作者讲"笑"为什么要从幽默谈起?

三、分析钱钟书在本文中的幽默观。

35. 天才梦

张爱玲

我是一个古怪的女孩,从小被视为天才,除了发展我的天才外别无生存的目标。然而,当童年的狂想逐渐褪色的时候,我发现我除了天才的梦之外一无所有——所有的只是天才的乖僻缺点。世人原谅瓦格涅的疏狂①,可是他们不会原谅我。

加上一点美国式的宣传,也许我会被誉为神童。我三岁时能背诵唐诗。我还记得摇摇摆摆地立在一个满清遗老的藤椅前朗吟"商女不知亡国恨,隔江犹唱后庭花"②,眼看着他的泪珠滚下来。七岁时我写了第一部小说,一个家庭的悲剧。遇到笔画复杂的字,我常常跑去问厨子怎样写。第二部小说是关于一个失恋自杀的女郎。我母亲批评说:如果她要自杀,她决不会从上海乘火车到西湖去自溺。可是我因为西湖诗意的背景,终于固执地保存了这一点。

我仅有的课外读物是《西游记》与少量的童话,但我的思想并不为它们所束缚。八岁那年,我尝试过一篇类似乌托邦的小说,题名《快乐村》。快乐村人是一好战的高原民族,因克服苗人有功,蒙中国皇帝特许,免征赋税,并予自治权。所以快乐村是一个与外界隔绝的大家庭,自耕自织,保存着部落时代的活泼文化。

我特地将半打练习簿缝在一起,预期一本洋洋大作,然而不久我就对这伟大的题材失去了兴趣。现在我仍旧保存着我所绘的插图多帧,介绍这种理想社会的服务、建筑、室内装修,包括图书馆、"演武厅"、巧克力店、屋顶花园。公共餐室是荷花池里一座凉亭。我不记得那里有没有电影院和社会主义——虽然缺少了这两样文明的产物,他们似乎也过得很好。

九岁时,我踌躇着不知道应当选择音乐或美术作我终身的事业。看了一个描写穷困的画家的影片后,我哭了一场,决定做一个钢琴家,在富丽堂皇的音乐厅里演奏。

对于色彩、音符、字眼,我极为敏感。当我弹奏钢琴时,我想象那八个音符有不同的个性,穿戴了鲜艳的衣帽携手舞蹈。我学写文章,爱用色彩浓厚、音韵铿锵的字眼,如"珠灰"、"黄昏"、"婉妙"、"splendour"、"melancholy"，因此常犯了堆砌的毛病。直到现在，我仍然爱看《聊斋志异》与俗气的巴黎时装报告，便是为了这种有吸引力的字眼。

在学校里我得到自由发展，我的自信心日益坚强。直到我十六岁时，我母亲从法国回来，将她暌隔、分离多年的女儿研究了一下。"我懊悔从前小心看护你的伤寒症，"她告诉我，"我宁愿看你死，不愿看你活着使你自己处处受痛苦。"

我发现我不会削苹果。经过艰苦的努力我才学会补袜子。我怕上理发店，怕见客，怕给裁缝试衣裳。许多人尝试过教我织绒线，可是没有一个成功。在一间房里住了两年，问我电铃在哪儿我还茫然。我天天乘黄包车上医院去打针，接连三个月，仍然不认识那条路。总而言之，在现实的社会里，我等于一个废物。

我母亲给我两年的时间学习适应环境。她教我煮饭；用肥皂洗衣；练习行路的姿势；看人的眼色；点灯后记得拉上窗帘；照镜子研究面部神态；如果没有幽默天才，千万别说笑话。

在待人接物的常识方面，我显露惊人的愚笨，我的两年计划是一个失败的试验。除了使我的思想失去均衡外，我母亲的沉痛警告没有给我任何的影响。

生活的艺术，有一部分我不是不能领略。我懂得怎么看"七月巧云"，听苏格兰兵吹 bagpipe，享受微风中的藤椅，吃盐水花生，欣赏雨夜的霓虹灯，从双层公共汽车上伸出手摘树顶的绿叶。在没有人与人交接的场合，我充满了生活的欢悦。可是我一天不能克服这种咬啮性的小烦恼，生命是一袭华美的袍，爬满了蚤子。

（《张爱玲文集》第四卷，安徽文艺出版社，1992）

注释

① 瓦格涅(1813—1883)：通译瓦格纳，德国作曲家。以歌剧创作享名。代表作为四联歌剧《尼伯龙根的指环》。 ② 商女不知亡国恨，隔江犹唱后庭花：晚唐诗人杜牧七绝《夜泊秦淮》中的后两句。

作者简介

张爱玲（1920—1995），原名张煐。原籍河北丰润，生于上海。童年在北京、天津度过，1929 年迁回上海。1930 年改名为张爱玲。中学毕业后到香港读书。1942 年香港沦陷，未毕业即回上海，给英文《泰晤士报》写剧评、影评，也替德国人办的英文杂志《二十世纪》写"中国的生活与服装"一类的文章。1943 年，她的小说处女作《沉香屑 第一炉香》在周瘦鹃主编的《紫罗兰》杂志上发表。随后接连发表《倾城之恋》、《金锁记》等代表作。1949 年上海解放后以梁京为笔名在上海《亦报》上发表小说《十八春》和《小艾》。1952 年移居香港，在美国新闻处工作，曾发表小说《赤地之恋》和《秧歌》。1955 年旅居美国。1995 年 9 月 8 日，逝世于洛杉矶。

讲解

《天才梦》是张爱玲 19 岁时在《西风》杂志的征文赛中所创作的一篇散文，只有短短五百字，最终获得荣誉奖第三名。张爱玲也因此开始显露自己文学上的才华，在文坛崭露头角。《天才梦》的语言朴质、平易、干净，有很高的概括性与感染力，但是质朴的语言中又不时冒出一些奇诡、华丽的句子，富有深邃、睿智的意义，初步显示出她自己的文学风格。文中将俗与雅、华丽与苍凉糅合，恰到好处。文中譬喻之巧，描画之传神，对比之鲜明，处处彰显出张氏风格的存在。如写自己 3 岁诵诗时的"摇摇摆摆"，听诗的满清遗老"泪珠滚下来"，虽是简笔勾勒，不事雕琢，但人物形象却栩栩如生。如在写弹奏钢琴时，"那八个音符有不同的个性，穿戴了鲜艳的衣帽携手舞蹈"，这样一句拟人,将孩童世界丰富的想像力展现得淋漓尽致。

20 世纪 40 年代中期,张爱玲把自己的散文结集为《流言》,顾名思义,她的文章大都是述说对平常事情的所见所闻所感,描述普通人的衣食住行、喜怒哀乐等,给人们展现出一个平凡、琐屑、亲近的世界。《天才梦》中提到自己读俗气的巴黎的时装报告,生活中学织绒线,吃盐水花生,在双层公共汽车上伸手摘树上的绿叶等等,都是写市井百姓的日常生活。这些其实是我们每一个人在日常生活中都能注意到的事情,可张爱玲就能把它变成自己笔下的美丽文章,下笔看似随意,甚至有点漫不经心,却呈现出一幅人生写真图。文章结尾的一句"生命是一袭华美的袍,爬满了蚤子",给整篇看似平淡的描述陡然增添了更为深刻的意义,那是看尽人间沧桑,无可奈何却又强装笑颜面对命运的悲凉。对于正处风华正茂的张爱玲来说,写出这样老辣而深刻的句子殊为惊人,半个多世纪以来,这个譬喻被看作张氏风格的典型代表——华丽而又苍凉。应该说,意象的独特和语言的极富个性化造就了张爱玲与众不同的文学风格。

晚年的张爱玲孤独避世,曾有一段时间深陷蚤子的困扰,不得不几次搬家,以求摆脱。其实她的一生一直都在力求摆脱各种各样的"蚤子"的骚扰。19 岁时预言的"生命是一袭华美的袍,爬满了蚤子",无意间却应验了自身。

思考练习题

一、本文写出了张爱玲怎样的个性特征? 表现了什么主题?

二、本文对自己天才之路的叙述是按照什么顺序进行的? 这样写有什么好处?

三、如何理解"生命是一袭华美的袍,爬满了蚤子"这句话?

36. 洞庭一角

余秋雨

一

中国文化中极其夺目的一个部位可称之为"贬官文化"。随之而来,许多文化遗迹也就是贬官行迹。贬官失了宠,摔了跤,孤零零的,悲剧意识也就爬上了心头;贬到了外头,这里走走,那里看看,只好与山水亲热。这一来,文章有了,诗词也有了,而且往往写得不坏。过了一个时候,或过了一个朝代,事过境迁,连朝廷也觉得此人不错,恢复名誉。于是,人品和文品双全,传之史册,诵之后人。他们亲热过的山水亭阁,也便成了遗迹。地因人传,人因地传,两相帮衬,俱著声名。

例子太多了。这次去洞庭湖,一见岳阳楼,心头便想:又是它了。1046 年,范仲淹倡导变革被贬,恰逢另一位贬在岳阳的朋友滕子京重修岳阳楼罢,要他写一篇楼记,他便借楼写湖,凭湖抒怀,写出了那篇著名的《岳阳楼记》。直到今天,大多数游客都是先从这篇文章中知道有这么一个楼的。文章中"先天下之忧而忧,后天下之乐而乐"这句话,已成为一般中国人都能随口吐出的熟语。

不知哪年哪月,此景此楼,已被这篇文章重新构建。文章开头曾称颂此楼"北通巫峡,南极潇湘",于是,人们在楼的南北两方各立一个门坊,上刻这两句话。进得楼内,巨幅木刻中堂,即是这篇文章,书法厚重畅丽,洒以绿粉,古色古香。其他后人题咏,心思全围着这篇文章。

这也算是个有趣的奇事:先是景观被写入文章,再是文章化作了景观。借之现代用语,或许可说，是文化和自然的互相生成罢。在这里，中国文学的力量倒显得特别强大。

范仲淹确实是文章好手，他用与洞庭湖波涛差不多的节奏，把写景的文势张扬得滚滚滔滔。游人仰头读完《岳阳楼记》的中堂，转过身来，眼前就会翻卷出两层浪涛，耳边的轰鸣也更加响亮。范仲淹趁势突进，猛地递出一句先忧后乐的哲言，让人们在气势的卷带中完全吞纳。

于是，浩淼的洞庭湖，一下子成了文人骚客胸襟的替身。人们对着它，想人生，思荣辱，知使命，游历一次，便是一次修身养性。

胸襟大了，洞庭湖小了。

二

但是，洞庭湖没有这般小。

范仲淹从洞庭湖讲到了天下，还小吗？比之心胸狭隘的文人学子，他的气概确也令人惊叹，但他所说的天下，毕竟只是他胸中的天下。

大一统的天下，再大也是小的。普天之下，莫非王土。于是，忧耶乐耶，也是丹墀金銮的有限度延伸①，大不到哪里去。在这里，儒家的天下意识，比之于中国文化本来具有的宇宙意识，逼仄得多了。

而洞庭湖，则是一个小小的宇宙。

你看，正这么想着呢，范仲淹身后就闪出了吕洞宾。岳阳楼旁侧，躲着一座三醉亭，说是这位吕仙人老来这儿，弄弄鹤，喝喝酒，可惜人们都不认识他，他便写下一首诗在岳阳楼上：

朝游北海暮苍梧，袖里青蛇胆气粗。

三醉岳阳人不识，朗吟飞过洞庭湖。

他是唐人，题诗当然比范仲淹早。但是范文一出，把他的行迹掩盖了，后人不平，另建三醉亭，祭祀这位道家始祖。若把范文、吕诗放在一起读，真是有点"秀才遇到兵"的味道，端庄与顽泼，执着与旷达，悲壮与滑稽，格格不入。但是，对着这么大个洞庭湖，难道就许范仲淹的朗声悲抒，就不许吕洞宾的仙风道骨？中国文化，本不是一种音符。

吕洞宾的青蛇、酒气、纵笑，把一个洞庭湖搅得神神乎乎。至少，想着他，后人就会跳出范仲淹，去捉摸这个奇怪的湖。一个游人写下一幅著名的长联，现也镌于楼中：

一楼何奇，杜少陵五言绝唱，范希文两字关情，滕子京百废俱兴，吕纯阳三过必醉。诗耶？儒耶？史耶？仙耶？前不见古人，使我怆然泪下。

诸君试看，洞庭湖南极潇湘，扬子江北通巫峡，巴陵山西来爽气，岳州城东道岩疆。潴者，流者，峙者，镇者，此中有真意，问谁领会得来？

他就把一个洞庭湖的复杂性、神秘性、难解性，写出来了。眼界宏阔，意象纷杂，简直有现代派的意韵。

三

那么，就下洞庭湖看看罢。我登船前去君山岛。

这天奇热。也许洞庭湖的夏天就是这样热。没有风，连波光都是灼人烫眼的。记起了古人名句："气蒸云梦泽，波撼岳阳楼。"②这个"蒸"字，我只当俗字解。

丹纳认为气候对文化有决定性的影响，我以前很是不信。但一到盛暑和严冬，又倾向于信。

范仲淹写《岳阳楼记》是九月十五日，正是秋高气爽的好天气。秋空明净，可让他想想天下；秋风萧瑟，又吹起了他心底的几丝悲壮。即使不看文后日期，我也能约略推知，这是秋天的辞章。要是他也像今天的日子来呢？衣冠尽卸，赤膊裸裎，挥汗不迭，气喘吁吁，那篇文章会连影子也没有。范仲淹设想过阴雨霏霏的洞庭湖和春和景明的洞庭湖，但那也只是秋天的设想。洞庭湖气候变化的幅度大着呢，它是一个脾性强悍的活体，仅仅一种裁断哪能框范住它？

推而广之，中国也是这样。一个深不见底的海，顶着变幻莫测的天象。我最不耐烦的，是对中国文化的几句简单概括。哪怕是它最堂皇的一脉，拿来统摄全盘总是霸道，总会把它丰富的生命节律抹煞。那些委屈了的部位也常常以牙还牙，举着自己的旗幡向大一统的霸座进发。其实，谁都是渺小的。无数渺小的组合，才成伟大的气象。

终于到了君山。这个小岛，树木葱茏，景致不差。尤其是文化遗迹之多，令人咋舌。它显然没有经过后人的精心设计，突出哪一个主体遗迹。只觉得它们南辕北辙而平安共居，三教九流而和睦相邻。是历史，是空间，是日夜的洪波，是洞庭的晚风，把它们堆涌到了一起。

挡门是一个封山石刻，那是秦始皇的遗留。说是秦始皇统一中国，巡游到洞庭，恰遇湖上狂波，甚是恼火，于是摆出第一代封建帝王的雄威，下令封山。他是封建大一统的最早肇始者，气魄宏伟，决心要让洞庭湖也成为一个驯服的臣民。

但是，你管你封，君山还是一派开放襟怀。它的腹地，有尧的女儿娥皇、女英坟墓，飘忽瑰艳的神话，端出远比秦始皇老得多的资格，安坐在这里。两位如此美貌的公主，飞动的裙裾和芳芬的清泪，本该让后代儒生非礼勿视，但她们依凭着乃父的圣名，又不禁使儒生们心旌缭乱，不知定夺。

岛上有古庙废基。据记载，佛教兴盛时，这里曾鳞次栉比，拥挤着寺庙无数。缭绕的香烟和阵阵钟磬声，占领过这个小岛的晨晨暮暮。吕洞宾既然几次来过，道教的事业也曾非常蓬勃。面对着秦始皇的封山石，这些都显得有点邪乎。但邪乎得那么长久，那么隆重，封山石也只能静默。

岛的一侧有一棵大树，上嵌古钟一口。信史凿凿，这是宋代义军杨幺的遗物。杨幺为了对抗宋廷，踞守此岛，宋廷即派岳飞征剿。每当岳军的船只隐隐出现，杨幺的部队就在这里鸣钟为号，准备战斗。岳飞是一位名垂史册的英雄，他的抗金业绩，发出过民族精神的最强音。但在这里，岳飞扮演的是另一种角色，这口钟，时时鸣响着民族精神的另一方面。我曾在杭州的岳坟前徘徊，现在又对着这口钟久久凝望。我想，两者加在一起，也只是民族精神的一小角。

可不，眼前又出现了柳毅井。洞庭湖的底下，应该有一个龙宫了。井有台阶可下，直至水面，似是龙宫入口。一步步走下去，真会相信我们脚底下有一个热闹世界。那个世界里也有霸道，也有指令，但也有恋情，也有欢爱。一口井，只想把两个世界连结起来。人们想了那么多年，信了那么多年，今天，宇航飞船正从另外一些出口去寻找另外一些世界。

杂乱无章的君山，静静地展现着中国文化的无限。

君山岛上只住着一些茶农，很少闲杂人等。夜晚，游人们都坐船回去了，整座岛阒寂无声。洞庭湖的夜潮轻轻拍打着它，它侧身入睡，怀抱着一大堆秘密。

四

回到上海之后，这篇洞庭湖的游记，迟迟不能写出。

突然从报纸上看到一则有关洞庭湖的新闻，如遇故人。新闻记述了一桩真实的奇事：一位湖北的农民捉住一只乌龟，或许是出于一种慈悲心怀，在乌龟背上刻名装环，然后带到岳阳，放入洞庭湖中。没有想到，此后连续8年，乌龟竟年年定时爬回家来。每一次，都"将头高高竖起来，长时间地望着主人，似乎在静静聆听主人的教诲，又似乎在向主人诉说自己一年来风风雨雨的经历"。

这不是古代的传说。新闻注明，乌龟最后一次爬回，是1987年农历五月初一。

至少现代科学还不能说明，这个动物何以能爬这么长的水路和旱路，准确找到一间普通的农舍，而且把年份和日期搞得那样清楚。难道它真是龙宫的族员？

洞庭湖，再一次在我眼前罩上了神秘的浓雾。

我们对这个世界，知道得还实在太少。无数的未知包围着我们，才使人生保留迸发的乐趣。当哪一天，世界上的一切都能明确解释了，这个世界也就变得十分无聊。人生，就会成为一种简单的轨迹，一种沉闷的重复。因此，我每每以另一番眼光看娥皇、女英的神话，想柳毅到过的龙宫。应该理会古人对神奇事端作出的想象，说不定，这种想象蕴含着更深层的真实。洞庭湖的种种测量数据，在我的书架中随手可以寻得。我是不愿去查的，只愿在心中保留着一个奇奇怪怪的洞庭湖。

我到过的湖可谓多矣。每一个，都会有洞庭湖一般的奥秘，都隐匿着无数似真似幻的传说。

我还只是在说湖。还有海，还有森林，还有高山和峡谷……那里会有多少蕴藏呢？简直连想也不敢想了。然而，正是这样的世界，这样的国度，这样的多元，这样的无限，才值得来活一活。

（《文化苦旅》，余秋雨著，东方出版中心，2001）

注释

① 丹墀(chí)：古代宫殿前涂成红色的台阶或台阶上的空地。銮：皇帝车驾上的銮铃。　② 气蒸云梦泽，波撼岳阳楼：盛唐诗人孟浩然五律《临洞庭湖赠张丞相》中的颔联。

作者简介

余秋雨(1946—　)，浙江余姚人，当代艺术理论家、散文家。1963年考入上海戏剧学院戏剧文学系，1967年毕业留校任教。曾任上海戏剧学院副院长、院长、荣誉院长。有学术论著《戏剧理论史稿》、《戏剧审美心理学》、《中国戏剧文化史述》、《艺术创造工程》等，散文集《文化苦旅》、《山居笔记》、《霜冷长河》、《千年一叹》、《行者无疆》、《借我一生》等。

讲解

这是一篇游记。文章描述游览岳阳楼、洞庭湖和君山岛的所见、所闻、所感，重在阐发洞庭一角蕴含的文化内涵，深刻表达了中国文化的丰富、多元、无限、神秘，并揭示了这种丰富、多元、无限、神秘带给人类生存的意义。

全文分四个部分：第一部分从"贬官文化"入手，展现范仲淹先忧后乐的博大胸襟，点出中国文人通过中意自然、怡情山水来达成修身养性、达济天下的文化人格；第二部分以范仲淹的朗声悲抒和吕洞宾的仙风道骨为例，指出洞庭湖儒道兼综的宇宙意识；第三部分细述"杂乱无章"的君山上具有历史意义的风物，如秦始皇的封山石刻，娥皇、女英的坟墓，古庙废基，宋代义军古钟，柳毅井等，通过它们各有个性又自然而然的和谐共存，揭示中国文化的无限和包容；第四部分借助一个离奇的新闻故事思考中国文化乃至世界文化的神秘和更深层的意义。文章立意高，格局大，潜藏着一条从自然山水到个人修身，从儒道兼容到三教九流，从中国文化到世界文化，从重回历史同时又仰首观望中国未来的不断扩大的思路。

与单纯的游记不同，本文最大的特点是寓文化思考于山水游记之中。作者以生动之笔将岳阳楼、洞庭湖和君山上历史遗迹、自然景物各有千秋又和谐共处的状态描绘出来，同时又将文学名篇、文化掌故、民间传说和新闻故事信手拈来，并作出纵横捭阖的议论。作者的议论往往立意深刻，令人耳目一新，既表现了作者的学识、睿智，也给读者以启迪。比如从美学风格的角度解读范仲淹文和吕洞宾诗产生的一庄一谐、格格不入的效果,这种对比本身就比较新奇;比如皇权的镇压与民间佛道勃兴、美丽爱情滋生的面貌形成反差,揭示了皇权虽可以在一时一地发发雄威,但终究难以控制、渗透民间生活的方方面面;再比如对岳飞的思考,在他身上,精忠报国和征剿义军两者加在一起,引申出民族精神的一小角。文中引用的掌故、传说、新闻等丰富了作品的内容,揭示了中国文化的巨大内涵,有鲜明的文化意识和理性思考色彩。

文章语言凝炼精粹,议论、抒情结合,充满睿智与情趣。

思考练习题

一、文章的题目是"洞庭一角"。结合课文内容,简析其深刻意蕴。

二、文章第一部分提到了"贬官文化"。谈谈你对"贬官文化"的理解。

三、文章第三部分第五段,作者指出:"它们南辕北辙而平安共居,三教九流而和睦相邻。"这句话对应了哪些典故风物?反映了作者什么样的文化思考?

37. 秦腔

贾平凹

山川不同,便风俗区别,风俗区别,便戏剧存异;普天之下人不同貌,剧不同腔;京,豫,晋,越,黄梅,二簧,四川高腔,几十种品类;或问:历史最悠久者,文武最正经者,是非最汹汹者?曰:秦腔也。正如长处和短处一样突出便见其风格,对待秦腔,爱者便爱得要死,恶者便恶得要命。外地人——尤其是自夸于长江流域的纤秀之士——最害怕秦腔的震撼,评论说得婉转的是:唱得有劲;说得直率的是:大喊大叫。于是,便有柔弱女子,常在戏台下以绒堵耳,又或在平日教训某人:你要不怎么怎么样,今晚让你去看秦腔!秦腔成了惩罚的代名词。所以,别的剧种可以各省走动,唯秦腔则如秦人一样,死不离窝;严重的乡土观念,也使其离不了窝:可能还在百北几个地方变腔走调的有些市场,却绝对冲不出往东南而去的潼关呢。

但是,几百年来,秦腔却没有被淘汰,被沉沦,这使多少人在大惑而不得其解。其解是有的,就在陕西这块土地上。如果是一个南方人,坐车轰轰隆隆往北走,渡过黄河,进入西岸,八百里秦川大地,原来竟是:一抹黄褐的平原;辽阔的地平线上,一处一处用木橼夹打成一尺多宽墙的土屋,粗笨而庄重;冲天而起的白杨,苦楝,紫槐,枝干粗壮如桶,叶却小似铜钱,迎风正反翻覆……你立即就会明白了:这里的地理构造竟与秦腔的旋律惟妙惟肖的一统!再去接触一下秦人吧,活脱脱的一群秦始皇兵马俑的复出:高个,浓眉,眼和眼间隔略远,手和脚一样粗大,上身又稍稍见长于下身。当他们背着沉重的三角形状的犁铧,赶着山包一样团块组合式的秦川公牛,端着脑袋般大小的耀州瓷碗,蹲在立的卧的石碌子碌磋上吃着牛肉泡馍①,你不禁又要改变起世界观了:啊,这是块多么空旷而实在的土地,在这块土地挖爬滚打的人群是多么"二愣"的民众!那晚霞烧起的黄昏里,落日在地平线上欲去不去的痛苦的妊娠,五里一村,十里一镇,高音喇叭里传播的秦腔互相交织,冲撞,这秦腔原来是秦川的天籁,地籁,人籁的共鸣啊!于此,你不渐渐感觉到了南方戏剧的秀而无骨吗?不深深地懂得秦腔为什么形成和存在而占却时间,空间的位置吗?

八百里秦川,以西安为界,咸阳,兴平,武功,周至,凤翔,长武,岐山,宝鸡,两个专区几十个县为西府;三原,泾阳,高陵,户县,合阳,大荔,韩城,白水,一个专区十几个县为东府。秦腔,就源于西府。在西府,民性敦厚,说话多用去声,一律咬字沉重,对话如吵架一样,哭丧又一呼三叹。呼喊远人更是特殊:前声拖十二分的长,末了方极快地道出内容。声韵的发展,使会远道喊人的人都从此有了唱秦腔的天才。老一辈的能唱,小一辈的能唱,男的能唱,女的能唱;唱秦腔成了做人最体面的事,任何一个乡下男女,只有唱秦腔,才有出人头地的可能,大凡有出息的,是个人才的,哪一个何曾未登过台,起码不能吼一阵乱弹呢!

农民是世上最劳苦的人,尤其是在这块平原上,生时落草在黄土炕上,死了被埋在黄土堆下;秦腔是他们大苦中的大乐,当老牛木犁疙瘩绳,在田野已经累得筋疲力尽,立在犁沟里大喊大叫来一段秦腔,那心胸肺腑,关关节节的困乏便一尽儿涤荡净了。秦腔与他们,要和"西凤"白酒,长线辣子,大叶卷烟,牛肉泡馍一样成为生命的五大要素。若与那些年长的农民聊起来,他们想象的伟大的共产主义生活,首先便是这五大要素。他们有的是吃不完的粮食,他们缺的是高超的艺术享受,他们教育自己的子女,不会是那些文豪们讲的,幼年不是祖母讲着动人的迷丽的童话,而是一字一板传授着秦腔。他们大都不识字,但却出奇地能一本一本整套背诵出剧本,虽然那常常是之乎者也的字眼从那一圈胡子的嘴里吐出来十分别扭。有了秦腔,生活便有了乐趣,高兴了,唱"快板",高兴得像被烈性炸药爆炸了一样,要把整个身心粉碎在天空!痛苦了,唱"慢板",揪心裂肠的唱腔却表现了多么有情有味的美来,美给了别人的享受,美也熨平了自己心中愁苦的皱纹。当他们在收获时节的土场上,在月在中天的庄院里大吼大叫唱起来的时候,那种难以想象的狂喜,激动,雄壮,与那些献身于诗歌的文人,与那些有吃有穿却总感空虚的都市人相比,常说的什么伟大的永恒的爱情是多么渺小、有限和虚弱啊!

我曾经在西府走动了两个秋冬,所到之处,村村都有戏班,人人都会清唱。在黎明或者黄昏的时分,一个人独独地到田野里去,远远看着天幕下一个一个山包一样隆起的十三个朝代帝王的陵墓,细细辨认着田埂上,荒草中那一截一截汉唐时期石碑上的残字,高高的土屋上的窗口里就飘出一阵冗长的二胡声,几声雄壮的秦腔叫板,我就痴呆了,猛然发现了自己心胸中一股强硬的气魄随同着胳膊上的肌肉疙瘩一起产生了。

每到农闲的夜里,村里就常听到几声锣响:戏班排演开始了。演员们都集合起来,到那古寺庙里去。吹,拉,弹,奏,翻,打,念,唱,提袍甩袖,吹胡瞪眼,古寺庙成了古今真乐府,天地大梨园。导演是老一辈演员,享有绝对权威,演员是一定几口,夫妻同台,父子同台,公公儿媳也同台。按秦川的风俗:父和子不能不有其序,爷和孙却可以无道,弟与哥嫂可以嬉闹无常,兄与弟媳则无正事不能多言。但是,一到台上,秦腔面前人人平等,兄可以拜弟媳为帅为将,子可以将老父绳绑索捆。寺庙里有窗无扇,屋梁上蛛丝结网,夏天蚊虫飞来,成团成团在头上旋转,薰蚊草就墙角燃起,一声唱腔一声咳嗽。冬天里四面透风,柳木疙瘩火当中架起,一出场一脸正经,一下场凑近火堆,热了前怀,凉了后背。排演到什么时候,什么时候都有观众,有抱着二尺长的烟袋的老者,有凳子高、桌子高趴满窗台的孩子。庙里一个跟头未翻起,窗外就哇地一声叫倒好,演员出来骂一声:谁说不好的滚蛋!他们抓住窗台死不滚去,倒要连声讨好:翻得好!翻得好!更有殷勤的,跑回来偷拿了红薯、土豆、在火堆里煨熟给演员作夜餐,赚得进屋里有一个安全位置。排演到三更鸡叫,月儿偏西,演员们散了,孩子们还围了火堆弯腰踢腿,学那一招一式。

一出戏排成了,一人传出,全村振奋,扳着指头盼那上演日期。一年十二个月,正月元宵日,二月龙抬头,三月三,四月四,五月五日过端午,六月六日晒丝绸,七月过半,八月中秋,九月初九,十月一日,再是那腊月五豆,腊八,二十三……月月有节,三月一会,那戏必是上演的。戏台是全村人的共同的事业,宁肯少吃少穿也要筹资集款,买上好的木石,请高强的工匠来修筑。村子富不富,就比这戏台阔不阔。一演出,半下午人就找凳子去占地位了,未等戏开,台下坐的、站的人头攒拥,台两边阶上立的卧的是一群顽童。那锣鼓就叮叮咣咣地闹台,似乎整个世界要天翻地覆了。各类小吃趁机摆开,一个食摊上一盏马灯,花生,瓜子,糖果,烟卷,油茶,麻花,烧鸡,煎饼,长一声短一声叫卖不绝。锣鼓还在一声儿敲打,大幕只是不拉,演员偶尔从幕边往下望望,下边就喊:开演呀,场子都满了!幕布放下,只说就要出场,却又叮叮咣咣不停。台下就乱了,后边的喊前边的坐下,前边的喊后边的为什么不说最前边的立着;场外的大声叫着亲朋子女名字,问有坐处没有,场内的锐声回应快进来;有要吃煎饼的喊熟人去买一个,熟人买了站在场外一扬手,"日"地一声隔人头甩去,不偏不倚目标正好;左边的喊右边的踩了他的脚,右边的叫左边的挤了他的腰,一个说:狗年快完了,你还叫啥哩?一个说:猪年还没到,你便拱开了!言语伤人,动了手脚;外边的趁机而入,一时四边向里挤,里边向外扛,人的旋涡涌起,如四月的麦田起风,根儿不动,头身一会儿倒西,一会儿倒东,喊声,骂声,哭声一片;有拼命挤将出来的,一出来方觉世界偌大,身体胖胖,但差不多却光了脚,乱了头发。大幕又一挑,站出戏班头儿,大声叫喊要维持秩序;立即就跳出一个两个所谓"二杆子"人物来。这类人物多是头脑简单,四肢发达,却十二分忠诚于秦腔,此时便拿了枝条儿,哪里人挤,哪里打去,如凶神恶煞一般。人人恨骂这些人,人人又都盼有这些人,叫他们是秦腔宪兵,宪兵者越发忠于职责,虽然彻夜不得看戏,但大家一夜满足了,他们也就满足了一夜。

终于台上锣鼓停了,大幕拉开,角色出场。但不管男的女的,出来偏不面对观众,一律背身掩面,女的就碎步后移,水上漂一样,台下就叫:瞧那腰身,那肩头,一身的戏哟!是男的就摇那帽翅,一会双摇,一会单摇,一边上下飞闪,一边纹丝不动,台下便叫:绝了!绝了!等到那角色儿猛一转身,头一高扬,一声高叫,声如炸雷嗡嗡直从人们头顶碾过,全场一个冷颤,从头到脚,每一个手指尖儿,每一根头发梢儿都麻酥酥的了。如果是演《救裴生》,那慧娘站在台中往下蹲,慢慢地,慢慢地,慧娘蹲下去了,全场人头也矮下去了半尺,等那慧娘往起站,慢慢地,慢慢地,慧娘站起来了,全场人的脖子也全拉长了起来。他们不喜欢看生戏,最欢迎看熟戏,那一腔一调都晓得,哪个演员唱得好,就摇头晃脑跟着唱,哪个演员走了调,台下就有人要纠正。说穿了,看秦腔不为求新鲜,他们只图过瘾。

在这样的地方,这样的环境,这样的气氛,面对着这样的观众,秦腔是最逞能的,它的艺术的享受,是和拥挤而存在,是有力气而获得的。如果是冬天,那风在刮着,像刀子一样,如果是夏天,人窝里热得如蒸笼一般,但只要不是大雪,冰雹,暴雨,台下的人是不肯撤场的。最可贵的是那些老一辈的秦腔迷,他们没有力气挤在台下,也没有好眼力看清演员,却一溜一排地蹲在戏台两侧的墙根,吸着草烟,慢慢将唱腔品赏。一声叫板,便可以使他们坠入艺术之宫,"听了秦腔,肉酒不香",他们是体会得最深。那些大一点的,脾性野一点的孩子,却占领了戏场周围所有的高空,杨树上,柳树上,槐树上,一个枝杈一个人。他们常常乐而忘了险境,双手鼓掌时竟从树杈上掉下来,掉下来自不会损伤,因为树下是无数的人头,只是招致一顿臭骂罢了。更有一些爬在了场边的麦秸积上,夏天四面来风,好不凉快,冬日就趴个草洞,将身子缩进去,露一个脑袋,也正是有闲阶级享受不了秦腔吧,他们常就瞌睡了,一觉醒来,月在西天,戏毕人散,只好苦笑一声悄然没声儿地溜下来回家敲门去了。

当然,一次秦腔演出,是一次演员亮相,也是一次演员受村人评论的考场。每每角色一出场,台下就一片喊喊喳喳:这是谁的儿子,谁的女子,谁家的媳妇,娘家何处?于是乎,谁有出息,谁没能耐,一下子就有了定论。有好多外村的人来提亲说媒,总是就在这个时候进行。据说有一媒人将一女子引到台下,相亲台上一个男演员,事先夸口这男的如何俊样,如何能干,但戏演了过半,那男的还未出场,后来终于出来,是个国民党的伪兵,还持枪未走到中台,扮游击队长的演员挥枪一指,"叭"地一声,那伪兵就倒地而死,爬着钻进了后幕。那女子当下哼了一声,闭了嘴,一场亲事自然了了。这是喜中之悲一例。据说还有一例,一个老头在脖子上架了孙孙去看戏,孙孙吵着要回家,老头好说好劝只是不忍半场而去,便破费买了半斤花生,他眼盯着台上,手在下边剥花生,然后一颗一颗扬手喂到孙孙嘴里,但喂着喂着,竟将一颗塞进孙孙鼻孔,吐不出,咽不下,口鼻出血,连夜送到医院动手术,花去了七十元钱。但是,以秦腔引喜的事却不计其数。每个村里,总会有那么个老汉,夜里看戏,第二天必是头一个起床往戏台下跑。戏台下一片石头、砖头,一堆堆瓜子皮,糖果纸,烟屁股,他掀掀这块石头,踢踢那堆尘土,少不了要捡到一角两角甚至三元四元钱币来,或者一只鞋,或者一条手帕。这是村里钻习人干的营生,而馋嘴的孩子们有的则夜里趁各家锁门之机,去地里摘那香瓜来吃,去谁家院里将桃杏装在背心兜里回来分红。自然少不了有那些青春妙龄的少男少女,则往往在台下混乱之中眼送秋波,或者就悄悄退出,相依相偎到黑黑的渠畔树林子里去了……

　　秦腔在这块土地上,有着神圣的不可动摇的基础。凡是到这些村庄去下乡,到这些人家去做客,他们最高级的接待是陪着看一场秦腔,实在不逢年过节,他们就会要合家唱一会乱弹,你只能点头称好,不能耻笑,甚至不能有一点不入神的表示。他们一生最崇敬的只有两种人:一是国家领导人,一是当地的秦腔名角。即是在任何地方,这些名角没有在场,只要发现了名角的父母,去商店买油是不必排队的,进饭馆吃饭是会有座位的,就是在半路上挡车,只要喊一声:我是某某的什么,司机也便要嘎地停车。但是,谁要侮辱一下秦腔,他们要争死争活地和你论理,以至大打出手,永远使你记住教训。每每村里过红白丧喜之事,那必是要包一台秦腔的,生儿以秦腔迎接,送葬以秦腔致哀,似乎这人生的世界,就是秦腔的舞台,人只要在舞台上,生,旦,净,丑,才各显了真性,恶的夸张其丑,善的凸现其美,善的使他们获得美的教育,恶的也使丑里化作了美的艺术。

　　广漠旷远的八百里秦川,只有这秦腔,也只能有这秦腔,八百里秦川的劳作农民只有也只能有这秦腔使他们喜怒哀乐。秦人自古是大苦大乐之民众,他们的家乡交响乐除了大喊大叫的秦腔还能有别的吗?

1983 年 5 月 2 日草于五味村

(《抱散集》,贾平凹著,作家出版社,1991)

注释

　① 碌碡(liù zhòu):农具,用石头做成,圆柱形,用来轧谷物、平场地。

作者简介

　　贾平凹(1952—　　),陕西省丹凤县人,当代作家。1972 年被推荐到西北大学中文系学习,其间开始文学创作。1975 年毕业后在陕西人民出版社、《长安》文学月刊担任编辑。后任陕西省作家协会主席、西安市文联主席、《美文》杂志主编。有长篇小说《秦腔》、《废都》、《浮躁》、《怀念狼》、《病相报告》等,散文集《商州三录》、《月迹》等。

讲解

　　本文通过对秦腔和八百里秦川大地上的风土人情的描绘,生动展现了秦川人热情蓬勃、粗野豪放的真率性情和美好人情,传递了作者对大气滂沱、浑厚自然的秦文化的领悟和歌颂,为我们营造出一个具有浓郁风土味的艺术世界。

　　本文从秦腔入手,从秦腔中提取、升华出一种与土地、文化契合的生命形式,寄寓着作者对民众生存状态和生命哲学的思考。贾平凹作为中国近三十余年来农村世界和农民命运的主要表现者和反思者,一方面对乡土中国在现代化、城市化过程中所面临的矛盾、迷茫予以喟叹,一方面对厚重、苍凉又洋溢着生命活力的生命形式和艺术形式充满景仰,本文属于后者。他从秦腔中悟出的不仅仅是节律唱词,而是八百里秦川深厚的人文历史,是鲜活、生动的日常生活和纯朴、美好的人性、人情,是秦川大地上老百姓特有的风韵与神采,是"生儿以秦腔迎接,送葬以秦腔志哀"的生命形式。

本文体现了作者"重精神重情感重整体重气韵、具体而单一、抽象而丰富"的艺术追求,在写作上表现出鲜明的个性。文章首先写秦腔高亢激越和"死不离窝"的特点,揭示秦腔与秦地地理环境和文化土壤密不可分的关系;其次写秦腔没被淘汰的原因和与秦人不可分离的原因,指出秦腔是秦川"天籁,地籁,人籁的共鸣",是秦地农民的五大生命要素之一;然后,作者以大量笔墨泼染出一幅幅民性纯朴的风俗画,进一步说明了秦腔和秦地农民的日常生活联系在一起,吼唱秦腔是他们表达快乐、倾吐悲苦的特殊方式;最后,总结秦腔是秦地人的交响乐,是他们生命的最好艺术表现形式。文章内容纷繁复杂,但脉络清晰,以秦腔的生成、变迁为由头,追问秦腔生生不息的缘由,引出秦地、秦人的质朴天然的生活和精神气质。对于秦地百姓,作者没有具体实写某个人,而是着眼于群体的概括性描写,灵活调动种种民间故事、趣闻轶事、演出场面,并对细节作诗意的夸张,让秦地百姓的整体性格跃然纸上。在语言上,本文得力于作者丰富的家乡生活经验,有浓郁的地方色彩,这种地方色彩不仅仅是地方方言的运用,更是突出了秦地、秦人特有的气质和神韵。

思考练习题

一、文章表现了作者怎样的思想感情?

二、面对纷繁复杂的材料,作者是怎样处理的? 联系课文简要分析。

三、在中国现当代文学史上,不少作家的创作有鲜明的地方特色,表现出他们的文化思考。阅读老舍、沈从文、孙犁、赵树理的代表作,谈谈他们与贾平凹的异同。

38. 豹
——在巴黎动物园

里尔克

它的目光被那走不完的铁栏
缠得这般疲倦,什么也不能收留。
它好像只有千条的铁栏杆,
千条的铁栏后便没有宇宙。

强韧的脚步迈着柔软的步容,
步容在这极小的圈中旋转,
仿佛力之舞①围绕着一个中心,
在中心一个伟大的意志昏眩。

只有时眼帘无声地撩起。——
于是有一幅图像浸入,

通过四肢紧张的静寂——

在心中化为乌有。

（冯至译）

（《外国现代派作品选》第一册,袁可嘉等选编,上海文艺出版社,1980）

注释

① **力之舞**：寓指精神。

作者简介

莱纳·玛利亚·里尔克（Rainer Maria Rilke，1875—1926），奥地利诗人。曾就读于布拉格大学,后转往慕尼黑大学,主修哲学、文学和艺术史。深受法国现代派诗歌影响。代表作有《杜伊诺哀歌》和《献给奥尔甫斯的十四行诗》,另有诗集《图像集》、《新诗集》和《新诗续集》等。

讲解

本诗发表于 1903 年,后收入《新诗集》,为里尔克"物象诗"的代表作,堪称里尔克最负盛名的佳作之一。按照常规的理解,豹应该是让人畏惧的桀骜不驯的猛兽,有着"强韧的脚步"和"伟大的意志",但这首诗一反常态,塑造的是被关在笼中的豹子的形象,铁笼子的"千条的铁栏杆"将它困住,徒劳的挣扎已经使它"这般疲倦"。

《豹》全诗只有三小节,共十二行。第一小节写囚禁在铁笼里的豹的生存处境——永远"走不完的铁栏"捆缚了豹的身心,使它失去了驰骋天地的自由。豹的视野也变得狭窄了,在这狭小的铁笼里,蕴藏心中的奔走天地间的梦想被上千条铁栏杆击得粉碎。第二节写豹的抗争。豹不甘于这种囚徒的命运,试图寻找出路。但不管怎样努力,怎样执着于无止境的"力之舞"的追求,它仍在那"极小的圈中"旋转。最后一节写豹挣扎失败后的无奈。

全诗把豹作为一个中心象征,试图把内在的情绪外化在拟人化的象征性形象中,刻画出对令人绝望的无聊和单调的想象。诗的中心含义在第二节的三、四行,它们勾勒出豹的本质和命运——即有着最充沛的力量和潜能,但是被压抑,陷入"昏眩"（铁栏的监禁、自由的剥夺）。第三节是全诗的高潮所在,豹的灵魂在这里以直观图像的手法变得清晰可见。袁可嘉将里尔克的这种创作方法归入"思想知觉化"。

整体看来,写作《豹》时里尔克是法国著名的雕塑大师罗丹的秘书。在这期间,他从罗丹的雕塑艺术中受到启示,诗风开始转变,由沉湎于自我抒情转向对"物"的凝视和观察。作为在罗丹雕塑艺术影响下所得到的"一种严格的良好训练的成果",《豹》恰恰在一种刻意追求的客观描写中,描述了对人性本质的探寻。诗人从罗丹那里借取客观、冷峻、精确的雕塑手法,把抽象的观念（力、意志等）内化在豹的种种意象（"强韧的脚步"、"疲倦""目光"、"旋转"、"昏眩"、"舞"等）中。作者借用关在铁笼里的豹的形象,反映诗人和像诗人这样的 19 世纪末、20 世纪初年轻一代资产阶级知识分子的内心活动。他们在窒息的社会的压抑下,感到无处发挥自己的力量,因而苦闷、彷徨,好像铁笼中的豹一样,被束缚在一个极小的圈中,以致"伟大的意志昏眩"。

思考练习题

一、试析作者在诗中借助豹的形象所抒发的思想内涵。

二、本诗运用了哪些表现手法？有何作用？

三、怎样理解诗中的"伟大的意志昏眩"？

相关作品

严重的时刻

〔奥地利〕里尔克

此刻有谁在世上某处哭，
无缘无故在世上哭，
在哭我。

此刻有谁夜间在某处笑
无缘无故在夜间笑，
在笑我。

此刻有谁在世上某处走，
无缘无故在世上走，
走向我。

此刻有谁在世上某处死，
无缘无故在世上死，
望着我。

（陈敬容译）

39. 我的世界观①

爱因斯坦

　　我们这些总有一死的人的命运是多么奇特呀！我们每个人在这个世界上都只作一个短暂的逗留；目的何在，却无所知，尽管有时自以为对此若有所感。但是，不必深思，只要从日常生活就可以明白：人是为别人而生存的——首先是为那样一些人，他们的喜悦和健康关系着我们自己的全部幸福；然后是为许多我们所不认识的人，他们的命运通过同情的纽带同我们密切结合在一起。我每天上百次地提醒自己：我的精神生活和物质生活都依靠着别人（包括生者和死者）的劳动，我必须尽力以同样的分量来报偿我所领受了的和至今还在领受着的东西。我强烈地向往着俭朴的生活。并且时常为发觉自己占用了同胞的过多劳动而难以忍受。我认为阶级的区分是不合理的，它最后所凭借的是以暴力为根据。我也相信，简单淳朴的生活，无论在身体上还是在精神上,对每个人都是有益的。

　　我完全不相信人类会有那种在哲学意义上的自由。每一个人的行为,不仅受着外界的强迫,而且还要适应内心的必然。叔本华说②:"人虽然能够做他所想做的,但不能要他所想要的。"这句话从我青年时代起,就对我是一个真正的启示;在我自己和别人生活面临困难的时候,它总是使我们得到安慰,并且永远是宽容的泉源。这种体会可以宽大为怀地减轻那种容易使人气馁的责任感,也可以防止我们过于严肃地对待自己和别人;它还导致一种特别给幽默以应有地位的人生观。

　　要追究一个人自己或一切生物生存的意义或目的,从客观的观点看来,我总觉得是愚蠢可笑的。可是每个人都有一定的理想,这种理想决定着他的努力和判断的方向。就在这个意义上,我从来不把安逸和享乐看作是生活目的本身——这种伦理基础,我叫它猪栏的理想。照亮我的道路,并且不断地给我新的勇气去愉快地正视生活的理想,是善、美和真。要是没有志同道合者之间的亲切感情,要不是全神贯注于客观世界——那个在艺术和科学工作领域里永远达不到的对象,那末在我看来,生活就会是空虚的。人们所努力追求的庸俗的目标——财产、虚荣、奢侈的生活——我总觉得都是可鄙的。

　　我对社会正义和社会责任的强烈感觉,同我显然的对别人和社会直接接触的淡漠,两者总是形成古怪的对照。我实在是一个"孤独的旅客",我未曾全心全意地属于我的国家,我的家庭,我的朋友,甚至我最接近的亲人;在所有这些关系面前,我总是感觉到有一定距离并且需要保持孤独——而这种感受正与年俱增。人们会清楚地发觉,同别人的相互了解和协调一致是有限度的,但这不足惋惜。这样的人无疑有点失去他的天真无邪和无忧无虑的心境;但另一方面,他却能够在很大程度上不为别人的意见、习惯和判断所左右,并且能够不受诱惑要去把他的内心平衡建立在这样一些不可靠的基础之上。

　　我的政治理想是民主主义。让每一个人都作为个人而受到尊重,而不让任何人成为崇拜的偶像。我自己受到了人们过分的赞扬和尊敬,这不是由于我自己的过错,也不是由于我自己的功劳,而实在是一种命运的嘲弄。其原因大概在于人们有一种愿望,想理解我以自己的微薄绵力通过不断的斗争所获得的少数几个观念,而这种愿望有很多人却未能实现。我完全明白,一个组织要实现它的目的,就必须有一个人去思考,去指挥,并且全面担负起责任来。但是被领导的人不应当受到强迫,他们必须有可能来选择自己的领袖。在我看来,强迫的专制制度很快就会腐化堕落。因为暴力所招引来的总是一些品德低劣的人,而且我相信,天才的暴君总是由无赖来继承,这是一条千古不易的规律。就是这个缘故,我总是强烈地反对今天我们在意大利和俄国所见到的那种制度。像欧洲今天所存在的情况,使得民主形势受到了怀疑,这不能归咎于民主原则本身,而是由于政府的不稳定和选举制度中与个人无关的特征。我相信美国在这方面已经找到了正确的道路。他们选出了一个任期足够长的总统,他有充分的权力来真正履行他的职责。另一方面,在德国的政治制度中,我所重视的是,它为救济患病或贫困的人作出了比较广泛的规定。在人生的丰富多彩的表演中,我觉得真正可贵的,不是政治上的国家,而是有创造性的、有感情的个人,是人格;只有个人才能创造出高尚的和卓越的东西,而群众本身在思想上总是迟钝的,在感觉上也总是迟钝的。讲到这里,我想起了群众生活中最坏的一种表现,那就是使我厌恶的军事制度。一个人能够洋洋得意地随着军乐队在四列纵队里行进,单凭这一点就足以使我对他轻视。他所以长了一个大脑,只是出于误会;单单一根脊髓就可满足他的全部需要了。文明国家的这种罪恶的渊薮,应当尽快加以消灭。由命令而产生的勇敢行为,毫无意义的暴行,以及在爱国主义名义下一切可恶的胡闹,所有这些都使我深恶痛绝。在我看来,战争是多么卑鄙、下流!我宁愿被千刀万剐,也不愿参预这种可憎的勾当。尽管如此,我对人类的评价还是十分高的,我相信,要是人民的健康感情没有被那些通过学校和报纸而起作用的商业利益和政治利益蓄意进行败坏,那末战争这个妖魔早就该绝迹了。

我们所能有的最美好的经验是奥秘的经验。它是坚守在真正艺术和真正科学发源地上的基本感情。谁要是体验不到它,谁要是不再有好奇心也不再有惊讶的感觉,他就无异于行尸走肉,他的眼睛是迷糊不清的。就是这样奥秘的经验虽然掺杂着恐怖——产生了宗教。我们认识到有某种为我们所不能洞察的东西存在,感觉到那种只能以其最原始的形式为我们感受到的最深奥的理性和最灿烂的美——正是这种认识和这种情感构成了真正的宗教感情;在这个意义上,而且也只是在这个意义上,我才是一个具有深挚的宗教感情的人。我无法想象一个会对自己的创造物加以赏罚的上帝,也无法想象它会有像在我们自己身上所体验到的那样一种意志。我不能也不愿去想象一个人在肉体死亡以后还会继续活着;让那些脆弱的灵魂,由于恐惧或者由于可笑的唯我论,去拿这种思想当宝贝吧!我自己只求满足于生命永恒的奥秘,满足于觉察现存世界的神奇的结构,窥见它的一鳞半爪,并且以诚挚的努力去领悟在自然界中显示出来的那个理性的一部分,即使只是其极小的一部分,我也就心满意足了。

(许良英译)

(《爱因斯坦文集》第三卷,许良英等编译,商务印书馆,1979)

注释

① 我的世界观:此文在 1930 年最初发表时用的标题是《我的信仰》。　② 叔本华(1788—1860):德国哲学家,唯意志论者,认为意志是宇宙的本质。

作者简介

阿尔伯特·爱因斯坦(Albert Einstein, 1879—1955),美国科学家、思想家、相对论的创立者。1900 年毕业于瑞士苏黎世联邦工业大学。1913 年任柏林大学教授。1921 年获得诺贝尔物理学奖。1933 年希特勒上台后,他因其犹太人身份而受到迫害,赴美国任普林斯顿高级研究所教授。爱因斯坦热爱科学,也热爱人类。他没有因为埋头于科学研究而把自己置于社会之外,他不仅是一位伟大的科学家和一位富有哲学探索精神的杰出的思想家,同时还是一个正直的、有高度社会责任感的人。他一心希望科学造福于人类,一贯反对侵略战争,并为人类的进步进行坚决的斗争。有《爱因斯坦全集》。

讲解

《我的世界观》是爱因斯坦的一篇著名演说。全文仅用两千余字就从人生观、政治理想、探求科学奥秘的精神三个方面阐释了自己的世界观,蕴含着浓郁的人文精神。作者的人生基本理念是"人是为别人而生存的"。正是基于这一人生基本理念,爱因斯坦尊重他人的劳动,认同俭朴的生活方式,对别人有足够的宽容。

爱因斯坦在全文的开篇就表明了他的人生观:"人是为别人而生存的"。他认为,人的生命只有一次,所以生命的体验无论如何是最重要的,而在这些体验中,当属我们对家人和亲友的最贴近的"爱"感觉最让人觉得珍贵。除此之外,每一个生活在我们的社会里的其他成员,无论供职的高低贵贱,性格是否与我们相投,都通过他们对社会的贡献间接增益于我,我应当感恩于这些事,不因身份或财产而歧视他人。民主主义是爱因斯坦的政治理想。他从最基本的个体人生出发,提出社会成员间的相互尊重。他认为不能把创造美德、智慧甚至世俗财富和成就本身的任务交给群体或国家,个人应该负有相应的权利和义务。爱因斯坦一贯反对侵略战争,反对军国主义和法西斯主义,反对民族压迫和种族歧视,为人类的进步进行坚决的斗争。一个在自然科学创造上有历史性贡献的人,对待人类社会问题如此严肃、热情,历史上没有先例。最后,爱因斯坦提到好奇心是他宗教情感的来源,也是他宗教观的重要组成部分,他或者以为,这样的趣味和美感足以强大到支撑一个人的生命,而不需要其他永生和天国来满足了。爱因斯坦将自己的这种宗教情感与他对科学研究的执着态度和追求作比,阐明了自己要始终坚守在探寻艺术和科学本质的阵地上的矢志不渝的坚强决心。

思考练习题

一、作者认为怎样才能使生活不空虚?
二、讨论理解作者所说的"真正的宗教情感"。
三、爱因斯坦无论在科学研究上还是社会进步上对人类的贡献都很大,根据本文并结合他的生平事迹,谈谈你的体会。

扩展阅读推荐

1.《爱因斯坦晚年文集》,爱因斯坦著,方在庆、韩文博、何维国译,北京:北京大学出版社,2008。
2.《爱因斯坦传:你所不知道的爱因斯坦》,于尔根·奈佛著,马怀琪、陈琦译,北京:中央编译出版社,2008。
3.《一个真实的爱因斯坦》,方在庆主编,北京:北京大学出版社,2006。

相关作品

善与恶(节选)

〔美国〕爱因斯坦

凡是对人类和人类生活的提高最有贡献的人,应当是最受爱戴的人,这在原则上是正确的。但如果人们进一步问这些人是谁那就会碰到不小的困难。对于政治的甚至宗教的领袖来说,他们所做的究竟是好事多还是坏事多,往往很难有定论。因此我非常真诚地相信,一个人为人民最好的服务,是让他们去做某种提高思想境界的工作,并且由此间接地提高他们的思想境界。这尤其适用于大艺术家,在较小的程度上也适用于科学家。当然,提高一个人的思想境界并且丰富其本性的,不是科学研究的成果,而是求理解的热情,是创造性的或者是领悟性的脑力劳动。因此,如果要从《犹太教法典》的知识成果来判断这部法典的价值,那肯定是不适当的。

(许良英译)

40. 安妮日记(节选)

安妮·弗兰克

1942 年 6 月 20 日　星期六

我这样的一个人写起日记来,也真是个奇怪的经验。说奇怪,不但是因为我以前什么都没写过,而且因为我觉得以后我自己和谁都不会对一个 13 岁女生的胡思乱想感兴趣。算了,没关系,我就是想写。再说,我有一大堆心事,不吐不快。

为了提升这位我等待已久的朋友在我心目中的形象,我不想和大多数人一样只是随手记下一些事实,我要这日记当我的朋友,我还要为这位朋友取个名字,叫吉蒂。

1942 年 10 月 9 日　星期五
最亲爱的吉蒂:

今天我只有丧气的消息。我们许多犹太人朋友和旧识大群大群地被带走。盖世太保对他们非常粗暴①,用装牲口的车厢将他们运到威斯特波克,也就是德伦特的那个大集中营,他们把所有犹太人都往那里送。有个人从那里逃出来,蜜普向我们说了他的情形。被送到威斯特波克一定可怕极了。里面的人没有东西吃,更没水喝,因为一天只供水一小时,而且好几千人只用一间厕所和一个水槽。男女睡在同一个房间里,妇女和儿童经常被剃光头。逃亡几乎是不可能的;许多人一看就知道是犹太人,况且有他们的光头做记号。

在荷兰已经这么糟糕,德国人把犹太人送去的那些遥远又欠文明的地方是怎样个景象呢?我们认为他们大多数是被谋杀了。英国电台说他们被送进毒气室。那也许是最快的死法。

我觉得很恐怖。蜜普自己也非常忧心。例如,前几天盖世太保把一个上了年纪又跛脚的犹太老婆婆丢在蜜普门前的台阶上,跑开去找车子。老婆婆害怕那些刺眼的探照灯和朝空中那些英国飞机发射的枪炮,可是蜜普不敢让她进到屋里。没有人敢做这种事。德国人罚起人来是毫不留情的。

蜜普也十分丧气。她的男朋友正被送往德国。每次飞机从头顶飞过,她就害怕那些飞机上的所有炸到贝尔特斯一人头上去。"别担心,不会掉到他头上去""一粒炸弹就够了"之类的笑话,拿到这里来不太适当。被送到德国去强迫劳动的不只贝尔特斯。每天都有一火车一火车的男人被载走。有些人想趁火车在小站停下来的时候溜走,但是只有少数人逃掉,找到藏身的地方。

我的惨事还没说完呢。你听过"人质"这个名词吗? 这是给破坏分子的最新惩罚,也是你想象不到的恐怖事情,重要的市民——都是无辜的人——被关起来等候处死。盖世太保找不到破坏分子,就拎五个人质出来,靠墙排一排。报纸会登出他们的死讯,上面说他们死于"致命事故"。

真是人类的好品种,这些德国人。我还是他们里面的一个呢! 不对,我不是。希特勒早就拿掉我们的国籍了。何况,地球上再没有比德国人和犹太人结的仇更大的了。

安妮敬上

1943 年 1 月 13 日　星期三
最亲爱的吉蒂:

外面变得很可怕。白天夜里任何时候,都有可怜无助的人被拖出家门。他们只准带一个背包和一点现金,就是少少这些东西,在路上也会被抢光。他们妻离子散,男、女和儿童各分东西。小孩子放学回家,父母已经不见踪影。女人买东西回家,家已经被查封,家人都消失了。基督徒和荷兰人也生活在恐惧之中,因为他们的儿子被送往德国。人人都心惊胆战。每天晚上几百架飞机从荷兰上空飞往德国城市,把炸弹丢在德国土地上。在俄国和非洲,每个小时都有成百成千的人送命。没有人能置身于冲突之外,整个世界都在战争,虽然同盟国比较顺利了,但结局还不知道在哪儿。

安妮敬上

1943 年 10 月 29 日星期六

最亲爱的吉蒂：

　　我经常神经质，尤其星期天；星期天是我心中真正悲惨的时候。气氛令人窒息、呆滞、沉重。外面听不见一声鸟叫，整个屋子笼罩在一片死寂、压迫的寂静里，这寂静附在我身上，仿佛要把我往下拖，拖到阴间的最下层。这时候，父亲、母亲和玛各对我完全无关紧要。我从一个房间徘徊到另一个房间，在楼梯里上上下下，像一只本来会唱歌的鸟被剪去翅膀，不断用身子撞那沉暗的笼子的铁条。"放我出去，到有新鲜空气和笑声的地方去！"我心中有个声音哭喊着。我已懒得应答人家，只愿歪在沙发上。睡眠能使这寂静和可怕的恐惧快一点飞逝，而既然要时间不可能，只有靠这样来帮助它赶快过去。

安妮敬上

1943 年 11 月 8 日　星期一

最亲爱的吉蒂：

　　在我心目中，我们八个人好像是一块蓝天，四面八方被逐渐逼近的乌云包围着。我们站着的这块圆圆的地方还是安全的，但乌云正在围过来，我们和那一直逼过来的危险之间的圆圈越收越紧。我们周围都是黑暗和危险，我们急着寻找逃出去的路，结果彼此你挤我撞。我们张望下面的混战，看看这上面的平静和美。可是同时，我们被大片乌云阻绝了，不能上，也不能下。大片乌云像一堵穿不透的墙一样挡在我们面前，想压碎我们，只是还压不过来。我只能哭喊着哀求："哦，圈子，圈子，打开来让我们出去吧！"

安妮敬上

1944 年 3 月 29 日　星期三

最亲爱的吉蒂：

　　总理波克斯坦从伦敦向荷兰广播，说战争以后，要收集与这场战争有关的日记和书信。当然，大家就说我的日记这下有用了。想想看，我要是出版一本以我们的密室为题材的小说，那多有趣。单看书名，谁都会以为是部侦探小说。

　　不过，说真的，战争结束十年之后，外人读到我们这些犹太人藏起来怎么过日子、吃些什么、谈些什么，只会觉得好笑。我告诉了你我们很多的生活情形，但你对我们所知还是很少。

安妮敬上

1944 年 5 月 3 日　星期三

最亲爱的吉蒂：

　　你一定可以想象，我们经常满怀绝望地问："战争有什么意义？人为什么不能和平相处？这一切破坏，到底是为了什么？"

　　会问这问题，是可以理解的，但目前为止没有人拿得出完满的答案。为什么英国人的飞机越造越大，越造越精，同时又一直弄出一大堆要重建的新房子？为什么每天花几百万打仗，却拿不出一分钱给医学研究、艺术家或穷人？为什么有些人挨饿，世界其他地方却有堆积如山的食物在腐烂？哦，人为什么这么疯？

　　我不相信战争只是政客和资本家搞出来的。芸芸众生的罪过和他们一样大；不然，许多人民和民族早就起来反叛了！人心里有一股毁灭的冲动，发怒、杀人的冲动。除非所有人类没有例外都经过一场蜕变，否则还是会有战争，苦心建设、培养和种植起来的一切都会被砍倒、摧毁，然后又从头来过!

　　我经常心情沮丧,可是从来不绝望。我将我们躲藏在这里的生活看成一场有趣的探险,充满危险和浪漫情事,并且将每段艰辛匮乏的事情当成使我日记更丰富的材料。我已下定决心要过和其他女孩子不一样的人生,不想以后变成一个平凡的家庭主妇。我在这里的经验,是一个有趣人生的好开头。碰到最危险的时刻,我都必须往它们幽默的一面看,并且笑一笑,理由——惟一的理由——就在这里。

　　我年轻,有许多尚未发现的特质;我年轻又坚强,正生活在一场大探险里;我正在这探险过程之中,不能因为没有什么好玩的事而只顾整天唉声叹气!我有很多福分:幸福、愉快的性情,以及力量。每天我都感觉到自己在成熟,我感觉到解放正在接近,我感觉到大自然的美和周遭人的善良。每天我都想,这是一场多么迷人有趣的探险!有此种种,我为什么要绝望?

安妮敬上

1944 年 7 月 15 日　　星期六

最亲爱的吉蒂:

　　在当前这样的时代,的确很难:理想、梦想和宝贵的希望也在我们心中浮现,但只有被残酷的现实压碎。我没有把我的理想全都抛弃,也是奇事,那些理想看起来那么荒谬,那么不切实际。可是我仍然紧抱着它们,因为世界虽然这样,我还是相信人在内心里其实是善良的。

　　我要在一座用混乱、苦难和死亡做成的基石上建设我的人生,是完全不可能的。我看见世界正变成一片荒野,我听见雷声正在接近,有一天雷霆也会将我们打死。我感觉到千百万人在受苦受难。可是,我仰视天空,冥冥中觉得世界还能好转,这场残酷也会告终,和平与安详会重新回来。在此同时,我必须执著我的理想。也许有那么一天,我能实现我这些理想!

安妮敬上
(彭淮栋译)

(《安妮日记》,安妮·弗兰克著,彭淮栋译,海南出版社,1996)

注释

①　盖世太保:德文 Gestapo 的音译,法西斯德国"秘密国家警察"的简称,是纳粹党的政治工具。

作者简介

　　安妮·弗兰克(Anne Frank, 1929—1945),德国犹太少女。她的家庭原居德国法兰克福市。纳粹兴起后,开始对犹太民族进行迫害,安妮全家迁移至荷兰阿姆斯特丹避难。1942 年 6 月 12 日是安妮的生日,她收到的生日礼物中有一本日记本,便开始写日记。同年 7 月 6 日,由于纳粹迫害犹太人风声紧急,他们全家躲进密室,但两年后遭人检举而被捕送进奥斯维辛集中营。安妮于 1945 年 3 月病逝,年仅 16 岁。

讲解

　　《安妮日记》是安妮·弗兰克于 1942 年 6 月 12 日至 1944 年 8 月 1 日期间,因躲避纳粹的迫害而藏身密室时的生活和情感的记载。日记本来是安妮为自己写的,1944 年,她从伦敦广播电台收听到战后将大量搜集德军占领下的欧洲人民苦难生活的目击见证,便将自己的日记加以改写。战后,安妮父亲将女儿的日记加以整理,于 1947 年由荷兰出版商出版,现手稿收藏于荷兰战争档

一、课文精读

案博物馆。

《安妮日记》是一个犹太小女孩二战期间的内心独白,文中所节选的第一则日记是有关日记的说明。文中第二则日记主要写了关于犹太人被送往集中营各毒气室的情况,写了纳粹占领下人们的恐惧。第三则日记写混乱的局面,人们妻离子散,生活在恐惧之中。第四至六则日记写空袭给大家带来的恐惧及八人躲在密室的感受。第七至九则日记对战争性质作了进一步的思考,并憧憬了自己的未来。正如评论家汉斯所说:"安妮虽然躲在密室里,但她的日记中所记载的大都是外面发生的事情。"她描述了犹太人如何被德国纳粹残酷迫害和屠杀。她写到了避难时期生活的困窘,多次描写阿姆斯特丹被轰炸所造成的恐惧,不断谴责种族歧视。《安妮日记》向人们展示了小安妮作为一个成长期的少女,如何面对战争和种族迫害、自我成长与定位、寻求自由等心路历程。虽然藏匿中的日常生活充满了恐怖,安妮遭受了难以想象的痛苦,但她却没有想到过仇恨和报复,只希望人类永远不再有战争。安妮对人性从未失去信心,她提醒我们有义务和责任相互尊重。

安妮开始写日记是十三岁,停笔时是十五岁,经过密室中无数个漫漫日夜,安妮由一个少不更事的女孩蜕变为一名成熟的少女,她的反省层次已经提升到社会高度。这些平凡而真实的历史记录,伴随着主人公的心境起伏,足以引起人们心中的震撼和共鸣,并引发人们对人类历史上黑暗年代的反思。

思考练习题

一、试分析《安妮日记》的写作特色。

二、安妮说"我不相信战争只是政客和资本家搞出来的,芸芸众生的罪过和他们一样大",你是如何理解这句话的?

扩展阅读推荐

(1)《安妮日记》,安妮·弗兰克著,高年生译,人民文学出版社 2009 年版。 (2)《犹太人劫难:纳粹屠犹纪实》,杨曼苏著,中国社会科学出版社 1995 年版。 (3)《犹太人历史》,大卫·托马斯著,苏隆译,大众文艺出版社 2004 年版。

相关作品

他们为什么要仇视犹太人?(节选)

(美)爱因斯坦

我想先给你们讲一个古代寓言,但稍为改动了一下——借用这个寓言可以轮廓鲜明地勾勒出政治上排犹主义的主要动机:

牧童对马说:"你是脚踩在地上的最高贵的走兽。你应当过着无忧无虑的幸福生活;要不是因为那奸诈的雄鹿,你的幸福确实该是完满的。但他从小就把腿锻炼得比你还敏捷。他的更快的脚步使他能比你先跑到水坑。他和他的同类到处把水喝光了,而你和你的小驹只落得无水解渴。跟我住在一起吧!我的才智和指导将把你和你的同类从凄惨和屈辱的状况中解救出来。"

出于对雄鹿的嫉妒和憎恨,马就盲目地同意了。他让牧童把笼头套在自己头上。从此他就失去了自由，成为牧童的奴隶。

在这个寓言里，马代表人民，牧童代表企图绝对统治人民的阶级或帮派；另一方面，雄鹿代表犹太人。

我会听到你们说："这是一个最不像样的寓言！没有一种动物会愚蠢得像你的寓言中的马那样。"但让我们再稍加思索。马受了口渴的苦痛，每当他看到敏捷的雄鹿跑得比他快时，他的虚荣心就被刺痛。你们这些不知道这种苦痛和烦恼的人，也许难以理解憎恨和盲目性会驱使马行动得那样卤莽、轻率、容易受骗。但是马确实容易成为这种诱惑下的牺牲者，因为他以前的苦难为他犯这样的愚蠢错误准备了条件。下面的格言里有很多真理：要作公正的和明智的忠告——对别人——是容易的，但要使自己公正而明智地行动却很困难。我可以完全有把握地告诉你们：我们大家常常在扮演着像马这样的悲剧角色，而且还有一再受到诱骗的危险。

这个寓言所讲的情况，在个人和民族的生活中一再出现。简单地说，我们可以认为它是这样的一种手法：把对某个人或某群人的憎恶和仇恨转移到另一个或另一群无力自卫的人的身上。但是为什么寓言中雄鹿这个角色时常要落到犹太人的身上呢？为什么犹太人会那么经常引起群众的仇恨呢？主要是因为几乎一切国家里有犹太人，而且因为他们到处都分散得太稀疏，以致无法防御猛烈的攻击。

不久以前的几个例子可以证明这一点：在十九世纪末，俄罗斯人民被他们政府的暴政所激怒。外交上的愚蠢失策又进一步激起了他们的愤慨，一直达到就要爆发的程度。就在这一发千钧之际，俄国的统治者为了转移视线，煽动群众对犹太人的仇恨和暴行。自从俄国政府把危险的1905 年革命淹没在血泊之中以后，这种策略就被反复运用——而这种奸诈的手段帮助了这一可恨的政权维持到世界大战快结束的时候。

当德国人在他们的统治阶级所策划的世界大战失败了以后，就立即责备犹太人，说他们首先煽起战争，然后又使战争失败。过了些时候，这种企图得逞了。对犹太人的仇视，不仅保护了特权阶级，而且使得这横暴的一小撮能够把德国人民置于完全奴役之中。

在历史进程中，加给犹太人的罪名层出不穷——这些罪名无非是要为那些加在他们身上的暴行找根据。捏造他们曾在井里放毒。胡说他们为了宗教仪式而屠杀儿童。虚伪地指控他们有一个计划企图在经济上统治和剥削全人类。写出伪科学的书污辱他们是劣等的、危险的种族。说他们为了自私的目的而煽起战争和革命。

把他们说成既是危险的改革者，又是真正进步的敌人。控告他们在同化的伪装下渗入国民生活中来篡改民族文化。同时，还非难他们顽固不化，以致不可能适应任何社会生活。

加给他们的罪名几乎是无法想象，罪名的捏造者一直知道这些罪名都不是真实的，但它们却一再影响着群众。在不稳定和混乱的时期，群众倾向于仇恨和残暴；而在和平时期，人性的这些特征只是偷偷地流露出来。

直到这里，我所讲的还只是对犹太人的暴行和压迫——而没有说到作为一种心理现象和社会现象的排犹主义本身，这种现象即使在不发生反对犹太人的非常行动的时候和环境中，也是存在着的。在这种意义上，它可叫作潜在的排犹主义。它的基础是什么呢？我认为，在上可以把它看作是民族一定的意义上，人们实际生活中的一种正常表现。

在一个国家里，任何集团的成员之间的联系，比他们同其他居民之间的联系是要更紧密些。因此，只要这些集团仍然保持着差别，国家的内部就永远免不了有摩擦。我认为，全体人民的完全一律，即使可以做到，也不是值得向往的。由于共同的信念和宗旨，相同的兴趣，在任何社会里都会产生集团，每一集团在某种意义上总是作为一个整体而行动的。在这些集团之间总会有摩擦——这同个人之间存在着嫌恶和竞争一样。

这种集团的必要性,在政治领域里,对于政治党派的形成也许最容易看得出来。要是没有党派,任何国家公民的政治兴趣势必要衰弱下去。也就不会有自由交换意见的讲坛。个人会被孤立,而不可能表明他的信念。而且,只有通过那些具有同样倾向和同样目的的人的相互鼓励和相互批评,政治信念才能成熟并增长起来;而政治同我们文化生活的其他任何领域没有什么两样。比如,大家都承认,在宗教热情很强烈的时代,会产生不同的教派,它们的竞争普遍促进宗教生活的成长。另一方面,大家都清楚,集中即消灭独立的集团在科学和艺术上会导致片面性和僵化,因为这种集中压制了,甚至禁止了不同意见和研究方向的任何竞争。

(许良英译)

二、应用写作

再版前言

　　应用写作是高等院校的基础课程。所谓应用写作，是指人们为处理公私事务而进行的实用性写作。随着社会经济的发展，人们之间的交流日益增多，社会团体与个人的文书交流愈显重要。大多数人在进入大学之前只学习了一些浅近的日常应用文，远远不能满足工作的需要。而大多数高等院校的重点是培养既有专业知识又有实际动手能力的实用性人才。实用性强的"应用写作"就成为其必修的基础课程。

　　应用文涉及面广，几乎各行各业都有其专业的应用文。穷尽所有的应用文体，对于非应用文专业研究人员而言，并无实际意义。同时，由于课程设置的教学时数有限，我们也不可能在有限的时间里学习所有的应用文体。鉴于以上两点，我们在文种的选择上，充分考虑到作为一个 21 世纪社会成员不可或缺的几个方面：求学必备——事务文书、科技文书；求职必备——传播文书、职业文书；从政必备——公务文书、申论。本教材在第一版的基础上，根据实际需要，内容编排上适当做了些增删，使教学内容更加科学和实用。

　　浙江师范大学行知学院大学语文教改组编写的应用写作教材，是以培养提高行知生的写作能力为目标，以应用文写作训练为中心，突出实用的特点，通过从基础到文体、从知识到能力等方面的学习，使大家在了解应用文写作知识的同时，掌握常用文体的写作技能，从而更好地为社会服务。在编写过程中，我们力求简明、扼要，使大家在写作时既有章可循，又懂得怎样避免出现的错误。

　　写作需要实践。只懂得写作理论，没有写作实训，是不可能掌握并提高写作能力的。要在写作理论的指导下，汲取古今应用文名篇的写作经验，用心分析、勤学苦练、持之以恒，才能逐渐提高自己的应用文写作水平。

　　在本教材编写过程中，参阅了大量的书籍，在此向原作者表示感谢。由于水平有限，教材中难免有疏漏和不当之处，敬请大家批评指正，以便进一步修改和完善。

浙江师范大学行知学院大学语文教研室

2013 年 7 月

第一章　绪　　论

第一节　应用文写作的性质与特点

一、写作的概念

　　写作是写作主体运用有组织的书面语言文字符号,传递信息、表达思想、反映客观的社会实践活动。人类的写作活动,根据社会功用的不同,一般可分为两大类:一类是文学性创作,即人们为抒发主观感情、反映现实生活而从事的艺术性创作,如诗歌、散文、小说、剧本等;另一类是实用写作,又称应用文写作,即人们为解决工作和生活中的实际问题而进行的实用性写作。

二、应用文的定义与分类

(一)应用文的定义

　　应用文是指国家机关、企事业单位、社会团体以及公民个人办理公私事务、交流信息、表述意愿使用的具有直接使用价值和惯用格式的文书。具有规范行为作用、公关交际作用、宣传教育作用、沟通联系作用、凭证资料作用。

(二)应用文的分类

　　应用文可按不同的标准进行分类。通常按其使用功能分为通用文书和专用文书两大类。

　　1. 通用文书。通用文书指社会上广泛使用的一些应用文的文种。具体有:

　　(1)公务文书。是指 2000 年 8 月 24 日国务院《国家行政机关公文处理办法》规定的文种。公文是国家机关、社会组织和团体行使职权、办理公务所使用的法定文书。包括命令(令)、决定、公告、通告、通知、通报、议案、报告、请示、批复、意见、函和会议纪要等 13 种。

　　(2)事务文书:如计划、总结、简报、调查报告、规章制度等。

　　(3)公关礼仪文书:如祝词、贺电、请柬、邀请书等。

　　(4)职业文书:如简历、自荐书、述职报告等。

　　2. 专用文书。指专业性较强的文书。

　　(1)财经文书:如市场预测报告、市场调查报告、经济活动分析报告及经济合同等。

　　(2)法律文书:如诉讼状、仲裁书、公证书、复议书等。

　　(3)科技文书:如毕业论文、学术论文、案例、课题报告等。

　　(4)传播文书:如消息、通讯、广告、海报等。

三、应用文的特点

　　1. 实用性。实用是应用文最大特点。应用文的写作主要是为了解决实际问题,是"有事而发"。它有明确的、定向的目的和固定的使用对象,有很强的针对性。所以,应用文往往被人称为实用文,是"为实用而作之文"。

　　2. 真实性。真实是应用文的生命,应用文写作要实事求是地反映问题,反映情况,不允许虚构或艺术再加工。凡文章使用的材料,涉及的人物、事件、地点、时间、数字等都必须是真实的、准确的、可靠的。

3. 程式性。应用文写作有其特定、惯用的格式。这些格式,有的是长期以来约定俗成、相沿成习的,有的是由国家、有关部门统一制定的,都应严格遵守,不得随意标新立异。应用文的格式也不是一成不变的,随着社会的发展,人们生活习惯的变化,观念的变化,应用文写作格式也会变化,使它更加方便人们的表情达意,更加顺应社会的发展需要。

4. 时效性。应用文是为了解决实际问题而写的,所以它的时间性很强。一旦出现问题,就必须及时反映,否则拖延时间就会给生活、工作、生产带来影响。尤其是当今社会,市场竞争激烈,信息传递慢,企业随时有被淘汰的危险。

5. 平实性。应用文注重实用,它的语言也讲究务实,要简洁、朴实、明白、准确、规范,便于理解执行。平实是应用文写作的基本风格。

第二节　应用文写作基础

一、主题

(一) 含义

主题是作者通过文章的全部材料和表现形式所表达出来的基本思想。应用文的主题形成,往往是"意在笔先",即根据应用文的撰写目的而确定。一篇应用文的材料如何取舍,结构如何安排,语言如何遣用,表达方式如何选择,以至标题如何制定,都要根据主题表现的需要来加以酌定。

(二) 主题的要求

1. 正确、鲜明。正确,是对主题的基本要求。所谓正确,指所确定的主题反映了对象的本质和规律,反映了工作内容的本质,符合自然现象和社会政治经济文化的发展规律。所谓鲜明,是指所确立的主题必须态度明确,不模棱两可。

2. 集中、单纯。主题是统摄全篇文章的总纲,必须单纯明确。一篇应用文只能有一个主题,一文一事。

3. 深刻、新颖。深刻是指文章所确立的主题能反映社会生活的本质及内部规律,揭示事物所包含的深刻的社会经济意义。深刻的主题能够深入地挖掘出客观事物所包含的本质意义,对读者起到指导作用。所谓新颖,是指所确立的主题是作者的新认识、新发现。特别是调查分析和预测类文体的写作,要根据掌握的材料,科学的方法,分析发展变化的形势,从某一角度、某一方面提出新的认识,反映新问题,提供有价值的决策参考资料。

二、材料

(一) 含义

材料是构成文章的要素之一,是大家在日常生活中按收集到的、以准备写作用的有意义、有价值的资料,是借以形成主题和表现主题的一系列事实和道理。一篇文章的内容如何,首先取决于作者掌握材料的多少与好坏。常言道:"巧妇难为无米之炊"。所以,写作前必须大量地积累材料。要通过观察、采访、收集并建立材料库来积累材料。

材料包括素材和题材。素材是形成主题的一切原始材料;题材是经过选择加工后用来说明和表现主题的材料。

（二）材料的种类

材料大体上有两类：

1. 理论材料。对应用文而言，理论材料主要是指党和国家的政策法令；经过历史和实践检验并造成一定影响的人类思想成果，如科学原理、公理定式和名人名言等。

2. 事实材料。又称实证材料，它是文章中最有说服力的部分。事实材料可以划分很多类。主要有：

（1）经验材料。也称直接材料，是作者自己或相关的人从实践中得来的材料。要获取和储存这方面的材料，必须提高观察能力，养成积累的习惯。

（2）实验材料。实验是根据科学研究的需要，人为地控制研究对象和模拟客观条件，排除偶然因素的干扰，以更好地显示事物的本质和规律的一种活动。通过这种活动获得的材料称实验材料，其可靠性比较强。

（3）调查材料。这是根据一定得目的和纲目深入调查研究所得的材料。一般来说，调查材料既真实可靠，又丰富生动。

（4）统计材料。以上各项调查材料在某种意义上说都可能或者必定归结到统计数字上，因为物质世界在其发展过程中都包含着一定的数量关系，是数量之间的相互作用与影响。因此，权衡各种调查材料不同性质以外，还要权衡各种调查材料之间数量的多少。量变可以导致质变。调查报告要调查事物的性质，也要调查事物数量。包括调查本身，也要概括一定数量来考虑它的精确性。

（三）选材的原则

1. 围绕主题选材。这是选材首先应当遵循的原则。选材的主要目的是为了用最精当的材料把主题表现得充分、突出、深刻，是为了更好地为主题服务，因此，必须根据表现主题的需要决定材料的取舍、主次和详略。凡是能够有力地表现、说明主题的材料，就要选用。而那些与主题无关，不能表现、说明、烘托特定主题的材料，就要舍弃。

2. 选择真实可靠的材料。所谓真实，就是要符合客观实际的情况，要反映客观事物的本质。写作时，一定要选择真实可靠的材料，力戒虚妄，才能如实地反映客观事物和生活的本质，达到写作、传递、落实的目的。

3. 选择典型的材料。典型材料就是能够深刻揭示事物本质、具有广泛代表性和强大说服力的材料。它可以是一个典型人物，一桩典型事件，一个典型场面，一个典型故事，也可能是人物的典型语言或典型动作。凡是典型材料，不论大小都具有普遍意义，用到文章中有助于使主题深化，使文章精粹有力，能够以一当十、以少胜多，达到"窥一斑而知全豹"的目的。

4. 选择新颖的材料。新颖的材料，就是新鲜、具有时代精神和特色的材料。所谓新，首先是指新发现的、新产生的、别人尚未写过的材料；其次，是指有新的认识与感受的材料；最后，要求作者写出事物的新发展。

三、结构

即文章的内部组织构造，是运用材料以表现主题的组织安排。它既是文章内容的重要表现形式，也是作者的思路在文章中的具体反映。如果把主题比作文章的"灵魂"，材料比作文章的"血肉"，那么结构就是文章的"骨架"。作者必须根据主题的要求把有关材料主次分明、有头有尾、条理清晰地编织贯穿起来，即精心地谋篇布局。

应用文结构的最大特点是格式的规范性，按规范的格式写，既便于作者表达，又便于读者阅读和理解。但格式是为内容服务的，在写作中还应根据内容的需要灵活运用，特别是事务类和财经类文书中一些结构比较复杂的文种。

（一）结构安排的原则与要求

"文无定法"，安排文章的篇章结构并没有什么固定的格式，应因文制宜。因为内容不同，作者观察、分析事物的方法和角度不同，所以文章的结构形式也就多种多样。虽然如此，安排篇章结构也不能随心所欲，它还是有一定的规律和要求的。一般说来，谋篇要遵循如下几个原则：

1. 要正确反映事物的发展规律和内在联系。
2. 要服从表现主题的需要。
3. 要体现不同文体的特点。
4. 要符合人们的一般思维规律，做到严谨、自然、完整、统一。

（二）结构安排的形式

常见的结构形式有：

1. 纵式结构。即按照事物产生、发展、变化的过程或时间先后顺序去写。这种写法，能形象地再现事物的原貌，可读性较强。

2. 横式结构。根据内容的特点和矛盾的不同性质，按事物的逻辑关系进行分类归纳，把主体分成几个部分（或几个方面），然后把材料横着排列起来，逐个进行阐述，最后从总的方面集中说明一个中心思想。这种写法，便于抓住要害，突出主要矛盾，文章的观点鲜明，为应用文所广泛使用。

四、表达方式

是指撰写文章时所采用的具体表述方法和形式。表达方式通常有五种：叙述、描写、抒情、说明、议论。应用文写作中常用的表达方式是叙述、说明、议论。

（一）**叙述**。这是最基本、使用频率最高的一种表达方式。完整的叙述有六个要素：人物、事件、时间、地点、原因、结果。

1. 叙述的人称。是作者在叙述时的一个立足点和观察点。应用文中的人称主要有第一人称和第三人称。用第一人称叙述，可以增强文章的真实感，使读者感到亲切、自然，同时也便于作者抒发自己的感情。不足之处是使作者反映生活时受到时间、空间的限制。第三人称因站在第三者的角度陈述事宜，所以较客观、理智，也不受时间和空间的限制，叙述更加自由。

应用文写作一般都是立足于本单位对外行文的，因此，多采用第一人称。但一些反映客观事件的文种，如调查报告、消息、通讯等则倾向采用第三人称。

一篇文章中，叙述的人称必须统一。如需要转换时，必须交代清楚，以免造成混乱。

2. 叙述的方式。叙述的方式多种多样，最常见的、使用频率最高的有以下5种：

（1）顺叙。是按照客观事物发展的先后顺序进行的叙述。顺叙可以将事物的发展过程有头有尾地叙述出来，来龙去脉十分清楚。但要处理好主次、重轻、详略关系，做到重点突出、主次分明，避免平铺直叙。

（2）倒叙。先叙述结局或事件中的突出片段，然后再按事件发生、发展的顺序叙述的一种方式。倒叙可以造成悬念，开卷兴波，引人入胜。但要注意，由"倒"到"顺"的过渡要自然，要衔接好。

（3）插叙。在叙述中心事件的过程中，由于某种需要，暂时中断原来的叙述，插入另一件与中心事件有关的事件的叙述方式。插叙可以使叙述有断有续、有张有弛，显得波澜起伏。

（4）补叙。在叙述过程中对情况或事物作某些补充、诠释和说明。

（5）分叙。也叫平叙，是叙述同一时间内不同地点的事物发展过程的方式。有两种方式，一是分别叙述，先说完一件，再说另一件，即传统的"花开两朵，各表一枝"的分头叙述法；二是交叉并行叙述。

（二）**说明**。说明是用简洁明了的语言对事物、事理和人物所作的具体或概括的介绍或解说。常用的说明方法：定义、诠释说明、分类说明、举例说明、比较说明、数字说明、图表说明。此外，还有比喻、对比等多种说明方法。这些方法在写作时，可以根据内容和目的灵活地选择使用。

（三）**议论**。议论就是作者通过事实材料及逻辑推理阐明道理，表明自己的见解、主张以及驳斥别人观点的一种表达方式。

1. 议论三个要素

在议论文中，一段完整的议论必须由论点、论据、论证构成。所谓论点，是作者对所论问题提出的看法、主张，解决"证明什么"的问题。论据就是用来论证论点的根据，是解决"用什么证明"的问题。论据有事实论据和理论论据两种。论证就是用论据来证明论点的过程和方法，它解决"怎样证明"的问题。议论的目的在于让人同意接受自己的观点。只有说理充分，分析透彻，论证周密，议论才会有说服力。

2. 论证方式。论证方式是指论点和论据的联系方法。论证的方法很多，常用的有：

（1）归纳法。它以事实为论据，从许多"个别"事例中归纳出一个"一般"性的结论。

（2）演绎法。它以推理的方式，从"一般"性结论，演绎出一个"个别"的论断。

（3）举例法。它以事实为论据，用典型事例证明论点是正确的。

（4）引典法。它以名人、经典著作中的言论或公理、常理为论据，证明论点的正确。

（5）比较法。它把不同情况或事物摆出来加以比较，在比较中明辨是非，阐明事理。

（6）类比法。通过讲故事、举实例，用比喻来证明两个相比事物之间具有某种共性。

第三节　应用文的语言要求

一、应用文的语言特点

（一）**准确**。语言准确，不仅指用词造句恰当、得体，还有其特殊的含义。首先，要概念明确，不产生歧义。同时，专业术语和行业用语的大量使用，也有助于增强应用文语言的准确性，或者说是应用文语言具有准确性的体现。

（二）**简明**。就是用尽可能少的语言材料，把尽可能多的信息明明白白地传递给读者。简明不仅是提高写作效率的要求，也是信息高效、快速传递的要求。为了使应用文语言简明，在写作中经常使用一些专用词语和习惯用语。

（三）**平易**。即平实自然、晓畅易懂。应用文是为了解决实际问题而写的，不仅内容要真实可靠，语言也要求平易质朴、直白而如实的表达，不描写、不抒情，不用偏僻词语，力求读者通晓明白，以达到全面而准确地传递信息的目的。

（四）**得体**。应用文一般都有特定的读者对象，作者应根据自身与受文对象的关系和发文的性质明确行文的语体风格。一般来说，用于工作的应用文大都应当带有庄重的风格，要用书面语体，不用或少用口语或俗语。同时，还要分清行文级别和行文范围的区别，如对上级行文要谦恭诚挚，对下级行文要肯定平和，平行文要真诚温和；对内可简洁直言，对外要庄重清晰等。

二、应用文专门用语

1. 开端用语。表示行文的目的、依据与原因。一般放在行文的开头，如"为"、"为了"、"关于"、"由于"、"遵照"、"依照"、"根据"、"兹有"、"兹因"、"兹定于"、"兹将"、"兹介绍"等。

2. 引叙用语。引叙来文,如:"现接"、"近接"、"前接"、"欣悉"、"今悉"、"敬悉"等。应用文的引叙词多用于文章开端,引出法律、法规以及政策、指示的根据或事实根据。也有用于文章中间,起前后过渡、衔接的作用。

3. 经办用语。表示工作办理的时间及过程。如:"业经"、"前经"、"已经"、"均经"、"复经"、"通过"、"经过"等。

4. 称谓用语。表示不同的人称。如:"本局"、"贵公司"、"贵校"、"该同志"、"该公司"等。

5. 期请用语。表示请求与期望,如:"请"、"拟请"、"务请"、"恳请"、"希"、"希望"、"望"、"盼"、"切盼"等。

6. 表态用语。对来文表示态度。如:"同意"、"照办"、"可行"、"拟同意"、"不同意"、"不妥"、"原则同意"、"原则通过"等。

7. 过渡用语。用在段落之间,承上启下。如:"据此"、"为此"、"因此"、"现函复如下"、"现通知如下"等。

8. 结尾用语。如:"此令"、"此布"、"此告"、"为要"、"为盼"、"请指示"、"请批复"、"请批准"、"以上请示,如无不妥,请批准"、"以上报告,如无不妥,请批转"、"当否,请批示"、"特此函达"、"特此函告"、"盼复"、"以上指示,请研究执行"、"特此通知,望认真贯彻执行"等。

第四节　应用文的行款格式

写文章行款格式要正确,否则,将影响内容的表达。行款格式包括标题、署名、分段、引文、对话以及行文中的强调序码、页码等内容。

标题要写在第二行的中间。作者的名字要写在标题的正下方,三个字的名字中间不空格,两个字的名字中间空一格。每段开头要空两格,段与段之间不空行。文中的引文,为与正文有所区别,书写时要缩两格(引文开头比正文开头缩两格,换行引文比换行正文缩两格)。文中的对话,要用引号标明;对话一般夹在段落中,重要的对话可另起行,以示强调。行文中,作者感到特别重要的地方,可以用着重号表示强调。写完一页要标明页码。行文中的序码运用顺序一般是:一、→(一)→1.→(1)。

另外,标点符号是文章的有机组成部分,用得恰当,能够准确地表达内容;用得不恰当,就会影响内容的表达。标点不准、点错位置、一逗到底、引号有前无后、滥用省略号、标点不占格或书写位置不准确等,都会使内容产生歧义,造成混乱。所以,在写作时,要按照约定俗成的用法,严格按以下格式书写:

第一,每行的第一格,不能写如下的标点符号:"、"、","、"。"、";"、":"、"?"、"!"、"'"、""、")"、"》"、"〉"。如碰到最后一格已写满字,可以写在格外。

第二,每一行的最后一格,不能写如下的标点符号:"""、"'"、"〈"、"《"、"("。这五个标点符号可以写在下一行的第一格。

第三,破折号"——"和省略号"……"都不能截开分成两行,可以写在第一二格,也可写在最后一二格。

第二章 求学必备一:事务文书

第一节 事务文书概述

事务文书,是指国家机关、企事业单位、社会团体在日常公务活动中经常使用的实用性、事务性、规范性较强的一类文书。它是应用文的一大类,尽管没有正式公文使用的范围广、频率高,但更灵活、方便。

事务文书的特点是:1. 制发方便、灵活。可以以法定机关、组织或其法定领导人的名义制发,不像公务文书的严格性,表现出方便、灵活的特点;2. 具有很强的政治性和原则性。不过与正式公文相比,不具有那样强的权威性与法定效力;3. 具有惯用格式。一般来说,按照长期以来约定俗成的格式制作,体现出一定的规范性,便于人们掌握使用;4. 语言简洁、准确。要求朴实、简明,做到表达准确无误,逻辑性强,不能含糊其词,否则易造成工作上的混乱,甚至造成失误。

第二节 计 划

"凡事预则立,不预则废。""预"就是事先的预想、计划、打算。无论做什么事情,都一定要有计划。计划是前进方向上的"路标",是一切行动的先导,也是实现目标的手段。古人云:"深计远虑,所以无穷。"有了计划,工作就有了明确的目标,就能统一思想、协调行动、掌握进程,便于督促检查、评定优劣和总结经验教训。科学的、切实可行的计划,对我们的工作、学习、生产、科研等都有着重要的指导、推动与保障作用。

一、计划概述

1. 计划的概念:计划是党政机关、社会团体、企事业单位和个人,为了实现某项目标或完成某项任务而事先所作的安排和打算。是对一定时期内要做的某件事、要完成的某项任务,预先拟定目标,提出具体要求,制定相应措施的一种应用文。

根据计划涉及内容和期限的不同,还可以有不同的叫法。如"纲要"、"规划"、"方案"、"安排"、"设想"、"要点"等。一般而言,"纲要"、"规划"是具有全局性的、较长时期的长远设想,跨年度比较长,内容范围比较广,是对一个地区、一项工作全局性的战略部署,展示发展远景与长远目标。"方案"是从目的、要求、工作方法到工作步骤对专项工作作出全面部署与安排的计划,原则性较强,内容较完全;"安排"是对短期内工作进行具体布置的计划;"设想"是初步的草案性的计划,可变性大;"打算"是短期内工作的要点式计划;"要点"是列出工作主要目标的计划。

2. 计划的特点:(1)明确的目的性。计划是为达到某个目标、完成某项任务而制定的,因此制定计划的目的要明确。否则,所制定的计划不仅无法完成,而且毫无意义。(2)很强的预见性。制定计划要事先行文,事先行文就需要对所做的工作、所进行的活动有一定科学的预见,依照对客观的清醒认识,有一个正确的设想,即做什么工作,达到什么目的,如何去做,采取什么方法、步骤、措施,以及可能会出现的问题等。(3)措施的可行性。计划是要执行的,要执行就必须十分重视预见的现实可能性,必须注意措施办法的可行性,也就是说,计划中的指标经过努力是可以达到的。

3. 计划的种类。按不同的分类标准，计划可以分成不同的种类。

(1)按内容可分为生产计划、工作计划、教学计划、学习计划、科研计划等。(2)按时间可分为年度计划、季度计划、月份计划、周计划，长期计划、中期计划、短期计划等。(3)按适用范围可分为国家计划、地区计划、公司计划、全厂计划、车间或科室计划、工段或班组计划、个人计划等。(4)按性质分，有综合计划和专题计划。综合计划是对各项任务的全面打算和安排。比如某学校某学期的全面计划，就可以从政治思想工作、教学与科研工作、后勤工作等方面来制定。它要求从全面出发，对各项任务作统筹安排，使执行者心中有数，齐心协力把工作做好。专题计划是对某项任务的打算和安排，往往只就上级交给的某一具体任务，或本单位(个人)所要解决的某一问题来制定。比如，只就科研、生产任务或体育锻炼制定的计划。专题计划可以比综合计划设想得更为周密具体，因而更便于操作执行，对工作更具有实际指导作用。

这些分类不是绝对的，就某一具体计划而言，往往兼跨几类。如《××厂2011年生产经营计划》，按性质讲是生产经营计划，按适用范围讲是全厂计划，按时间期限讲是年度计划，按成熟程度讲是正式计划，按内容讲是单项计划。

二、计划的结构

计划可采用三种写作模式，即表格式、条文式和文表结合式。表格式在生产计划中运用较多，大多将生产的目的、指标、措施、任务、进度等内容填入表格即可，一目了然，十分清楚，如销售计划、月计划等；条文式是分条列项地阐述计划的目标、任务、指标、措施等，大多采用序数或小标题，往往层次鲜明、眉目清晰；文表结合式实际上就是表格式与条文式的结合，一般是将各项目的内容填进表格后，再用简短文字作解释说明。这里重点介绍条文式计划的结构。条文式计划一般由标题、正文、落款三部分构成。

1. 标题。一般由计划的单位、时限、内容、文种四项内容组成，如《××大学2011年招生工作计划》。有时标题也省略其中的某些要素，如《2010年招生工作计划》、《××大学招生工作计划》、《招生工作计划》。若计划尚不成熟或未经批准，须在标题后用括号注明"草案"、"讨论稿"等字样。

2. 正文。是计划的主体部分，是具体内容，一般由前言、目标和任务、措施和步骤构成。前言：简要概括基本情况，说明制定计划的依据和理由，或分析前段时间的实际情况、工作经验和存在的问题，宏观地提出今后总的工作任务和目标。前言是计划的"总纲"和"灵魂"，必须努力写好，又切忌篇幅过长。目标和任务：是计划的核心内容，提出工作任务以及要达到的数量和质量的指标。写法一般采用分条列项的方式，用小标题或序号标明层次，然后逐项写出具体任务和具体目标。措施和步骤：是完成任务的保证，措施要具体，分工要明确，步骤要有序，条理要清楚。时间安排应当具体，到什么时间，要完成哪些任务，都要一一说明。由于正文部分内容繁多，需要分层、分条撰写。具体如何分层递进，依内容的多少及其内在的逻辑性而定。

3. 落款。在正文右下方注明制定计划的单位名称和日期。如果在计划标题上已标明了单位名称。这里就不必重复。如果以文件的形式下发，还要加盖公章。

三、计划的写作要求

1. 要以党和国家的有关方针、政策为依据。只有掌握了党和国家的方针、政策，并以此为指导思想制定出的工作计划，才能指导今后一个时期的工作沿着正确的方向前进和发展。制定计划还要有全局观念，要处理好全局与局部、长远和当前之间的关系，处理好国家、集体、个人三者之间的利益关系。

2. 要从实际出发，正确估计客观条件。计划能不能起到作用，关键是制定的计划是否有科学的预见性。因此在制定计划前，要对本单位、本部门的情况有全面、具体、深入的了解，能清楚地知道下一步工作在什么基础上进行，对今后的发展有可靠的预测，对有关的各种数据有科学的预算。在确定目标任务时，既要体现改革精神，勇于创新。挖掘出潜力，又要切合实际，量力而行，留有余地。

3. 要抓住关键，突出重点。计划的目的、任务、指标、措施、办法、步骤等，都应写得具体、明确。更为重要的是要根据一个时期任务的主次、缓急来安排工作程序，应将重要的、紧迫的工作安排在前面，一般工作安排在后面。要把中心工作和重点任务突出出来，不能事无巨细，眉毛胡子一把抓。同时，还要兼顾一般工作，围绕中心工作合理安排其他事项。这样写既突出了重点，具有针对性，避免了模式化，又能使行文产生波澜。

【例文】2－1

学习计划

为了不断更新自己的知识层次，满足教育、教学的需要，与时俱进，努力提高自己的综合素质，更好地服务学生、服务教学、服务社会，做先进文化的传播者，社会道德的引领者，制订学习计划如下：

一、学习目标

两年内自学完中文本科课程和教育理论等内容。

二、学习内容

1. 政治理论。系统学习马列主义、毛泽东思想、邓小平理论和"三个代表"重要思想及其一系列重要论述，深刻领会其精神实质，用先进的理论指导教育工作实践。

2. 专业知识。学习《中国古代文学专题》1 和 2、《中国现当代文学专题》1 和 2、《美学专题》、《英语》、《现代教育思想》、《外国文学专题》等。

3. 法律知识。系统学习《教育法》、《教师法》、《未成年人保护法》、《义务教育法》等法律、法规知识，提高自己的法制意识。

三、学习原则

1. 循序渐进，持之以恒。

2. 统筹兼顾，科学安排。

3. 融会贯通，学以致用。

四、学习形式

1. 自学为主，函授为辅，遇到疑难问题上网查资料、讨论。

2. 制订学习时间表，张贴在办公室和家中，让同事和家人见证、监督自己的学习。

五、学习时间

1. 周一至周五，每天晚上 7:30～9:00 学习一个半小时。

2. 周六、周日，学习 6 个小时。

3. 寒、暑假，利用每天上午学习 3～4 个小时。

4. 每周利用"中央电大在线网"、"自考网"等网络资源，上网学习 2 个小时。

5. 每天用半小时到 1 小时的时间阅读当天报纸、杂志，了解国内外的重大新闻、政策形势，提高自己的政策理论水平。

六、学习进度

1. 2009 年 9 月～2010 年 1 月学习《诗经与楚辞》、《唐诗宋词》、《现代教育思想》、《语言学概论》。

2. 2010 年 2 月～2010 年 8 月学习《开放英语》、《外国文学专题》、《美学专题》、《语法研究》。

二〇〇九年八月三十日

【评析】这是一则个人学习计划。目标明确,内容具体,进度适中,原则性强。

【例文】2－2

××大学人文学院"十一五"发展规划

坚持科学发展观,按教育规律办事。人文学院在"十一五"期间,发展规模不仅是数量上的扩展,更重要的是质量上的提高。根据学院的基础和特点,"十一五"期间要力争达到"12345"目标,即 1 个博士点、2 个国家社会科学课题、3 个硕士点、4000 名在籍学生、5 个专业。

一、发展基础

人文学院成立于 2001 年 4 月,经过近 5 年的发展,已具有一定的办学实力。到目前为止,在籍学生 4160 人,其中本科生 1298 人,研究生 58 人,在籍自考生 2160 人,函授生 426 人,电大生 218 人。现有教职工 56 人,其中教授、副教授 23 人。近 5 年来,共承担省部级科研课题 25 项,获省级社会科学优秀成果奖 5 项,国家级教学成果二等奖 1 项,省级教学成果一、二等奖各 1 项;公开出版专著 10 余部,主编教材 30 余部,发表论文 400 余篇,为"十一五"期间的健康持续发展奠定了良好的基础。但是由于我院科学研究基础差、底子薄,学院的发展既有历史性的发展机遇,也面临着诸多困难和问题,我们必须具有忧患意识,逆水行舟,不进则退。为此,必须统一思想,坚定信心,突出重点,乘势而上。

二、发展目标

学院"十一五"发展的总体目标是:以"三个代表"重要思想和科学发展观为指导,全面贯彻党的教育方针,坚持以本科教育为主,积极发展研究生教育,适度发展成人教育,把学院建设成为居全国同类学院先进行列的综合性学院。同时要在博士学位授予权、高等教育一级学科、国家级社会科学课题、省级重点学科等方面有重大突破,即努力实现"12345"目标,为繁荣和发展哲学社会科学作出应有贡献。

1. 办学规模。……(内容略)

2. 学科建设。……(内容略)

3. 师资、干部队伍建设。……(内容略)

4. 实验室和基地建设。……(内容略)

5. 科学研究。……(内容略)

6. 质量与效益。……(内容略)

三、发展措施

实现"十一五"发展目标意义重大,任务艰巨,既有赖于学校的重点扶植,更寄望于全院师生的共同努力,还寄望于加强思想政治工作,发挥党员的先锋模范作用。为此,必须制定与之相适应的政策与措施。

1. 突出重点,协调发展,抓好学科建设。……(内容略)

2. 加强高等教育学士硕士点建设。……(内容略)

3. 重点建设社会工作专业。……(内容略)

4. 加大对学科建设的投入。……(内容略)

5. 稳定骨干,优化结构,切实加强师资队伍建设。……(内容略)

6. 借助学校引进人才的优惠政策,积极稳妥地引进高职称、高学历与有真才实学的优秀人才。……(内容略)

……

××大学人文学院

××××年×月×日

【评析】 这是一则规划。时间比较长,是全局性的战略部署,偏重于政策性、原则性的指导,但发展目标也比较明确,发展措施亦具体可行。

第三节 总 结

一、概念

总结是对前一阶段的实践活动进行回顾检查、分析评价,从中找出经验教训和规律性认识的一种书面材料。它的主要作用有:一是寻找规律,提高认识;二是提供情况,便于指导;三是改进作风,提高效率。如果说计划主要是提出"要做什么"和"如何去做"的问题,那么总结则应该说明"做了什么"和"做得怎么样"的问题。

总结的目的就是要通过实践,提高认识,掌握事物的发展规律,去指导今后的实践活动。因此,总结的主要特点如下。(1)回顾性。总结与计划在时态上恰好相反。计划是预想未来,是总结的标准和依据;总结是下一步计划的借鉴和参考。(2)理论性。总结的过程,就是感性认识上升为理性认识的过程,在分析事实材料的基础上,比较、归纳、提炼出正确的观点,从而提高认识、发扬成绩、吸取教训,更好地指导今后的实践活动。(3)客观性。总结是对本组织或自我的针对计划的总结,应该以客观事实为依据,真实、客观地分析情况、解决问题、总结经验,不允许虚构和编造。

二、种类

1. 按性质分有综合性总结和专题性总结。综合性总结又称全面总结,是对本组织一定时期内全面工作的全面总结,比如汇报性总结。专题性总结也称单项总结,是对某一项工作或某一个问题的总结,比如经验性总结。

2. 按内容分有工作总结、思想总结、学习总结、科研总结等。

3. 按范围分有地区总结、部门总结、单位总结、班组总结和个人总结等。

4. 按时间分有年度总结、季度总结、月份总结等。

三、结构

总结没有固定的格式,常见的结构包括标题、正文、落款三部分。

(一)标题

1. 公文式标题:由单位名称、时限、内容和文种构成。如《××××学校××××年度工作总结》。

2. 文章式标题:用简练的语言概括总结的主要内容或基本观点,标题中不出现"总结"的字样。如《推动人才交流 培植人才资源》。

3. 正副题结合标题:这是双行标题。上面一行是正标题,概括主要内容或揭示主题;下面一行是副标题,补充说明单位、时限和内容。如《抓改革促管理增效益——×××企业××××年工作总结》。

(二)正文

典型的总结正文包括基本情况、主体(包括取得的成就、存在的问题)、结尾(今后的打算)三个部分内容。它要根据目的要求,全面、具体地回答"做了什么"、"怎么样做的"、"为什么会这样做"三个问题,使读者在了解情况中,得到认识上的升华、理论上的提高。

1. 基本情况。一般要求开门见山,简明扼要地概述基本情况,交代背景,点明主旨或说明成绩,为主体内容的展开作必要的铺垫。如:"群众富不富,关键在支部;支部强不强,关键在班长。能否选配好支部'一把手',是加强农村基层党组织建设的核心。在首期整组中,我们积极围绕支部班子建设这个重点,紧紧抓住配好支部书记这个关键,着力走好'选人'、'育人'、'用人'三步棋,努力把整组工作引向深入。"

2. 主体。这是总结的重点部分,主要介绍工作取得了哪些成绩,这些成绩是如何取得的,采取了哪些方法和措施,收到了什么效果,用具体事实和数据表达出来,从中归纳出带有规律性的经验,作为今后工作的借鉴。如存在问题和教训,也要写,目的是对今后工作有所启迪,有所警戒。但注意安排好与成绩的关系,不要因为有一定问题和教训存在,就把总结写得像检查一样,成绩是主要的、本质的。问题和教训要写得简略、中肯、有针对性。在写法上要求做到观点鲜明、材料典型、叙述和议论相结合。

这一部分内容很多,又需要对事实进行理论上的分析、归纳,所以在写作中通常采用条文式和小标题式来安排结构。条文式即将总结的内容按性质和主次轻重逐条排列,行文简要,眉目清楚。小标题式就是正文部分有逻辑关系,可分为几个小标题,逐层深入地进行分析,往往条理清晰,一目了然。

3. 结尾。在总结经验的基础上提出今后的打算、改进意见和设想。

(三)落款

由署名和成文日期组成。如果是以单位名义写或发表的总结,署名可在标题正下方,也可在文章结尾的右下方,在署名的下边写上总结成文的年、月、日;如果标题上已出现单位名称,则省略落款,只需在正文结尾右下方写上成文日期。如以个人名义写或发表的总结,署名一般写在标题正下方,成文日期写在结尾右下方。正式向上级呈报或下发的总结,按公文规格来处理:署名在结尾的右下方,署名下边写成文日期。

四、撰写总结应注意的问题

1. 注意积累,占有材料。总结是较长时间内工作的回顾,在整个工作过程中,应时时处处当有心人,为写总结积累材料。没有丰富的实际材料作为判断的基础和论证的实例,就难以把总结的内容准确而全面地表达出来。

2. 探索规律,提炼观点。总结经验教训,找出规律性的认识,这是总结的重点,也是衡量一份总结是否有价值或价值大小的关键。如果总结只是事实的回顾,不探索规律,不提炼观点,"总"而不"结",是没有实际意义的。只有抓住关键问题,用有典型意义的材料提炼和论证具有指导意义的观点,总结出新鲜经验,这样写出的总结才有全局性的普遍价值,才能反映本单位工作特点,对今后的工作或对其他单位的工作才有一定的指导和借鉴作用。在分析工作的成绩时,不仅要谈取得了哪些成绩,还要写清是怎么做的,为什么这样做,效果如何,经验是什么;谈存在的问题,要写清是什么问题,为什么会出现这种问题,其性质是什么,教训是什么。这样的总结,才能对前一段的工作有所反思,并由感性认识上升到理性认识,才能让人借鉴,才能指导今后工作。

3. 突出特点,抓好重点。总结的最终目的是要找出具有规律性的经验,以便指导今后的工作。因此,要善于从取得的成绩和出现的问题中寻根究底,不能只是罗列现象,堆砌材料,没有观点,写成一本"流水账";或者是只有几条经验,没有具体说明的材料。写总结要写出"不同"之处,要不断学习新精神,研究新情况,寻找新经验,抓住特点和重点,写出特色,写深写透。这样写出的总结,才有高度、有新意、有时代感。

4. 实事求是,一分为二。写总结必须从客观实际出发,实事求是地反映本单位的情况,恰如其分地评价所做的工作。对成绩要充分肯定,对问题要客观分析,不浮夸,不虚构,不隐瞒,不缩小。这样才能发扬成绩,纠正错误,更好地改进工作。任何弄虚作假和主观臆断,都会影响总结的严肃性。

5. 叙议结合,语言简朴生动。总结要介绍基本情况、主要做法和成绩,因此需要叙述。而分析原因、归纳体会、总结经验教训,则需要用议论。所以,叙述结合议论是总结写作的主要表达方式。在语言的要求上,应力求准确、简明、朴实。总结要用第一人称即要从本单位、本部门或本人的角度来撰写。表达方式以叙述、议论为主,说明为辅,可以夹叙夹议。

【例文】2-3

××学校第九届艺术节总结

××学校艺术节于 2008 年 5 月 7 日至 18 日举行,历时 12 天。本届艺术节在全校师生的共同努力下取得了圆满成功。主要表现在以下几个方面:

一、思想统一,组织有力

为了成功地搞好本届艺术节,我校在 3 月 12 日即专门成立了以副校长为组长、各部门负责人和各班班长为组员的筹备小组。经过广泛深入的宣传,本届艺术节"高品位、高质量、高效益"的目标成了全校师生的共同追求,保证了各项工作都能及时落实到位。

二、内容丰富,推陈出新

本届艺术节共设有六项内容,包括开幕式暨音乐舞蹈组教师专场演出、演讲比赛、童话剧专场演出、学生"弹、唱、跳、画"四项技能综合比赛、师生书画作品展、闭幕式暨学生文艺汇演。这些内容涉及音乐、舞蹈、书法、美术、演讲、表演、创编等方面。筹备小组成员积极发扬"创新"的校风,注重内容的推陈出新,本台艺术节的内容有一半是新创作的。如音舞组教师场场演出、学生四项技能综合比赛、童话剧专场出演等三项活动,在我校艺术节中均属首次举办。

三、参与面很广,节目质量高

经初步统计,全校师生不仅人人参与,而且直接参与本届艺术节六项重大活动的就达近两千人次,平均每人要直接参与三项活动。参与本届艺术节的人数和人次在历届艺术节中均是最多的。节目质量高、精彩纷呈是本届艺术节的又一重要特点。例如,同学们自编自演的 10 个童话剧经录音剪辑后在市人民广播电台《红蜻蜓》节目中逐一播出。童话剧《森林编辑部》还被市电视台选中参加了市"庆六一"文艺晚会。这些固然与师生们思想重视、准备充分有关,同时也说明了我校艺术教育的质量上了一个台阶。

四、宣传力度大,社会影响好

为了做好本届艺术节的对外宣传工作,筹备小组组织了艺术节宣传报道班子。市电视台、市人民广播电台、晚报报社等新闻媒体也对艺术节给予了极大的关注和支持,进行了跟踪报道,使本届艺术节产生了前所未有的社会影响,得到了社会各界的一致赞誉,学校知名度也因此有了较大提高。

在本届艺术节取得圆满成功的同时,我们也清醒地看到了两个方面的不足:一是学生软笔书法水平还不尽如人意,书法教学有待进一步提高;二是设置的活动项目过多,师生承担的任务过重,对这期间的课堂教学略有影响。这些应在以后的艺术节中引起注意。

××学校第九届艺术节筹备小组

二〇〇八年五月二十五日

【评析】这是专题工作总结,理论性强,有点有面,条理清晰,逻辑性强。经验与教训分析到位。

【例文】2-4

承前启后　勇攀高峰

过去的一年,是经济与管理学院实现跨越式发展的一年,回顾这一年来工作中的点点滴滴,我们感到无比欣慰。在这一年中,我们无论是"财经人"还是"经管人",都始终坚持着在学院党委的正确领导下,秉承"为同学服务"的根本宗旨,开展自我教育、自我管理的活动,协助学院打造良好的教学秩序和学习生活环境,务求把各项工作精益求精,做得更好。

一、工作总体回顾

(1)立足常规,做好本分工作。

稳定是一切创新的基础,各项活动的顺利开展得益于常规工作有条不紊地进行,这是经管人工作中的共识。因此,过去的一年我们始终坚持立足本分工作,按质按量地完成学校和学院各级交办的各项工作。

(2)做好换届纳新工作,为我院学生机构注入新血液。

按照我院学生机构的工作计划和实际情况,我们在九月份就完成了学生干部的换届工作。今年,我们提前了纳新工作,在九月份新生军训期间便进行了初步的纳新宣传工作,并开始接受报名与初步竞选,秉着择优录取、公平、公正、公开的原则挑选合适人选。通过与新生召开交流会的形式,介绍与宣传相关部门的工作职能,得到了同学们的接纳与认可,经历两轮的面试和为期一个月的试用期,我们最终选拔出一批积极、认真、负责的学生干部。

(3)加强学风建设,推进同学们的思想道德教育。

为响应学校的学风建设活动,提高我院的学习氛围,我院学生会重视围绕学院教学工作的中心,结合各时期的特点,积极宣传动员,并通过组织主题班会、论坛、辩论赛等形式多样的活动,端正了同学们的学习态度,增强了学习的内在动力,养成了"惜时、勤学"及自觉遵守校纪校规的良好学风,这一举措达到了良好的效果。一年来,我院的很多同学养成了坚持晚自习和晨读的习惯,违反校规校纪的现象也得到了有效的控制,学风建设的成果得到了各级部门的认可,部分经验也在各二级学院中推广。

(4)完善内部管理机制,促进学生会不断发展。……(内容略)

(5)举办特色活动,丰富校园生活。……(内容略)

(6)取得优异成绩,攀向更高山峰。……(内容略)

二、工作的经验与不足

在肯定成绩的同时,我们也清楚地看到自身存在的不足,如:(1)各项比赛和活动过程中人员安排的合理性和组织协调性仍需进一步完善;(2)活动过程中出现的各种突发事件,如电脑故障等,应该要有两手准备,以防万一;(3)面对两边校区开展工作带来的不便之处,我们需要进一步加强协调与交流。

三、工作展望

新的一年，我院学生会已制定了工作计划，力争再创佳绩，不足之处我们将认真总结，加以改正。鉴于此，我们理清思路，初步确立接下来的任务：

……（内容略）

××大学经管学院学生会

××××年×月×日

【评析】这是综合性工作总结，内容全面客观，理论性强，条理清晰。

【例文】2-5

××市红十字会 2008 年工作总结

2008 年，红十字会在市委、市政府的领导下，坚持"抓重点、干实事、见效果"的原则，以"携手人道、共建和谐，献爱心、抗震救灾"为主题，大力开展宣传动员工作。充分发挥政府人道事务工作方面的助手作用，各项工作取得了突破性进展。现将一年来工作开展情况总结如下：

一、主要工作及取得的成绩

（一）宣传工作取得新的突破，红十字事业不断深入人心。为进一步提高全民参与红十字事业的自觉性和积极性，凝聚更多人道力量，我会采取多种形式，全力推进宣传工作。

1. 开展各种宣传日活动。利用"世界艾滋病宣传日"、"红十字博爱周"、"无偿献血日"、"全国爱牙日"等宣传日，在市、县和乡镇繁华地段，先后开展了以发放宣传资料、播放红十字知识录像、义诊、培训等为内容的宣传工作。

2. 开展学校红十字青少年系列活动。为帮助青少年树立正确的世界观、人生观，培养帮助他们关心社会、服务他人、乐于奉献的道德观和价值观，增强其自救和互救能力。我会与市团委、教育局在市一中组织开展了以板报竞赛、红十字知识讲座、初级卫生救护知识培训为内容的红十字宣传教育系列活动。

3. 以各种媒体为平台，大力营造舆论氛围。一年来，我会出资先后与市工会、妇联、共青团、工商联合会等团体合办刊物以发表红十字会信息，进一步加强了各部门对红十字会的了解；同时与电视台建立了良好的合作关系，充分利用《新闻》节目加大宣传报道工作力度，上半年共播放了红十字会开展各种活动的新闻 10 条。这一系列的宣传工作取得了良好的社会效果，提高了广大公众对红十字会的认知度。

（二）关爱弱势群体，深入开展救灾、救护、救助活动。

1. 深入开展"红十字博爱送温暖"活动，把社会大家庭的温暖及时送到弱势群体当中。……（做法略）

2. 开展医疗服务进农家活动。……（做法略）

3. 继续推进关爱残疾人事业。……（做法略）

4. 推动"爱心助学"活动。……（做法略）

5. 普及救护知识。……（做法略）

（三）做好"5·12"地震救灾募捐工作，积极支援地震灾区重建家园。"5·12"地震发生后，我会认真按照《中华人民共和国红十字会法》等法律法规的规定，广泛发动群众，积极捐款，抗震救灾。

1. 精心策划、广泛动员,积极发动社会各界人士向灾区捐款捐物。……（做法略）

2. 严格规范接收程序,接受社会监督。……（做法略）

（四）加强自身建设,保障工作高效运转。……（做法略）

二、存在的主要问题

……（略）

三、2009 年工作打算

……（略）

××市红十字会

二〇〇八年×月×日

【评析】这是一篇综合性工作总结,是对一个部门一定时期情况所进行的全面总结,有成绩,有问题,有打算。总结内容逐条排列,行文简要,眉目清楚,实事求是地反映了工作情况,恰如其分地评价了所做的工作。

第四节 调查报告

一、概念与特点

调查报告又称调查研究报告,是根据特定的目的,对客观事物进行调查分析研究之后写出来的反映客观实际、揭示事物本质和规律的书面报告。它是作者对某一现象、某一事件或某一问题进行深入细致的调查研究后,将获得的材料和结论加以整理而写成书面报告的一种实用文体。周密的调查,深入的研究,精确的表达是写好调查报告的三个关键。调查报告有总结经验教训、揭露存在问题、指导推动全局、介绍新生事物等作用。调查报告无论是作为文件,还是作为报刊文章发表,都有其实用价值。

调查报告具有以下几个特点:

1. 真实性。撰写调查报告,需要深入调查,对材料的真实性进行反复核实。如果了解的仅仅是事物的表象,那么得出的结论,要么是假的,要么是非本质规律的。

2. 典型性。调查对象是否典型,所运用的材料是否典型,是调查报告成败的关键。材料不典型,就不能很好地揭示现实事物的本质和规律。因此,必须选择具有典型意义的事实或材料撰写调查报告。

3. 理论性。调查报告主要通过对大量的材料进行分析和综合,达到揭示事物的本质和规律的目的。所以,撰写调查报告一般通过对事实的概括叙述和简要说明,由事论理,最后引出结论,在表达上多采用夹叙夹议、叙议结合的方式。

4. 时效性。调查报告要回答当前工作中迫切需要解决的问题,具有较强的时效性。因此,写作者要抓紧时间调查和写作,不能让新事变成旧事。

二、种类

调查报告从内容上分,常见的有以下三种:

1. 经验调查报告。反映社会实践中具有一定典型性的经验。以介绍先进的典型经验为主。目的在于推广经验,指导全局性工作。这些经验具有代表性、科学性、政策性,能对工作起到推动和指导作用。

2. 问题调查报告。用大量的事实,揭露某一不良倾向,指出问题的严重性。引起人们的注意和重视,以提高认识,吸取教训,推动工作。

3. 情况调查报告。是反映某地区、单位、行业或某一方面的基本情况、发展状态的调查报告。它涉及政治、经济、军事、文化等诸多方面的内容。这类调查报告对正确制定党的路线、方针、政策有重大的意义。

三、调查报告的写作

调查报告的写作要抓好三个环节:调查、研究、写作。搞好调查研究,是写好调查报告的前提。因此,掌握科学的调查方法,将有助于调研工作的顺利进行,使调查报告写得更好。要做到全面、客观、深入的调查,就必须制定出详细周密的调查计划,如地点、单位、时间、对象、重点、步骤、分工、注意事项等等,才能使调查有条不紊地进行。

（一）调查

"没有调查,就没有发言权。"做好深入细致的调查工作,占有大量的第一手资料,是写好调查报告的前提和基础。进行调查时要选择恰当的调查方法。常用的调查方法有:

1. 普遍调查法。即普查,是指在一定范围内,对所有对象进行全面的调查,以获得完整、系统的资料。普查的优点是资料全面、准确、误差小。

2. 典型调查法。即在一定的总体范围内,选择能够代表总体状况的典型深入地调查。准确地选择典型,是此调查法的关键。若典型不具有普遍性、代表性,将特殊规律误认为是适用于全局的一般规律,用来指导全局则会造成失误。

3. 抽样调查法。即在需要调查的客观事物的总体中抽取一部分进行调查,以此来推断总体情况。此法的长处是省时、经济,排除了人们的主观选择结论,较客观、可靠。

4. 个别访问。这是一种自由灵活的调查方式。访问之前要有明确的目的,并要选好访问的对象,并且尽快熟悉采访的对象,与他建立感情,才能交流思想,营造活跃的气氛。访问最好采用促膝谈心的方式,双方要相互尊重。个别访问有时也可以通过电话的方式。

5. 实地观察法。亲自深入第一线调查,通过观察、访谈等方式,获取真实、可靠的情况。

6. 问卷调查。这是现代常用的一种调查方式,简便易行。根据调查的内容,列出具体、简明的问题,请有关人士回答。为获得较好的调查效果,应正确选择调查的群体,问题的设计要科学,要便于回答。

7. 网上调查。这是最现代化最快捷的一种调查方式。利用计算机互联网的便利,将调查提纲上网,在较短的时间内便可获得所需的材料。

（二）研究

通过深入、全面、客观的调查,获得了大量的材料,为撰写调查报告提供了丰富的素材,这是写调查报告的基础。但是要写好调查报告,在动笔之前,必须对所掌握的材料,运用正确的思想方法进行科学的分析和综合的研究,要对丰富的材料加以"去粗取精、去伪存真、由表及里"的思考,以发现事物的本质,找出事物发展的规律,形成明确的观点。这是调查研究的根本目的,是动笔写作调查报告之前必须做好的关键一环。

（三）写作

调查和研究两个环节准备了材料,形成了观点,就可以根据主旨的需要布局谋篇了。

调查报告的结构一般由标题、正文、落款三部分构成。

1. **标题**:调查报告的标题一般是对调查内容的概括。常见的形式有:

（1）公文式标题。如《关于×××的调查报告》。

（2）文章式标题。如《永嘉县虚假广告沉浮录》、《"人情债"何时了？》。

（3）正副标题式。如《用公款请客送礼为何愈演愈烈——来自我省部分县市的调查》。

2. 正文：包括前言、主体、结语三个部分。

（1）前言。具有提示全文，帮助和吸引读者阅读和理解文章内容的作用。可以简要说明调查的缘由、时间、地点、对象、范围、目的、方式、内容及效果等，或者交代调查对象的概况和主要经验；或概述主要问题，以引出下文；或提出调查的问题和结论，起提示全文的作用。总之，前言写作的方法很多，但一定要写得"言简意赅"，使人"一目了然"。

（2）主体。这是调查报告的核心部分，全文的重点所在。它是对前言部分提出问题的回答，或者是对前言提示内容的展开。要求具体写出调查研究过程中所得到的有关调查对象的基本情况：或做法与措施，或成绩与经验，或问题与教训。有些还提出建议。

主体的内容有多种安排方法，基本方法是：

纵式结构。按事情的发生、发展、变化过程的自然顺序和人们对事物的认识过程来安排材料。这样可以做到脉络分明，条理清楚，有助于读者比较全面深入地了解事物发展变化的来龙去脉。这类结构一般适用于比较单一的调查报告，适用于报道新生事物和揭露问题的调查报告。

横式结构。按事物的特点和问题的性质，分几个方面或几个问题，恰当地安排材料，每个问题可冠之以简洁的小标题，这样可以从不同的侧面说明问题。这类结构是按材料之间的逻辑关系来安排的，有并列关系、递进关系、因果关系、连贯关系等等，一般适用于涉及面广、问题比较复杂的调查报告，常用于总结经验、揭露问题的调查报告，也可用于反映情况的调查报告。

纵横结合式。在同一篇调查报告中，以一种结构方式为主，交错运用，使调查报告的结构更好地反映主体的内容。这种结构形式能够全面反映调查对象的复杂情况，多适用于涉及面广、内容复杂的调查报告。

（3）结语。是调查报告的结束部分。结语的写法也要根据内容而定。可以总结全文，深化主题；或提出解决问题的办法、措施、建议；或发出呼吁，提出令人深思的问题。

3. 落款：即作者和写作时间。可以在标题的正下方，也可以在正文的右下方。

四、写作要领

1. 明确目的，深入调查，占有材料。撰写调查报告，重在明确调查目的，进行深入调查。调查时，要尽量掌握第一手资料以及其他旁证材料。此外，若调查的对象具有历史性，还需要查阅有关的历史文献。总之，只有大量占有材料，才能从中分析出规律性。

2. 科学研究，找出规律，提炼观点。从实地调查获得的事实材料存在着良莠不齐、真假莫辨的情况，必须对其进行一番去粗取精、去伪存真、由此及彼、由表及里的加工研究工作，对材料经过认真分析，深入研究，以找出规律性的认识，概括出鲜明的主题，提炼出明确的观点。不能堆砌材料，罗列现象，把调查报告写成材料汇编。

3. 合理布局，叙议结合，事理统一。调查报告的结构布局应视内容而定，配合主题精心建构。调查报告要如实介绍调查对象的基本情况、调查经过、调查的事实材料；准确交代事情的发生、发展和变化过程，这些都要用叙述方式，并辅之以说明。通过叙述事实得出结论，提炼观点则要用议论方式。由此可见，调查报告的观点必须是从对材料的分析中自然得出的正确结论，即观点统率材料，而事实材料要能充分有力地说明观点，突出主旨，即材料证明观点。一句话，写调查报告要材料观点相统一，叙述议论相结合，事实结论相一致。要防止只叙不议，观点不鲜明；也要防止空发议论，叙议脱节。

【例文】2 - 6

大学生消费状况调查报告

作为社会特殊的消费群体,大学生的消费观念直接影响着他们世界观的形成与发展。因此,关注大学生消费状况,把握大学生消费的心理特征和行为导向,是一个值得研究的课题。

一、调查概况

大学生消费状况调查活动,在校团委的组织领导下,成立了专门的课题小组,制定了调查方案,运用实地观察法、访问调查法、问卷调查法在全校展开调查活动。

二、结果与分析

（一）大学生消费的主流和特点

1. 理性消费是主流

价格、质量、潮流是吸引大学生消费的主要因素。从调查结果来看,讲求实际、理性消费仍是当前大学生主要的消费观念。据了解,在购买商品时,大学生们首先考虑的因素是价格和质量。大学生每月可支配的钱是固定的,一般在300~800元之间。由于消费能力有限,大学生们在花钱时往往十分谨慎,尽量搜索那些价廉物美的商品。

2. 追求时尚是特点

大学生站在时代前沿,追新求异,敏锐地把握时尚,唯恐落后于潮流,这是共同的特点。最突出的消费就是手机、电脑,再次是发型、服装、饰物、生活用品,大学校园中不乏追"新"一族。调查资料也印证了这一点,就所占比例来看,"是否流行"是紧随价格、质量之后,成为大学生考虑是否购买的第三大因素。

（二）大学生消费存在的问题

1. 消费差距拉大,两极分化明显

在关于月平均消费一栏的调查中,有18.2％的同学在400元以下"有点痛苦"地坚持学业;有11.6％的同学在1000元以上"比较自由"地享受生活。值得重视的是家庭经济困难学生(200元以下)和家庭经济宽裕学生(2000元以上)的消费状况,凸显了大学生的消费差距增大、两极分化明显。

2. 消费结构不当,攀比心理抬头

被调查的大学生存在消费结构不合理因素,女生更为突出。大学生的消费主要以生活费用和购买学习资料、用品为主。在生活费用中,饮食费用又是重中之重。在被调查的197名女生中,饮食费用在300元以下为83.7％。有的为了保持苗条身材控制饮食,有的为了节约支出不顾营养,有的为了手机、电脑、时尚衣饰或者恋爱支出而节衣缩食,反映出一些学生不懂得量入而出、适度消费的原则,虚荣心的驱使又极易形成无休止的攀比心理。

三、结语

调查表明,大学生消费的主流是好的,理性消费符合大学生的实际,追求时尚也是青年人的天性。但是,调查发现,大学生消费中存在的两极分化问题、攀比心理问题、结构不当问题等,会对大学生的心理、生理健康产生负面的影响。引导大学生养成健康的消费心理和行为,应成为学校教育工作的一个重要内容。

×× 学院大学生消费状况研究课题组

××××年×月×日

第三章　求学必备二：科技文书

第一节　科技文书概述

科技文书是随着近现代科学技术的发展，逐步出现并兴起的一种文体。它的主要表达方式是说明和议论，它的研究和表达对象是科学技术方面的知识，是为了方便科学技术的产生、储存、交流、传播、转化和普及，是为反映自然科学领域内某些现象的特征、本质及其规律性而产生的一种实用文体。简而言之，科技文书是指表达科学技术内容、传达科学技术信息的各种实用文体的总称。所以，科技文书具有鲜明的科学性、实用性、严谨性等特点。

第二节　学术论文

一、学术论文概念

又称科研论文。学术论文是总结、研究、探讨自然科学和社会科学的理论问题的应用文。它具有三个方面的含义：第一，它研究和描述的对象是科学领域的学术问题；第二，学术论文是探讨科学理论问题，进行科学研究的一种手段；第三，学术论文是用来描述学术研究成果、进行学术交流的工具。高等学校学生所写的学位论文、毕业论文、学年论文等，也是一种学术论文。学术论文既是探讨问题、进行科学研究的一种手段，又是描述科研成果进行学术交流的一种工具。因此学习撰写学术论文，对于推动科技进步、建设美好家园有着重要意义。

二、学术论文种类

根据不同的标准，学术论文可以划分为：按研究领域划分，学术论文可分为自然科学论文和社会科学论文；按研究方法划分，可分为理论型论文、实践型论文、描述型论文、设计型论文；按研究的专业内容划分，可分为经济论文、科技论文、历史学论文、法学论文、医学论文、文学论文、语言学论文等；按写作目的和社会功能划分，可分为交流性论文和考核性论文；在高校，因学习的阶段性不同，又将学术论文划分为学年论文、毕业论文和学位论文。

学年论文是高等学校学生经过了一段时间的学习后，在教师的指导下，将自己对某一问题的研究心得和体会写出来，形成了学年论文。这种论文，题目往往较小，篇幅不是很长，涉及问题的面也不是很宽，只要对某个问题论述清楚即可。写作目的就在于使学生初步学会运用专业知识进行科学研究的方法。通常是大二、大三时进行。

毕业论文是高等学校的应届毕业生都要完成总结性的独立作业。毕业论文的题目较学年论文要大一些，深一点，有较强的学术性和理论性，目的在于总结学生在校期间的学习成果，培养其具有从事科学研究工作或担负专门技术工作的初步能力，综合运用所学基础理论和专业知识去分析与解决实际问题。

学位论文是学位申请者为申请学位而撰写的论文。它表明作者从事科学研究取得创造性的结果或有了新的见解，这种论文是考核申请者能否授予学位的重要方面。学位申请者如通过规定的课程考试,而论文审查或答辩不合格者,仍不能授予学位。学位论文分学士、硕士及博士三级。

三、学术论文特点

1. 科学性。体现在提炼论点、陈述论据及论证过程要抱有实事求是的精神,从客观实际出发,做到立论客观、材料真实、数据可靠确凿、论证严密而富有逻辑性。当然,对科学性的理解,不能理解为"没有任何错误"。因为科学问题没有任何错误,不仅是不可能的,也是违背认识规律的。撰写学术论文,并不要求每篇论文的观点绝对正确,因为人们对事物的看法要受社会历史条件和科学发展水平的限制,客观规律也有其相对性的特点。因此,应允许对同一问题持有不同的看法,产生不同的学术流派。撰写论文,关键是要能"自圆其说",这就是论文科学性的通俗的解释。

2. 创造性。学术论文反映了人类探索自然奥秘或真理的进程,其价值主要体现在创造性上。它往往是对某个领域、某个项目、某个问题进行深入的研究和探讨,提出自己新的观点、新的主张、新的发现,从而推动科学技术的不断发展。因此学术论文要把作者创造性的劳动有效地表达出来,有所发现,有所发明,有所创造。如果学术论文没有创造,没有新的成果,只是一味地重复、模仿前人的研究成果,就失去了学术论文的价值。

3. 理论性。学术论文反映的是科学理论,从问题的提出、分析和解决都要围绕中心,通过严密地抽象和概括,阐述事理。这就要求论文的作者运用科学的原理和方法去分析或解决这些问题,不能满足于一般的排列现象,堆砌材料,就事论事。因此,作者必须在占有大量材料的基础上,从对事物的表面认识上升到对事物的理论认识,从感性到理性,找出规律性的东西,进而得出科学的结论。

4. 实用性。学术论文是把科学技术转化为生产力的桥梁。学术论文是记载和描述科学技术发展、产品更新换代、科技信息交流的重要工具。将一项发明转化为产品,其发明的相关专业论文就具有鲜明的实用性;如一篇经济论文,研究探讨了经济形势的发展,无疑会对现实经济工作产生影响。

四、学术论文写作程序

(一)选题

即确定论文的研究目标、论述对象和有待证明的问题。选题是论文写作的第一步,也是论文写作的关键,关系到论文的成败。只有研究有意义的课题,才能获得好的效果,对科学事业和现实生活有益处;而一项毫无意义的研究,即使研究得再好,论文写作得再完美,也是没有科学价值的。因此,要选择有科学价值的课题进行研究和写作。如何选题,是每一个论文作者都面临的问题。可以从以下几个方向考虑:

1. 从业务强项或兴趣出发进行选题

术业有专攻,人或有偏好。历史上有很多成功的事例都说明对某一问题感兴趣,就易于钻研下去并取得成绩。因此,选择自己在专业学习中的强项问题,或自己最感兴趣的专业问题作为自己的课题方向,有利于提高论文撰写质量。

2. 从实习或实践中所发现的问题中进行选题

现实工作或生产实践总会有些应当解决但尚未解决的问题。有些问题属于宏观问题,如体制、政策或技术发展水平等。这些问题,有些可以几个同学联合起来搞,但多数事关全局,毕业论文不宜选择;而可选那些微观一些的课题,结合实践探讨对策或解决问题的方法。

3. 从有必要进行补充或纠正的课题中进行选题

学术问题总是在错误修正中，或应用领域扩大中，或与其他知识相结合中发展的。因此，选择课题时，同样可以采用这一思路。例如：前人研究《红楼梦》，有人提出"自传说"，也有人提出"政治影射说"，1950年后，对这些说法进行了批判和否定。近几年，又有人通过《红楼梦》创作方法的研究、小说人物特征的研究、小说反映历史事件的研究、大观园与圆明园的比较研究，再次提出"自传说"和"政治影射说"，其引用材料和视角都是全新的，从而引起了红学界的震动。这说明，论文选题存在这种补充或纠正前说的思路。

选题的方向不仅有以上三种，从论文的价值来看，选题的理论意义和现实意义是首要的，在此前提下，可以发现生产或科学亟待解决的问题、中外学术观点的异同问题、事关国计民生的问题、学科的现状与发展前沿性的问题。总之，选题都要坚持选择有科学价值和现实意义的课题，要选择自己感兴趣的问题，还要根据自己的能力选择切实可行的课题。大学生的毕业论文还要考虑完成论文的时间要求和容量要求，以及自身的学术水平和研究条件，切不可脱离实际去选题，即不能选择方向虽好但无法完成的课题。

在选题确定之前，一定要先查阅文献资料，目的在于了解本学科的研究历史，明确在本学科中过去已经进行了哪些研究，有什么成果；了解本学科的研究现状，以便弄清现阶段的研究达到了什么程度，以及哪些问题尚未得到解决。为此就要到图书馆查阅有关的报刊目录索引、专题目录索引以及年鉴等工具书。另外，还要做文献目录卡片。可以先从最近发表的新的文献资料调查开始，按年一项项写出来。卡片上要记上作者、标题、杂志名、页码等信息；若是单行本，要写上出版单位；报纸要写上发行的日期。

（二）集材

论题一经确定，搜集资料就成了研究阶段的主要环节。这是完成论文的基础工作。

1. 资料搜集的范围

搜集资料时，首先要明确哪些资料是有用的，不可或缺的；哪些资料是必须首先了解的；哪些资料是急需的。只有这样，才能有目的地进行资料搜集。写作论文一般应收集以下几类材料：

（1）论题的核心资料

它是指所研究对象本身的资料。例如：《知识经济对财务会计的冲击与挑战》这一选题，其核心资料是围绕知识经济和财务会计学的相关知识，如《21世纪社会的新趋势：知识经济》、《会计理论》、《会计计量理论研究》、《财务会计基本理论研究》、《国际会计准则》、《论财务会计概念》等书籍。核心资料，往往是"参考文献"所列的书目、篇目。

（2）背景资料

它是对核心材料起参照、比较、深化作用的资料，包括已有研究成果资料和与论题相关的参照材料。学术发展是一个长期渐进积累的过程，后人通常在前人已有成果的基础上继续前进，因此，要重视已有成果资料的收集。可以编制已有成果目录，从标题上掌握论题研究的线索，收集具有代表性的各派观点的资料，以便寻找新的角度，提出新的见解。有些资料还能用于行文中的理论探讨，以增强文章的理论性。

（3）具有方法论意义的理论资料

专业论文不能停留在就事议事的层面，而要用科学的思想方法和学科理论来分析和阐述问题。因此，必须注意这方面的理论资料收集。

2. 搜集资料的途径

面对如山似海的资料，怎样才能迅捷地获得我们所需的资料呢？

（1）直接调查

这是获取第一手资料（包括亲身体验）的主要方式。大量实用的富有价值的第一手材料存在于人们的社会实践中，有的尚未被人们用书面的形式记录下来，这就需要我们通过实地调查去获得。虽然这些资料比较零散，但它是论文写作的第一手资料，能给人们深刻的感性认识。写作论文时可重点进行深入的调查研究。实地调查可用开会、查勘、个别访问等方法进行。在调查中要注意搜集原始材料，有时要绘图、或者摄影、或者录音、或者翻印。

（2）通过文献资料搜集

文献，通常是指具有历史价值的图书文物资料。而这里所指的文献，是广义的文献，即与论题研究对象信息有关的一切书面文字材料。搜集文献资料的方法主要有：①充分利用自己的藏书，直接在资料上作阅读记号，或者插上若干纸条，随时备用，这可节省大量抄录时间。②图书馆、档案馆收藏有大量专著、报刊、统计报表、历史资料和技术档案，而且经过整理开发，以其资料齐全、检索方便的优势，吸引着研究工作者。到图书馆查阅是获取文献资料的基本途径。③要利用目录、索引、文摘等检索工具。目录常用的有《全国新书目》和专门介绍各类期刊报纸的《全国中文期刊联合目录》，以及介绍外文图书的《外文图书总目录》等。索引是按一定顺序把散见于图书报刊的论文篇目、作者姓名、刊物名称及期刊号记录下来便于检索的工具书。查找索引，还能在短时间内了解学术动态。文摘，是指将论文的主要论点简明摘录出来，分门别类进行整理的资料。文摘和索引一样，属于二次加工的成品，是查找最新资料的检索工具。利用文摘可以迅速掌握学术信息。较常用的有中国人民大学书报资料中心出版发行的《复印报刊资料》，还有《文摘卡片》，将报刊上的新观点、新材料摘抄出来，也有使用价值。④利用年鉴、手册等工具书。年鉴、手册等是对一二次文献的筛选、评价、浓缩加工的成品，一般由专家、专业人员撰写。年鉴是汇集一年内某一方面的情况，并按照年度连续出版的一种工具书，如《中国经济年鉴》等。手册，是汇集经常需要查考的文献资料的工具书。

（三）研究材料

在搜集材料后，需要对材料进行细致的研究，整理归纳出论文的论点和写作材料。观点来自资料，材料说明观点。这是研究整理归纳材料的基本宗旨，也是取舍材料的唯一标准。

要对所搜集到手的资料进行全面浏览，并对不同资料采用不同的阅读方法，如阅读、选读、研读，对与研究课题有关的内容进行全面、认真、细致、深入、反复的阅读，积极思考。要以书或论文中的论点、论据、论证方法与研究方法来触发自己的思考，发挥想象力，进行新的创造。在研究资料时，要及时做好资料的记录。

（四）编写论文提纲

学术论文的写作提纲，是论文的内容和逻辑联系的提要，是作者整理思路并使之定型的体现，也是文章内容逻辑关系视觉化的一种形式。编写论文提纲，能起到疏通思路，安排材料，确定形式结构的作用，从而使学术论文的写作有计划地进行。

1. 论文提纲的形式

（1）标题式提纲。用简要的词语概括内容，以标题的形式列出。在正文中一般可以作为主线、大的框框来处理。这种写法简明扼要，一目了然。

（2）句子式提纲。用一个能够表达完整意思的句子概括内容，该句子可以带有标点。

（3）段落提纲。是句子提纲的扩充，常用来编写详细提纲，故又称详细提纲。当论文逻辑构成单位的内容不能用一个句子概括时，就写成一段话来进行表述。

上述三种形式可以综合运用。论文写作者可根据内容和篇幅的需要加以选择，只要用起来得心应手即可。

2. 编写提纲的方法与步骤

（1）先拟标题。拟定标题时，力求简单、具体、醒目，或揭示论点，或揭示论题。需注意的是，编写提纲的标题一般是最后确定的标题。

（2）用主题句子列出全文的基本论点，以明确论文中心，统领全纲。

（3）合理安排论文各大部分的逻辑顺序，用标题或主题句的形式列出，设计出论文的结构和框架。结构层次安排方法主要有：一是并列法。即表现为几个观点或几个问题、几类事情或若干事件并列在一起，形式上彼此独立，内容上共同为说明主题服务。但需注意的是，各层次之间必须有内在的联系，不能互相矛盾、重复、包容，分类的标准、角度要一致。二是递进法。说明主题（问题）的各个层次的内容，或者是按照事情发展过程的先后次序，或者是按照事理逐层深入的关系来安排层次。要注意的是，事情和事理的先后顺序必须是确实存在的，而且是实质性的，否则，也不能很好地说明问题。三是因果法。任何问题的发生总有其原因，任何做法、事态的发展总有其结果。层次的安排可结果在前原因在后，也可原因在前结果在后。

（4）对于论文中的各大部分，逐层展开，扩展深化，设置细项目，结合搜集使用的材料，进一步构思层次，形成近似论文概要的详细提纲。

（5）对于每个层次分成的各个段落，写出每个段落的论点句子，并依次整理出需要参考的资料，如卡片、笔记等，标上序号，排列备用。

（6）检查整个论文提纲，作出必要的修改，如增加、删除、调整等。论文提纲应列入文章的纲、目，分为几个部分或几个层次。写明论文的中心、重点、主要观点、结论等。

提纲写好后，要不断修改、推敲。一是推敲题目是否恰当，是否合适；二是推敲提纲的结构，是否能阐明中心论点或说明主要议题；三是检查划分的部分、层次、段落是否合乎逻辑；四是验证材料是否充分说明问题。这些工作完成后，再开始动笔写初稿也不迟。

（五）执笔撰写论文

写作过程中要继续搜集、补充资料，写作要层次分明，条理清楚，观点明确，旗帜鲜明，论证有理有据，具有说服力。文章的文字要简洁、通顺、流畅、无错别字。凡引用文字、数据应注明出处。写完初稿后，根据文章的内容写一份300字左右的论文提要。

大学生写毕业论文时，还要将论文的初稿及提要送交指导教师审阅，根据导师提出的修改意见进行修改，直到导师认可为止。

五、学术论文的写作结构

根据国家标准 GB7713—87《科学技术报告、学位论文和学术论文的编写格式》的要求，学术论文应当由标题、作者署名、摘要、关键词、引言、正文、结束语、致谢语、注释、参考文献等部分构成。

（一）标题

论文题目是一篇论文给出的涉及论文范围与水平的第一个重要信息，也是必须考虑到有助于选定关键词和编制目录、索引等二次文献时可以提供检索的特定实用信息。论文题目十分重要，必须用心斟酌选定。学术论文的标题，通常是对学术研究过程或成果的直接阐述，是论文内容的高度概括。标题应以最恰当、最简明的词语来反映论文中最重要的特定内容的逻辑组合，尽可能避免使用不常见的缩写省略词、字符、代号、符号和公式等。

对论文题目的要求是：准确得体、简短精练、外延和内涵恰如其分、醒目。

1. 准确得体。论文题目能准确表达论文内容，恰当反映所研究的范围和深度。常见的问题是选题过于笼统，题不扣文。

2. 简短精练。一般来讲一篇论文题目不要超出 20 个字。不过,因字数少而影响题目对内容的恰当反映时,可多用几个字力求表达明确。常见的问题是题目烦琐。如题目"关于钢水中所含化学成分的快速分析方法的研究"中,"关于"、"研究"等词汇舍之,并不影响表达,可精练为"钢水化学成分的快速分析法"。字数便从原来 21 个字减少为 12 个字,读起来干净利落、简短明了。若简短题名不足以显示论文内容或反映出属于系列研究的性质,则可利用正、副标题的方法解决,以副标题来补充说明特定的实验材料、方法及内容等信息,使标题既充实准确,又不流于笼统和一般化。如"有源位错群的动力学特性(主标题)——用电子计算机模拟有源位错群的滑移特性(副标题)"。

3. 外延和内涵要恰如其分。所谓外延,是指一个概念所反映的每一个对象;而所谓内涵,则是指对每一个概念对象特有属性的反映。命题时,若不考虑逻辑上有关外延和内涵的恰当运用,则有可能出现谬误或不当。例如,"对农村合理的人、畜、机动力组合的设计"这一标题就存在逻辑上的错误。题目中的"人",其外延可能是青壮年,也可以是婴幼儿或老人,然而不具有劳动能力的人,显然不属于命题所指。所以泛用"人",其外延不当。同理,"畜"可以指牛,但也可以指羊和猪,而羊和猪是不能用来犁田拉磨的,所以也属于外延不当的错误。这个标题明显是逻辑概念不清,只需修改为"对农村合理的人力、畜力、机动力组合的设计"即可。

4. 醒目。论文题目所用字句及其所表现的内容是否醒目,其产生的效果是大不相同的。

(二)作者署名

署名一是为了表明文责自负,二是记录作者的劳动成果,三是便于读者与作者的联系及文献检索(作者索引)。署名大致分为两种情形,即单个作者和多个作者。后者按署名顺序列为第一作者、第二作者……对研究工作与论文撰写实际贡献最大的列为第一作者,贡献次之的列为第二作者,以此类推。注明作者所在单位同样是为了便于读者与作者的联系。毕业论文还要写上指导老师的姓名、职称。

(三)论文摘要

摘要即摘录要点,是对论文内容不加注释和评论的简短陈述,提示论文的主要观点、见解、论据或概括介绍论文的主要内容、研究的目的和结果的意义。其作用是使读者不阅读论文全文即能获得必要的信息。论文摘要不要列举例证,不讲研究过程,不用图表,也不要作自我评价。摘要文字要简明、确切,内容亦需充分概括。论文的中文摘要一般在 150~300 字左右为宜,重要的学术论文不超过 1500 字。

撰写论文摘要的常见毛病,一是照搬论文正文中的小标题(目录)或论文结论部分的文字;二是内容不浓缩、不概括,文字篇幅过长。

(四)关键词

关键词是指用来表达论文主题内容信息的单词或术语,供资料查询之用。是从论文中选取出来的用以表示全文主要内容信息的单词或术语。每篇论文的关键词一般选取 3~8 个为宜。词与词之间用分号间隔。

关键词或主题词的一般选择方法是:作者在完成论文写作后,纵观全文,写出能表达论文主要内容的信息或词汇,可以从论文标题中去找和选,也可以从论文内容中去找和选。

(五)外文的论文标题、副标题、作者姓名、指导教师姓名、合作导师姓名、摘要、关键词。是对其中文这些内容的外文翻译。作者姓名、指导教师姓名及合作导师姓名的英译按汉语拼音拼写:姓前名后,中间为空格,姓氏的全部字母均大写,复姓应连写。名字的首字母大写,双名中间加连字符;姓氏与名均不缩写。

（六）引言（或称引论、前言、导言、绪论、序论或导论）

引言是论文的起始部分。在内容复杂、篇幅长的论文中称"绪论"、"序论"，其写作内容包括：研究的理由，目的，背景，前人的工作和知识空白，理论依据和实验基础，预期的结果及其在相关领域里的地位、作用和意义。这部分内容具有"提纲挈领"的作用，意在概括与领起全文，文字以"少而精"为宜。引言的篇幅大小并无硬性的统一规定，需视整篇论文篇幅的大小及论文内容的需要来确定，长的可达 700~800 字或 1000 字左右，短的可不到 100 字。一般写一个段落，也有写二至四个段落的。引言写完后，在转入本论时，中间最好空一行。

（七）正文

正文是学术论文的核心部分，也是论文的主体部分。其功能是：展开论题、分析论证。正文的内容就是深入分析文章引言提出的问题，运用理论研究和实践操作相结合的手法进行分析论证，揭示专业领域中客观事物内部错综复杂的联系及其规律性。正文撰写的内容反映出论文的逻辑思维性和语言表达能力，决定了论文的可理解性和论证的说服力。正文撰写必须做到实事求是、客观真切，主题明确，内容充实，论据充分可靠，论证有力，思维逻辑清晰，层次分明。

为了满足这一系列要求，同时也为了做到层次分明、脉络清晰，常常将正文部分分成几个大的段落（即所谓逻辑段）。一个逻辑段可包含几个自然段，每一逻辑段落可冠以适当标题（分标题或小标题）。段落的划分，应视论文性质与内容而定。

正文撰写时采用的结构方式有以下四种形式：

1. 并列式。将总论点分为若干分论点，分论点之间为并列关系，内容紧密联系，可分说不同的小问题。这种结构的优点是纲目清楚。其思路过程是：先概说整体，再逐一展开，最后归纳分析得出结论。

2. 递进式。将总论点分为若干分论点，其分论点之间的关系是层层递进、逐步上升的。这种结构的优点是，符合人们认识问题的过程。其思路过程是：将总论点分解为起点和发展，后一个问题总是前一个问题的深化，层层推进，最后获得结论。

3. 过程式。将研究过程作为结构整体。其思路过程是：发现问题、研究实验、分析和总结，最后导出结论。

4. 综合式。兼用上述方式，根据文章内容表述的需要灵活运用。

（八）结束语（结论）

结论应当体现作者更深层次的认识，而且是从全篇论文的全部材料出发，经过推理、判断、归纳等逻辑分析过程而得到的新的学术总观念、总见解。结论应该准确、完整、明确、精练。该部分的写作内容一般应包括以下几个方面：本文研究结果说明了什么问题；对前人有关的看法作了哪些修正、补充、发展、证实或否定；本文研究的不足之处或遗留未予解决的问题；以及对解决这些问题的可能的关键点和方向。结论应该准确、完整、明确、精练。

照应开头的结束语应是一个独立部分，与上段之间空一行；若是上部分行文言尽而止的，则不用空一行，不用单独列出结束语。

（九）致谢语

致谢语是对为本文提供过帮助和指导的单位、组织或个人表示谢意。致谢语可以作为"脚注"放在文章首页的最下面，也可以放在全文的最后。致谢的词语要言辞诚恳、简洁恰当。

（十）注释

注释是对正文中某些问题的解释。原则上凡引文必须注明出处，加注的方法有四种：

1. 夹注。即段中注。注写在正文中，一律用括号标明。适宜全篇注释较少（只两三处）的文章，若夹注过多，不便于阅读正文。

2. *脚注*。即页下注。多见于出版书刊,标注在该页的下端最便于阅读。

3. *章、节附注*。即注在一章或一节之后,一般书刊、特长论文中会使用。

4. *尾注*。即所有注释都放在文章结尾或全书末尾。文内统一编码,文末集中注释。这种注释法比较规范。

加注格式如下:

引自期刊:序号　作者:《题名》,《刊名》,××××年第×期,第×页。

引自报纸:序号　作者:《题名》,《报纸名》年-月-日(版次)。

引自专著:序号　作者:《书名》,出版者及××××年版,第×页。

如:①李道揆:《美国政府和美国政治》,北京·中国社会科学出版社,1990年版,第72—74页。

当再次引用同一著作中的资料时,注释中只需注出作者姓名、著作名(副标题可省略)和资料所在的页码;如引文出自报刊文章,报刊名称及出版日期则可以用"上引报刊"四字代替。如:②李道揆:《美国政府和美国政治》,第79页。

(十一)参考文献

参考文献是论文在研究和写作中可参考或引证的主要文献资料,列于论文的末尾,其目的有三个:一是为了能反映出真实的科学依据;二是为了体现严肃的科学态度,分清是自己的观点或成果还是别人的观点或成果;三是为了对前人的科学成果表示尊重。同时也是为了指明引用资料出处,便于检索。撰写学术论文过程中,可能引用了很多篇文献,并非需要全部列出,只需要将引用的最重要和最关键的那些文献资料列出即可。

标注方式按 GB7714—87《文后参考文献著录规则》进行。要标明序号、作者(编者、译者)姓名、书名或报纸杂志中的篇名、出版单位(或报纸、杂志名)、出版时间(杂志期数、报纸版数)等。如:

[1] 刘国钧,陈绍业,王凤翥.图书馆目录[M].北京:高等教育出版社,1957.15—18.

第三节　毕业论文

在当今高等教育的教学过程中,无论是全日制在校本科生、硕士生或博士生,还是非全日制本科生、硕士生以及博士生,他们在学业结束的前夕,都必须撰写毕业论文,并进行毕业论文的答辩。只有在毕业论文答辩合格之后,才有可能拿到毕业文凭,并获得学位证书。

毕业设计(论文)是实现学生培养目标的重要教学环节,它既是培养学生综合运用所学的基础理论、专业知识和基本技能进行科学研究工作的初步训练,也是对学生进行全面素质检测的重要手段之一。

一、毕业设计(论文)的目的

1. 培养学生综合运用所掌握的基本理论、基本知识分析问题与解决问题的能力。

2. 培养学生进行科学研究、创作、设计的初步能力(包括选题、开题、制订方案、检索文献资料、实验设计与操作、调查研究、论文撰写与计算机应用等)。

3. 培养学生的创新精神、实践能力与创业精神,包括实事求是、虚心好学、刻苦钻研、开拓进取的科学作风与精神。

二、毕业设计(论文)的基本要求

1. 毕业设计(论文)要具备思想性、科学性、创造性、学术性与专业性等特点。

2. 毕业设计(论文)要求做到观点明确、论据充实确凿、条理清楚。工科学生一般按毕业设计的体例撰写。工科以外的学生一般可按研究论文的体例撰写;毕业设计(论文)包括:封面、论文目录、中文标题、摘要、关键词、学院、专业、学生姓名、学号、指导教师姓名、职称、外文标题、摘要、关键词、正文、注释(可选)、参考文献等相关材料。

3. 毕业设计(论文)字数(或印刷字符)要求在 10000 字以上,部分特殊专业根据实际情况,经教务处确认,可适当调整有关字数方面的要求。

4. 毕业设计(论文)的相关材料包括:

(1) 毕业设计(论文)任务书。包括设计(论文)题目、设计(论文)的研究内容和任务要求、进度安排、主要参考资料等。

(2) 文献综述。包括国内外现状、研究方向、进展情况、存在问题、参考文献等,字数在 5000 以上。

(3) 毕业设计(论文)开题报告。包括选题背景和意义、国内外研究现状和发展动态、研究的内容及可行性分析、论文拟解决的关键问题及难点、研究方法、论文的进度安排、主要参考文献等,字数在 3000 以上。

(4) 外文资料译文及原文。要求翻译与专业相关或相近的外文资料 3000 字以上,要注明出处并附原件。要求查阅中外文参考文献 10 篇以上。

(5) 指导记录。要求 5 次以上,做好指导记录(学生记录,指导教师签名)。

(6) 中期检查表。

(7) 作品或实物验收单(部分专业)。

(8) 答辩资格审查表。

(9) 答辩记录。

(10) 毕业设计(论文)评审表(一式两份,一份存学生档案)。

5. 论文题目、内容摘要、关键词、作者及作者单位要求中英文对照。文稿格式要求规范,论文题目一般不超过 20 字;关键词 3~6 个;摘要内容要求概括地陈述论文研究的背景、目的、方法、结果或主要结论,不加引注,一般不超过 300 字。文科论文的正文层次不宜过多,一般不超过 5 级。用字应符合现代汉语规范,标点符号使用要遵守 CB/T15834—1995《中华人民共和国国家标准标点符号用法》的规定,数字使用应执行 CB/T15835—1995《中华人民共和国国家标准出版物上数字用法》的规定。

6. 注释和参考文献要规范,文后必须列出参考文献。未公开发表的资料不宜引用。参考文献的著录应执行 CB/7714—87《文后参考文献著录规则》及《中国学术期刊(光盘版)检索与评价数据规范》的规定。

7. 文本格式:模本统一用 word 文档打印于 A4 纸,正文部分字体统一用小四号宋体,论文封面按要求填入各项内容,其中"论文成绩"栏的成绩由指导教师在论文答辩之后填写。

8. 毕业设计(论文)正文段落层次划分及使用序号标准:

文史类　分级标题采用汉字与阿拉伯数字混用方法编列:

一级标题	二级标题	三级标题	四级标题	五级标题
一、二、三、……	(一)(二)(三)……	1. 2. 3. ……	(1)(2)(3)……	1)2)3)……

如果标题层次不是很多,二级标题可略,第三级升为第二级;不宜用① ②……,以与注号区别。编号与文字衔接处也可不用标点,但要有一个汉字空格。

如:第一章　第一节　一　……　或:第一章　一　(一)……

或:第一章　第一节　1　……　或:第一章　一　1　……　或:一　(一)　1　……

理工类　编号方法采用分级阿拉伯数字编列:

第一级	第二级	第三级	第四级
1　2　3	1.1　2.1　3.1	1.1.1　2.1.1　3.1.1	1.1.1.1　2.1.1.1　3.1.1.1

编号与文字衔接处不要标点但要有1个汉字空格。

第一、二层次标题应单独成行,第三、四、五层次标题可与文章其他内容同列一行也可单独成行。

9. 常用文献类型代码:

期刊	专著	论文集	学位论文	专利文献	网络期刊
J	M	C	D	P	J/OL
报纸文章	报告	技术标准	汇编	网络数据	网络电子公告
N	R	S	G	DB/OL	EB/OL

三、文献综述和开题报告的撰写

文献综述和开题报告是大学生毕业论文写作的必要环节。通过这个环节,考察学生对相关问题的掌握程度及能否开题进入论文初稿的写作阶段。这个环节做好了,毕业论文答辩也就有了充分的准备。

(一)文献综述的写作

文献综述其实是开题报告中的一个重要组成部分。它是在对文献进行阅读、比较、选择、分类、分析和综合的基础上,研究者对与其论题相关的研究进展情况、研究成果、研究水平、研究趋势所作的综合性叙述。文献综述重在"述",也就是客观地叙述,兼及评论。

1. 结构。按照行文顺序,文献综述主要由五个部分组成:

一是标题,要具有概括性。

二是引言,也叫前言。主要介绍文献综述的对象、原因、目的意义、文献的范围、标题及基本内容提要。

三是正文,这是文献综述的主体部分。主要是对综述的对象由浅入深、广泛系统地叙述。可从纵向叙述某一论题的发展状况或从横向进行对比分析,重点叙述其现状和发展趋势、已经研究解决的问题和尚存在的问题,这样不但可以使研究者确定研究方向,而且便于他人了解该论题研究的起点和切入点,以在他人研究的基础上有所创新。这个部分要尽量客观反映方方面面的观点和意见。

四是结论,是对全文的总结。通过正文的综述,归纳与研究者所选论题的相关问题的研究程度,了解、掌握他人"未发"或"已发而意犹未尽"之处,以提出自己论题的研究意义和方向。

五是参考文献,这是综述的依据,对资料来源逐一标注,为读者查对或进一步研究提供方便。

2. 写作文献综述的注意事项。

(1) 文献综述不是对已有文献的重复、罗列和一般性介绍,而是对以往研究的优点、不足和贡献进行批判性分析与评论。故文献综述应包括综合提炼和分析评论双重含义。

(2) 文献综述文字要简洁,尽量避免大量引用原文,要用自己的语言把作者的观点说清楚,从原始文献中得出一般性结论。文献综述的写作就是通过分析过去和现在的研究成果,指出目前的研究状态以及需要进一步解决的问题和发展方向,并根据有关科学理论和具体情况,对各种研究成果进行评论,提出自己的观点和建议。

(3) 文献综述不是资料库,要围绕论题保证所述的研究成果与本论题研究有关联,内容既能系统反映研究对象的历史、现状和趋势,又能反映研究内容的各个方面。

(4) 文献综述要全面、准确、客观,用于评论的观点和证据,最好使用原始文献,尽量避免使用别人的原始文献的解释。

(5) 本科毕业论文的文献综述字数一般要求在 5000 字以上。

【例文】3-1

近年来我国就业问题研究综述

近年来,就业问题已成为困扰我国经济和社会发展、人们生活水平提高的主要问题之一。如何解决我国当前面临的日益严峻的就业问题,不仅关系到国民经济能否持续、快速、健康发展,而且关系到能否保持安定团结的政治局面。很多学者围绕社会主义市场经济条件下的就业问题展开了深入研究,并提出了一系列的对现状评价、原因分析以及对策调整等的理论观点。现将近年来我国就业形势和就业问题的研究情况综述如下。

一、我国就业形势的分析

目前对我国就业形势的研判主要有两种观点:一种比较悲观,认为总量失业与结构失业交织在一起,就业形势十分严峻,已进入了高失业阶段;另一种持基本而乐观的看法,认为总量失业问题在较快地缓解,主要是产业结构问题较为突出,就业压力增大,但就业形势比较稳定。

(一)基本乐观派

观点一:"刘易斯转折点"的出现。蔡哱、马晓河等人通过对农村劳动力问题的研究认为,随着劳动力不断地转向非农产业,农村剩余劳动力状况发生了变化。从数量上看,虽然农村剩余劳动力仍有 1.1 亿多,但主要都是不易向外转移的中老年劳动力。这表明我国劳动力正在跨越无限供给阶段,反映刘易斯所描述的经济发展拐点的到来。现实生活中,很多地方已经存在"用工短缺"和"工资上涨"的现象。(略)

观点二:产业结构论。喻桂华、张春煜利用配第克拉克定律揭示的就业结构与产业结构之间的相互关系、库兹涅茨的多国统计及钱纳里的多国模型的实证研究,认为我国的就业问题是产业结构与就业结构不协调和产业结构内部不协调问题。(略)

观点三:结构失业论。蔡防认为我国就业问题是结构问题而不是总量问题,指出我国劳动力短缺和就业问题同时存在,在匹配上存在问题。(略)

观点四:就业和社会发展不平衡论。陈淮认为,目前我国的就业形势和经济发展之间的关系,是全世界最好的,也是我们建国以来最好的。目前就业问题既不是结构问题和总量问题,也不是经济发展关系的不协调问题,而是就业和社会发展之间的不平衡问题。主要表现为:(略)

(二)相对悲观派

观点一:总量与结构性失业论。莫荣认为我国就业形势正面临的是转轨就业、青年就业和农村转移就业同时出现、相互交织的"三碰头"局面,并具有长期性、严峻性,就业问题之复杂、就业

工作任务之艰巨,是世界任何国家都未有过的。主要表现在以下几个方面:(略)

观点二:"失业集群"现象。杨伟国认为是我国的经济体制改革带来的劳动和市场重组,以及市场结构的变迁、经济制度的转型和就业政策的抑制等因素交互作用的结果,导致了失业群体现象的出现。失业群体体现为空间群体、时间群体、行业群体和个体群体等形式,并且存在着叠合的现象。(略)

二、解决就业问题的对策

关于如何解决我国的就业问题,国内专家进行了多方面的研究。主要观点有:

1. 发挥比较优势,发展劳动密集型产业和中小企业。(略)

2. 拓展劳动力供给制度的潜力。(略)

3. 大力发展非正规就业。(略)

4. "就业优先"战略。(略)

5. 调节劳动力供需平衡。(略)

6. 发展公民服务部门。(略)

参考文献(略)

【评析】这是一篇关于近年来我国就业问题研究的文献综述。就业问题是我国当前非常重要的社会经济问题,作者选择这一问题进行研究,具有重大的理论价值和现实意义。前言部分简要说明了论题的背景、意义和要综述的内容。正文部分作者从"我国就业形势的分析"和"解决就业问题的对策"两个方面对近年来我国就业问题研究的一些理论成果进行了综述。每个部分作者都按不同观点、用小标题方式分类综述。全文观点梳理清楚,结构明晰,格式规范。如果作者能在综述的基础上,加上一个结语部分,并指出近年来我国就业问题研究的薄弱与不足之处或今后的研究方向,那效果会更好。

(二)开题报告的写作

开题报告是为了阐述、审核和确定毕业论文选题而做的专题书面报告,是毕业论文写作的计划和依据,是保证论文写作质量的重要措施。一般情况下,开题报告需要经过答辩论证,只有论证通过后,才能进入论文初稿的写作阶段,也就是我们通常所说的研究阶段。

1. 开题报告的内容。一般包括:论文题目、选题依据(包括选题的目的与意义)、本论题的国内外研究现状(相当于文献综述)、研究方案(包括研究目标、研究内容、研究方法、步骤与撰写措施,拟解决的关键问题及创新点、研究的时间安排)、已有的研究条件(前期研究基础及参考文献等)。上述内容概括起来就是:"为什么做"、"做什么"、"怎么做"、"凭什么做"等四个方面的内容。

2. 开题报告的写作要求。

(1)选题依据一要回答选题的目的和意义,即为什么要做这个题目,交代研究的价值及需要背景。一般先谈选题的现实意义,然后再谈理论及学术价值,要求具体、客观,有针对性。二要回答本论题国内外的研究状况,也就是文献综述,其写作要求前面已经论述,故不重复。

(2)研究方案的写作,即是回答如何做的问题,其主要要求:①研究的目标。目标要明确、重点突出,保证具体的研究方向。②研究的内容。要根据研究目标来确定具体的研究内容,要求全面、翔实、周密,最好写出比较完整的写作提纲。③研究的方法。选题确立后,最重要的莫过于研究方法。学术论文的研究方法通常有实证分析法、系统分析法、横向纵向比较法等,具体运用哪种方法,要视选题而定。研究方法不同,论证的角度和内容也会发生变化,即便是对已研究过的课题,只要采取一种新的视角,采用一种新的方法,也常能得出创新的结论。④研究的过程。整个研究在时间及顺序上的安排,要分阶段进行,对每一阶段的起止时间、相应的研究内容及成果均要有具体的安排,阶段之间不能间断,以保证研究进程的连续性。⑤拟解决的关键问题。对可能遇到的最主要的、最根本的关键性困难与问题要有准确、科学的估计和判断,并采取可行的解决方法和措施。⑥创新点。要突出重点,突出所选课题与其他同类研究的不同之处。

（3）研究条件。本科毕业论文一般只列出参考文献,如果学生自己有前期研究成果,也可列出。

文献综述和开题报告完成并通过论证后,毕业论文就可进入初稿写作阶段。

四、毕业论文的修改

论文修改是论文写作的最后一个环节。俗话说:好文章不是写出来的,而是改出来的。这句话说明了论文修改环节在整个论文写作过程中的重要性。从古到今,任何文章都不是一蹴而就的,实际上,一篇好文章需要多次修改才能定稿。修改的过程,实质上是进一步提高分析能力和表达能力的过程,也是不断深化论题的过程。论文修改时,要全面考虑,认真推敲以下几个方面的问题:

1. 看观点是否鲜明。首先要检查整篇文章的中心观点是否鲜明,文中前后观点是否一致,一些基本概念有无错误,论证是否严密。

2. 看论据是否充分。鲜明的观点是需要翔实有说服力的论据作支撑的,论据与观点的高度统一是一篇好论文的前提条件。故论文修改的第二项内容是要检查论据是否能真实、典型、有效地说明观点。论据材料使用的多少,要以论证的需要为原则,论据材料使用的过量、不足或错误,都会影响论文的论证效果。故使用论据材料必须慎重。

3. 看结构是否合理。论文结构是论文的基本构架。良好合理的结构有利于论文观点的表达。故论文修改的第三项内容就是看结构或层次能否较好地体现总论点与分论点之间、分论点与分论点之间连贯和紧凑的关系,文章首尾是否照应等。

4. 看语言是否准确、流畅。这是论文修改的第四项内容。在修改文章时,我们要检查用词是否准确,句子是否通顺,语句是否精练,前后文、上下文之间是否连贯,有没有一定的文采等。

论文初稿修改完成后,再请论文指导教师批阅,提出修改意见,然后再作修改,如此循环 3～4 次,一篇符合要求并有一定质量的毕业论文大致才可以完成。

五、毕业论文的答辩及程序

毕业论文答辩,即由论文答辩委员会(或小组)围绕论文对论文作者公开审查、检验的一种方式。论文答辩的意义,一是考察论文写作的真实性,这是最低层次上的意义;二是对论文质量进行考核评估,这是最基本也是较高层次的意义。

答辩小组,一般由 3～5 名具有讲师以上职称、有较高教学水平和科研水平的人员组成。答辩的意义在于考察论文写作的真实性,对论文质量进行考核评估,帮助论文作者进一步修改论文。

1. 论文答辩的规程

（1）论文答辩的程序

毕业论文答辩由答辩人(学生)和评审老师共同完成。包括以下三个程序:

① 学生自述。答辩开始时,答辩学生首先进行 15 分钟左右的自述,简要说明论文的写作意图、课题研究背景、自己采用的研究方法,论文的主要观点和基本思路,论文的特点和不足等。自述完成后,可礼貌地请主持答辩的评审老师提问。

② 问答。答辩学生就评审老师所提出的问题一一作答。答辩老师至少提两个以上的专业问题,答辩人可充分表述自己的见解,以使答辩老师确认论文的真实性和价值。

③ 成绩评定。答辩结束后,评审老师经过商议,由答辩委员会主席(或答辩小组组长)当场宣

布论文与答辩是否通过。随后经过综合评级程序,按优、良、中、及格、不及格五个等级,为论文评出成绩等级,书面通知答辩学生。

(2)论文答辩的要求

① 内容正确清晰。答辩自述符合逻辑、思路清晰,答问有针对性,表述充分完整。

② 表述流畅自然。整个答辩过程中表情自然大方,语言表达清楚流畅,富有节奏感。

③ 态度诚恳冷静。答辩人自始至终要抱着学习求知的态度,心态沉着冷静,用词谦虚委婉,不要强词夺理、胡搅蛮缠。

2. 论文答辩的技巧

(1)论文答辩的准备

其一,资料准备。论文答辩前需要准备的资料包括论文自述、与论文相关的备用资料,同时对评审老师可能提出的问题作简要准备。

其二,心理准备。答辩前要熟悉自己的论文,克服紧张情绪,自信、轻松地参加答辩。

(2)答辩的基本技巧

其一,坦诚谦虚,善于倾听。首先要在心态上虚心诚恳,坦诚与评审老师交流对论文和所提问题的看法,专心倾听老师的提问,快速领悟意图,不答非所问、无谓开脱。

其二,简洁流畅,谨慎作答。回答老师提问要简明扼要、干净利落,不要漫无边际、随意发挥,回答问题要有针对性。

其三,先易后难,善于进退。对于评审老师的连续发问,答辩人应该先易后难,最大限度地发挥自己的能力和水平。对于有一定难度而又一时难以作答的问题,要实事求是简单说明,不随意辩解。

第四节　实验报告和实习报告

一、实验报告

(一)概念及类型

实验报告是在科学研究活动中人们为了检验某一种科学理论或假设,通过实验中的观察、分析、综合、判断,如实地把实验的全过程和实验结果用文字形式记录下来的书面材料。实验报告具有情报交流的作用和保留资料的作用。

实验报告的种类很多,各类实验都要写实验报告。

按照其目的和作用可分为教学实验报告和科学研究实验报告。教学实验报告即课堂实验报告;科学研究实验报告按其功能又可分为检验型实验报告和创新型实验报告。检验型实验报告是为了验证某一科学定理、定律、公式或某一科学结论而进行的科技实验后择写的实验报告,它只是重复前人已做过的实验,项目单一,有固定格式;创新型实验报告是通过科技实验,进行观察、分析研究、综合判断后择写的实验报告,创新型实验报告是对前人的科技实验作了发展和修正,所以,它具有较高的学术价值,对科学研究有十分重要的参考价值。

按照实验的方式可分为对比实验、中间实验、模型实验、模拟实验等;按照实验性质可分为定性实验和定量实验等。不同类型的实验均有相应的实验报告。

随着科学事业的日益发展,实验的种类、项目等日见繁多,但其格式大同小异,比较固定。实验报告必须在科学实验的基础上进行。它主要的用途在于帮助实验者不断地积累研究资料,总结研究成果。

（二）特点

1. 确证性。实验报告所记录的实验现象、实验数据和实验结果必须是真实可靠的，能经得住任何人的重复和科学验证。

2. 记实性。实验报告以说明、叙述为主要表达方式，如实说清楚实验的过程和结果，并不强求圆满的实验结果。常以图表等辅助说明方法，便于读者了解实验装置和工作原理。

3. 格式固定性。常使用专用的报告单。

实验报告的书写是一项重要的基本技能训练。它不仅是对每次实验的总结，更重要的是它可以初步地培养和训练学生的逻辑归纳能力、综合分析能力和文字表达能力，是科学论文写作的基础。因此，参加实验的每位学生，均应及时认真地书写实验报告。要求内容实事求是，分析全面具体，文字简练通顺，誊写清楚整洁。

（三）实验报告内容与格式

1. 实验名称。用最简练的语言反映实验的内容。如验证某程序、定律、算法，可写成"验证×××"；分析×××。

2. 所属课程名称。

3. 学生姓名、学号及合作者。

4. 实验日期和地点（年、月、日）。

5. 实验目的。目的要明确，在理论上验证定理、公式、算法，并使实验者获得深刻和系统的理解；在实践上，掌握使用实验设备的技能技巧和程序的调试方法。一般需说明是验证型实验还是设计型实验，是创新型实验还是综合型实验。

6. 实验原理。在此阐述实验相关的主要原理。

7. 实验内容。这是实验报告极其重要的部分。要抓住重点，可以从理论和实践两个方面考虑。这部分要写明依据何种原理、定律算法、或操作方法进行实验以及详细的理论计算过程。

8. 实验环境和器材。实验用的软硬件环境（配置和器材）。

9. 实验步骤。只写主要操作步骤，不要照抄实验指导，要简明扼要。理工科实验项目必要时还应该画出实验流程图（实验装置的结构示意图），再配以相应的文字说明，这样既可以节省许多文字说明，又能使实验报告简明扼要，清楚明白。

10. 实验结果。实验现象的描述，实验数据的处理等。原始资料应附在本次实验主要操作者的实验报告上，同组的合作者要复制原始资料。

对于实验结果的表述，一般有三种方法：

（1）文字叙述：根据实验目的将原始资料系统化、条理化，用准确的专业术语客观地描述实验现象和结果，要有时间顺序以及各项指标在时间上的关系。

（2）图表：用表格或坐标图的方式使实验结果突出、清晰，便于相互比较，尤其适合于分组较多，且各组观察指标一致的实验，使组间异同一目了然。每一图表应有表目和计量单位，应说明一定的中心问题。

（3）曲线图：应用记录仪器描记出的曲线图，这些指标的变化趋势形象生动、直观明了。

在实验报告中，可任选其中一种或几种方法并用，以获得最佳效果。

11. 讨论。根据相关的理论知识对所得到的实验结果进行解释和分析。如果所得到的实验结果和预期的结果一致，那么它可以验证什么理论？实验结果有什么意义？说明了什么问题？这些是实验报告应该讨论的。但是，不能用已知的理论或生活经验硬套在实验结果上；更不能由于所得到的实验结果与预期的结果或理论不符而随意取舍甚至修改实验结果，这时应该分析其异常的可能原因。如果本次实验失败了，应找出失败的原因及以后实验应注意的事项。不要简单地复述课本上的理论而缺乏自己主动思考的内容。另外,也可以写一些本次实验的心得以及提出一些问题或建议等。

12. 结论。结论不是具体实验结果的再次罗列,也不是对今后研究的展望,而是针对这一实验所能验证的概念、原则或理论的简明总结,是从实验结果中归纳出的一般性、概括性的判断,要简练、准确、严谨、客观。

13. 鸣谢(可略)。在实验中受到他人的帮助,在报告中以简单语言感谢。

14. 参考资料。详细列举在实验中所用到的参考资料。

二、实习报告

(一) 实习报告的概念

实习,顾名思义,在实践中学习,是大学期间的实践教学活动。大学生在经过一段时间的学习之后,或者当学习告一段落时,把学到的理论知识拿到实际工作中去应用,不仅能检验所学,也能锻炼自己的工作能力。实习有验证自己的职业抉择、了解目标工作内容、学习工作及企业标准、找到自身职业的差距等作用,是大学生成功就业的前提和基础。

把实习过程、结果以及体会用书面文字写出来的材料就是实习报告。一定要认真对待你的第一份工作,用心写好实习报告。就业面试时带上它,也许会成为你成功就业的重要砝码。

(二) 实习报告资料的收集

从开始实习的那天起就要注意广泛收集资料,并以各种形式记录下来(如写工作日记等)。丰富的资料是写好实习报告的基础。主要收集以下这些资料:

1. 在社会实践工作中党的路线方针政策是如何在工作中贯彻执行的。比如单位组织学习,内容是什么、采用什么学习方式、学习后的效果如何,对自己和同志们的思想有否提高。

2. 专业知识在工作中如何灵活运用。比如法律专业,注意法官或法律工作者在执法过程中是如何灵活运用法律条款,深入了解优秀法官,如何运用法律以外的手段解决民事纠纷,提高结案率的;秘书专业的学生可以直接将秘书实务、应用写作等科目中的问题带到实践中去,在实践中寻求理论与实践的结合点等等。

3. 观察周围同事如何处理问题、解决矛盾。实习是观察体验社会生活,将学习到的理论转化为实践技能的过程,所以既要体验还要观察。从同事、前辈的言行中去学习,观察别人的成绩和缺点,以此作为自己行为的参照。观察别人来启发自己也是实习的一种收获。

4. 实习单位的工作作风如何。单位的工作作风对你将来开展工作、发展自己,提高自己有什么启发;某些同事的工作作风、办事效率哪些值得你学习、哪些要引以为戒,对工作对事业会有怎样的影响。

5. 实习单位的部门职能发挥如何。对不同职能部门的工作作风、履行职能的情况有什么看法和认识。

(三) 实习报告的格式与写法

实习报告的格式种类较多,不同学校,不同专业,写作的格式也会有差别。一般由以下几个部分组成:

1. 封面部分:写明系别、专业、班级、学号、姓名、指导教师、实习单位、时间、实习报告题目。

2. 正文部分:

(1) 标题;(2) 实习目的和要求;(3) 实习时间、地点;(4) 实习单位、部门的概况;(5) 实习内容;(6) 实习总结和体会。

3. 附录部分：指导老师评语、实习成绩、指导老师签名。

实习报告的写法，根据不同专业特点，写法也有所区别。在结构安排上，基本可以按以下思路进行构思写作：

第一部分：以实习时间、地点、任务作为引子，或把实习过程的感受、结果，用高度概括的语言概括出来以引出报告的内容。

第二部分：实习过程（实习内容、环节、做法）。

1. 将学校里学到的理论、方式方法变成实践的行为；

2. 观察体验在学校没有接触的东西，它们是以什么样的面目、方式方法，以怎样的形态或面貌出现的。比如，部门职能，原先你不了解，之后从工作中由什么样的问题引发了你对职能部门的了解。再比如人际协调方法，工作中的人际协调和你学的公关理论与实务有什么样的差异，你怎样体会公关理论等。

第三部分：实习体会、经验教训，今后努力的方向等。

实习报告可以全面地写。如法律专业，去法院实习，获得的是作为一个法律工作者应该具有全面素质材料，这时，可以将所实习的全部内容详细描述，包括法律工作者的政治素质要求、业务素质要求；法律条文的运用；法官的个人魅力（言行举止语言表达等综合因素）在法庭上的效果；法官需要的语言表达能力，等等。文秘专业作为一个办公室文员，实习中工作性质内容可能涉及所学大部分骨干课程，如会议（会议之前的准备工作、会议过程中服务工作、会后的总结工作，以及整个会议涉及的文书有哪些，领导对这些会议文件的写作要求有哪些，写作者在准备过程中有哪些成功的做法或失败的教训；文秘工作者的仪表礼仪有什么要求等等）。也可以根据实习的内容确定某一局部的工作，就一个专题作为重点描述对象。如文秘中的档案管理，单位对工作人员的要求有什么、自己学的哪些知识在工作中运用上了，你运用的方式方法是否符合工作需要，效果如何；同事是怎么对待档案管理工作的，他们有什么值得你学习的地方，等等。

实习报告也可以以实习体会、经验为条目来安排全文。如，在实践中发现自己的优势：团队协作意识强；善于根据自己的知识、能力挑战新工作；事后善于总结等等。从实践中看到的缺陷：政治触觉不够敏感；专业知识欠扎实；动手能力差等等——用这些，把自己实践的过程内容串起来。不过，这样的报告相对来说需要较高的写作能力。

（四）实习报告写作基本要求

1. 必须有情况的概述和叙述，且要做到详略得当。这部分内容主要是对工作的主客观条件、有利和不利条件以及工作的环境和基础等进行分析。

2. 既要有成绩也要有缺点。这是实习报告的中心。写实习报告的目的就是要肯定成绩，找出缺点。成绩有哪些，有多大，表现在哪些方面，是怎样取得的；缺点有多少，表现在哪些方面，是什么性质的，怎样产生的，都应讲清楚。

3. 要有经验和教训。做过一件事，总会有经验和教训。为便于今后的工作，须对以往工作的经验和教训进行分析、研究、概括、集中，并上升到理论的高度来认识。

4. 今后的打算。根据今后的工作任务和要求，吸取实习期间工作的经验和教训，明确努力方向，提出改进措施等。

【例文】3-2

××高速公路实习报告

一、实习目的

通过对××高速公路的实地实习认识，我们对高速公路的路基处理、沥青路面的施工、道路的设计、公路桥梁的设计与施工以及其他公路相关设施的设计与布置,有了一次全面的感性认识,加深了我们对所学课程知识的理解,使学习和实践相结合。

二、实习时间

2012年×月×日至×月×日

三、实习地点

××高速公路的部分施工工地

西安至××高速公路起于西安绕城高速公路南段曲江互通式立交,止于××县九里湾,路线全长64.714公里,是国家规划的西部大通道银川至武汉高速公路在陕西省境内的重要路段。本项目是在建的凤翔路口至××高速公路向东延伸段。

四、实习内容

(一)路基部分

路基的实习主要在××高速公路的部分施工工地,包括了地基处理、路堤、桥涵等内容。

1. 地基处理:

该路段位于湿陷性黄土地区,处理办法就是换填土法。做法是:……(略)

对于湿陷性黄土有两种处理方法:一是冲击碾压,二是强夯法。对比二者机能后,该路段全部强夯处理。处理方法工序是:……(略)

另外,对结构物的处理。由于湿陷性黄土对结构物会有很大的影响,处理方法就是先把基坑开挖,然后用大吨级机械进行强夯,保证结构物安全。

2. 路堤

对于路堤的处理,用碾压夯实法。其机理是:土是三相体,土粒为骨架,颗粒之间的孔隙为水分和气体所占据。压实的目的在于使土粒重新组合,彼此挤紧,孔隙缩小,土的单位重量提高,形成密实整体,最终导致强度增加,稳定性提高。

方法是:……(略)

注意事项:……(略)

3. 桥涵

高速公路由于等级高,全线封闭、立交,加上跨河谷等,所以桥梁甚多。我们实习的主要包括××机场高架桥和双星沟大桥两段。全长980米,全部采用预应力组合箱梁和现浇梁,单梁跨度为25米,采用张拉工艺,在梁内布置预应力钢角线,减小形变增加承载力。……(略)

(二)路面部分

路面的实习主要集中在××高速公路的工地(沥青路面)。这条高速路采用了厂拌法热拌沥青混合料路面的施工工艺。其路面由面层、基层、底基层组成。……(略)厂拌法沥青路面包括沥青混凝土、沥青碎(砾)石等,施工过程可分为沥青混合料的拌制与运输及现场铺筑两个阶段。

1. 沥青混合料的拌制与运输

在工厂拌制混合料所用的固定式拌和设备有间歇式和连续式两种。前者系在每盘拌和时计量混合料各种材料的重量,而后者则在计量各种材料之后连续不断地送进拌和器中拌和。……(略)

2. 铺筑

铺筑工序如下:

(1)基层准备和放样:……(略)

(2)摊铺:……(略)

……(略)

五、实习总结

通过这次外业的道路实习,我们对高速公路的路基、路面的设计与施工有了一次比较全面的感性认识,进一步理解接受课堂上的知识,使理论在实际的生产中得到了运用。本次实习让我深深体会到:

1. 课内理论基础必须学扎实。……(略)

2. 平时要多关注国内外相关信息。……(略)

3. 要有吃苦耐劳的精神。……(略)

4. 要虚心请教,不懂就问。……(略)

5. 每天做好记实笔记。……(略)

中国的公路事业特别是高速公路得到了迅猛的发展,并且其需求也越来越大,这对于从事道路的工作者来说,既是一个机遇,也是一个挑战。作为将要走出学校的学生来说,更应该在有限的时间内,掌握更多的专业知识,加强实践和设计能力,这样更有利于将来的发展,使自己在此领域内也有所作为。

以上是我的实习报告。不妥之处,敬请老师指正。

第四章　求职必备一:传播文书

　　传播文书是指为了某种目的而将特定信息传递散布给受众的专用文体。传播文书种类很多,在本章学习中,我们重点学习消息与通讯、简报与海报、启事与声明的常识,掌握基础知识,理解并掌握它们各自的特征、结构。

第一节　传播文书概述

一、传播文书的概念和种类

　　(一)概念。传播是现代社会的重要概念,是指为了扩大某种(政府、公司、单位、人物、商品、事件)影响,向公众有目的地进行宣传的各种方式和手段的总和。传播文书是指为了某种目的而将特定信息传递散布给受众的专用文体。

　　(二)种类。传播文书种类很多,诸如国家的公告和通告、特定集会上的演说稿、展览中的解说词、新闻和各种广告都属于传播文稿。新闻文体主要包括消息和通讯。

二、传播文书的特点

　　(一)内容的真实性。传播文书以传播特定信息为目的,它不是文学创作,不能虚构,必须客观地反映事实。新闻不能虚构,不能歪曲事实真相,也不能为某种目的制造假新闻。广告失真,任意夸大商品的功效,是侵犯消费者权益的表现,会给消费者造成损失。因此,撰写传播文书要客观地反映事实,这是传播信息的需要,也是从事新闻业或广告业的职业道德的需要。

　　(二)表现手法的文学化。传播文书语言灵活,服从于文稿的写作目的和主题,多采用各种表现手法,以调动读者的注意或用来感染读者。传播文书在表述上经常运用文学表现手法,这是传播文书不同于其他应用文的最明显的特征。

第二节　消息与通讯

一、消息

　　(一)概念。消息是以最直接、最简练的方式报道新近发生或发现的具有一定的社会意义的事实的一种新闻文体,是最经常、最大量运用的报道体裁。

　　(二)特点

　　1. 客观。消息的客观性有两方面的含义:一是所报道的信息必须完全真实、符合实际,不得虚构夸张,也不可抓住一点不及其余,作孤立片面的反映;二是报道中不含违反客观实际的主观成分,报道所体现的倾向和主题,应是信息的内涵和现实意义的准确提炼,与信息完全一致,而不是外加的、牵强附会的,更不是相违背的。

　　2. 迅速。消息必须是新近变动的信息的即时报道,或者是将要发生或有可能发生的事实的预测性报道。因此,要以最快的速度传播给大众。新闻报道要讲究一个"快"字。这一特征主要体现在消息的采写上。

3. 简括。消息报道应力求精粹简短。一般说，消息要交代何时、何地、何人、何事、何因，新闻五要素（即通常所说的五个 W），在特殊情况下，有的要素可以省略，五要素不一定齐全。消息要对事实进行浓缩，抽其筋骨，舍其赘肉，简要地报道实施的概况。

4. 短小。消息报道力求篇幅短小，文笔精粹。消息报道要抓住最有特色的、最重要的、最具代表性的、人们最关心的、新闻价值最高的信息来写，选材要精。

（三）种类

根据不同的标准，可以将消息分为不同的种类。

1. 动态消息。动态消息是报道正在发生的或正处于发展变化中的单一事物的报道形式。它集中、突出地向读者介绍某一事件的过程，有时采用连续报道的形式。动态消息以迅速及时地报道国内外重大事件和新人、新事、新情况、新问题作为根本任务。

2. 综合消息。综合消息是将有着某种共性的、发生在不同地区和部门的信息组合起来，从不同的角度、不同的侧面反映宏观情况，表现一个共同主题的消息报道形式。综合消息鸟瞰式地反映全局性信息，报道面广，声势大，是一种全面、立体的"组合式"报道。

3. 经验消息。经验消息是对某一部门或某一单位的成功经验进行报道的新闻形式。它不概括经验规律，而是用具体的事实反映经验，是对成功的具体做法的介绍。

4. 述评消息。述评消息是在报道国内外重大事件或社会上具有普遍意义问题的同时，采取边叙边议、夹叙夹议的方式，对新闻事实加以分析、评论，以揭示其实质和发展趋向。这是新闻报道中导向性较强的一种体裁。

5. 特写消息。特写消息又叫新闻素描，是指选择最有新闻价值的情节和细节，以简洁朴素的笔法，不加渲染地勾勒新闻事象的新闻报道体裁。

6. 人物消息。人物消息是报道新闻人物事迹和精神面貌的报道形式。人物消息选择人物事迹中最有新闻价值的信息，作及时简要的报道，体现人物的精神面貌。

（四）写法

消息一般由标题、导语、主体、背景和结尾五部分组成。

1. 标题。消息的标题是新闻的眼睛，标题是最先和读者见面的。一条消息，能不能打动读者，吸引读者去看，标题往往起着很大的作用。标题能够概括消息内容，揭示主题；还能评价新闻事实，点出意义；同时标题能够诱发阅读兴趣，"引人入文"。

消息的标题形式有单行式和多行式。

（1）单行式。即只有一个标题，它是消息内容的高度概括。

（2）多行式。由引题、正标题和副题组成。第一行，即在主标题之上的，称引题（或称肩题、眉题），它主要起交代背景、点明消息意义的作用。主标题之下的称副题（或称辅题、脚题），起补充说明正标题的作用。可以引题、正标题、副题俱全，也可以采取正标题只加引题或只加副题的形式，要依据内容需要而定。

撰写标题要力求做到准确、鲜明、生动。

2. 导语。导语是以简练而生动的文字表述新闻最重要的内容，具有启发性或诱引力的消息开头部分。导语是消息区别于其他文体的一个重要特征。

常见的导语形式有四种。

（1）叙述式。即用叙述的方法，将新闻事实的梗概、关键、精华、结果或主旨，开门见山、简明扼要地写出来。特点是择其精粹，高度浓缩。叙述式导语适于写动态消息，可开门见山地把最重要、最新鲜的主要事实突出出来，给读者以深刻印象，或引发其兴趣，它是用得最多、最常见的一种导语。

（2）描写式。即通过绘声绘色的描写而达到一目了然效果的导语样式。描写，使导语具有现场感，比较生动、活泼和具体形象，从而吸引读者的注意。

描写式导语的写法比较自由多样。它可以从记者目击的现场情景和气氛写起，给读者以身临其境之感，因此描写式导语也被称为见闻式导语。要写好这种类型的导语，关键是作者要深入现场，要有现场的真情实感，捕捉住新闻事实的某个方面的特征和侧面，勾画出一幅富有吸引力的画面。

（3）评议式。即在叙述后引入议论，或从议论事实入手，或是叙议结合，采用这些形式的导语，都属于评议式导语。评议式导语表明了作者的态度和对报道对象的看法，对读者具有导向性作用。

（4）提问式。即根据消息的主要内容归纳出一个警醒、引人瞩目的问题，以提问的方式推出，然后加以解释、解答、解说，形成消息的提问式导语。

提问式导语需要作者在消息中准确地分析出实质性问题，问题要突出消息主题，针对性强。在典型消息和述评消息中常采用这种导语方式。

导语还有其他形式，如背景式、引述式、数字式等。决定导语形式的归根结底是其内容和报道的目的。导语在消息中起引导读者阅读的作用，如何吸引读者、准确报道新闻事实，是写好导语的关键。

3. 主体。主体是导语的展开或续写部分。因此主体承接导语对新闻事实作进一步报道，以满足读者对事实进一步了解的需要。

主体要求与导语相辅相成，导语是主体的提要和浓缩，主体是导语的展开和深化，二者不能脱节。消息的主体以叙述事实为主，它必须围绕一个主体来写，尽量做到集中、明确。

4. 背景。背景是就消息中有关新闻事实的历史、环境和原因等进行解释说明的材料。

背景材料一般分为三类。说明性背景材料：用来说明新闻事实产生的原因、条件、环境、政治背景、历史演变以及新闻人物的出身、经历、身份、特点等方面的材料；注释性背景材料：注释、解说有关科学技术、概念、术语和物品性能特点方面的材料；对比性背景材料：可以运用今——昔——今，正——反——正的思路作介绍，这些与新闻事实形成明显对照和衬托的材料就是对比性背景材料。

5. 结尾。结尾是消息的内容发展的自然结果。它可以用来总结全文，加深读者印象；也可以指出事物趋向，引起读者关注；也可以对事物评论，启发读者深思等。

（五）消息的写作要求

消息写作要做到四个字：真、新、快、活。具体要求如下：

1. 内容要新鲜，讲究时效性

首先，消息要在选择题材上多下工夫，运用敏锐的眼光占有、分析、比较材料，发掘什么是新事实、新气象、新成就、新经验、新见解、新问题。其次，消息报道讲究迅速、及时。要把报道的事情交代清楚，让人们一看就知道在什么时间、什么地方、发生了什么事情等。

2. 实事求是，事实要准确

真实性，是新闻的生命之所在。消息是通过事实来说明问题、阐述观点、影响读者的。采写消息，一定要把事实弄清楚，并且核对无误。当然，消息也是要表达观点和倾向的，消息并非没有立场、观点的纯客观的"有闻必录"。但是作者要少发或不直接评论，一般是通过对事实的选择和叙述较间接地流露出自己的观点和倾向，寓观点于事实之中。

3. 结构严密，层次分明

一般是按照事物的内在联系，把最重要、最新鲜的事物写在最前面，然后再写次要的和更次要的;也可以依照事物的发生、发展、变化的顺序来写,但要突出主要部分。

4. 材料要精当,主旨要集中

精当的材料,是指最能体现事物的本质特征和消息"个性"的材料。消息是一事一报道,主题突出、选材精当。消息的篇幅短,容量却要大,消息写作提倡"短些,短些,再短些",但应简洁而充实,更要写得通俗、生动,让人知道该消息的意义在哪里。

在写作消息时,应注意以下几点:

在你没有理解事件本身之前,不要动笔写;在你不知道你要说些什么之前,不要动笔去写;把精彩的引语放在消息的前头;把精彩的事例或轶事放在消息的前头;运用具体名词和富于动作色彩的动词;尽量少用形容词,不要在动词前再加用副词;尽量避免自己去作判断和推理,而要让事实说话;在消息中不要提那些你回答不了的问题;写作要朴实、简洁、真实、迅速。

【例文】4-1

新西兰克莱斯特彻奇市发生里氏6.3级强烈地震

中广网克莱斯特彻奇2月22日快讯 据中国之声《央广新闻》报道,当地时间22日中午11时51分,新西兰第二大城市克莱斯特彻奇市发生了里氏6.3级强烈地震,部分建筑物倒塌,马上连线中央台记者张加宁了解进一步的详细情况。

主播:人员伤亡和财产损失的情况现在有初步的公布吗?

记者:我们看到这次地震的震源深度离地表只有4公里,有目击者说,地震发生的时候市中心有多处建筑受损,包括著名的基督城大教堂倒塌,道路也发生了扭曲,但这次地震没有引发海啸,基督城的机场在地震之后也是关闭。

美国的地质调查局说,基督城随后还发生了5.6级的余震,余震的震源深度6.7公里,我们知道大约6个月以前这个区在去年(2010年)9月初发生了7.1级地震,当时没有人员死亡的情况,但是这次新西兰总理表示不排除会造成生命损失的可能性,警方据说已经接到有多人死亡的报告。

据说在地震发生的时候,由于是中午,是个人员密集的时候,大人在上班孩子也在学校,所以不排除在地震当中有遇难人员的可能性。据现在报道来说,当时一些人员密集的大楼造成了严重的损毁,另外新西兰电台今天引述新西兰消防部门的话说,这一次地震是造成了人员死亡,另外这次地震的影响我们看到亚洲汇市今天早盘澳元和纽元兑美元纷纷下滑,澳大利亚的分析师也指出,地震的这个消息对市场有一定的打压作用。

(摘自搜狐网)

【评析】这是一则叙述性消息,作者在第一时间把事件的时间、地点等基本情况开门见山、简明扼要地客观报道出来。特点是简短、浓缩、时效性强。

二、通讯

(一) **概念**。通讯是综合运用各种表达方式,详细、深入而又生动形象地报道新近发生的人物或事实的新闻体裁。通讯在内容上比消息量大,报道细致,形象具体,笔法写实,叙述、描写、议论和抒情等表达方式都可以因事制宜地运用。

(二) **特点**

1. **翔实**。通讯一是要详细报道新闻信息发生发展的来龙去脉,反映"全过程",给人以整体印象,完整地传播信息。二是要详细展示信息到底"怎么样"、"怎么做",要描述情节和细节,使读者如临如睹,给人以直观感受。

2. **深入**。通讯是深度报道。深入就是要揭示新闻信息的原委,揭示信息的实质、规律和现实意义。

3. 生动。通讯要求生动真切反映新闻信息,给人以具体直观的感受。通讯要调动多种表现手法,除了叙述手法之外,还要运用描写、议论、抒情等手法,还需要借鉴文学创作形象化的手法。包括文学的构思艺术、结构技巧、表现手法等,所以通讯报道具有一定的文学性。

(三) 种类

根据通讯的内容和写法,一般将通讯分为人物通讯、事件通讯、工作通讯和风貌通讯。

1. 人物通讯。即以人物为中心报道对象,通过一个人物或一组人物新近的行动来反映时代特点和社会面貌的通讯形式。

作为人物通讯中的人物,首先应当具有新闻性。从现实实践看,一是各行各业的英雄模范人物;二是社会名流,包括著名社会活动家、爱国人士、著名科学家、运动员和演员等;三是在平凡生活和工作中体现了人生价值的普通人;四是对社会有反面教育作用的,如对腐败分子的报道。

2. 事件通讯。即以事件为中心的通讯,它通过对新闻事件发生、发展、结果的叙述和交代,反映社会现实。事件通讯所选的事件,应当具有较强的情节性,这是事件通讯有别于其他通讯,尤其是人物通讯的主要特征。

写事件通讯,关键在写事件本身的新闻意义,以及作者对其的处理,即从事件的产生、发展的过程和结果来看事件的性质,深挖其中蕴涵的社会意义和深刻的思想意义。

3. 工作通讯。即以报道工作中的成就、经验,揭示和讨论工作中存在的问题为中心的通讯类型。介绍工作中的成就和经验,总结工作中的经验教训,是这类报道的主流,目的是指导和推动各项工作顺利展开。

4. 风貌通讯。即以一个范围、一个区域、一个单位、一个组织的变化或者以其活动的基本面貌为主的通讯类型。风貌通讯的题材很广泛,既有天文地理、风土人情、山川风光,又有移风易俗、今昔变化、社会变迁。与其他通讯相比,风貌通讯时效性要求弱一些,但知识性、文学性要求高,尤其要典型、生动、真实地表现"风貌"和"变化"。

(四) 写法

通讯的写法灵活自由,可以使用多种表达方式。通常来说,通讯可以分为标题、开头、主体、结尾四个部分。

1. 标题。通讯的标题多数为单行式,有的有副标题,也只是交代报道的对象和新闻来源。通讯的标题既可以直接揭示新闻事实,也可以曲笔表达。

2. 开头。通讯的开头多种多样,主要方式为直起式和侧起式。

(1) 直起式。是指开门见山直述其人其事,直接抒发感情或直接发表见解。

(2) 侧起式。是利用铺垫的方法,从源头说起,娓娓道来,然后再进入正题。

3. 主体。主体是通讯的主干部分,是继开头之后,对事件或事实报道的核心。从通讯的内容来看,叙述单一事实的,多采用时序结构,而综合性通讯多采用逻辑结构。

时序结构指按事实发生的先后顺序安排主体层次,以事实过程为线索,这种写法易于使读者了解原委始末,适于事件通讯。采用时序结构时要注意叙述方式,可根据报道的需要,插入背景介绍,或适当采用倒叙或插叙的方法。

逻辑结构指按事物的内在联系,按照问题的类型来安排结构。这种结构有助于反映事物的内在联系,揭示事物的本质、规律和意义,具有较强的说服力。其常见的形式有因果式、并列式和递进式。

所谓因果式,是报道清楚事实的前因后果。

并列式,是围绕主题将事实分门别类的结构方式。它适合于综合性通讯。

递进式,是围绕主题叙述或阐述事实的各个部分环环相扣,逐渐深入,前后顺序不能颠倒的结构方式。

4. 结尾。通讯的结尾通常采用自然收束、卒章显志的方法。

(1)自然收束。这是按叙述过程自然结束的结尾。这样的结尾干净利落、自然简约。

(2)卒章显志。即在结尾点明主题或写作目的,有的通过事件表明作者的看法。对读者理解文章有提示或总结的作用。

(五)通讯的写作要求

1. 提炼鲜明的主题。通讯的主题是一篇通讯的灵魂,它决定一篇通讯质量的高低、价值的大小,它要求正确、集中、鲜明、深刻,有现实意义。因此,写通讯要把选择和提炼主题放在首位。

2. 事件具体、典型。主题是通讯的灵魂,而典型则是通讯的筋骨。要选择那些具有代表性、具有普遍意义、具有宣传价值和教育意义的人和事,选择那些在一定时期内人们所关注的问题。要确立体现时代精神、表现时代风尚的主题,确立反映人物和事物本质、规律的主题。

3. 报道完整。通讯要注意写人记事的完整性。

新闻除了消息和通讯外,还有专访和特写这两种体裁。一般认为,它们是从通讯发展出来的文体。专访是以采访的形式写出来的报道,采访的目的性及被采访者提供的材料,构成了报道的主要内容。特写是就特定场合的人物、事件或某类问题而进行报道的新闻体裁,它以细致描写见长,比通讯更具有文学性。由于它们与通讯有相似性,这里就不再详述了。

【例文】4-2

谭千秋的事迹

"那四个娃儿真的都活了吗?昨天晚上就听说有个老师救了4个娃儿,我哪知道就是你……"张关蓉扑到丈夫的遗体上放声恸哭。

深夜的德阳市汉旺镇,冷雨凄厉,悲声四处,呼啸而过的救护车最能给人带来一丝慰藉,那意味着又有一个生命在奔向希望。

5月13日23时50分,救护车的鸣笛声响彻汉旺镇——中国地震应急搜救中心的救援人员在德阳市东汽中学的坍塌教学楼里连续救出了4个学生。

"我侄女是高二(1)班的学生,要不是有他们老师在上面护着,这4个娃儿一个也活不了!"被救女生刘红丽的舅舅对记者说。

"那个老师呢?"

"唉……他可是个大好人,大英雄噢!"说着,刘红丽舅舅的眼圈红了。他告诉记者,那是一位男老师,快50岁了。

13日一早,设在学校操场上的临时停尸场上,记者从工作人员手中的遗体登记册里查到了这位英雄教师的名字——谭千秋。他的遗体是13日22时12分从废墟中扒出来的。

"我们发现他的时候,他双臂张开着趴在课桌上,身下死死地护着四个学生,四个学生都活了!"一位救援人员向记者描述着当时的场景。

谭老师的妻子张关蓉正在仔细地擦拭着丈夫的遗体:脸上的每一粒沙尘都被轻轻拭去;细细梳理蓬乱的头发,梳成他生前习惯的发型。谭老师的后脑被楼板砸得深凹下去……

当张关蓉拉起谭千秋的手臂,要给他擦去血迹时,丈夫僵硬的手指再次触痛了她脆弱的神经:"昨天抬过来的时候还是软软的,咋就变得这么硬啊!"张关蓉轻揉着丈夫的手臂,恸哭失声……

就是这双曾传播无数知识的手臂,在地震发生的一瞬间从死神手中夺回了四个年轻的生命,手臂上的伤痕清晰地记录下了这一切!

"那天早上他还跟平常一样,6点就起来了,给我们的小女儿洗漱穿戴好,带着她出去散步,然后早早地赶到学校上班了。这一走就再也没回。女儿还在家里喊着爸爸啊!"张关蓉泣不成声。

"谭老师是我们学校的教导主任,兼着高二和高三年级的政治课。"陪着张关蓉守在谭老师遗体旁的同事夏开秀老师说,"在我们学校的老师里他是最心疼学生的一个,走在校园里的时候,远远地看到地上有一块小石头他都要走过去捡走,怕学生们玩耍的时候受伤。"

操场上,学生家长按当地习俗为谭老师燃起了一串鞭炮……

【评析】这是一篇人物通讯。作者通过选择几件发生在主人公身上的具有代表性、具有普遍意义、具有宣传价值和教育意义的事迹,来丰富人物形象,给读者以精神的震撼和情感的升华。

第三节 简报与海报

一、简报概述

(一)简报的概念

简报是国家机关、企事业单位、社会团体内部用来汇报工作、反映情况、交流经验、揭露问题时所使用的事务性专用文书。通常所见的"情况反映"、"内部参考"、"××动态"、"××简讯"、"工作通讯"、"内部通报"等都属于简报的范畴。

简报既可以上报,也可以下发,还可以平行,是一种具有汇报性、交流性和指导性的简短、灵活的信息宣传材料。对于下级机关来说,简报可以用来向上级机关汇报工作、反映情况,使上级机关及时了解下情,从而为领导机关掌握情况、制定政策提供依据;对于上级机关来说,简报可以把上级的指示精神、工作意图及组织决策部门的意见传达给各职能部门及全体员工,以利于上下配合,搞好工作。因此简报具有"准公文"的称号(但它不像正式公文那样具有法定的权威性和行政约束力)。上级机关还可以用简报来介绍相关单位的动态、做法、取得的成效,推广经验,推动工作;对于平级来说,简报可以传达同级单位的做法、体会,起到沟通信息、互通有无的作用。

(二)简报的特点

1. 内容真。简报最主要的特点是内容真实。这是简报的生命力所在。因为只有对简报所反映的内容,包括时间、地点、参加人员、事情的前因后果、来龙去脉,尤其是引用的数据、人物的语言等等,都核实无误,对群众的愿望和要求反映准确,对事实的分析符合客观事物的本来面目,才能为领导机关根据简报所反映的情况作出正确的决策提供依据。

2. 选材新。简报所选择的材料和反映的内容必须是新近发生的、人们尚未知晓的本单位的新情况、新问题、新经验、新事物、新动态,从而使人们从中得到新的启示、新的认识,便于更好地开展工作。为此,编写简报必须要有敏锐的洞察力,善于抓住最新的材料进行及时反映,以体现简报"内部新闻"的特征。

3. 篇幅短。就是用简洁、概括的文字,把事实要点表达出来。稿件短,传播媒介才能大量传播,读者才能了解更多信息。为了简短,一般一份简报只反映一个主题,语言文字上讲究凝练集中,开门见山,直陈其事。

4. 报道快。简报是稍纵即逝的客观现象的历史记录,历来以快著称,讲究时效,如果迟写慢发,简报就会贬值或失去意义。因此,它要求在最短的时间内把现代化建设中的新情况、新问题、新经验、新事物、新动态反映出来,以便于领导了解下情,采取措施,指导工作。

5. 格式固定。简报一般由报头、报体和报尾三部分组成。特别是有固定的版头格式。在这一点上,近似公文。但与公文的格式要求又有区别。公文的格式是由国家规定的,而简报的格式是人们在长期的使用过程中约定俗成的。

6. 机密性强。简报一般都具有一定的机密性，这是它区别于新闻报道的一个最重要的特征。简报不宜在报纸上公开披露，一般只能在内部范围内阅读，并且对阅读范围和阅读对象都有严格的限制。如果不注意在一定时间内的保密，就会给工作造成危害和损失。因此，简报一般在报头的左上角注有"绝密"、"机密"、"秘密"或"内部参考、注意保存"等字样，以此表示秘密等级，便于读者按照要求保守机密。

（三）简报的种类

根据不同标准，简报可分成不同种类。根据性质，可分为综合简报、专题简报等；根据载体，可分为文件式简报、杂志式简报、报纸式简报；根据时间，可分为定期简报和不定期简报。根据内容，可分为以下三种：

1. 工作简报。这类简报主要用于反映本系统、本部门工作进展情况，总结经验教训，表扬先进，批评后进，指导工作。

2. 会议简报。这类简报主要用于反映重要会议的进展情况，与会人员的发言、活动等事项，以便及时沟通情况，传递信息，开好会议。

3. 动态简报。这类简报主要反映工作动态和思想动态，及时反映工作中的新事件、新成绩、新问题、新建议；反映不同方面对党和国家的方针、政策及国内外重大事件的认识、态度，为有关部门提供重要信息、情况。

（四）简报的格式。简报的格式一般由报头、报体、报尾三部分组成。

1. 报头

报头在简报的第一页上方。一般应占全页 1/3 的篇幅。其内容一般包括简报名称、期数、编报单位、印发日期、秘密等级、编号等几个部分。

（1）简报名称。应排在报头的中心位置，通常用套红醒目的大号字样标出。如"工作简报"、"××动态"等。

（2）简报期数。一般放在简报名称正下方的横隔线之上。还可以用括号注明总期数。通常是"第×期"，另起一行正下方写"（总××期）"，若为增刊，可写上"增刊"字样。

（3）编报单位。应置于简报名称的左下方。

（4）印发日期。应置于简报名称的右下方。

（5）秘密等级。一般标在报头的左上角。根据简报内容所涉及机密的程度，可注明"绝密"、"机密"、"秘密"或"内部参考，注意保存"等字样。如果有传阅范围限制的，还可以在秘密等级下面注上"供××级以上领导参阅"等字样。

（6）编号。一般放在报头的右上角，与密级形成对称形式。它一般是机密程度高的简报使用。在报头的下方，大概第 1 页上方 1/3 处用一条醒目长线将报头与报体隔开。

2. 报体

报体是简报的核心部分，它一般由按语、标题、正文、供稿者名称四部分组成。无按语和供稿者的只写标题、正文两部分。

（1）按语（也称"编者按"或"按"）。重要的简报要写按语，表明编者或有关领导对简报反映情况的倾向或意见。它一般置于标题之上，如果出现在文中，应用小括号括起来。按语可长可短，按内容划分有说明性按语（说明编发的原因和目的）、提示性按语（提示内容的重点和要点）、指示性按语（对简报所编发的文章发表意见、表明态度）和评价性按语（点评材料中的做法，启发思考）。

（2）标题。可以是单行的标题，用一句话把简报的内容概括出来，如《加快经济发展应处理好的几个关系》；也可以使用双行标题，用正题概括文章中心或说明主要事实，用副题补充交代事实，或说明事件的结果，有时也用来说明正题的来由或依据，如《协助机械工业压缩产品资金占用——××市分行的一些做法》；还可以用引题、正题、副题结合的多行标题形式，用引题交代背景或揭示意义，用正题概括文章的内容，用副题补充正文内容。

（3）正文。一般由导语、主体、结尾三部分组成。

① 导语。用简明的一两句话或一段话，概括全文的主要事实或基本内容。导语的写法比较多，其表现形式主要有以下几种：

叙述式。即用叙述的方法，高度概括出最主要、最新的事实，扼要点出全文的中心思想，使读者先获得一个概貌。

提问式。即把主要的事实概括成一个问题，然后用提问的形式表现出来。

描述式。对主要事实或某一有意义的侧面作简短的描述，以渲染气氛，引起关注。

结论式。即先把问题或事件的结论放在开头写出来，然后在主体部分细述原因。

评论式。对所报道的事实用简洁、精辟的语言加以评论，揭示其性质、意义。

② 主体。主体是简报的主干，它要对报道的事实作具体的叙述和进一步的说明，要用充分的有说服力的事实材料表现简报的主旨。主体中的材料，要同导语部分密切联系，导语里采用的事实，主体部分要加以说明、补充，但要避免重复，导语里提出的问题，主体部分要运用材料回答、解决。

简报的种类不同，主体部分对材料的安排也不尽相同：

情况简报。一是采用先重后轻、先主后次的写法；二是按照事件发生的客观过程或时间顺序叙述。

工作简报。可分为下列几种情况：

一是反映领会贯彻党和国家方针、政策以及上级指示的情况或反映工作中的经验、教训和问题的工作简报，一般包括基本情况、具体做法或经验体会、产生的效果三部分。

二是汇报工作情况的工作简报，重在叙述事实，反映情况，给人以启迪，其写法和汇报性质的工作总结写法类似。

三是交流经验、介绍先进事迹的简报一般是先介绍基本情况，再通过具体事例介绍经验和做法，然后写今后的努力方向。

四是反映某些重大事件、活动的情况的简报，一般采用新闻报道的形式去叙述情况、事实与问题。

五是转发有关单位的材料的转发式简报，一般在转发材料前要加按语进行提示、评论、阐述及补充说明，从中发表编者意见，宣传某种观点，以此指导工作。对于被转发的材料，编者可以根据情况的需要而作不同的技术处理。但要注意保持原材料内容和主题的完整性。

会议简报。有两种情况：如果是对会议总体情况进行报道，可以分为会议的基本情况（一般包括会议召开的时间，参加的范围、单位、主要领导人，会议召开的根据、目的，基本议程和主要活动，会议的结果），会议的基本精神（会议所讨论的工作或问题的意义，会议研究的问题，讨论中的主要意见，对今后工作的指导思想、要求和措施），会议的要求、希望、意义和影响等；如果是连续性会议简报可采用专题的形式，就会议的某一方面进行专门反映，如节录某些领导的讲话、代表的发言，照登某些倡议，转发某些经验材料等，还可综合报道与会人员对某个问题的看法和讨论情况。

③ 结尾。小结全文，阐明意义；或指出希望，点明问题；或指出事件发展的趋势；或提出今后的打算；也可在主体结束后自然结尾。

（4）供稿者。写明提供材料的单位和个人的名称。写在正文后右下角。如果作者是编发单位，则不必写出。

3. 报尾

报尾是在报体之后,两条平行线间的部分,注明简报的发送单位和印发份数。发送单位一般要标明:报:×××(指上级单位);送:×××(指同级或不相隶属单位);发:×××(指下级单位)。写在横线左侧。印发份数写在横线右侧。

简报的规格样式见下图:

秘密   编号:

××简报
(第××期)

×××××编   20××年×月×日

[编者按]×××

标题

正文××

(供稿者)

报:

送:

发:

共印××××份

简报格式示意图

(五)简报的写作要求

1. 选题要有针对性。一般要选取那些与执行党的路线、方针、政策密切相关的重要情况和经验,上级领导正在抓的中心工作、重点任务的进展情况,上级领导正在关心的重要动态,工作中存在的重大问题和对这些重大问题的处理情况。

2. 材料要有典型性。要选择那些有代表性的、反映事物本质和规律的典型材料,用这样的材料表现主旨,能以少胜多,以一当十,给读者留下难忘的印象。

3. 语言要简洁、朴实、准确。简报,顾名思义,就是情况的简要报道。因此,在编写简报的时候必须注意语言的简洁,要"惟陈言之务去";注意语言的朴实,对成绩不夸大,对问题不缩小,实话实说,实事求是,使人看了没有装腔作势之感;注意语言的准确,对事物的反映要做到恰如其分,与实际情况相符。

(六)简报与相近文种的区别

1. 简报与新闻的区别。两者都要迅速及时、客观报道新情况,但在传播内容和范围方面存在很大区别:新闻是公开发表的,面向全社会,报道的内容是公众所感兴趣的一切新人新事;简报所报道的内容多为本单位内部或相关部门之间的新情况、新问题,限于内部或相关部门阅读,一般不公开发表。

2. 简报与通报的区别。两者都要及时、真实地反映内部重要情况,但在目的、用途和表达等方面有较大不同:通报主要针对正反面典型或具有倾向性的情况向内部通报,目的在于教育人们向良好方向发展,一般在叙述情况后要作评价分析;简报报道的情况、信息,主要用于反映问题、交流信息、沟通情况,为领导提供决策或指导工作,只要求客观报道,不作主观分析、评论。

3. 简报与调查报告的区别。两者都有报告情况、反映问题的作用,都要求用事实说话,但它们的写作目的和写作侧重点不同:调查报告是通过深入全面的调查,获得对事实的系统性把握,在对事实概括分析的基础上,提出问题和对策,形成观点,得到规律性认识。要求理论和实际结合,材料和观点统一;简报注重对事实进行简要快速的反映,以达到传递信息、交流情况的目的,少有或没有理论性分析。

二、海报

(一) 海报概述

海报是某些单位或团体向广大人民群众报道、介绍有关电影、电视、戏剧、杂技、体育等节目或学术报告会的消息时所使用的招贴。这种招贴也是应用文的一种样式,人们习惯称之为海报。

海报和启事都具有告知性,都不具有约束力,都可以在公共场所张贴,但两者亦有明显的区别。两者的使用范围不同,海报以报道文化、娱乐、体育消息为主;启事可以反映政治、经济和生活等多方面的内容。两者在制作形式上也有差别,启事以文字说明为主;海报除文字说明外可作美术加工,配上相应的图片、图画、图案,运用美术装饰材料及手段。

海报一般贴于剧院、电影院、体育场、校园等门口和群众聚集的地方。随着报纸、电台广播、电视事业的迅速发展,有的海报也登在报纸上,在电台或电视台播放。

常见的海报种类有如下几种:电影海报、戏剧海报、杂技海报、体育海报、学术海报。

(二) 海报的结构与写法

1. 标题。在事先选好的红纸、黄纸、白纸上写上标题"海报"二字,也可以不写"海报"二字,而点明海报内容,如"球讯"、"舞会"、"讲座"等。

2. 正文。正文部分应写明活动的内容、举办时间、地点、方法等。如果是有关晚会的海报,就写明主要节目、表演团体、时间、地点、票价等;如果是有关报告会的海报,就写明报告题目、报告人、地点、时间等。

3. 落款。右下角写上举办单位的名称和日期,还可注明联系电话及联系人。

海报的内容介绍要形象具体,语言要具有鼓动性,图画、图案要生动活泼,富有吸引力,以激发公众的兴趣,但不能夸张失实。

【例文】4-3

讲　　座

主讲:清华大学著名经济学家×××教授

主题:诚信与经济运作

时间:3月1日(周六)下午2:30

地点:校友楼四楼 MBA 第一案例室

要求企业管理系各专业的硕士、博士研究生全部到场。请各位同学互相转告。

企业管理系

××××年×月×日

第四节　启事与声明

一、启事

（一）启事概述

启事是机关团体、企事业单位、公民个人有事情需要向公众说明解释或者希望大家协助办理时，把内容简要地写出来，或公布于各种媒体，或张贴在公共场所的一种说明事项的实用文体。

启事的种类很多，按其所启事项的性质和写法不同，大致可分为三大类：一是寻找类，包括寻人、寻物等；二是声明类，包括开业、停业、更名、迁移、作废等；三是征招类，包括招聘、招生、招标、征稿等。

启事有的具有广告性质，可代替广告用，但广告不能全代替启事用，比如"寻人启事"不能写成"寻人广告"，"征婚启事"不能写成"征婚广告"等。启事没有强制性和约束性，看过启事的单位或个人对启事中的内容或提出的要求可以作出反应，也可以不予理睬。启事是最常用的交际文体之一，无论是政府部门、工厂、学校，还是个人都能使用。它的对象范围有的涉及全国甚至海外，有的仅限某单位某街区的少数人，它的作用可以使读者知晓或采取行动。

（二）启事的结构与写法

启事一般由三个部分构成：标题、正文、落款。

1. 标题

第一行中间用比正文大的字体写上文种"启事"二字。事情重要或紧迫，可以写成"重要启事"或"紧急启事"，也可以写明启事的性质，例如"征文启事"、"招生启事"等。有的还可以在标题上写明启事者，例如"××大学招聘教师启事"、"××市××大厦落成启事"、"云南大学2002年招生启事"等。有的省略"启事"二字，只写内容，例如"招领"、"征求订户"等。也有的启事以"敬告用户"、"敬告读者"等形式出现。用什么样的标题，可根据启事的内容、性质而定。

2. 正文

在第二行空两格写正文。正文因启事事项的不同而不同。要求做到有条有理、清楚明白、简明扼要。如写征文启事，要把征文的目的，以及对文稿的内容、字数、文体等方面的要求交代明白。但写招领启事，通常只写失物名称，不写样式及数目，以防冒领。启事一般应该遵循"一事一文"的原则，例如某报同时举办两个征文活动，应分别写两个启事，避免混淆。正文写完了，有的写上"此启"、"特此启事"、"特此敬告"等字样，作为结束语。也可以不写这类结束语。

3. 落款

在正文的右下方，写上启事单位全称或个人姓名以及年月日，在标题中已经标出机关团体名称的，可以不必再写。机关团体的启事，若是张贴或书面送达的要加盖公章。有的启事还要写明启事人或启事单位的地址、电话号码、邮政编码等，以便联系。

（三）启事的写作注意事项

1. 内容真实详细。写启事，意在向公众说明、宣传需要知晓或提供帮助的事情，从而达到某种特定目的。因此，作者应将事情真实完整地叙说清楚。这样，他人才有可能了解真情，或者愿给予帮助。相反，如果作者弄虚作假、故弄玄虚，或者有所遗漏，那么，不仅不能实现其特定目的，甚至会造成意想不到的后果。

2. 语言谦和诚恳。启事既然是一种求知性、求助性文体，那么，其语言就应真诚、恳切、谦和、礼貌，使得他人乐意接受并自愿采取帮助行动，不可盛气凌人或低三下四，而花言巧语或草率马虎都可能被认为是不负责任的表现，将严重影响启事的效果。

3. 文字明确简洁。启事的写作应考虑到便于记忆和节约费用这一要求。所以,行文应简洁明确。

【例文】4－4

征文启事

为了繁荣文艺创作,促进社会主义精神文明建设,本报编辑部特举办"微型小说征文"活动。

1. 征文内容以反映社会主义新风尚,歌颂社会主义新人、"四化"创业者和社会主义精神文明建设者为主。题材多样,风格不拘,字教要求每篇千字左右。

2. 征文时间自即日起至×年×月×日止,以邮戳为凭。欢迎本市和外地的读者、作者踊跃参加。来稿请直接寄本报(上海市解放路 126 号,邮政编码为 200033),并写明作者姓名、年龄、性别、职业和详细地址,信封上请注明"微型小说征文"字样。应征稿件一般不退,请自留底稿。

3. 为做好征文评奖工作,特设立评奖委员会,聘请知名人士担任评奖委员,主持评奖工作。

4. 应征稿件将先由本报编辑部选出比较优秀的作品,陆续在《朝花》创作版发表,然后由评委会从已发表的作品中评选出一等奖、二等奖、三等奖若干名,发给奖状和奖品,以资鼓励。得奖作品和优秀作品将编入《××日报微型小说征文集》,分赠作者,留作纪念。

××日报社
××××年×月×日

【例文】4－5

寻人启事

郑建,男,21 岁,身高 1.75 米,国字脸,肤黑,脸颊处有一刀疤,身穿白色衬衣,蓝色牛仔裤,黑色运动鞋,河南口音。于 3 月 14 日离家,至今未归。本人若见到此启事,请尽快与家人联系。有知其下落者,请与××市×××研究所××音响部郑尹面联系,重谢。

联系地址:×××。或请与××市××路派出所联系。

电话:×××××××××。

联系人:冯强。

××××年×月×日

【评析】这则寻人启事语言简练、篇幅短小、格式规范。首先交代走失者的身份特征,如姓名、性别、年龄、外貌、衣着、口音等。便于知情者据此进行判断以便及时联系其家人;其次是交代丢失人于何时何地走失或出走的。最后详细交代寻找人的通讯地址或联系方式以备发现人及时同寻找人联系找到失踪者。最后附有酬谢之类的话语。

【例文】4－6

寻物启事

4 月 12 日晚 7:30 左右,在潍州路一带的车上遗失一黑色包,内有医疗证一个、橘色钱包一个等物品,有拾到者请与失主联系,失主愿重金酬谢。

联系电话:13601245×××。

联系人:陈先生。

××××年×月×日

【析评】这是一则简短的寻物启事,寥寥数语具体、准确地介绍了丢失时间"4月12日晚7:30左右",丢失地点"潍州路一带",丢失物的特征"黑色包"、"内有医疗证一个、橘色钱包一个等物品"。为感谢送还者,失主许诺重金酬谢,并留下了联系电话,表现出失主的诚恳真挚之情。

二、声明

声明是国家、政府、学派、团体、单位或个人就重要问题或事项表明立场、态度、观点、主张,或澄清事宜而发表的文书。声明常用来伸张道义、维护权益、反对侵权或说明事实真相。由两个或两个以上国家、政府或单位共同发表的声明称"联合声明"或"共同声明"。例如"中俄关于世界多极化和建立国际新秩序的联合声明"。

声明的应用相当广泛,上自国家、政府,下至单位和个人,在需要公开表明态度、立场主张时,均可发表声明。

(一) 声明的特点

声明的特点是告知性。声明将有关重要问题、重要事件公开告诉公众。同时表明立场、观点、态度或发表主张。但是一般不对公众提出什么要求。目的只是让公众知道情况。

声明的特点因其发布者、发布事项、作用范围的不同而有很大的差异,政府、政党、外交声明具有权威性、重大性、庄严性的特点;个人(遗失、迁址、更名等)声明之类则只有公开性、告知性特点。

(二) 声明的种类

按照使用范围的不同。声明可以分为政务类声明和事务类声明。

1. 政务类声明

政务类声明是国家机关、社会团体、企事业单位及其领导人抗议、驳斥或澄清事实以及就政务方面的有关重要问题或重要事件发表的声明。

例如"全国政协港澳台侨委员会强烈谴责李登辉分裂祖国言论的声明"。

2. 事务类声明

事务类声明是单位或个人就有关事务方面的问题或事件发表的声明。例如遗失空白转账支票、身份证,声明作废等。

(三) 声明的写作

声明由标题、正文和落款三部分组成。

1. 标题

(1) 只写文种"声明"。

(2) 在文种"声明"前面加上修饰词语。例如"重要声明"、"郑重声明"、"联合声明"等。

(3) 由事由 + 文种构成。例如"证件遗失声明"。

(4) 由单位 + 事由 + 文种构成。例如"××公司总经理授权法律顾问××律师发表郑重声明"。

2. 正文

正文是声明的主要部分。首先简要交代某一重要问题或重要事件的事实情况以让公众知晓。然后就有关事件或问题公开向公众表明立场、观点、态度或发表主张。最后提出为制止事件继续发展而将采取的措施、办法。事实要确凿,是非要分明,态度要鲜明,语言要准确。

3. 落款

落款在正文右下方写明发表声明的单位全称或个人的姓名以及日期。联合声明应写出各方的名称。

【例文】4-7

××牌汽车厂厂长××授权厂法律顾问×××律师发表郑重声明

近来,在市场上发现用不是我厂生产的零部(散)件,拼装汽车,假冒"××"牌商标在市场上出售,另有少数单位和个人冒充我厂人员,在外招揽加工、维修汽车业务。这些不仅损害了广大客户的经济利益,更严重的是损害了我厂信誉。

对上述侵权行为的企业和个人除我厂将依法追究法律责任外,恳请各客户注意:我厂生产的××牌汽车系列产品,产地在××省××市。并附有特制的盖有"××汽车厂检验科成品验收合格章"的"产品合格证"。凡我厂销售和维修服务人员在外进行工作时,都持有法定代表人发给贴有照片的授权委托书。

××汽车厂

××××年×月×日

【例文】4-8

遗失声明

我处不慎遗失空白转账支票一本,号码为000×××××至000×××××共计50张。印有我校财务处业务专用章。特此声明作废。

××大学财务处

××××年×月×日

第五章 求职必备二：职业文书

就业是具有劳动能力且有劳动愿望的人参加社会劳动，并获得相应劳动报酬或经营收入的一项重要环节。本章介绍四种就业文书，重点讲授文体结构、具体写法和写作的注意事项。学生应体味和把握知识要点，熟悉各种例文，结合自身特点，撰写出具有个性特点的就业文书。

第一节 求 职 信

一、求职信概述

求职信是向用人单位自我推荐谋求职务的书信。求职信是一种新的应用文体，在发达国家，通过求职信所获得的就业机会约占社会就业率的 25％以上，求职不仅仅是行为科学研究的重要内容，并已发展成为一门专门的学问、一种社会活动的艺术——求职艺术。

二、求职信的特点

求职信的主要特点就是针对性、自荐性和竞争性。

1. 针对性。写求职信是为了找到理想的工作，总会有一定的缘由。陈述缘由时，要对自己选定的求职单位有所了解，对自己的条件有所比较，要根据实际情况，针对求职单位对人才的需要情况和条件写，针对读信人的心里写。只有这样，求职信才有可能得到对方的重视，引起预期的反响。

2. 自荐性。求职信的作者与读者往往素昧平生，求职者企图得到读信人的信赖，引起读信人的重视，进而达到被录用的目的，唯一的途径就只有学习毛遂自荐，自己在求职信中自我推销。因此，写信时求职者要全面地、实在地、恰如其分地表现自己，特别要注意重点介绍自己的特长和优势，要投其所好地显示自己可能给对方提供的方便或送去的利益，使读信人为之怦然心动。

3. 竞争性。求职就是竞争，如果我们不自认为自己的才干和能力是出类拔萃的，如果我们不在求职信中充分展示自己远远超过别人的竞争条件，就很难引起对方的重视。

三、求职信的内容要素

1. 求职目标。写求职信要有的放矢，毫不含糊地宣示我们的求职意向和目标，要十分明确地陈述我们希望从事的工作种类和工作岗位，要求得到的待遇，甚至还有录用的附带条件，不能为了被录用而模糊交待。

2. 求职缘起。在求职信中，明确地写完我们的求职目标以后，我们随即就应该交代自己的求职理由，简洁地、实事求是地陈述我们选择到受信者公司去工作的动机，以及这种动机产生的原因。当然，叙述时要委婉而不失原则。

3. 求职条件。能否尽可能全面具体地说明自己的求职条件，是我们求职成败的关键。在阐明我们自己的求职条件时，我们应该针对目标，尽量表现自己的主要成绩、成果和优势，重点介绍自己所学的专业和特长，有针对性地谈谈自己的兴趣爱好。在表述这些内容时，我们一定要尽可能地考虑对方公司的实际需要，扬长避短，有选择地写，有的放矢。

4. 附件。为了证明我们在求职信中介绍的一切是真实可靠的,我们必须随求职信向对方递上我们的毕业证、资格证书、专业技术职称、各种获奖证书的复印件以及我们自己写的自传或者个人简历等,并在求职信的正文之后,署名之前加注说明。

四、求职信的格式和写法

求职信在结构上由以下几部分组成。

(一)称呼

求职信的称呼与一般书信不同,书写时须正规些,如果写给国家机关或事业单位的人事部门负责人,可用"尊敬的××处(司)长"称呼;如果是"三资"企业首脑,则用"尊敬的××董事长(总经理)先生;如果是各企业厂长经理,则可称之为"尊敬的××厂长(经理)";如果写给院校人事处负责人或校长的求职信,可称"尊敬的××教授(校长、老师)"。

求职信不管写给什么身份的人,都不要使用"××老前辈"、"××"师兄(傅)"等不正规的称呼。

(二)正文

正文是求职信的写作重点,一般由开头、主体和结尾三层次构成。

1. 开头简要说明自己通过什么渠道了解到某项工作或某一活动急需用人的有关信息。

如:"得悉贵公司正在拓展省外业务,招聘新人,且昨日又在《××商报》上读到贵公司招聘广告,故有意角逐营业代表一职。"

如果你的目标公司并没有公开招聘人才,可以写一封自荐信去投石问路,如"久闻贵公司实力不凡,声誉卓著,产品畅销全国。据悉贵公司欲开拓海外市场,故冒昧写信自荐,希望加盟贵公司。我的基本情况如下……"。

2. 主体部分写明自己的学历、学识水平、工作经验、业务专长,既往成果等。在文中还应说明能胜任职位的各种能力,这是求职信的核心部分。目的无非是表明自己具有专业知识和社会实践经验,具有与工作要求相关的特长、兴趣、性格和能力。要让对方感到,你能胜任这个工作。在介绍自己的特长和个性时,一定要突出与所申请职位有联系的内容,千万不能写上那些与职位毫不沾边的东西,比如你应聘业务代表一职,在求职信中大谈"本人好静,爱读小说"等与业务无关的性格特征。

3. 结尾表示自己一旦被录用则竭诚服务的决心,希望对方给我们一个面谈的机会或者希望对方能够及时回信之类,最后写上致敬语,如此致敬礼等,态度要不卑不亢。

在写作时,尤其要注重表现自己的成绩,突出自己的求职优势。

(三)附件

力求少而精,各种证书的复印件一定要印张齐全的有效证件,应有必要的签名和盖章,切勿造假。

(四)署名和日期

按照中国人的习惯,直接签上自己的名字即可。国外一般都在名字前加署"你诚挚的"、"你忠实的"、"你信赖的"等之类形容词,但这种方法不能轻易效法。署名要注意三点:第一,署名切忌过分谦卑。第二,字迹端正清楚,建议使用楷书签名。第三,切记附上联系地址和电话等。

五、求职信写作注意事项

1. 态度诚恳,措词得当,用语委婉而不隐晦,恭敬而不拍马,自信而不自大。既不能像行政报告,缺乏热情,也不能过于热情,有讨好之嫌。

2. 着眼现实,有针对性,动笔之前最好对单位有所了解,以免说外行话。

3. 实事求是,言之有物,要有自信,自己的优点要突出,但不可夸夸其谈,弄虚作假。

4. 富有个性,不落俗套。如果能谈谈行业的前景展望、市场分析或建设性意见都会收到好的效果。这方面没有什么成规,需要自己开动脑筋。

5. 言简意赅,字迹工整。

6. 以情动人,以诚感人。

【例文】5-1

求　职　信

尊敬的领导:

您好!

感谢您在百忙之中审阅我的自荐书,这对一个即将迈出校门的学子而言,将是一份莫大的鼓励。相信您在给予我一个机会的同时,您也多了一份选择!

在此,即将走向社会的我怀着一颗热忱的心,诚挚地向您推荐自己:我叫章××,是浙江师范大学××××专业2011届即将毕业的一名本科生。丰富多彩的四年大学生活,井然有序而又紧张的学习气氛,使我在知识、能力和素质等方面得到不断提升;正直和努力是我做人的原则,沉着与冷静是我遇事的态度,爱好广泛使我更加充实,朋友众多使我倍感富有!

在校的四年时间里,我不断充实自己、全面发展,以锐意进取和踏实诚信的作风及表现赢得了老师和同学的信任和赞誉。我有较高的专业技能水平和人际交往能力。从2008年起,我担任学院艺术团办公室副主任、班级组织委员等职务。作为学生干部,我工作认真、学习刻苦、成绩优异,得到了学校领导、老师和同学的一致好评,先后获得院"优秀团员"、"三好学生"、"文娱活动优秀奖"等荣誉称号,顺利通过全国普通话等级考试、国家计算机水平二级和国家二级体育舞蹈的教师证书。大学期间,我表现突出,成绩优异,获得一等、二等、三等奖学金。名次一直保持在班级的前10名,2009年光荣地成为了一名正式的中国共产党党员。

作为一名即将毕业的学生,我的经验不足或许让您犹豫不决,但请您相信我的干劲与努力将弥补这暂时的不足,也许我不是最好的,但我绝对是最努力的。我相信:用心一定能赢得精彩!

"良禽择木而栖,士为知己者搏。"愿您的慧眼,开启我人生的旅程。

再次感谢您阅读我的自荐书,祝您工作顺心! 期待您的答复!

此致

敬礼!

求职人:章××

××××年×月×日

第二节　个人简历

一、个人简历的概念和特点

(一)概念

个人简历是对某个人的生活经历有重点地加以概述的一种应用文。它是一个人生活经历的重要总结,是用文字来体现一个人的整体形象,因而是现代社会人事档案的一个重要组成部分。

一份好的简历,可以使你在众多求职简历中脱颖而出,给招聘人员留下深刻的印象,它是帮助你应聘成功的敲门砖。在西方,个人简历和求职信同等重要,因此,在经济发达的今天,个人简历的写作也显得十分重要。

(二) 特点

1. 真实性。是在简历中反应自己的真实经历。主要指不要填写虚假信息。企业的招聘信息在书写上都大同小异,有许多内在的要求是没有明文告示的,如对性别、身高、体重、相貌、文笔等的硬性要求。所以,要主动真实地告知对方一些信息,最关键的是不要虚造、夸大工作经验、业绩、学历等。在行文中应不夸大、不缩小、不编造。

2. 正面性。材料的内容应该是正面的,没有必要告诉全部的真相并不意味着说谎,而是说负面的内容要远离简历,反映主要信息。字数太多,反而会让招聘者抓不住主要信息,结果是适得其反。另外,以表格式填写简历更让人一目了然。现在各招聘网站上的表格式样都不错,可以参照它们的模式,增减栏目。

3. 精练性。要根据招聘要求,提供有针对性的信息,说明自己应聘该岗位的优势。不要把无关的信息也详细地写入,有些信息对于应聘的岗位没有帮助,就要略写,这样才能突出有用的信息。在大多数情况下,一两页就可以了。行文不要啰嗦。

二、个人简历的形式和组成部分

(一) 个人简历的形式

个人简历有三种典型的形式,可以根据自己的特点采用任何一种,每一种都有各自的特点和特有的说服力。

1. 依年代顺序排列型简历。列出你历年来打工兼职的经历,然后依年份排列,从你最近的工作经验回溯,在每一个阶段前要注明工作日期、雇主和你本人的工作职称。年代顺序排列简历的优点,是使你最近的经历,看上去一目了然容易看懂,这是一项最广为采用、大多都能看懂的形式。缺点是让人容易注意你的就业经历的间断期,又太强调近期的工作和就业经历,不过新人本来就没有正式的工作经验,所以主管不会太过要求。

2. 重点式简历。这种写作方式你可以把你个人认为最感兴趣的职业放在首位,再依次序列出至少两项其他职业,然后还需要依照这个顺序,列出公司名称及你的工作期限,这多少可以掩饰过去不成功或无关的就业经历。

重点式简历的优点是你可以着重于你过去经历中与目前相关的经历,如果你有的只是打工经验,没有正式的经历,这种形式的写法应该是理想的格式。缺点是人事主管可能认为你是否有隐瞒其他经历,造成别人的质疑。

3. 目标型简历。上面两者的简历多着重于过去的成果,目标式简历强调于未来工作蓝图。

你可以把自己明确具体的职业目标写在履历中,可以在"能力"栏内,列举五至八项所能做的事,列举出自己认为可以胜任的、和你的目标相关的工作,即使这些工作你过去未实际参与过。

这种简历的最大优点是,虽然你没有实际从事工作经验,但是可以让主考官有想象的空间,认为你足以在这份工作中有一番表现,但是最好坦诚表现自己的才能和计划,然后再针对这个职位的工作设计。缺点是:要想取得最佳结果,你要把目标写得十分清楚,因为履历表一次只能投递给一家公司,所以你必须依照每一个应征工作重新设计一份履历,得多花一点时间。

(二) 个人简介的内容要素

1. 应征工作职位与动机。如果你缺乏丰富的工作经验,要让雇主知道你有强烈的动机希望得到这份工作机会,当然别忘了要对这份工作与这家公司多作些了解! 不要让他觉得你根本不知道这份工作是在做些什么。

2. 求学经历及重要的社团经验。你的求学经历,包括你在学生时代做过什么样的事,将是雇主评估你是否有潜力的重要参考因素,所以,千万别吝啬将你学生时代的重要社团经验,或是其他的成就告诉雇主。

3. 兼职工作经历。工作经历将会为你简历表加分! 告诉雇主你曾经在哪儿做过哪些事,勤工俭学、暑期工、义务工作等都要写。

4. 专业技能。

(1) 计算机技能:你熟悉哪些计算机软件与工作环境。

(2) 各类证书:你得到过哪些专业的证书。

(3) 语言能力:你的语言能力如何。

(4) 其他的技能:你具有哪些特长。

5. 性格特点。你认为自己是什么样的人? 你周围的人又认为你是个什么样的人? 这样的个性对你以前的生活带来什么优劣势吗? 对你在未来的工作上会有帮助或困难吗? 记得,没有人是十全十美的,诚实地面对自己的优缺点会更让人信服。

6. 对工作的展望。你对这份工作有哪些看法,你希望能从这份工作中得到什么? 你又能为公司带来什么贡献呢?

7. 未来的生涯规划。虽然你是一个应届毕业生,也应该让雇主知道你是一个对未来有准备的人。

三、个人简历的写作

(一) 姓名、地址和电话号码

你的姓名、地址和电话号码等,应写在你简历的顶端。

(二) 职业(工作)目标

紧随姓名、地址和电话之后的便是你的职业或工作目标。目标填写要简明扼要,同时表明你应聘的类型,或你正在寻求的特定的职位头衔。

(三) 教育水平或个人经历

1. 教育背景。填写教育背景时,应把你最近获得的学位或最高学历写在前面。一般方法是写清学校名称、城市和国家,然后是获得的学位及毕业时间,假如你目前仍在校就读,就应填上将按计划毕业的时间。

假如你在校曾"成绩优等",被选为班长,或自立读完大学,你尽可将这些成就列在履历的"荣誉与成就"栏里。

假如你觉得学过的一些课程对你的工作有利,你尽可建立一个"主要课程"或"相关课程"栏,并将这些课程的成绩详细地填入相应栏目里。

其他可能的栏目或技能:知识才能、语言能力、电脑硬件、电脑软件、额外培训资格的主要部分或简述其他有关经历,如执照、证明书,与职业有关系的优点、成就、业绩。

2. 雇用史描述。一旦写下了你能记住的所有个人资料,以下两项的工作经历可以不填。即你再也不愿意干的一类工作,或者与你写的履历中所寻求的工作毫不相干的工作。

然后对那些你认为最重要的职务或责任划重点标记,在那些不太重要但你认为有必要包括的责任下划横线标记。

四、个人简历的结构形式

（一）文章式

个人简历可以以文章形式来写。可分为三或四个段落：第一段落简单交代自己的个人情况，如姓名、出生时间及地点、家庭背景等。良好的家庭教育对你的成才当然有利；第二段可以围绕你的求学经历来展开，但不要用流水账式的写法使叙述过于生硬刻板；第三段以你的大学生活为主，你为何选此学科，可以与前面的叙述相呼应；第四段要说明你个人的能力、性格。

（二）表格式

把个人简历的内容要素分项列出，也可以制成表格。如下所示：

个人简历表格

姓　名		出生年月		照片
性　别		毕业院校		
民　族		就读院系		
籍　贯		政治面貌		
专　业		联系电话		
E-mail				
联系地址				
家庭地址				
求学经历				
社会实践及工作经历				
计算机能力				
外语能力				
爱　好				

五、写作注意事项

简历写得好坏，关系到应聘的成败。撰写简历要做到"六个避免"：

（一）避免冗长

应聘者撰写简历形成了这样的错觉：应聘者怕简历薄，不够分量，引不起招聘者的重视。殊不知看简历的大多是企业领导、经理们，日理万机，那些冗长、空洞的简历，还来不及看完开头就被扔到了一边。所以，撰写简历还是以简洁精练、重点突出为好。

（二）避免虚夸

有的应聘者错误地认为简历写得越奢华、越夸饰越好：知识无所不懂，技能无所不通，极尽夸饰，任意拔高。其实，脱离自身能力的虚夸，往往适得其反，招聘者一看就留下了不诚实、不踏实的印象；如果到了面试时，张口结舌，落得个"聪明反被聪明误"。

（三）避免过谦

有的应聘者从一个极端，走到另一个极端，简历写得过于谦虚，行文小心翼翼，措辞扭扭捏捏,胆小怕事,缺乏自信。招聘者看了,会对你胜任工作的能力产生怀疑,最终与成功失之交臂。所以,简历还是应当实事求是,朴实无华。

(四) 避免遗漏要点

有的应聘者,尤其是刚毕业的求职者,缺乏社会经验,写简历无关紧要的写一大堆,把真正的要点遗漏了。一份简历通常要写明:基本情况、学历、资历、特长、求职意向、应聘要求、联系方法等,这些要点遗漏了,就会给应聘者带来不必要的麻烦和损失。

(五) 避免喧宾夺主

有的应聘者为了突出自己一专多能的素质,在写简历时,主次不分,轻重无别,甚至把业余爱好浓墨重彩,喧宾夺主。使招聘者看后摸不着边际,分不清你的特长和优势到底是什么。所以,写简历一定要重点突出,主次分明,以便人尽其才。

(六) 避免书面差错

现在,应聘者写简历多是电脑打印,简历写完后,一定要调整格式,符合行文规矩,选择适当字号和字体,使版面整洁、美观;然后要反复检查,认真校对,避免涂改和错别字;反复修改后再定稿打印。

【例文】5 - 2

个人简历

◆ **个人资料:**

姓名:	政治面貌:
性别:	学历:
年龄:	系别:
民族:	专业:
籍贯:	健康状况:

◆ **知识结构:**

主修课程:××、××、××、××等
专业课程:××、××、××、××等
选修课程:××、××、××、××等
实习:

◆ **专业技能:**

接受过全方位的大学基础教育,受到良好的专业训练和能力的培养,在××、××等各个领域,有扎实的理论基础和实践经验,有较强的野外实践和研究分析能力。

◆ **外语水平:**

2003 年通过国家大学英语四级考试。2004 年通过国家大学英语六级考试。有较强的阅读、写作能力。

◆ **计算机水平:**

熟悉 DOS、Windows 操作系统和 office、Internet 互联网的基本操作,掌握 FORTRAN、Quick-Basic、C 等语言。

◆ **主要社会工作:**

中学:班长、校学生会主席、校足球队队长。
大学:班长、系学生会主席、校足球队队长、校园旗班班长。

◆ **兴趣与特长:**

二、应用写作

★ 喜爱文体活动、热爱自然科学。

★ 小学至中学期间曾进行过专业单簧管训练、校乐团成员，参加过多次重大演出。

★ 中学期间，曾是校生物课外活动小组和地理课外活动小组骨干，参加过多次野外实践和室内实践活动。

★ 喜爱足球运动，曾担任中学校队、大学系队、校队队长，并率队参加多次比赛。曾获吉林市足球联赛（中学组）"最佳射手"称号，并参加过嘉士伯北京市大学生足球联赛。

◆ 个人荣誉：

中学：×××优秀学生。×××优秀团员、三好学生、优秀干部。×××英语竞赛三等奖。

大学：校优秀学生干部，2003、2004 年度三等奖学金与 2005 年度二等奖学金。

◆ 主要优点：

★ 有较强的组织能力、活动策划能力和公关能力，如：在大学期间曾多次领导组织大型体育赛事、文艺演出，并取得良好效果。

★ 有较强的语言表达能力，如：从小学至今，曾多次作为班、系、校等单位代表，在大型活动中发言。

★ 有较强的团队精神，如：在同学中，有良好的人际关系；在同学中有较高的威信；善于协同"作战。"

◆ 自我评价：

活泼开朗、乐观向上、兴趣广泛、适应力强、勤奋好学、脚踏实地、认真负责、坚韧不拔、吃苦耐劳、勇于迎接新挑战。

◆ 求职意向：

可胜任应用××××及相关领域的生产、科研工作。也可以从事贸易、营销、管理及活动策划、宣传等方面工作。

附件：略

【评析】这是一份面临毕业学生的个人简历，因为还没有工作经验，所以写作的重点在自己知识的构成、在校的荣誉和自我的个性。前者是对所求职务的必要条件和普遍要求，后两项是自己特殊条件的展示，即我的与众不同之处。

【例文】5－3

个人简历

本人概况：

姓名：×××   性别：女

民族：汉   政治面目：群众

学历（学位）：大专   专业：文秘

联系电话：×××××   手机：××××××××××

联系地址：北京市东城区××大街 10 号   邮编：100007

Email：×××@sohu.com

教育背景：

毕业院校：××大学××学院 2007.9—2011.6 文秘专业

所学专业：秘书实务、会议理论与实务、公文写作、公文处理、档案学、办公室协调工作、计算机及现代办公设备的基本理论、财务、金融、税务、法律、商务英语、计算机中英文录入、编辑、排版、制表、速记、书法、英文打字等。

另:其他培训情况

* 接受过××大学××学院的礼仪系统培训
* 熟练掌握 office 办公软件及其他现代办公设备,打字熟练
* 能用英语进行日常交流,具备较好的听说能力

工作经历:

* 2010.8—至今　×××进出口公司前台接待兼文秘

前台接待工作及办公室行政工作,工作期间认真负责,得到了领导和同事的一致好评。

个人简介:

我性格开朗、大方,掌握良好的礼仪知识和接待工作经验,头脑灵活、反应敏捷,能够灵活处理工作中的突发事件。我认为,前台接待工作代表着公司的形象,岗位虽然平凡但却十分重要,因此要做好前台接待工作需要具备极强的责任心。我愿意同贵公司共同发展、进步。

请给我一个机会,我将还您以夺目的光彩!

本人性格:

开朗、谦虚、自律、自信(根据本人情况)。

另:最重要的是能力,相信贵公司会觉得我是此职位的合适人选!

期盼与您的面谈!

【评析】这是专门针对某公司前台接待职务所写的个人简历,因为有非常明确的指向性,所以在简历的陈述中,无论是专业技能、工作经历和个性介绍都与该岗位的要求相符合、匹配。

第三节　自　荐　信

一、概念

自荐书又称求职信,是个体求职者向有关用人单位或相关领导介绍自己的主观愿望和实际才干,以便使对方了解自己、相信自己,从而获得某种职务的书信文体。

自荐信与求职信异同在于:自荐信可以是求职,也可以是在本单位争取更具有挑战性的工作;而求职信仅限于向某单位谋取一份工作。但两者都是向用人单位介绍自己,推荐自己的专用书信。

二、特点和作用

最突出的特点是自荐性。任何形式的自荐信都旨在让对方录用自己,因此在撰写自荐书时要把自己的基本情况,尤其是某方面的特长、优势以及基本设想如实地写出来,设法使对方了解自己,并认定自己的潜力,博得对方的好感。用人单位出于人力、物力以及时间的考虑,一般都要求求职者寄送求职材料,进行比较筛选,再通知面试。因此,自荐信是面试的入场券,是寻找工作的敲门砖,是敲开职业大门的第一个重要步骤。

三、结构

格式按一般书信格式要求。自荐信的格式因写作的目的不同、内容差异、收信人的身份不同而略有差别。但不管如何布局安排,都要层次分明,简捷明了,突出重点。通常情况下,求职者多采用的是开始部分、中间部分和结尾部分的写作方式。

1. 开始部分

包括:标题、称呼、姓名、年龄、学历、婚姻状况、健康状况、联系地址、求职目标等。

称呼在标题下一行的顶格书写。可以写单位名称,也可写单位具体负责领导,一般称呼其职务,如"×××经理"。如果是一种没有目的的自荐信,直接称呼"尊敬的领导"即可。语言要不卑不亢,礼貌得体。

求职目标要结合自己实际情况去选择,应该考虑的因素有:专业特长、兴趣、能力、待遇、学历、年龄、性别、性格等。其中兴趣与待遇最为重要。对于特别热门、应聘人特别多的职业,选择要谨慎行事。求职目标要写得简练清楚。

2. 中间部分

主要陈述个人的求职资格和所具备的能力。包括自己所学的专业及特长、具体所学的课程、所受教育的阶段等。要突出与招聘工作密切相关的内容。

工作经历,尤其是与求职目标相关的经历,一定要说最主要、最有说服力的资力、能力和经历。语气要肯定、积极、有力。写工作经验时,一般是由近及远,按照年代的顺序依次写出。最近的工作经验是很重要的。

3. 结尾部分

包括:自荐者的希望、对招聘单位的祝颂语、落款、附件等。

一般表明求职者想得到该项工作的迫切愿望,希望早日得到明确的答复。还要提供证明自己资历、能力以及工作经历的材料,如学历证明、学术论文、获奖证明书、专业技术证书、专家教授推荐信等。这些复印材料可以列在附页上作为附件材料。

四、自荐书写作的注意事项

1. 中心明确、重点突出。

要针对用人单位招聘广告或所了解的信息,重点介绍自己前往求职的优势条件,尽可能找出主客观条件相吻合之处,即善于推销自己。

2. 掌握礼节分寸,实事求是。

3. 措辞简洁、流畅,以谦恭礼让的口吻,委婉得体地表述。

4. 格式规范,信面整洁,字迹工整。

【例文】5-4

自 荐 信

××经理:

我从《××日报》上的招聘广告中获悉贵酒店欲招聘一名经理秘书,特冒昧写信应聘。

两个月后,我将从××工商学院酒店物业管理系毕业。身高1.65 cm,相貌端庄,气质颇佳。在校期间,我系统地学习了现代管理概论、社会心理学、酒店管理概论、酒店财务会计、酒店客房管理、酒店餐饮管理、酒店前厅管理、酒店营销、酒店物业管理、物业管理学、住宅小区物业管理、应用写作、礼仪学、专业英语等课程。成绩优秀,曾发表论文多篇。熟悉电脑操作,英语通过国家四级,英语口语流利,略懂日语、粤语,普通话运用自如。

去年下半学期,我曾在××五星级酒店客房部实习半个月,积累了一些实际工作经验。我热爱酒店管理工作,希望能成为贵酒店的一员,和大家一起为促进酒店发展竭尽全力,做好工作。

如能给我面谈的机会,我将不胜荣幸。热切期盼您的回音!

联系地址:××工商学院酒店物业管理系×××××

联系电话:×××××××××××

恭祝

吉祥如意！

附件：
    1. 简历一份
    2. 各科成绩表复印件一份
    3. 英语四级证书复印件一份
    4. 发表的论文复印件一份

自荐人：×××

××××年×月×日

第四节　就业协议

　　就业协议是《全国普通高等学校毕业生就业协议书》的简称，又叫三方协议。它是明确毕业生、用人单位、学校三方在毕业生就业工作中的权利和义务的书面表现形式，能解决应届毕业生户籍、档案、保险、公积金等一系列相关问题。协议在毕业生到单位报到、用人单位正式接收后自行终止。就业协议一般由国家教育部或各省、市、自治区就业主管部门统一制表。

一、相关条款

（一）主要内容

　　1. 毕业生应按国家法规就业，向用人单位如实介绍自己的情况，了解用人单位的使用意图，表明自己的就业意见，在规定的时间内到用人单位报到，若遇到特殊情况不能按时报到，需征得用人单位同意。

　　2. 用人单位要如实介绍本单位的情况，明确对毕业生的要求及使用意图，做好各项接收工作。

　　3. 学校要如实向用人单位介绍毕业生的情况，做好推荐工作，用人单位同意录用后，经学校审核列入建议就业计划，报主管部门批准，学校负责办理派遣手续。

　　4. 各方应严格履行协议，任何一方若违反协议，应承担违约责任。

　　5. 其他补充协议。

（二）主要条款

经甲、乙、丙三方协商，同意签订如下协议：

1. 甲方应如实向乙方介绍情况，同意到乙方工作，服从乙方的工作安排。

2. 乙方应如实向甲方介绍情况，经了解，同意接受甲方，并负责有关接受手续。

3. 丙方经审议，同意甲方到乙方工作，负责列入就业建议计划和派遣。

4. 甲、乙、丙三方如有其他约定，应在备注栏明确，并视为本协议书的一部分。

5. 三方中有一方要变动协议，须提前一个月征得另外两方的同意，否则按违约处理。

6. 本协议一式三份，甲、乙、丙三方各执一份，复印件无效。

7. 就业协议书一般由国家或省、市高校毕业生就业主管部门统一制表。

（三）订立的原则

就业协议订立的原则是指三方在订立就业协议时必须遵循的基本准则。

1. **主体合法原则**

签订就业协议的当事人必须具备合法的主体资格。

对毕业生而言,就是必须要取得毕业资格,如果学生在派遣时未取得毕业资格,用人单位可以不予接收而无须承担法律责任。

对用人单位而言,用人单位必须具有从事各项经营或管理活动的能力,单位应有录用毕业生计划和录用自主权,否则毕业生可解除协议而无须承担违约责任。

对高校而言,高校根据用人单位的要求如实介绍毕业生的在校表现,也应如实将所掌握的用人单位的信息发布给毕业生。高校是毕业生就业协议的一个重要组成部分。

2. 平等协商原则

就业协议的三方在签订就业协议时的法律地位是平等的,一方不得将自己的意志强加给另一方。学校也不得采用行政手段要求毕业生到指定单位就业(不包括有特殊情况的毕业生),用人单位亦不应在签订就业协议时要求毕业生交纳过高数额的风险金、保证金。三方当事人的权利义务应是一致的。

除协议书规定内容外,三方如有其他约定事项可在协议书"备注"内容中加以补充确定。

(四)订立的步骤

就业协议的订立一般要经过两个步骤,即要约和承诺。

1. 要约

毕业生持学校统一印制的就业推荐表或复印件参加各地供需洽谈会(人才市场),进行双向选择,或向各用人单位寄发书面材料,应视为要约邀请,用人单位收到毕业生材料,对毕业生进行考察后,表示同意接收并将回执寄到高校毕业生就业工作部门或毕业生本人,应为要约。

2. 承诺

毕业生收到用人单位回执或通过其他方式得到用人单位答复后,从中作出选择并到学校毕业生就业工作部门领取就业协议书,与用人单位签订协议,即为承诺。由于毕业生就业工作比较繁琐,比较具体,有时很难明确分为要约和承诺两个步骤。

如:有的毕业生参加公务员考试,达到面试线后,到用人单位参加面试、体检,用人单位也对毕业生进政审、阅档,表示同意接收,在这种情况下,毕业生应与该用人单位签订就业协议,而不应再选择其他单位。

又如,用人单位到学校挑选毕业生,毕业生自己主动报名,经学校积极推荐,用人单位也表示同意接收,但要回到单位后再正式发函签协议,在这种情况下,毕业生也应安心等待与用人单位签约,而不能出尔反尔,以未正式签协议为由,置学校信誉于不顾,在这过程中与其他单位签约,这样也浪费了其他毕业生的就业机会。

(五)签订就业协议的程序

1. 毕业生和用人单位达成协议并在就业协议书上签名盖章,用人单位应在协议书上注明可以接收毕业生档案的名称和地址。

2. 用人单位上级主管部门批准盖章。

3. 用人单位必须在与毕业生签订协议书起的十个工作日内,将协议书送达学校负责就业的工作部门。

4. 学校同意盖章,并及时将协议书反馈用人单位。

二、就业协议与劳动合同的区别

就业协议与劳动合同是用人单位录用毕业生时所订立的书面协议,但两者分处两个相互联系的不同阶段,表现在:

1. 毕业生就业协议是毕业生在校时,由学校参与见证与用人单位协商签订的,是编制毕业生就业计划方案和毕业生派遣的依据；劳动合同是毕业生与用人单位明确劳动关系中权利义务关系的协议，学校不是劳动合同的主体，也不是劳动合同的见证方。劳动合同是上岗毕业生从事何种岗位、享受何种待遇等权利和义务的依据。

2. 毕业生就业协议的内容主要是毕业生如实介绍自身情况，并表示愿意到用人单位就业、用人单位表示愿意接收毕业生，学校同意推荐毕业生并列入就业计划进行派遣。劳动合同的内容涉及劳动报酬、劳动保护、工作内容、劳动纪律等方方面面，它更为具体，劳动权利与义务更为明确。

3. 一般来说就业协议签订在前，劳动合同订立在后。如果毕业生与用人单位就工资待遇、住房等有事先约定，亦可在就业协议备注条款中予以注明，日后订立劳动合同对此内容应予认可。

4. 就业协议是毕业生和用人单位关于将来就业意向的初步约定，对于双方的基本条件以及即将签订劳动合同的部分基本内容大体认可，并经用人单位的上级主管部门和高校就业部门同意和见证。就业协议一经毕业生、用人单位、高校、用人单位主管部门签字盖章，即具有一定的法律效应，是编制毕业生的就业计划和将来可能发生违约情况时的判断依据。

三、就业协议解除与违约

（一）解除

为了维护就业协议书的严肃性和学校的声誉，毕业生与用人单位签订了《就业协议书》后，毕业生和用人单位都应认真履行协议。倘若毕业生因特殊原因要求违约，应承担违约责任。已签订《就业协议书》的毕业生，如要违约，需办理解约手续。

1. 步骤

（1）到原签协议书的单位办理书面同意的解约函（盖单位公章）。

（2）向招生就业办提出书面申请（阐明解约理由），并附上单位及上级人事主管部门审核同意的解约函，交招生就业办。

（3）招生就业办根据有关规定审批换发新的《就业协议书》。

2. 解除的种类

就业协议的解除分为单方解除和三方解除。

单方解除，包括单方擅自解除和单方依法或依协议解除。单方擅自解除协议属违约行为，解约方应对另二方承担违约责任。单方依法或依协议解除，是指一方解除就业协议有法律上的或协议上的依据，如学生未取得毕业资格，用人单位有权单方解除就业协议，毕业生录用之后，可解除就业协议，或依协议规定，毕业生未通过用人单位所在地组织的公务员考试，用人单位有权解除协议，此类单方解除，解除方无须对另二方承担法律责任。

三方解除是指毕业生、用人单位、学校三方经协商一致，消灭原订立的协议，使协议不发生法律效力。此类解除应是三方当事人真实意思表示一致的体现，三方均不承担法律责任。三方解除应在就业计划上报主管部门之前进行，如就业派遣计划下达后三方解除，还须经主管部门批准办理调整改派。

（二）违约

1. 定义

就业协议书一经毕业生、用人单位、学校签署即具有法律效力，任何一方不得擅自解除，否则违约方应向权利受损方支付协议条款所规定的违约金，从实际情况来看，就业违约多为毕业生违约。

2. 毕业生违约

毕业生违约，除本人应承担违约责任，支付违约金外。往往还会造成其他不良的后果，主要表现在：

（1）就用人单位而言，用人单位往往为录用一毕业生做了大量的工作，有的甚至对毕业生将要从事的具体工作也有所安排。同时毕业生就业工作时间相对比较集中，一旦毕业生因某种原因违约，势必使用人单位的录用工作付之东流，用人单位若另起炉灶，选择其他毕业生，在时间上也不允许，从而给用人单位工作造成被动。

（2）就学校而言，用人单位往往将毕业生违约行为认为是学校的行为，从而影响学校和用人单位的长期合作关系。用人单位由于毕业生存在违约现象，而对学校的推荐工作表示怀疑。从历年上情况来看，一旦毕业生违约，该用人单位在几年之内不愿到学校来挑选毕业生。面对激烈的就业竞争，用人单位的需求就是毕业生择业成功的前提，如此下去，必定影响今后学校的毕业生就业工作。同时影响学校就业计划方案的制定和上报，并影响学校的正常派遣工作。

（3）就其他毕业生而言，用人单位到校挑选毕业生，一旦与某毕业生签订就业协议，就不可能再录用其他毕业生。若日后该毕业生违约，有些当初希望到该用人单位工作的其他毕业生由于录用时间等原因，也无法补缺，造成就业资源的浪费，影响其他毕业生就业。因此，毕业生在就业过程应慎重选择，认真履约。

三、注意事项

（一）无效协议

就业协议书由国家或市高校毕业生就业主管部门统一制表，共一式三份，由毕业生、用人单位和学校签署就业协议书。毕业生、用人单位和学校各执一份。学校盖章一定要最后执行，目的在于保护学生的权益。

采用欺骗等手段签署的就业协议书无效，并由欺骗责任方承担违约责任。无效协议是指欠缺就业协议的有效要件或违反就业协议订立的原则从而不发生法律效力，无效协议自订立之日起无效。

如：第一，就业协议未经学校同意视为无效。如有的协议经学校审查认为对毕业生显失公平，或违反公平竞争、公平录用的原则，学校可不予认可。第二，采取欺骗等违法手段签订的就业协议无效，如用人单位未如实介绍本单位情况，根本无录用计划而与毕业生签订就业协议。无效协议产生的法律责任应由责任方承担。

（二）调整就业单位

毕业生如需调整就业单位，在本市、县、区范围内的，由当地毕业生就业主管部门办理调整手续；跨地区，由两地毕业生就业主管部门办理调整手续；从市、县、区调整到省级、中直单位，或从省级、中直单位调整到市、县、区的，跨省（自治区、直辖市）调整就业去向，由省高校毕业生就业指导中心办理。

（三）补办《就业协议书》

毕业生如遗失《就业协议书》（指已签好的就业协议书），请于就近的报纸登报声明作废，携带报纸经所在系负责大学生就业工作的老师签署意见，至招生就业办，招生就业办审核同意后，予以补发。

补发的《就业协议书》上注明"该生原件已遗失，此份为遗失补办件"，以示有别于正式的《就业协议书》。

第六章　从政必备:公务文书与申论

第一节　行政公文概述

一、概念

国务院于 2000 年 8 月 24 日发布的《国家行政机关公文处理办法》(以下简称《办法》)指出:行政机关的公文(包括电报),是行政机关在行政管理过程中形成的具有法定效力和规范体式的文书,是依法行政和进行公务活动的重要工具。

二、特点

（一）公文由法定作者颁发。公文的法定作者指依法成立并能以自己的名义行使职权和担负义务的机关或组织。撰写和颁发公文不是个人行为,所代表的是机关或组织。因此,它的内容受法律、工作需要和领导人指示的制约,其法定作者制发公文的权利和名义受法律的保护。

（二）公文的制发具有程序性。公文由法定作者制发,在撰写和制发的过程中,它要受公文处理程序的严格制约。比如公文的制发,必须经过起草、核稿、签发等程序;对收文的办理,一般应包括签收、登记、分办、批办、承办、催办等程序。其目的是保证公文制发的质量,以维护公文的法定效力和机关的权威性。

（三）公文具有法定效力。公文的法定效力,指公文的权威性和约束性。公文是机关或组织在职能活动中形成的,是职能活动的直接产物。它代表制发机关颁发法律、命令、决定,下发通知或者报送请示、报告,传达制发机关的决策与意图,能对受文者的行为产生不同程度的强制性影响。公文在办理过程中所发挥的法定效力是现行效用。当公文执行办理完毕,其现行效用消失后,将转化为档案文献,成为历史的凭证。

（四）公文具有规范的体式。公文的规范体式,一是指撰写公文所采用的语体,即现代汉语语体;二是指文体的格式,即公文结构与公文各组成部分的文字符号在载体排列上的规定形式。公文的拟制必须遵循规范的体式,其目的是为了维护公文的法定效力和机关的权威性,也是为了实现公文工作标准化,提高工作效率。

三、分类

《办法》中规定的行政公文有 13 种,它们是:命令(令)、决定、公告、通告、通知、通报、议案、报告、请示、批复、意见、函、会议纪要。根据不同的标准,从不同的角度,可以有不同的分类方法。

（一）以内容涉及的秘密程度划分

1. 内部公文。指内容虽不涉及机密,但又不宜或不必向国内外公开发布的公文。这类公文只发往国家机关,或只在国家机关内部传达。

2. 公布性公文。是面对国内外发布的公文,其发布形式为通过广播、电视、报纸公布,或公开张贴。公告、通告即属这一类。

3. 保密公文。是指文件内容涉及了党和国家的机密,需控制阅读范围的公文。分秘密、机

二、应用写作

231

密、绝密三种,通称"三密"文件。这类公文在公文眉首有密级标识,并在主体部分标注发放范围。

(二) 以对文件传递、处理的时限要求划分

以对文件传递、处理的时限要求为分类标准,可把行政公文划分为平件、急件、特急件三种。平件是指按常规办理的文件,急件是指需迅速传递、处理的文件,特急件是指需急速传递、随到随办的文件。急件或特急件在文件眉首有紧急程度标识。

(三) 以公文的传递方向划分

以公文的传递方向为划分标准,可以将行政公文划分为上行文、下行文、平行文。上行文是下级机关呈报给上级机关的公文,下行文是上级机关下达给下属机关的公文,它们用于有隶属关系的上下级之间,上传下达,沟通情况。平行文使用于不相隶属的机关(同系统的平级机关和不同系统的任何机关)之间,商洽联络,交流信息。

(四) 以公文的性质、作用划分

以公文的性质、作用为分类标准,可以把行政公文划分成以下几类:

1. 指挥性公文。用来领导和指挥下级机关工作,颁布法规、规章,具有一定的指示性、强制性和约束力。行政公文中的命令(令)、决定、批复、意见、指示性通知即属此类。

2. 报请性公文。用于汇报工作、请求指示和批准,行政公文中的报告、请示、议案、求批函即属此类。

3. 知照性公文。用于通知事项、通报情况、公布要求,行政公文中的公告、通告、通报、事项性通知、告知函即属此类。

4. 商洽性公文。用于机关之间联系、商洽工作,行政公文中的函即属此类。

5. 记录性公文。用于记载、传达会议精神,行政公文中的会议纪要即属此类。

四、行文规则

为了确保公文迅速准确地传递,避免行文紊乱,《办法》第 13 条、第 14 条指出:"行文应当确有必要,注重效用","行文关系根据隶属关系和职权范围确定"。具体的行文规则有:

(一) 下行文规则

(1) 政府各部门依据部门职权可以相互行文和向下一级政府的相关业务部门行文;除以函的形式商洽工作、询问和答复问题、审批事项外,一般不得向下一级政府正式行文。

(2) 部门之间对有关问题未经协商一致,不得各自向下行文;如擅自行文,上级机关应当责令纠正或撤销。

(3) 上级机关向受双重领导的下级机关行文,必要时应当抄送另一级机关。

(4) 向下级机关或者本系统的重要行文,应当同时抄送直接上级机关。

(二) 上行文规则

(1) 请示应当一文一事;一般只写一个主送机关,需要同时送其他机关的,应当用抄送形式,但不得抄送其下级机关。

(2) 报告不得夹带请示事项。

(3) 一般不得越级请示和报告。

(4) 除上级机关负责人直接交办的事项外,不得以机关名义向上级机关负责人报送请示、意见和报告。

(5) 受双重领导的机关向上级机关行文,应当写明主送机关和抄送机关。

(三) 联合行文规则

(1) 同级政府、同级政府各部门、上级政府部门与下一级政府可以联合行文。

（2）政府部门与相应的党组织和军队机关可以联合行文。

（3）政府部门与同级人民团体和具有行政职能的事业单位也可以联合行文。

（四）其他行文规则

（1）属于部门职权范围的事务，应当由部门自行行文或联合行文。联合行文应明确主办部门。须经政府审批的事项，经政府同意也可以由部门行文，文中应注明经政府同意。

（2）属于主管部门职权范围内的具体问题，应当直接报送主管部门处理。

五、行政公文的作用

（一）领导指导作用。主要指上级机关对下级机关的行文而言。各级机关上下级之间，有着法定的领导被领导关系，因此，凡上级机关对下级机关的行文都有权威性，都有指导作用，是下级开展各项工作的指导纲领和依据。

（二）法规准绳作用。这是公文法定权威性和行政约束力的重要表现。

（三）宣传教育作用。在一般情况下，公文在传达方针、政策或规定人们怎样做的同时，往往要说明制定方针、政策的依据或指出为什么应这样做，这就起到了宣传教育作用。

（四）交流知照作用。公文是各级机关之间进行公务联系的桥梁和纽带。国家机器的正常运转，机关工作的顺利进行，必然要求加强联系和交流。用各种类型的公文把上下左右各方面联系起来，使上级及时了解下情，以便作出正确决策；下级及时得到指导，工作有所遵循；左邻右舍相互了解，加强协作。只有这样，各项工件才能有序地卓有成效地进行。

大量知照性公文如公告、通告、通知、通报、函等，使用范围广泛，使用频率很高，不仅是上级机关知照情况、布置工作、交代任务的渠道，也是不相隶属机关间知照情况、联系商洽工作的主要渠道。

（五）凭证记载作用。机关公文是机关公务活动的真实记录，它记载着一定历史时期制发机关的意图，是机关公务活动的依据和历史凭证。

六、行政公文的格式

公文格式是指公文的外形结构组织及安排。为了保证公文的权威性、合法性、完整性及准确性，在《办法》第三章对公文格式作出了规范性的规定。

我国现行公文所具有的统一科学的格式，是在长期实践中逐步形成的；是公文内容和效能所决定的，也是公文写作结构的规律性反映，是公文法定权威性和约束力在形式上的表现。

在《办法》第三章第十条中规定："公文一般由秘密等级和保密期限、紧急程度、发文机关标识、发文字号、签发人、标题、主送机关、正文、附件说明、成文日期、印章、附注、附件、主题词、抄送机关、印发机关和印发日期等部分组成。"

（一）眉首

置于公文首页红色反线以上的部分统称眉首，包括秘密等级和保密期限、紧急程度、发文机关标识、发文字号、签发人等五个因素。

1. 秘密等级和保密期限。涉及国家秘密的公文应标明密级和保密期限。秘密公文分为绝密、机密、秘密三级；其中"绝密"、"机密"级公文还应标明份数序号。

秘密等级顶格标识在版心右上角第一行；如需同时标识保密期限，秘密等级和保密期限之间用"★"隔开，如"机密★一年"。份数序号是将同一文稿印制若干份时每份公文的顺序编号，用阿拉伯数字顶格标识在版心左上角第一行。

2. 紧急程度。这是对公文送达和办理时间要求的标志。目的是引起充分注意，确保紧急公文限时优先处理,以免延误工作。紧急公文应当根据紧急程度分别标明"特急"、"急件"。

紧急程度顶格标识在版心右上角第一行。如果此份文件还有机密等级的要求,则紧急程度在下,秘密等级在上。

3. 发文机关标识。由发文机关的全称或规范化简称加"文件"二字组成,如"国务院文件"、"北京市人民政府文件"。发文机关标识上边缘至版心上边缘距离为 25 mm。

联合行文时应主办机关名称在前,"文件"二字置于发文机关名称右侧居中排布。

4. 发文字号。发文字号是指发文机关对其制发的公文编排的顺序代码,以便引用和管理。发文字号由发文机关代字、年份和序号三部分组成,在发文机关标识下空两行用三号仿宋体字居中排布。年份、序号用阿拉伯数字标识;年份应标全称,用方括号"〔 〕"括入;序号不编虚位(即 1 不编为 001),不加"第"字。

5. 签发人。签发人指代表机关核准并签发公文文稿的领导人姓名,以表明对此份公文的责任。一般的公文,领导人都要在公文稿纸上签字;但正式文本只有上报的公文才需要标注签发人姓名。签发人姓名平行排列于发文字号右侧。发文字号居左空一字,签发人姓名居右空一字。"签发人"用三号仿宋体字,后加冒号;签发人姓名用三号楷体字。

(二) 主体

置于公文首页红色反线(不含)至主题词(不含)之间的部分统称主体,包括标题、主送机关、正文、附件说明、成文日期、印章、附注、附件等八个因素。

1. 标题

《办法》明确规定:"公文标题应当准确简要地概括公文的主要内容并标明公文种类,一般应当标明发文机关。"这就说明,完整的公文标题由三个要素组成,即制发机关名称、事由(公文的主要内容)和文种。例如《国务院关于成立经济贸易办公室的通知》(国发〔1992〕31 号),制发该文件的机关是国务院,事由是成立经济贸易办公室,文种是通知。其中用介词"关于"和事由组成介宾短语作为文种的定语。标题的位置在红色反线下空两行,居中排布;回行时,要做到词意完整,排列对称,间距恰当。

在标题的制作中需要注意以下问题:

(1)完整规范的公文标题由三要素组成,但在处理上有时有特殊的情况。如有的公文标题由两项组成。一种是省略了制发机关名称,如《关于增加选举工作干部编制名额的请示》,这种情况一般是在有眉首的文件中出现。另一种是省略了事由,常出现在令、公告、通告等告示性公文中,如《北京市公安局通告》。在答复性公文的标题中还有的用四项式标题,即发文机关、事由、主送机关和文种,如《国务院关于同意河北省地市体制改革调整行政区划给河北省人民政府的批复》。

(2)标题中除法规、规章名称可加书名号外,一般不用标点符号。

2. 主送机关。是指负责办理和答复公文的受文机关。标识主送机关应注意以下要求:

(1)标注位置在标题下空一行,靠左顶格书写,回行时仍顶格。最后一个主送机关名称后标冒号。如主送机关过多而使公文首页不能显示正文时,应将主送机关名称移至版记中的主题词之下、抄送之上,标识方法同抄送。

(2)普发性、周知性的下文,是一种需要所属的各机关都要了解和执行的公文,可以主送两个以上的下级机关。如北京市人民政府下发的普发性文件,主送机关可以是"各区、县人民政府,市政府各委、办、局,各总公司,各高等院校"。这类公文中,有涉及对象的范围十分明确,可以做到不标自明的,也可以不标出主送机关,如公告、通告等。

(3)下级机关向上级机关报告和请示工作的上行文,一般只写一个主送机关,不能多头主送。

如需同时送其他机关,应当用抄送形式。下行公文中专门针对某一下级机关而发的(如批复),其主送机关也只能是一个。

3. 正文。正文是一篇公文的主体,位置在主送机关名称下一行。其格式要求同一般文章,需注意的有以下两点:

(1) 正文以自然段为最小的结构单位。每自然段第一行左空两字,回行顶格。最后一句写完要提行另起一段。一篇公文的正文部分,可以只有一段,也可以由若干自然段组成。

(2) 篇幅较长的公文可划分为若干层次,每个层次下又包含若干自然段。层次前可加小标题。小标题的书写格式有以下几种:占一行,居中排印,题前加或不加序码皆可;占一行,靠左侧空两格排印,一般要加序码;不单占一行,加序码,置于一段首句位置。层次前也可以不加小标题,层与层之间自然过渡。

4. 附件说明。附件是附属于公文正文的文字材料。附件一般有两种:一是补充说明正文的或作印证参考的某方面材料、数字、图表等。另一类是公文所发布的法规、规章或批发、转发的文件。这类附件,比正文还要重要,反倒是主体。如《中共中央国务院批转〈国家教委关于加强高等学校思想政治工作的决定〉的通知》,附件是《国家教委关于加强高等学校思想政治工作的决定》,通知是因它而发的。

公文如有附件,需先在正文之后加以说明。其标识要求是,在正文下空一行左空两字标识"附件",后标冒号,然后说明附件顺序和名称。附件序号用阿拉伯数字,附件名称后不加标点符号。

5. 成文日期。即公文的生效日期。单一机关制发的公文在落款处不署发文机关名称,只标识成文日期。成文日期有三种情况:一是一般公文,以负责人的签发日期为准。二是联合行文,以最后签发机关负责人的签发日期为准。三是电报,以发出日期为准。

成文日期标注在正文右下方,右空四字。成文日期要用汉字将年、月、日标全,"零"写为"〇"。如"二〇一〇年十月一日"。

6. 印章。印章是指作为机关权力象征的图章,它是公文合法生效的标志之一。公文除会议纪要和以电报形式发出的以外,应当加盖印章。联合上报的公文,由主办机关加盖印章;联合下发的公文,发文机关都应加盖印章。

印章要加盖在成文日期上。当印章下弧无文字时,采用下套方式,即以下弧压在成文日期上;当印章下弧有文字时,采用中套方式,即以印章中线压在成文日期上。

7. 附注。附注有两种情况。一是说明发放范围,如"此件发至县团级"、"此件可以向群众传达"等。另一种情况是在使用请示文种时需要在附注处注明联系人的姓名和电话。

附注标识在成文日期下一行,居左空两字,外加圆括号。

(三) 版记

置于主题词以下的部分统称版记,包括主题词、抄送机关、印发机关和印发日期三个要素。位置在公文最后一页(封四),版记的最后一个要素置于最后一行。

1. 主题词。凡公文都应标注主题词。主题词是确切表达公文主题的规范化名词或短语。标注主题词,应当使用主题词表。近年来党和政府的领导机关都编制了自己的公文主题词表,撰稿人应根据表达公文主题的需要,从主题词表中挑选组配。在主题词栏下要加一条反线。

2. 抄送机关。指主送机关外需要协办或知晓公文的其他机关。抄送机关应使用全称或者规范化简称、统称,标识在主题词下一行。标识方法是:左空一字用三号仿宋体标识"抄送",后加冒号;抄送机关间用顿号隔开,回行时与冒号后的抄送机关对齐;在最后一个抄送机关后加标句号。

在抄送机关栏下要加一条反线。

3. 印发机关和印发日期。位于抄送机关之下（无抄送机关在主题词之下），占一行位置。印发机关左空一字，印发日期右空一字。印发日期以公文付印的日期为准，用阿拉伯数字标识。

（四）公文纸张、印制要求

公文在用纸、排版、制版、印刷、装订等方面都有极为严格细致的规定，因与公文写作的关系不大，这里只择要作简单介绍。

（1）公文一般采用国际标准 A4 型用纸（210 mm×297 mm）。张贴的公文用纸大小，根据实际需要确定。

（2）正文用三号仿宋体字，从左至右横写、横排，一般每页排 22 行，每行排 28 个字。在民族自治地方，可以并用汉字和通用的少数民族文字（按其习惯书写、排版）。

（3）双面印刷，页码套正，版心不斜。印品着墨实、均匀；字面不花、不白、无断划。

（4）左侧装订，不掉页，无损坏张页。页码顺序正确。裁切成品四角成 90°，无毛茬或缺损。

（五）有关书写规范化的几条规定

（1）引用公文应当先引标题，后引发文字号。

（2）日期应写明具体的年、月、日。

（3）文内使用非规范化的简称，应当先引用全称并注明简称。

（4）公文中的数字，除成文日期、部分结构层次序数和在词、词组、惯用语、缩略语、具有修辞色彩语句中作为词素的数字必须使用汉字外，应当使用阿拉伯数字。

公文式样如图 1、图 2、图 3 所示。

［图 1］　下行文首页格式

×××× 文件

×发［××××］　××号　　　　　　　　　　　　　　签发人：×××

关于××××工作的请示

×××：

　　×××××××××××××××××××××××××××××××××
××××××××××××××××××××××××××××××××××××
××。

［图 2］　上行文首页格式

××××××××××××××××××××××××××××××××××
××××××××××××××××××××××。

　　　附件：1. ×××××××

　　　　　　2. ×××××××

　　　　　　　　　　　　　　　　　　　　　　　　××××年×月×日

　　　（附注：××××××××××）

主题词：×××　　×××　　×××

抄送：××××××××××、××××××××××、

　　　××××××××××、××××××××××。

××××××××　　　　　　　　　　　　　　　　　××××年×月××日

［图 3］　公文末尾格式

第二节　通　知

一、通知概述

（一）概念

通知是适用于批转下级机关的公文,转发上级机关和不相隶属机关的公文,传达要求下级机关办理和需要有关单位周知或者执行的事项,任免人员。是公文中使用频率最高、使用范围最广的文种,一般为下行文或平行文。

（二）种类

1. 发布性通知。即用通知发布行政法规和规章,要求下级机关遵照执行。这类通知在实际工作中普遍使用,各级机关都可制发。例如《国务院办公厅关于印发 2011 年食品安全重点工作安排的通知》。

2. 转发性通知。即用通知转发上级机关、同级机关或不相隶属机关的公文。例如《××省人民政府办公厅转发人事部关于加强事业单位编制管理的几项规定的通知》。

3. 批转性通知。即用通知批转对下级机关具有普遍指导意义的文件，用于指导下属单位的工作。例如《市人民政府批转市物价局关于改革我市化肥价格管理办法报告的通知》等。

4. 指示性通知。即用通知向下级机关传达指示，布置工作，要求办理、周知或者共同执行某些事项。例如《国务院办公厅关于坚决制止滥用钱、物和公款旅游的通知》等。

5. 告知类通知。即用通知告知有关单位和人员知晓某一事项或交流有关情况信息。这类通知只起知照作用，如机构设置通知、单位更名通知、印章启用通知、会议通知等。例如《中共武汉市委办公厅、武汉市人民政府办公厅关于成立市干部职工外语水平等级考试和计算机应用能力考核领导小组的通知》。

6. 任免通知。主要用于任免下级机关领导人和需要下级机关知道的上级机关人事任免情况。例如：《关于××同志任××职务的通知》、《北京市人民政府办公厅关于调整首都绿化委员会组成人员的通知》。

（三）特点

1. 适用范围的广泛性。通知是行政公文中应用最广泛的文种。一是通知的使用范围广泛，不受发文机关级别的限制，任何机关、部门都可以使用；二是通知的内容涉及面广，可以是国家大事，也可以是具体的工作事项；三是通知的作用广泛，既可以布置工作、发布指示、传达有关事项，也可以用来批转下级机关的公文或转发上级机关或不相隶属机关的公文；四是通知使用频率很高，约占各级行政机关下行文总量的一半以上。

2. 发布形式的灵活性。通知发布形式不受限制，灵活多样，既可以用文件形式印发，也可以载于报纸或以广播、电视等形式发布。

3. 文体功用的晓谕性。通知把需要知晓、办理或执行的事项告知有关单位或人员，有的还可以通过新闻媒体全文播放或摘要发表，具有很强的告知性。通知在告知的同时，又有所要求，即让被通知对象了解以至于执行有关事项，具有执行性和约束力。

4. 行文要求的时间性。通知的使用快捷方便，制发迅速及时，机动性强，可以快写、快发，用于广泛宣传，有效地实施，体现了一定的时效性，这是通知被广泛应用的重要原因。

二、文体结构

1. 标题

通知的标题一般由制发机关、事由、文种三部分组成。批转、转发通知的标题也是如此，不过其事由是所批转、所转发公文的名称，如《国务院批转国家旅游局关于加强旅游行业管理若干问题请示的通知》，该标题的事由部分是"国家旅游局关于加强旅游行业管理若干问题（的）请示"，即所批转公文的名称，转发通知的标题的写法也是这样。如果被转发、批转的公文是法规性文件，则需在法规性文件名称上加上书名号。

2. 发文字号：通知的发文字号为完全式。

3. 主送机关

除在报纸等新闻媒介公布的知照性通知外，所有通知都需有主送机关，即必须指定此通知的承办、执行和应当知晓的主要受文机关。这些机关一般为直属下级机关，或需要了解通知内容的不相隶属的单位。

4. 正文：正文是通知的核心，一般由通知事由、通知事项、执行要求三部分构成。

（1）通知事由。这是通知正文的导语，要写明制发通知的理由、目的、依据或情况，在导语和通知事项之间常用"特通知如下"、"现通知如下"、"现将有关事项通知如下"等语过渡。(2)通知事项。即要求主要受文机关承办、执行和应予知晓的事项。如果通知的事项较多,要分条列项写出,以便于理解执行。(3)执行要求。是通知的结尾,常用的写法有三种:一是事项结束,全文就自然结尾;意尽言止,不单写结束语。二是用习惯用语"特此通知"收尾,但前言和主体之间如用了"特作如下通知"作过渡语,则不宜在收尾处再用习惯用语。三是用简要的文字再次明确主题或作必要的说明,以引起受文单位对该通知的重视。

5. 落款:即在正文右下方写明发文机关的名称和成文日期。如果发文机关已在标题中标明,落款时可以省略。

三、写作要求

1. 使用要慎重

通知的功能很多,应用范围也很广泛,发通知时一定要慎重,不要滥用通知。要注意通知的文种特点及行文的隶属关系,内容要严肃,一些面向社会的事务性事项,应用"启事"等应用文种而不要使用通知文种。

2. 内容要明确

通知的内容具有多样性,既有法规性通知又有知照性通知,撰写通知事项时要把握分寸,法规性通知要注意将政策阐述清楚,知照性通知要注意将内容写得具体明确,以便收文机关了解和办理。

3. 行文要及时

通知具有时效性,所以行文一定要迅速及时。尤其是指示性通知,要抓紧时间办理,必要时可用紧急通知行文。

【例文】6-1

国务院办公厅关于印发 2011 年食品安全重点工作安排的通知

国办发〔2011〕12 号

各省、自治区、直辖市人民政府,国务院各部委、各直属机构:

《2011 年食品安全重点工作安排》已经国务院同意,现印发给你们,请认真贯彻执行。

各地区、各有关部门要根据《2011 年食品安全重点工作安排》,抓紧制定本地区、本部门的具体工作方案,分解细化任务,明确工作要求,落实责任分工。地方各级政府要加强统一领导、组织和协调,切实抓好本行政区域的食品安全工作;各有关部门要认真履行职责,强化协作配合,提高监管水平;国务院食品安全委员会办公室要加强统筹协调,加大督促指导力度,确保各项工作扎实推进。

国务院办公厅

二〇一一年三月十五日

【例文】6-2

上海市人民政府关于裘新等同志职务任免的通知

沪府发〔2011〕7 号

各区、县人民政府,市政府各委、办、局:

市人民政府决定:

任命裘新为上海市人民政府新闻办公室主任;

免去宋超的上海市人民政府新闻办公室主任职务。

特此通知。

上海市人民政府
二○一一年二月十八日

【例文】6-3

上海市人民政府转发国务院关于加强法治政府建设意见的通知

沪府发〔2010〕41 号

各区、县人民政府,市政府各委、办、局:

现将《国务院关于加强法治政府建设的意见》(国发〔2010〕33 号,以下简称国务院《意见》)转发给你们,并结合本市实际,就贯彻国务院《意见》提出以下要求,请一并贯彻执行。

一、提高认识,加强领导。各区县、各部门要从"立党为公、执政为民"的高度,充分认识全面推进依法行政的必要性和紧迫性。要结合学习贯彻全国依法行政工作会议精神和温家宝总理重要讲话,认真贯彻国务院《意见》,把依法行政作为政府运作的基本准则长抓不懈。要强化行政首长作为本地区、本部门推进依法行政工作第一责任人的责任,建立由主要负责人牵头的依法行政领导协调机制,更好推进依法行政工作。

二、认真学习,统一思想。各区县、各部门要将国务院《意见》作为领导集体学法和依法行政知识培训的重要内容,根据本地区、本部门实际,研究制定学习、宣传和培训国务院《意见》的计划,使各级政府机关的领导干部和广大行政机关工作人员正确理解、准确把握、深刻领会国务院《意见》的精神实质和主要内容,统一思想,增强做好依法行政工作的责任感和自觉性。

三、积极部署,落实措施。各区县、各部门要结合本地区、本部门"十二五"规划的编制实施以及明年工作安排,制定贯彻国务院《意见》的具体办法和配套措施,确定不同阶段的重点,有计划、分步骤地推进依法行政,将国务院《意见》的各项要求落到实处。

上海市人民政府
二○一○年十二月二日

第三节　请　　示

一、概述

(一)概念。请示是适用于向上级机关请求指示、批准的公文,是党政机关在公务活动中广泛使用的一种上行文种,目的是请求上级机关对本机关单位权限范围内无法决定的重大事项,以及在工作中遇到的无章可循的疑难问题给予答复。请示具有强制回复的性质。

(二)种类

1. 求准性请示。求准性请示是下级机关遇有工作中的具体问题,请求上级机关批准自己的要求时使用的一种公文文种。

2. 解答性请示。解答性请示是下级机关在工作中遇到不好解决的问题,或对上级机关的某个文件的理解存在疑点,或对某一问题因本机关意见分歧、无法统一执行时使用的一种公文文种。

3. 批转性请示。批转性请示是请求上级对自己单位给下属机关或其他不相隶属的同级机关的指示、文件予以批准并转发的一种公文文种。

（三）特点

1. 请示性。所有请示都对上级机关有所请求，无论是请求上级领导解决工作中存在的问题和困难，还是请领导解释政策、批准事项，都无一例外。

2. 先行性。请示的制发有很强的时间要求，即必须在事前行文。请示的内容必须是下级机关需要办理而尚未办理的事项。

3. 专向性。请示的行文方向是明确而固定的，即只能发往有隶属关系的上级机关，而不能向同级机关或不相隶属的机关报送。

二、文体结构

1. 标题。请示的标题有两种写法：一是由制发机关、事由、文种三部分组成，如《浙江省人民政府关于要求将余姚县改为市建制的请示》；二是由事由、文种两部分组成，如《关于开办乡镇企业大专班的请示》。

2. 发文字号：请示的发文字号为完全式。

3. 主送机关：为直属上级机关，各级行政机关一般不得越级请示。

4. 正文：正文由请示事由、请示事项和结束语三个部分组成。

请示事由即向上级机关提出某项请求所依据的道理和客观事实；请示事项即要求上级机关予以批准或解决的具体事项，是请示正文的核心；结束语常用的有："以上意见，请予批示"；"以上意见，请予批示"；"以上要求，请予批准"；"如无不当，请批转……"；"妥否，请批复"等。

5. 落款：即在正文之后的右下方标注发文机关的名称和成文日期。

三、写作要求

1. 理由要充分。请示的目的是要上级领导解决工作中存在的问题和困难，因此，请示的理由一定要充分。否则，请示的事项可能会因缺乏依据和说服力而得不到获准。

2. 事项要明确。请示事项切忌模棱两可，含糊不清。提出请示事项时还应根据实际情况，提出明确具体的意见和措施，以便上级机关批复时参考。

3. 内容要单一。请示的内容要单一，一份请示只能请求一件事，这是拟写请示时必须遵循的原则。否则，只能使问题复杂化，进而影响工作效率。

4. 文种要用对。报告是报告，请示是请示，二者不能混用。不能将请示写成"报告"，更不能自创"请示报告"这一法定公文中根本不存在的文种。

【例文】6-4

中共浙江师范大学×××学院总支部委员会关于第三届双代会

"两委"委员候选人预备人选的请示

校工会：

我院第三届双代会第一次会议将于二○一○年十一月二十四日举行。现将第三届双代会"两委"委员候选人预备人选的有关情况报告如下：

我院第三届双代会"两委"委员会由 7 名委员组成，拟设主席 1 人，副主席 1 人。学院在各代表团推荐的基础上，经学院党政联席会议研究，最后拟定下列 9 位同志为我院新一届"两委"委员候选人预备人选（其中差额 2 名）（以姓氏笔画为序）：

二、应用写作

×××、×××、×××、×××、×××、×××、×××、×××。×××同志为主席候选人预备人选,×××同志为副主席候选人预备人选。

同时,我们对第三届教代会财务监督小组暨工会经费审查小组候选人预备人选进行了推荐。第三届教代会财务监督小组暨工会经费审查小组拟由3人组成,候选人预备人选4人(其中差额1名)(以姓氏笔画为序):

×××、×××、×××、×××。×××同志为第三届教代会财务监督小组暨工会经费审查小组组长候选人预备人选。

以上妥否,请批示。

二〇一〇年十一月十六日

第四节　报　　告

一、概述

（一）概念。报告是适用于向上级机关汇报工作,反映情况,答复上级机关的询问的公文,是机关工作中一种常用的上行公文。

（二）种类。报告按内容可以分为四种类型,即:

1. 工作报告。是下级机关用于向上级机关汇报工作的进展情况、工作成绩和经验体会、存在的问题和改进的方法的报告。例如:《关于市七届人大议案办理情况的报告》。

2. 情况报告。是下级机关用于向上级机关汇报工作中遇到的特殊情况、发生的意外事情或出现的未曾预料的新问题的报告。例如:《关于××××工程施工造成管道煤气泄漏事故的报告》。

3. 答复报告。是下级机关用于答复上级机关提出的问题或对某一事项进行询问的报告。例如:《关于××同志晋级情况的报告》。

4. 报送报告。是下级机关向上级机关报送文件或物件时随文随物而写的报告。近几年来,常用“函”来送文件或物件。

（三）特点

1. 汇报性。报告是下情上达的重要工具,汇报性是报告的一个重要特征。它要求把发生在本单位的客观情况如实地陈述出来,以便上级机关知晓,进而作出科学的决策,指导下级机关的工作。

2. 陈述性。报告属陈述性公文,行文时主要采用叙述和说明的表达方式。虽然报告也需对有关情况作出分析,提出看法,但一般不能过多地发表议论,更不能像写文艺作品那样过多地描写故事与情节。由于上级机关需要从报告中了解的是下级机关的客观情况,报告中的分析意见只能作为领导机关的参考,因此,报告只要把具体事实写清楚即可。

二、文体结构

1. 标题:报告的标题一般由制发机关、事由、文种三部分组成。

2. 发文字号:报告的发文字号为完全式。

3. 主送机关:为直属上级机关。

4. 正文:正文由导语、主体和尾语几部分组成。

（1）导语：写制发报告的目的或缘由，写完后即用"现将有关情况报告如下"之类的承启用语过渡到报告内容。

（2）主体：写制发报告的具体内容，一般要写清工作进行的情况、现存在的问题、有些什么经验教训以及下一步的打算。

（3）尾语：常用的有"特此报告"、"专此报告"、"以上报告如无不妥，请批转……"等。

5. 落款：即在正文后右下方标注发文机关的名称和成文日期。如在标题中已出现发文机关，则落款时可省略。

三、写作要求

1. 要实事求是。写报告的目的是为了下情上达，让上级机关掌握真实可靠的情况，从而作出正确的决策。因此，报告的内容必须实事求是，报告中所列成绩与缺点必须符合实际，既不能张冠李戴，也不能添枝加叶。

2. 要突出重点。报告的重点应是机关在一定时期内的中心工作，即解决主要矛盾的进程与结果。对于重点问题要多用笔墨，次要问题则只需一般概述。写报告不能就事论事，更不能堆砌材料，要提高到理论的高度，从中总结出有规律性的东西来。

3. 要简明扼要。报告要简明扼要地概述工作内容，不要罗列具体事实。要尽可能地做到详略得当，主次分明。

4. 不夹带请示事项。上级机关对报告不负答复责任，因此，报告中夹带请示事项会影响事项的办理。如有请示事项，宜另用请示文种行文，不能将请示事项夹带在报告中。

5. 要注意点面结合。报告既需要概括叙述整体情况，又需要对典型事例进行较为详尽的定量分析。只有把概要介绍与典型事例结合起来，才能使报告的内容深刻、全面。

四、报告与请示的异同

1. 相同之处

（1）行文方向一致。均属上行文。是公文中用得最为广泛的两大种类。

（2）标题构成相同。一般都是发文机关＋事由＋文种，多用介词"关于"。

（3）报送要求一样。一般都只能有一个主送机关，如需同时送其他机关，应用抄送形式，但不得同时抄送下级机关。

（4）签署形式一样。都放在正文之后。

2. 不同之处

（1）行文目的的不同。报告的目的只是为了让上级机关了解、掌握情况，沟通上下联系；请示则是为解决某一问题而请求上级机关给予指示或审核批准。

（2）性质要求不同。报告属陈述性公文，除建议报告外，不需要上级回复；请示则属请求性公文，需要上级机关给予批复回答。

（3）行文时限不同。请示一般需在事前行文；而报告可在事前、事后及事情进行中行文。

（4）内容含量不同。请示必须坚持"一文一事"，即"一事一请示"的原则；而报告则一事数事皆可。

（5）正文构成不同。请示由请示事由、请示事项和结束语三部分组成；报告则由报告目的、报告内容和尾语三部分构成。

因此，报告和请示必须严格区分开来。是请示不能标作"请示报告"，否则，易使上级机关误解为就是报告，不利于问题的及时解决；是报告就不要夹带请示事项，因为报告一般是不给予回复的。

【例文】6－5

国家自然科学基金委员会2010年度政务公开工作年度报告

2010年我委政务公开工作在委党组的领导下,在全国政务公开领导小组的组织协调下取得明显进展。我委党组认真贯彻党的十七届五中全会和国务院有关领导同志的讲话精神,把政务信息公开工作摆在十分重要的位置,发挥政务公开在预防腐败中的重要作用,努力增强权力运行的透明度。

一、把政务公开与基金项目审批结合起来,积极推行网上评审,规范审批程序,坚持公开透明。截至2010年12月31日,我委全年共收到各类申请118979项,其中3月份集中受理期间通过网络收到全国1826个单位申报的115179个基金项目,并且在规定时间内通过网络完成了近11.2万个项目的专家评审意见的反馈。经过同行专家通讯评审和会议评审,2010年8月下旬,我委在网上公布了委务会议批准资助基金项目的详细情况。按照《信息公开目录》和《信息公开指南》的要求,2010年我委通过互联网网站发布信息3441条,完成了"2010年度项目资助情况"、"2009年度报告"、"2010年度项目指南"等一系列内容制作和信息上网发布,及时对"基金申请受理"、"管理办法"、"重大研究计划"、"廉政建设"等栏目内容进行了更新。

截至2010年12月17日的统计,2010年共有394.7万人次访问我委互联网网站,共访问我委网页3846万余次。社会各界在2010年关注我委网站最多的栏目为"项目指南",访问次数为435万余次;其次是"通知通告",访问次数达251万余次;然后依次是基金要闻、信息公开、特别关注和科技快讯等栏目,访问次数都在200万次左右。

二、把政务公开与各项业务工作结合起来。为了保证权力运行的透明度,国家杰出青年科学基金项目评审结果在网上公布,施行异议期制度,使群众有知情权和监督权。

信息公开对外信箱随时收取信件,方便公民、科研人员等索取和查询信息。截至12月初全年共收到来信350封,其中大多数都是对基金项目的咨询。有24封是举报基金申请人不端行为的,我们对所有来信都进行了答复或转办,保证了基金资助工作的公正性。

三、发挥信息化程度高的优势,把政务公开与电子政务建设结合起来,提高了办事的透明度和办事效率。我们利用办公局域网做到机关内部办事公开。如对机关干部选拔任用、财务预决算、政府采购、固定资产管理等进行公开,尽可能使广大工作人员参与机关建设和管理,维护干部职工的切身利益。2010年通过网络公示任免干部:局级(含副秘书长)3人,处级干部15人,流动项目主任42人次,专业技术职称4人,提高了机关干部管理工作透明度。

2010年我委在各媒体上组织刊登文章170余篇,其中《科学时报》40个专版、140篇文章;《科技日报》29篇;《光明日报》5篇;《瞭望》3篇;《求是》1篇,及时地向社会公布我委政务工作信息。

2011年我们将以科学发展观为指导,按照党中央、国务院对政务公开工作的要求,进一步加强领导,加强对行政权力的监督,提高工作的透明度和公信力。认真施行《政府信息公开条例》,健全制度,狠抓落实,推动政务公开工作取得新的进展。

国家自然科学基金委员会

信息公开工作办公室

二〇一一年三月十日

【例文】6－6

关于抢救大熊猫的紧急报告

今年五月以来,四川省卧龙、蜂桶寨、九寨沟以及陕西省佛坪等几个自然保护区,相继出现箭竹大面积或零星开花枯死的现象。箭竹是大熊猫的主要食料,箭竹开花将使这里的大熊猫难以生存。箭竹一般四十年至八十年开花一次,每次从开花、结籽到长成新竹,需要二十年左右的时间。过去每遇这种情况,大熊猫就要死亡一批。如一九七四年至一九七六年四川、甘肃的岷山北段,因箭竹大面积开花枯死,大熊猫死亡很多,经调查发现的尸体就达一百三十八具。

大熊猫是我国国宝,是世界人民喜爱的珍稀动物。国际上对拯救我国大熊猫的呼声十分强烈。最近世界野生生物基金会为此发表了专题公报。抢救和保护好大熊猫刻不容缓,这项工作关系到我国的声誉。我们研究拟采取以下措施:

一、会同有关省联合组织力量,对大熊猫分布的地区进行一次全面普查,弄清开花枯死的箭竹种类、面积和威胁大熊猫生存的严重程度。

二、紧急抢救已受威胁的大熊猫。(略)

三、要从根本上解决大熊猫缺食的问题。(略)

……

鉴于此事已引起国际国内的关注,我们已通过新华社和中央人民广播电台发布了两次有关拯救大熊猫的报道,并将继续有目的、有计划地发布消息。对于拯救我国濒于绝灭的大熊猫、朱鹮、丹顶鹤、老虎等珍稀动物,有关国际组织、个人、驻京使馆人员及在华留学生等,近年来纷纷表示愿向我提供捐赠。由于我部是行政管理部门,不便处理此类事项。为此,建议在中国科协领导下成立一个全国性的野生动物保护组织,其主要任务是:开展拯救、保护大熊猫等濒危珍稀动物的宣传教育;组织有关学术交流;接受国内外捐助资金。有关该协会的成立工作,我部拟和中国科协具体商定。

以上报告如无不妥,请批转四川、陕西两省和国务院有关部门研究办理。

×××× 年 × 月 ×× 日

第五节　会议纪要

一、会议纪要概述

会议纪要是记载和传达会议议定事项和主要精神,要求与会单位共同遵守和执行的公文;是在会议以后,根据会议的宗旨和要求,对会议的基本情况、讨论的事项和主要结论,加以归纳整理,以通报会议精神、统一认识、指导工作而形成的文件。会议纪要具有以下特点。

1. 纪实性。纪要不得改变会议的基本精神,不得增减会议的内容,也不必对会议的内容进行分析评论。

2. 概括性。会议纪要不同于会议记录,它是对会议情况与决定事项完整而系统的报道,是对会议情况的提炼与概括。

3. 指导性。会议纪要应集中反映会议的精神实质。有些会议经上级领导批准后,具有了法规性质,对与会单位和下属单位均有一定的约束力,具有指导意义。

根据会议性质的不同,会议纪要可分为办公会议纪要和专项会议纪要,根据内容的不同可分为决议性纪要和综合性纪要。

二、会议纪要的撰写

（一）会议纪要结构与写法

会议纪要一般可由标题、正文、落款三个部分构成，但是，会议纪要的写作是很灵活的，每个会议纪要不一定都按这三个部分来写。

1. 标题。会议纪要的标题大致有两种形式。

（1）单式标题。单式标题大致有下面三种情形。

一是由会议名称和文种组成，如《市长办公会议纪要》、《××常委会会议纪要》、《全国农村工作会议纪要》、《××××年经济特区工作会议纪要》。这种标题使用较多。

二是由召开会议的机关、会议名称和文种组成，如《××省政府在省电子局召开的现场办公会议纪要》。

三是由召开会议机关、事由、会议名称和文种组成。如《××省广播电视厅关于加强录音录像管理座谈会纪要》，这个标题中加进了"关于录音录像管理"这一事由。

（2）双式标题。双式标题由正题和副题组成。如《把经济体制改革放在首要位置上——市场座谈会议纪要》，前一句为正题，用大字标列，概括会议的主要内容或精神；后一句为副题，用小一号的字标列，放在正题之下，补充说明有关问题。

2. 正文。会议纪要的正文一般由开头、主体、结语三个部分构成。

（1）开头。开头要用简要的文字、准确的数据，概括会议的基本情况，如召开会议的时间、会议地点、主持人、参加会议的人员、会议议题、开会的形势、背景等，有的还写上开会的依据、开会的必要性和重要性、开会的目的、对会议的总的评价等。但并不是所有的会议纪要都要有以上内容，可以灵活掌握，有的可以省略不写，有的可以放在主体部分。

（2）主体。主体部分是会议纪要的事项，是整个纪要的中心部分，是与会有关单位贯彻执行会议精神的依据。内容主要包括：会议研究的问题、讨论的意见、作出的决定、提出的要求、领导的指示、交流的经验等，在表述上要得当。主体是决定会议纪要写得成功与否，质量高低与否的关键，要精心把这部分写好。

（3）结语。有的会议纪要还有结语部分，这部分一般写会议提出的要求、希望、号召等。

3. 落款。会议纪要的落款包括署名和发文日期。署名应签署会议主办单位的名称，也可以写会议的办事机构。发文日期一般写在标题下面中间部分，也可以写在署名下面。

（二）会议纪要的撰写要求

1. 实事求是。以实事求是的态度真实准确地反映会议的各项内容。对与会者的发言与议定事项可归纳概括、提炼或作必要的删减，但绝不要按主观意图，随意增添内容，甚至加以歪曲或篡改。对于会后工作的安排，包括责任分工、时限要求，务求表述准确、具体，以利传达贯彻与督促检查。对于会议中出现的重大分歧，应如实记载。

为了保证纪要的真实性与准确性，纪要写成后应提请会议主持人审核与签发，重要会议的纪要，应经与会者讨论认可。

2. 突出重点。应根据会议性质确定纪要的重点，对于重点部分应作详尽的阐述。对于会议内容应加强分析与归纳概括，以便做到深入浅出、重点明确、语言简明。如对于会议中产生的各种观点，应加以集中和分析鉴别，作出理论上的概括，使纪要具有说理性；对会议中反映出的各种情况，也应认真进行分析，从中提炼出最典型、最有说服力的事例和数据，并作概括说明；对于会议的过程与主要情节也应概括介绍，舍弃烦琐的细枝末节。

3. 层次分明。纪要的各个层次除可用分标题、序数表示外，还可使用"会议决定"、"会议同意"、"会议听取了(略)并经讨论决定(略)"等惯用词语表示。

4. 言简意赅。会议纪要的语言要明确畅达,防止含糊其辞产生歧义,特别开头部分更应当十分简明。在每一个问题或段落的开头,常常使用一些习惯用语,如"会议认为"、"会议强调"、"会议要求"、"会议传达"、"会议号召"等,突出会议的主旨。

三、会议纪要和会议决议的区别

会议纪要和会议决议都是会议的产物,它们之间的区别如下:

1. 会议纪要是根据会议情况写的要点。起草后,只要主管负责人审阅同意,即可定稿;而决议必须经过与会者表决,按照法定程序通过后,才能生效。

2. 一份会议纪要(如例行性工作会议纪要)可以同时写不同方面的、毫无关联的几项决定,而一个决议只能写某一方面或某一问题。

3. 会议纪要的内容可轻可重,可大可小,只要是会议议定了的就要写进去;而决议的内容常常是一个单位或部门、一个地区或系统乃至党和国家的重大问题。

【例文】6-7

关于贯彻全国教育工作会议精神的讨论纪要

7月1日上午,×××同志主持召开省委常委会议,听取了全国教育工作会议精神传达及我省贯彻意见的汇报,对全省下一步的传达、贯彻工作进行了具体部署,并对我省教育事业的现状和改革、发展问题进行了研究。现纪要如下:

会议认为,全国教育工作会议是在我国加快建立社会主义市场经济体制和现代化建设步伐的新形势下召开的,体现了党中央、国务院对教育工作的高度重视。中央根据我国的国情,确定把教育放在优先发展的战略地位,这是高瞻远瞩的战略决策。各级党政领导都要认真学习会议精神,进一步提高对"教育优先发展战略"的认识,扎扎实实在"优先"二字上下功夫,加强对教育工作的领导,采取得力措施,努力为教育办实事,促进本地教育事业的发展。近些年来,在各级党委、政府的领导下,通过广大教育工作者艰苦的工作,全省教育事业取得了很大成绩,有力地促进了我省经济、科技、社会的发展和我省"在中部崛起"战略的推进。但当前教育事业的状况与我省经济、科技、社会发展的客观要求相比较还有很大差距,轻视、忽视教育的现象远未根除,以后的任务仍极为繁重。对此,各级党政领导、教育管理部门和广大教育工作者都必须有清醒的认识,不可有丝毫懈怠。

会议认为,今后我省的教育工作应围绕以下几个方面进行。

一、要切实加强"两基"工作,即到本世纪未在我省基本普及九年义务教育,基本扫除壮年文盲。(略)

二、大力发展职业技术教育和成人教育。(略)

三、我省高等教育事业应以提高教育质量和办学效益为重点,向更高层次发展。(略)

四、要努力增强对教育事业的投入。(略)

五、必须加强师资建设,稳定教师队伍,努力提高教师队伍素质。(略)

六、精心部署全国教育工作会议精神的传达、贯彻工作。(略)

出席人:××× ××× ××× ××× ×××

列席人:××× ××× ××× ×××

×××年×月×日

【例文】6-8

×××学院党政联席会议纪要

3月21日上午,×××院长主持召开学院2011年第4次党政联席会议,现就会议内容纪要如下:

一、关于学院2011年度全日制自考助学招生专业申报事宜。相关专业招考难度大,今年不申报。

二、同意增报2门通识课课程。

1.《环保普识实践教育》(×××、×××);

2.《模型制作与结构选型》(×××、×××)

三、关于2011教学成果奖申报。同意×××的《野外实习建设》,×××的《紧密型实践教学基地教学模式》,另请×××、×××重新修改申报。

四、2010年度大学生结构竞赛指导教师工作补贴同意参照2009年度的标准(共计150课时)由主要负责人分配。

参加会议人员:×××、×××、×××、×××、×××。记录:×××

二〇一一年三月二十一日

第六节 申 论

一、申论的概念

"申论"一词,出自孔子所说的"申而论之"。"申"为引申、申述、申明、申辩。"论"为议论、论证。所谓申论,就是针对特定事件、材料、问题、现象、事理等阐述自己的观点,论述理由,申明立场,合理地推论材料与观点之间的逻辑关系。

申论是国家公务员考试科目中必考的一门科目,具有模拟公务员日常工作性质的能力测试。主要考查应试人员对给定材料的分析、概括、提炼、加工,测查应试者的阅读理解能力、综合分析能力、提出问题和解决问题能力、文字表达能力等。

二、申论考试的性质与要求

申论考试是国家用来选拔优秀行政管理人才的一种方法,是根据国家行政机关日常工作的特定要求设定材料,检测应试者发现问题、解决问题的能力和宏观战略思维以及语言表达能力,要求应试者具有扎实的理论知识,较强的实践能力和正确的政策导向。它是具有模拟公务员日常工作性质的一种能力测试。

申论考试需要应试者具备以下能力:

1. 阅读理解能力——包括认读能力、理解能力、欣赏能力、记忆能力及阅读速度。要求应试者全面把握给定资料的内容,准确理解给定资料的含义,准确提炼事实所包含的观点,并揭示所反映的本质问题。

2. 综合分析能力——就是指对材料的提炼加工。要求应试者对给定资料的全部或部分的内容、观点或问题进行分析和归纳,多角度地思考资料内容,作出合理的推断或评价。要求应试者能够在众多材料中抓住事物的主要矛盾和矛盾的主要方面,把握具体事物运动的客观规律。

既要分析给定材料的量的方面,即反映的内容和问题、方面和层次,又要分析给定材料的质的方面,即给定材料所表达的观点和意见。应试者不但要抓住矛盾的特殊性,具体问题具体分析,还要充分考虑材料所包含的两极,避免片面化、绝对化。

3. 提出和解决问题能力——这是申论的主要考察目标,也就是考察应试者解决实际问题的能力。需要应试者有准确定位能力、抓准主题能力、策划方案能力。公务员每天面对许多具体的事务,怎样应对这些事务便反映了公务员的真正能力。申论考试要求应试者借助自身的实践经验或生活体验,在对给定资料理解分析的基础上,发现和界定问题,作出评估或权衡,提出解决问题的方案或措施

4. 文字表达能力——公务员要把材料所反映的主要内容进行书面汇报,就需要有一定的文字表达能力。主要表现为:用词准确、规范,简明扼要,条理清晰,理据相谐。申论考试要求应试者熟练使用指定的语种,运用说明、陈述、议论等方式,准确规范、简明畅达地表述思想观点。

三、申论考试基本特点

1. 考试形式的灵活性和多样性

申论测试不同于传统写作考试,形式非常灵活。除了所给出的材料部分外,其答卷一般由三部分组成。一是概括部分,二是方案部分,三是议论部分。就文体而言,概括部分可能是记叙文、说明文、议论文、应用文中的某一种形式,也可能综合了多种文体形式;方案部分,则是应用文写作;论述部分是议论文写作。

需要指出的是,在应考时不要把申论的三个部分割裂开来,应当统筹兼顾,前后衔接。概括的过程既是熟悉资料的过程,也是分析判断的过程;提出方案的过程既是解决问题的过程,也是进行思辨的过程。

2. 背景材料的广泛性和非专业性

申论测试的目的是为了选拔国家公务员,因此十分注重对考生的分析、判断、解决问题等综合能力素质的测试。为反映这一要求,申论所给定背景资料涵盖了政治、经济、法律、教育等诸多方面的内容,涉及范围极其广泛,但一般不会向某种专业性知识特别倾斜。因为公务员对社会生活的方方面面都应当关心,应当有所认识,有所思考,对社会热点或大众传媒关注的焦点也应有所了解。否则很难有较高的思想水平和较强的分析问题、解决问题的能力。

3. 考查目标的明确性和针对性

申论考查的目的很明确,针对性很强,即主要考查考生阅读、分析、概括、解决问题的能力。这些能力主要通过对背景材料的分析、概括、论述体现出来,从所提出的方案对策是否具有针对性和可行性体现出来。从这一角度看,考查的目的与测试的命题是密切相关的有机整体:目的具有针对性,试题也具有针对性;试题为测试的目的服务,目的则是试题设计的指导思想。

4. 测试答案的不确定性

申论测试没有也不可能有一个确切、固定、唯一的标准答案。从资料背景来看,都是有关当前政治、经济、法律、教育等社会问题,有的已定论;有的尚未定论,完全要考生自己来解决。从这个角度来看,无论是提出对策或是对对策进行论证,都不会有一个确切、固定、唯一的标准答案。正因为申论测试没有确定的答案,这给了考生以发挥的空间,不同的考生完全可以较充分地展示各自不同的能力和水平,这也有利于选拔者挑选到满意的人才。

随着国家公务员考试的不断发展,申论考试主观试题客观化的趋势已经越来越明显。在一定程度上,归纳概括、综合分析、贯彻执行、提出对策和申发论述五类题型均已经出现了内部标准答案,立意错误将直接导致低分现象的出现。

四、申论考试的内容结构

申论考试的内容、考试方法和测评要素都体现了人才考核的基本设计基础和设计思路。可以有效地测试应试者的基本常识、专业知识、管理知识等相关知识以及综合分析能力、语言表述能力等素质及能力要素。

申论考试的结构比较规范、清晰明确。主要由三部分组成：一是"注意事项"；二是"给定资料"；三是"申论要求"。

其中第二部分"给定资料"，试卷给定一篇（或一组）反映特定实际问题的 8000 字左右的背景材料，内容涉及政治、经济、法律、教育等社会现象的诸多方面。这些资料大多是经过初步加工后的半成品，是带有新闻性质的现实材料，反映的多是社会现实生活中的热点问题或大众传媒的焦点问题，具有普遍性和非专业性。

第三部分"申论要求"，通常情况下涉及三个方面：一是对给定材料的理解、分析、整理、归纳、概括、综合；二是对主要问题提出见解，提出对策，提出具有可行性的解决方案；三是对见解、方案的论证。这三个方面的要求在试卷中通常是通过五个左右的题目来体现。但题目形式不会一成不变，可能是要求概述事件、概括主要问题、分析原因、分析危害、简述意义、分析观点、分析论证对策措施。文体应用可能是议论文、公文。

五、申论考试的基本环节

申论考试的全部过程，可归纳为阅读资料、概括要点、提出对策、进行论证四个主要环节。

1. 阅读资料

这是申论考试中最基础的环节。申论考试所给定的背景资料通常会很长，应试者一定要静下心来细读，真正掌握资料内容，才能保证以下各个环节的质量。只有认真读懂读通全部给定材料，才能把握材料所反映的事件的性质，从而准确地概括出主要问题，完成第二个环节的要求；才能针对主要问题提出切实可行的解决问题的对策和方案，完成第三个环节；最后，要充分利用给定材料，切中主要问题，全面阐明、论证应试者对给定材料所反映的主要内容的看法以及解决问题的方案，完成第四个环节。

申论测试，对给定资料的阅读一般会给予充分的时间。如果考试时间为 150 分钟，那么对给定资料的阅读时间一般不会少于 40 分钟，不会导致文字作答时间不够用。

2. 概括要点

概括要点是申论写作中承上启下的重要环节。一方面它是阅读资料环节的小结；另一方面，这个环节完成得好不好，又会直接影响提出对策是否更具针对性，影响到将进行的论证是否有扎实的立论基础。概括要点的目的，在于准确把握住给定资料，以便进一步着手解决问题。通常概括要点时会根据材料的不同情况要求其字数在 200 字左右，因此应惜墨如金，简明扼要地表达出题目的要求。

申论题目中并不是一成不变地一概要求概括主题，有时也要求总结所给材料的主旨，或者材料包含的主要内容、主要观点等。应试者要注意审题，正确理解题目的要求，根据题目要求作答。

3. 提出对策

提出对策是申论的关键环节，重点考查应试者思维的开阔程度、探索创新意识、应变能力和解决问题的能力。应试者可以有较大的自由空间，根据各自的知识阅历，对同一问题各抒己见，见仁见智。需要注意的是，只有结合给定资料所涉及的范围和条件，才可能提出切实可行的对策方案。应该特别注意所提对策应是针对背景资料反映的主要问题的，有很强的限制，不能超出资料给定的范围和条件。针对主要问题提出的对策方案必须写得合理和切实可行,要符合我国的国情、民情、政策、法律等,措施要切合实际,应抓住要害,切忌面面俱到,舍本求末。

4. 进行论证

这是申论的最后一个环节。在一定意义上说,论证环节才是真正名副其实的"申论",前面三个环节都是为论证部分做铺垫。它要求考生充分利用给定资料,切中主要问题,全面阐明、论证自己的见解。论证环节,需要浓墨重彩,淋漓尽致。这不仅因为它所占字数多,分值相对较高,而且一个人的知识基础、能力水准、思维品质、文字表达都将在这个环节得到更全面、更充分的展示。论证环节是"申论"的核心。

论证是否有力还关系到方案能否被认可。论证部分写作时应在深入思考、运筹帷幄的基础上进行,拟一个简要的提纲,做到论题鲜明、重点突出、线索清晰、详略得当,这样有利于文思畅通、逻辑严密。同时,应尽量从小处着眼,这样有利于在所选的一"点"上做比较深入的开掘,把意思表达透彻。此外,选取巧妙的角度也是至关重要的,首先立意应新颖,不落俗套,有创新;其次应贴近现实生活,能为社会所关注,为广大读者所喜闻乐见。优秀的申论答卷往往是立意高远,能透过现象看本质,从中找出规律。

六、申论应试的"四大禁忌"

1. 忌偏。首先是正确理解材料的主旨,选准最佳角度,确立中心论题,切忌断章取义,把枝叶当主干,造成审题失误,导致行文偏离题意;其次是忌思想偏激;第三是忌偏心,即心态不公正。

2. 忌离。离,是指脱离材料答题。全文的中心、观点、论证都是由材料生发而来。写议论文,切忌开头不引述材料,其他文体也不能整篇脱离材料。如果开头不引述材料,容易使阅卷人不明白你的中心是根据什么提出来的;如果整篇文章不见所给材料,就会给人另起炉灶的感觉。因此,论证时,开头就要引述材料,论证过程中还要回扣材料。

3. 忌散。主要指应试者作答时主题不明,内容繁杂,层次模糊不清,逻辑混乱,系统性不强。或概述问题不集中,陷入零散的材料中,抓不住要害;或分析材料分不清主次;设计方案时没有系统,层次不清;论证方案时取小舍大,舍本逐末。

4. 忌虚。虚是指对主要问题的判断不透彻,不能抓住问题的根源,找出其症结所在。对问题概述模糊不清。所设计方案泛泛而谈,脱离实际,缺乏可操作性;论证用词华丽,冗杂不实。

【例文】6-9

2013 年国家省级以上(含副省级)综合管理类
公务员录用考试申论试题

给定材料

1. "良辰吉时已到,婚礼开始! 一拜天地,二拜高堂……"2012 年 6 月 6 日中午,在江南某村,一对"85 后"新人的传统结婚仪式正在举行。

"这对小夫妻年纪不大,倒愿意举办农村的传统婚礼,真稀奇。"人们七嘴八舌地议论着。据了解,这是当地几名大学生村官策划的第一场农村传统婚礼。看惯了西式婚礼的走红毯、切蛋糕、倒香槟等流程,这场农村传统婚礼,让年轻的新郎新娘感到别有一番韵味。

……(略)

记者在婚礼结束后向婚庆策划人表达了自己观摩婚礼的感动心情。当被问到为什么要策划一场传统婚礼的时候,W 说:"与新式婚礼比较,传统婚礼更注重过程和仪式,半年前这对新人就按严格的传统习俗精心策划和准备,这种漫长的筹备过程让新郎新娘都显得格外郑重,他们也非常接受这种传统婚礼,我相信对这一对新人来说,这也是一次心理和精神的升华过程,这种传统婚礼仪式会影响他们一辈子。"Z则补充说:"传统婚礼庆仪式不仅仅是一种世代沿袭的乡村习俗,也承载着传统精神的内涵,甚至是传统文化的某种载体和形式。传统文化与习俗在某种意义上观望着农村青年的文化和精神的归属感,甚至传承着某种民族精神。"

2. 某网站发表了如下一篇文章:

几十年间,中国的经济总量翻了好几番,中国的面貌几乎每天都在刷新,我们有足够的理由因为这种速度自豪。然而,我们是否意识到,中华民族几千年积累的巨大文化财富,或许正在我们手中悄无声息地流失。

祖宗流传下来的国宝,有许多在海外才能看到,有人统计,世界上47个国家的200多个博物馆中,有不下百万件的中国文物。这意味着我们以及我们的后人,要想一睹那些先人留下来的珍宝,不得不远涉重洋。

⋯⋯(略)

与有形文物的流失比起来,那些无形的非物质文化遗产的毁灭更加触目惊心,譬如鲁迅笔下的"社戏""五猖会",我们小时候看过的皮影戏,农村过去家家过年帖的剪纸和年画⋯⋯也许有人会说,这也是"文化遗产"?这些不登大雅之堂的东西有什么价值?这些问号,正好反映了中国非物质文化遗产面临的危机。

从某种意义上说,这些无形的非物质文化遗产是比长城、故宫还要重要的财富。长城、故宫是古老文明留下的躯壳。和博物馆中的恐龙标本一样,失去了实用性,是死的东西。而那些无形文化遗产,大多是活着的。活生生的文化遗产的流失,就更令人感到心痛。⋯⋯(略)而戏曲、秧歌、剪纸、刺绣这些活着的文化,集中体现着古老东方文化的独特、优美与神秘,表明着我们中国人之所以为中国人。

民间文化的消失,其速度远快于生物物种的灭亡速度,而后果却和生物物种的灭亡同样严重。祖先留下的千姿百态的民间文化和历经数千年的乡土艺术、民俗器物,大部分在还没有得到完整的记录和保存前,就已经消失。它们一旦毁灭,就无法再生。这样下去,中国数千年的民族民间文化将面临断裂的危险。

另一个值得重视的问题则是某些政府官员在文化理解上存在误区。不少地方斥亿万巨资生造"文化"和虚假民俗,拆掉古城而改建的粗制滥造的"仿古街"比比皆是,有些地方还把一些历史传说和文学故事中有道德污点的人物也尊为"名我"供奉。以上种种均反映了对文化的曲解,这种曲解不仅没有增加文化内涵,反而是对文化的一种伤害。

3. 时间到这里仿佛变慢了。秋天早晨的菊儿胡同刚睡醒,一间一间的院子走入,粗斜的老树仍在,院子中央整齐地码了几十盆花草。有人趿拉着拖鞋走出屋,揉着眼睛背着手浇花。两位老人坐在墙根下晒太阳。站在胡同里,市声渺远,只觉几千年几百年的日子就这么悠悠地过了下来,这里依然是风雨不动的世上人家。

这就是诗意栖居的代表作——"菊儿胡同",是吴良镛在北京四合院基础上设计出的现代民居。⋯⋯(略)

"我并不是要所有的房子都盖成菊儿胡同,而只是探索了一条传统建筑改造的路子。"2012年10月16日上午,在北京"2012年中国建筑学会年会"的开幕式上,这位中国两院院士、国家最高科学技术奖获得者做了题为《人居环境与审美文化》的主题报告,讨论如何将"艺文"融入人居环境。

游客张女士说,来豫园本来只是随便逛逛,听导游讲解之后才发现好些建筑都有故事有门道。站在豫园九曲桥上,还可以看到远处的东方明珠、环球金融中心等建筑,景观确实不错。

⋯⋯(略)

中国历史文化名镇枫泾镇,素有"芙蓉镇"的美誉。这里文化资源丰富,有保存完好的明清建

筑：……（略）

　　人们用"枫泾寻画"四个字概括古镇的魅力，可谓一语双关，既有诗情画意，又留有悬念，充分表达了枫泾古镇美丽如画的景色，又告诉人们枫泾拥有深刻的历史文化沉淀。枫泾留下的是历史的原貌，是原来真实的景，不增加什么新东西，在保护过程中原样原修，保留原材料、原工艺、原样式、原来的风貌，从而保留了一种难能可贵的原真性。

　　……（略）

　　4. 妈祖，又称天妃、天后、天上圣母、娘妈，是历代船工、海员和渔民共同信奉的神祇。古代在海上航行经常受到风浪的袭击而船沉人亡，航海者就把希望寄托于神灵的保佑，在启航前要先祭天妃，祈求保佑顺风和安全，在船上还立天妃神位供奉。

　　妈祖就是这样一位天神。中国沿海的地方或内陆河道，以及世界各地有华侨聚集的大小埠头，几乎都有她的宫庙。据不完全统计，全世界共有3千多座妈祖庙以及2亿多崇信者。她的影响力从南方沿海辐射开去，遍及港澳台以及亚洲、北美等20多个国家地区。

　　……（略）

　　在民间有着广泛影响力的佛教也将妈祖演绎进自己的神话世界，称林默是东海龙王的女儿。儒家也对这一优质的"文化"载体予以高度重视，对妈祖神话进行了儒家式的"改造"，增添了惩恶扬善故事，力图去除妈祖浓厚的巫女色彩，将其塑造成为儒家的道德楷模和精神典范。

　　历代统治者也不断对妈祖进行加封行赏。……（略）

　　信仰妈祖的范围在明清时代不断扩大，很大程度上和当时的移民潮有关。……（略）

　　当贫瘠的土地无法提供足够的粮食时，明清时代大量广东福建的民众不断流动，每到一处，都要兴修妈祖庙。……（略）

　　妈祖信仰的盛行，还在于她是集无私、善良、亲切、慈爱、英勇等传统美德于一体的精神象征和女性代表。她的亲和力更是别的神灵无法比拟。如今，海外还有游子没有归家，他们还需要神灵护佑，还需要妈祖守望。那么，就让我们借妈祖之名，以亲情的名义祈祷四海归一，天下一家吧。

　　5. 平阳鹤溪百年缸窑不仅有着厚重的历史，而且还曾在中国外交史上留下一段佳话。去年，平阳县公布了第一批县级历史文化村镇，鹤溪因缸窑而榜上有名。

　　早在商周时期，浙南先民就已经掌握了最原始的制陶技术。……（略）均凸显了温州地区生产陶瓷历史的悠久，分布的广泛，平阳则以鹤溪缸窑的创建时间为最早，历史也最富传奇色彩。

　　……（略）

　　据缸窑传承人之一的谢孝夏先生介绍，上世纪七十年代间，缸窑手工艺人达百余人，然后逐年减少，现今只剩8人。这些还在以传统工艺制陶的工人，或许是这座百年缸窑的最后守护人了。

　　鹤溪缸窑作为温州地区保留至今为数不多的原始活陶瓷作坊，是浙南山区传统民间手工艺的缩影。它的保留为研究浙南地区陶瓷发展史提供了鲜活的史料。

　　6. 作为中国民间文艺家协会赴宁夏考察团的成员之一，作家F来到了宁夏。在雄浑的贺兰山前，一幅幅原始古朴的岩画激荡着他的情绪。F看完贺兰山岩画，内心颇有感触，他特意为此题字："岁月失语，惟石能言。"逝去的无形无迹的光阴正镌刻在一幅幅粗朴的岩画中，F说："原古先民以默默地文化符号表现出他们对生活的勇气和情感，对观者内心形成强烈的冲击。"

　　贺兰县的皮影戏也令他感慨。他认为，贺兰皮影戏有自己的地域特色。……（略）

　　谈到宁夏的文化发展和保护，F认为，经过深厚积淀的回族文化和西夏文化都是本地独有的文化优势。从这点来说，保护文化是第一位，不要子孙后代还没有了解，独有的文化已经消失了。保护文化必须投入资金，宁夏文化首先考虑的是做精做细，只有文化做精，才有强大的可能。

……(略)

我们的民族精神在经受着精神价值的淡漠和外来文化的冲击,坚守民族的特性,延续民族文化的血脉显得尤为重要。保护非物质文化遗产,最重要的是保护其本身蕴含的精神。……(略)

此外,当国人开始普遍关注对非物质文化遗产的推介和保护的同时,也存在一个对非物质文化遗产去粗取精、批判继承的问题,其间或许昭示的是非物质文化遗产与物质性文化遗产之间的差异性。……(略)

人类的生存和发展离不开文化的多样性,正是在不同的文化长期交融和碰撞过程中产生了今天的地球文明。今天的人类正以前所未有的兴趣、规模和方式,积极开展各种旅游和探险活动,了解和接触世界文化遗产,从内心深处表现出对文化多样性的渴求。世界各地的文化遗产正是文化多样性的生动体现,人类是有记忆的,并需要不断地通过各种不同形式的"怀旧"手段,来抚慰心灵和抒发情性,历史文化遗产保留着现代都市人的历史记忆。"我们从哪里来? 我们是什么? 我们往哪里去?"要把握现在,走向未来,必须先理解过去。文化遗产为人类连接过去和现在建设了桥梁,也为从今天走向明天提供了不可或缺的精神食粮。

作答要求

(一)"给定材料2"中的文章作者认为:"从某种意义上说,这些无形的非物质文化遗产是比长城、故宫还要重要的财富。"请结合"给定材料",谈谈你对这一说法的见解。(15分)

要求:全面、简明。不超过250字。

(二)我国有不少地区在保护和发展具有地方特色的文化方面都取得了一些成功的经验。如果你是某市负责地方文化保护工作的人员,请认真阅读"给定材料3",概括从中可以获得哪些启示。(10分)

要求:全面、准确、简明。不超过150字。

(三)有关部门拟在全球最高的妈祖圣像落成周年纪念日举办妈祖文化旅游节活动,需要一批志愿者向游客讲解妈祖文化。请你根据"给定材料4",为志愿者写一份示范性的讲解稿。(20分)

要求:

(1)内容具体,切合主题;(2)准确全面,逻辑清楚;

(3)表述生动,对象明确;(4)总字数400~500字。

(四)假如你是平阳县的大学生村官,请根据"给定材料5",为政府网站写一篇短文,向社会介绍鹤溪缸窑,以期促进缸窑的恢复与发展。(20分)

要求:

(1)内容具体,符合实际;(2)通俗易懂,表达简明;(3)不超过400字。

(五)"给定材料6"中的题字"岁月失语,惟石能言"能触发人们许多思考和感情,请参考"给定材料",以"岁月失语,惟石能言"为题,写一篇文章。(35分)

要求:

(1)自选角度,立意明确,有思想性;(2)联系实际,不拘泥于"给定材料";

(3)内容充实,语言畅达;   (4)800~1000字。

附录一　中国古代文学史概述

一、先秦文学

中国文学的源头可以上溯到距今很久的上古,据考古发掘所得,可以判断四五千年前的大汶口文化已出现文学的萌芽。虽然还没有成熟的文字,但民众中间口头流传着原始神话和传说以及简短的以声为主的礼拜神灵的歌谣。《三五历记》所载盘古开天地神话,《淮南子》《风俗通义》所载女娲补天、造人神话,《山海经》所载黄帝战蚩尤神话,以及神农尝药、夸父逐日、精卫填海、羿射九日、姮娥奔月、鲧窃息壤、大禹化熊、刑天舞干戚、共工怒触不周山等,都是年代很早的著名的神话传说故事。公元前14世纪,商朝的君主盘庚率领族人迁往殷地,今传《尚书》中的《盘庚》等三篇大约就撰写于此一时期。近百年发现的商代的甲骨卜辞和商周时期的铜器铭文,已经有记事文字,则是古代文章的实物证明。《尚书》所收文章并非同期,但它是最早的文章总集无可置疑,其篇章结构和表现技法已相当成熟,堪称中国古典散文之祖。而甲骨卜辞、铜器铭文中某些简短的韵语,则与《周易》中的不少有韵的卦爻辞一起,可视为诗的萌芽。《礼记·郊特性》所记的《伊耆氏蜡辞》"土反其宅,水归其壑。昆虫毋作,草木归其泽",《吴越春秋》所记的《弹歌》"断竹、续竹。飞土,逐宍(肉)",也都是中国古典诗歌最早的作品。

西周初(公元前11世纪)至春秋中叶(公元前6世纪)约五百年间的古代诗作,经过一些人的长期收集整理(旧说是孔子删诗),编成中国第一部诗歌总集——《诗经》。《诗经》原只称《诗》,汉代被列为经,遂有《诗经》之名。《诗经》共有三百零五篇诗,另有《南陔》等六篇只存篇名而无辞,称"笙诗"。前人有"六诗"或"六义"的说法,即风、雅、颂、赋、比、兴。风、雅、颂,是诗的不同体制,《诗经》中的诗,当初都是配乐的歌辞,风(《周南》《召南》等十五国风,一百六十篇)、雅(《大雅》《小雅》,一百零五篇)、颂(《周颂》《鲁颂》《商颂》,四十篇)的命名,也与音乐有关。赋、比、兴则是诗的不同表现手法。《诗经》的体式主要是四言体,作为传统诗歌的一大源头,影响极大。

战国后期,以屈原为代表的一批体现出南方楚文化特色的诗人,在吸收民间楚声文学的基础上,发展出一种新体诗——楚辞,因楚辞最具代表性的作品是《离骚》,故也称"骚体"。楚辞体诗歌的主要句式是六言、七言,多用语气词"兮"(有些是用带有楚地特色的"些""只",故楚辞也被一些文人称作"楚些"),长短不一,参差多变。其瑰奇超卓的想象、激扬掩抑的情致、精妙妍美的文句,体现了形式与内容的高度统一,是中国浪漫文学的早期典范,传统诗歌的另一大源头。先秦楚辞的主要作品,有屈原宏大的抒情长诗《离骚》、优美的祀神组诗《九歌》、沉郁的述怀组诗《九章》、奇奥的叩问自然与人事的长诗《天问》,宋玉开悲秋传统的抒情长诗《九辩》。其他知名的楚辞作者还有唐勒、景差,但作品无传。

春秋战国是一个列国争雄、百家争鸣的历史时代,各种社会文化思想和学说风起云涌,各家学派的代表人物习称诸子,有著述流传的,主要是儒家的孔丘(其言行多载于《论语》)、孟轲、荀况,道家的老聃、庄周,墨家的墨翟,法家的商鞅、韩非,兵家的孙武、孙膑,名家的公孙龙,杂家的吕不韦(编写《吕氏春秋》)等。这一时期产生的一批子书,文学史上称诸子散文。诸子散文大致可以分为三个阶段,第一阶段,以《老子》《论语》为代表,基本上是短章体、语录体,分篇则取各篇的首字或三字为篇名,不具有真正的标题意义;第二阶段,以《墨子》《孟子》《庄子》为代表,基本上是长对话体或若干同一内容而互不连贯的小段缀合成篇的文章;第三阶段,以《荀子》《韩非子》为表,是逻辑严密、主题明确、句法整饬的单篇论文集。诸子散文中,《老子》精深玄奥,《论语》雍雅淳和,《墨子》质朴严肃,《孟子》磅礴犀利,《庄子》汪洋恣肆,《荀子》浑厚典重,《韩非子》峻刻森峭,各具面貌。今人一般认为文学性最强的数《孟子》《庄子》《荀子》《韩非子》。与诸子散文双峰并峙的,则是记言记事的历史散文,主要代表便是《左传》、《国语》和《战国策》。今人一般认为系当时各国史官采摭各种史料编纂而成。其中一些可以单独抽出,作为文学作品欣赏,其情节之曲折变化,人物之生动丰满,语言之贴切精妙,都显现出很高的审美价值。其中《战国策》虽多记纵横家之言行,夸饰的成分为多,但人物形象更为个性化,叙事更为圆熟,文学价值又较《左传》、《国语》为高。

秦王朝实行专制统治,焚书坑儒,摧残文化,文学上可以说是一片荒芜,只留下少量歌功颂德的刻石文字,语句呆板,不具有文学性。说起来也只有秦一统天下之前,李斯所撰的那篇《谏逐客书》,不愧为散文史上的佳作。

二、汉魏晋南北朝文学

汉王朝是继秦而起的大一统帝国,汉代最具代表性的文学样式是辞赋与乐府诗。一代文学的标志——汉大赋虽有名义上的告诫意义,但"劝百讽一",主要内容是宣扬王朝的疆域辽阔,宫室壮伟,文化昌明,物产丰饶,具有铺张扬厉之美。最早以"赋"为名之文乃《荀子·赋篇》,战国末期又有楚人宋玉的《风赋》。汉代定型的辞赋体,其所谓"辞",自然与楚辞有关,辞赋作为一种文体,融入了楚辞的某些形式要素。西汉初贾谊的《鵩鸟赋》、淮南小山(《文选》题刘安)的《招隐士(辞)》,后世称为骚体赋,尚未脱楚辞格局。枚乘的《七发》始确定汉代大赋的基本形制与方向。汉武帝时赋家群起,名作争出,流传广泛,据载武帝读了司马相如的《大人赋》,"飘飘然有凌云之气",足见当时辞赋影响之大。武帝时司马相如的《子虚赋》、《上林赋》与成帝时扬雄的《甘泉赋》、《羽猎赋》、《长杨赋》,铺陈帝王郊祀、畋猎之盛,语句华美,辞藻繁缛,气势宏大。时至东汉,班固的《东都赋》、《西都赋》,张衡的《东京赋》、《西京赋》又以描写京都林林总总事物的煌煌钜制,享有至高的声誉。此期随着社会形势的变化,赋的功能与体制也开始有了一些新的面貌,张衡的《归田赋》、赵壹的《刺世疾邪赋》、王粲的《登楼赋》,篇幅短小,不论是抒情还是刺时,都突破了大赋的旧格,是此后魏晋抒情小赋的滥觞,对唐宋散体的文赋也有着一定的影响。

两汉文学中的乐府诗,也很令人瞩目。乐府本是国家音乐管理机构,负有采编民歌民谣,配乐演唱的职能。后人将汉代乐府机构配乐演唱的歌辞称为汉乐府诗。汉乐府民歌和《诗经》是血脉相通的,《诗经》"饥者歌其食,劳者歌其事"的现实主义精神,在汉乐府则表现为"感于哀乐,缘事而发",广泛地展现了当时的社会生活状态,反映了普通民众的悲欢离合,产生了《战城南》、《十五从军征》、《孔雀东南飞》、《上邪》、《有所思》、《东门行》、《妇病行》、《孤儿行》等一批佳作。汉乐府精于叙事,其熟练的铺陈与辞赋的发达有一定关系,体现出古典叙事诗已趋于成熟。

西汉时期,文人诗无甚成就,旧题苏武、李陵的五言诗早已证明是后人的伪作。东汉时期,张衡的《四愁诗》是七言诗演进过程中的佳构。文人五言诗的创作则在乐府民歌的影响下起步,班固的《咏史》诗是现存最早的文人五言诗,但质木无文,不耐讽咏。东汉末年无名下层文人所写的抒发动乱时代惆怅情思的《古诗十九首》,是文人五言诗成熟的里程碑。《古诗十九首》的主要艺术特色是长于抒情,与汉乐府中长于叙事的五言诗有所不同,但一些作品的风格也与五言乐府诗差别不大,清新淳厚中显出精工流美的艺术特色,评论家誉之为"五言之冠冕"。东汉末建安时期,曹操与其子曹丕、曹植,以及孔融、陈琳、王粲、徐幹、阮瑀、应玚、刘桢"建安七子"形成邺下文人集团,书写了建安文学"慷慨任气"的辉煌篇章。曹操的诗,人谓"如幽燕老将,气韵沉雄",《蒿里行》、《苦寒行》等都有强烈的现实性。曹丕的两首《燕歌行》是诗史上七言诗成熟的标杆。曹植的文学成就雄视一代,他的诗,论者以为"骨气奇高,词采华茂",前期创作昂扬奋发,名作有《白马篇》等。七子之诗,以王粲成就为高,代表作是《七哀诗》,其他如陈琳的《饮马长城窟行》、刘桢的《赠从弟》、徐幹的《室思》等也是名篇。此外,著名女诗人蔡琰的《悲愤诗》是古代女性文学的最重要的作品之一。

两汉散文创作的成就很高。西汉初期贾谊和晁错的政论散文,语健气道,见解深刻。司马迁的纪传体通史《史记》既是伟大的历史著作,其中的纪传,人物性格跃然纸上,又是优秀的史传文学,当得起"无韵之离骚"的美称。子书有淮南王刘安及其门客所撰的《淮南子》,保存了许多古代神话的资料,此外桓宽的《盐铁论》,刘向的《新序》、《说苑》,也是名作。西汉后期至东汉的散文开始向骈偶化发展,但关心现实、指陈时弊的内容并未减少。东汉的一批子书,如王充的《论衡》、王符的《潜夫论》、荀悦的《申鉴》等,都有很强的批判色彩,但文采比之汉初的政论文稍逊。历史散文方面,班固的断代史著作《汉书》典重雅赡,可以媲美《史记》,唯拘于名教,写人记史较司马迁保守得多,文笔上的变化也有所不如。

魏晋南北朝时期,玄学、佛学、博物之学都有发展,儒学则呈迟滞之势,文学不再是经学的附庸,开始进入审美的自觉时代。诗歌、散文、辞赋、骈文、小说等文学样式,都取得了显著的成就。

诗歌方面,三国魏前期,曹植在魏文帝曹丕即位后,因受疑忌压制,诗风变为悲凉哀怨,《赠白马王彪》是他后期诗歌的代表作。魏末正始时期,司马氏专权,对异己者严加打击,独善其身的文士处境艰难,诗歌创作呈现出新的风貌。阮籍的诗多以象征性手法婉曲地表现对现实的忧虑,《咏怀八十二》首名标诗史。嵇康的诗多为四言,但不模仿《诗经》,风格清隽峻切。西晋太康时期,诗坛呈现出繁荣的气象,诗人有"三张二陆两潘一左"之目,三张谓张华、张载、张协,二陆谓陆机、陆云,两潘谓潘岳、潘尼,一左谓左思。诸人中,陆机、潘岳的作品追求缛丽华美,渐开刻意雕琢的风气。左思的诗,孤格高标,被称为"左思风力",《咏史八首》开辟了借咏古以述怀的新途,深为后世所重。西晋、东晋之交的诗人,以郭璞、刘琨为翘楚,郭的《游仙诗》有托而言,意不在列仙之趣,而与阮籍《咏怀》相通;刘英雄失路,其诗"随笔倾吐,哀音无次",甚具清拔之气。东晋时期,玄学盛极一时,孙绰等所作玄言诗史称"理过其辞,淡乎寡味",但也为此后"老庄告退,山水方滋"起了桥梁作用。东晋末陶渊明挺秀诗坛,"豪华落尽见真淳",以《归园田居》、《饮酒》为代表的田园诗冲淡静穆,在后世有深远的影响,而《咏荆轲》等又显示出"金刚怒目"的入世一面。

南朝宋时期,鲍照、谢灵运、颜延年是最著名的三位诗人,有"元嘉三家"之称。鲍照除工五言诗外,尤擅用七言古体诗来表现愤世嫉俗的主题,他的《拟行路难十八首》为七言诗的发展作出了不可磨灭的贡献。谢灵运在前人的基础上将山水诗推向成熟,刻琢研炼而出以新俊,由此成为山水诗的宗师。颜延年的诗典雅而多雕饰,较为拘束,成就逊于鲍、谢。另外江淹的诗也多作于刘宋时期,他拟陶渊明等人的一批诗作颇为出色。齐梁时期,出现了"永明体"新诗,代表人物为谢朓、沈约等。谢朓的山水诗风格清隽,"圆美流转如弹丸",下启唐人,是齐梁时期最重要的诗人。沈约借鉴音韵学的发现,在诗歌创作中提出"四声八病"之说,为近体诗的产生开辟了道路,本人的创作"边幅尚阔,词气尚厚"。此期其他值得一提的诗人还有王融、范云、丘迟、何逊、吴均等。梁代中后期到陈代,诗坛基本为梁简文帝萧纲、梁元帝萧绎和徐摛、徐陵父子,庾肩吾、庾信父子,以及张正见、江总为代表的"宫体诗"所占据,内容以宫廷娱乐为主,风格绮丽轻靡,格调较低,但在表现技法上有其成绩。

北朝文人诗,除了由南入北的庾信、王褒,无甚可观。庾信早年在南朝与徐陵作宫体诗,世称"徐庾体",后出使西魏被扣,在北朝所写的《拟咏怀二十七首》等,慷慨悲凉,不愧"凌云健笔"之称,谓之为南北朝集大成的诗人毫不为过。王褒诗笔力颇遒劲,若干篇什较可观,但成就不如庾信。

南北朝乐府民歌也足以与文人诗共相辉映。南朝的吴歌、西曲柔媚谐婉,北朝少数民族乐府如《木兰辞》则多刚劲爽健之音,风格虽异,而言为心声,情真意切,却自无不同。

文章(含辞赋)方面,三国时期,魏文帝曹丕的《与吴质书》、曹丕的《洛神赋》、诸葛亮的《出师表》、嵇康的《与山居源绝交书》、阮籍的《大人先生传》、刘伶的《酒德颂》、向秀的《思旧赋》,都是传世佳作。两晋时期，文章的尚绮丽、尚排偶、尚典故风气开始萌生，李密的《陈情表》，陆机的《文赋》，潘岳的《闲居赋》，王羲之的《兰亭集序》，陶渊明的《桃花源记》《归去来兮辞》最值得一读。南朝时期，骈文成为主流文体，名家有鲍照、江淹等人，名作有鲍照的《芜城赋》《登大雷岸与妹书》，孔稚珪的《北山移文》，江淹的《恨赋》《别赋》，刘峻的《广绝交论》，丘迟的《与陈伯之书》，陶弘景的《答谢中书书》，吴均的《与宋元思书》等。

北朝文章，以滞留北方的原南朝作家庾信为大家，其《哀江南赋》一向脍炙人口。散文方面不乏名作，如北魏郦道元的《水经注》、杨衒之的《洛阳伽蓝记》、北齐颜之推的《颜氏家训》。

魏晋南北朝时期的小说，主要分志人小说与志怪小说两大类。宋临川王刘义庆隽永修洁的《世说新语》为志人小说的龙头，晋干宝俶奇玄幻的《搜神记》是志怪小说的翘楚。今传（含辑佚）志人小说的其他作品有葛洪（传）《西京杂记》、裴启《语林》、郭澄之《郭子》、殷芸《殷芸小说》等，志怪小说的其他作品有张华《博物志》、葛洪《西京杂记》、陶渊明《搜神后记》、王嘉《拾遗记》、刘敬叔《异苑》、吴均《续齐谐记》等。

魏晋南北朝时期的文学理论与批评，充分体现出文学的自觉。除单篇论文——曹丕的《典论·论文》、陆机的《文赋》外，更出现了梁代刘勰《文心雕龙》、钟嵘《诗品》那样的专著。《文心雕龙》尤其体大思精，在中国文学理论与批评史上具有非常重大的意义。

三、隋唐五代文学

隋代是个短命王朝，诗歌方面出现过薛道衡、卢思道等几位比较重要的诗人，薛的《豫章行》、卢的《从军行》，在体制上已与初唐七言歌行十分相似。文章方面，隋代没有特出的作家。

唐代是古典文学的黄金时期，作家之繁多，作品之丰富，成就之卓著，都是空前的。诗歌创作尤盛极一时，堪称中国诗史上的高峰期。

诗歌方面，初唐时期，"四杰"王勃、杨炯、卢照邻、骆宾王开始鸣出唐风的"始音"，技术上虽未绝六朝之"采丽竞繁"，题材上已由宫廷到市井，由台阁到山川。稍后陈子昂标举汉魏风骨，力扫齐梁浮靡之风，虽因有所偏废而文采不足，但已通过复古焕发了唐诗的生机。同时的沈佺期、宋之问和杜审言等，在近体诗形式的完善上做了积极的探索，从另一方面为唐诗的全面发展奠定了基础。盛唐时期，诗坛出现了今人所说的"双子星座"和两个重要诗歌流派。李白生长胡地，又入中朝，除了受儒道思想的熏染外，还受了域外文化的影响，所以他的诗飘逸豪宕，不可端倪，体现出"诗仙"的浪漫精神。杜甫则独具悲天悯人之怀抱，以其沉郁顿挫之笔书写了唐王朝由盛转衰的一代悲歌，被后人誉为"诗史"。因其诗艺臻于炉火纯青之境，故人以"诗圣"称之。以王维、孟浩然、储光羲、常建等为代表的山水田园诗派，上承陶渊明、谢灵运而自运机杼，成就不凡。王维虽也写过边塞诗之类作品，但代表作则是一些融禅意于景象，幽夐清妍的五言古近体诗。孟浩然诗澹远平和，有隐逸之雅趣。以高适、岑参、王昌龄、李颀等人为代表的边塞诗派，或写沙场军容之壮盛，或言军旅生活之艰辛，或抒守边将士乡情之重，或状塞上山川风光之奇，都有时代特色。高适的诗题材较广，但以边塞诗最为出色，前人评为"悲壮而厚"。岑参的边塞诗多为七言歌行，常以歌颂将士报国、展现边塞风光为主题，风格奇峭。王昌龄是唐代最优秀的七绝作手，除边塞诗外，亦善于刻画闺情。

盛唐与中唐间的大历时期，诗坛比较沉寂，唯韦应物的山水田园诗上继王维、孟浩然，以"高雅闲淡"享名。刘长卿则以其清润秀洁的五言律诗的成就被誉为"五言长城"。"大历十才子"名噪一时，但格局不大，成就有限。其中钱起的诗以"清赡"见称，卢纶、李益的边塞诗时有隽语。元和前后，中唐诗呈现出繁荣之势，以白居易、元稹为领袖的尚俗的一派，史称"元白诗派"。元、白的作品平易流畅，反映现实的新乐府体现了"文章合为时而著，歌诗合为事而作"的宗旨。白居易的《长恨歌》、元稹的《连昌宫词》还是长篇叙事诗的杰作，世称"长庆体歌行"。可划入该派的诗人张籍、王建也善于创作针对社会问题的新题乐府，世称"张王乐府"。以韩愈、孟郊为领袖的尚奇的一派，史称"韩孟诗派"。韩愈的诗雄奇恣肆，有散文化的倾向，注重"横空盘硬语，妥帖力排奡"，避陈俗求生新，开后世宋诗的风气。孟郊与这一派的另一位诗人贾岛的诗则被人概括为"郊寒岛瘦"。该派的其他诗人有李贺、卢仝等，李贺以其浓丽幽眇的诗风自树一帜，影响到晚唐的李商隐、温庭筠，卢仝的《月蚀诗》是诗史上罕见的怪诞风格作品。在这两派外的重要诗人有柳宗元、刘禹锡，柳诗主要部分远规陶渊明、谢灵运，简古淡泊；刘诗被时人称为"诗豪"，风格刚健，一些学习民歌的绝句则别有风味。

晚唐时期，唐王朝日益没落，诗歌中感伤的气息与雕饰的风习不断滋长。此期最有成就的诗人是杜牧、李商隐和温庭筠。杜牧诗风俊爽，尤精七绝，可与盛唐"七绝圣手"王昌龄媲美，咏史怀古亦有佳作。李商隐诗风深婉，尤以沉博绝丽的七律擅胜场，是杜甫之后这一体裁的大师，唯用典密、命意晦，令人时难索解。温庭筠诗风绮丽，怀古的七律则沉郁苍凉，气格异于他作。唐末至五代，可以一提的诗人有皮日休、陆龟蒙、郑谷、罗隐、韦庄等。

唐代的散文（以及骈文）成就十分可观。"初唐四杰"的文章仍以骈文为主，王勃的《滕王阁序》展现了其卓越的才华。此后陈子昂乃至盛唐时的萧颖士、李华、元结、独孤及、梁肃等人，鉴于六朝骈文的靡弱空虚，努力创作内容切实、文字简古的散文，但取舍过当，成就有限。盛唐时的骈文，则以张说、苏颋最负盛名，被称为"燕许大手笔"。中唐时期，由于出现了两位大文豪韩愈、柳宗元，古文开始在"文以载道"、"文以明道"的旗帜下复兴。韩愈、柳宗元犹如双峰并峙，一起发起了古文运动，是唐代最优秀的散文家。韩愈的文章富于气势，雄奇浑浩，务去陈言，造诣极高。柳宗元的文章精警峭拔，隽永有味，善于立论，山水游记更为后世开出法门。当时著名的散文家还有韩愈的弟子李翱、皇甫湜等人。诗人白居易、刘禹锡的文章也颇有可观。骈文则陆贽《奉天改元大赦制》等颇堪一读。晚唐古文孙樵、杜牧差堪继武韩、柳，骈文以李商隐为一时之杰。而罗隐、皮日休、陆龟蒙等的一批短小精悍的文字，颇具针砭现实的锋芒，是后世小品文的滥觞。

唐代小说以"传奇"名世，传奇也是文人应举用作行卷的文体，故而特别发达。早期名作有张鷟《游仙窟》、张说《虬髯客传》。唐代宗至唐文宗时，是唐传奇的盛期，代表性作品神怪类有沈既济《枕中记》、李公佐《南柯太守传》，爱情类有许尧佐《柳氏传》、白行简《李娃传》、蒋防《霍小玉传》、元稹《莺莺传》，神怪兼爱情类有陈玄祐《离魂记》、李朝威《柳毅传》，历史类有陈鸿《长恨歌传》，侠义类有李公佐《谢小娥传》。唐传奇发展的后期，专集开始大量涌现，如牛僧孺《玄怪录》、李复言《续玄怪录》、薛用弱《集异记》、张读《宣室志》、袁郊《甘泽谣》、裴铏《传奇》、康骈《剧谈录》、皇甫枚《三水小牍》等。

唐代随燕乐的兴起产生了配乐演唱的新诗体——词，在唐五代只称"曲"、"曲子"、"曲子词"，词是后来才有的名词。词如同乐府诗一样，起源于民间，敦煌曲子词保存了一批早期民间词。文人创作，初唐沈佺期的《回波乐》是最早的记载。传为盛唐时李白所作的《菩萨蛮》、《忆秦娥》，前人曾称为"百代词曲之祖"。张志和的《渔歌子》也传诵一时。中唐以降，文人填词略成风气，戴叔伦、韦应物、王建有《调笑令》，刘禹锡、白居易有《忆江南》。晚唐温庭筠、韦庄是词史上早期的大师，温词绮丽如"画屏金鹧鸪"，韦词清秀如"弦上黄莺语"。五代时，西蜀和南唐成为词的创作中心，中国第一部文人词总集《花间集》在西蜀编成。此期词人多剪红刻翠，唯李珣、欧阳炯、孙光宪之作较有个性。南唐的冯延巳词清新婉约，在北宋有较大影响；后主李煜早期词与花间派区别很小，亡国后之作以则感慨遥深，具有很强的兴发感动力。

四、宋金元文学

当代学者认为，中国历史发展到宋代，发生了文化转型。文学在宋代十分发达，不下于唐代。按昔人一代有一代文学之胜的观点，词应是宋代的标志性体裁，人们说到古典诗词，一向唐诗宋词并举。北宋初期，人们仍持词为艳科，供歌筵酒席娱情遣兴的观念，《花间集》《尊前集》和冯延巳、李煜的影响颇大。晏殊的词雍容闲雅，与其身份之尊贵相称。张先的词清丽幽冷，善用"影"字刻画景物。欧阳修词一部分上承冯延巳，一部分恬美清新，已脱花间蹊径。范仲淹词作不多，但写边塞情景的词慷慨苍凉，为豪放派词之滥觞。柳永开始大量创作长调慢词，所作善于铺叙，语句通俗，流传甚广，人谓"有井水处即能歌柳词"，是词史上的一次革新。晏殊的庶子晏几道，身世大异其父，其词较多凄迷惝恍的情调。苏轼的词将诗的功能与技法移入词中，"无意不可入，无事不可言"，堪称宋词的又一次革新，他的若干首风格豪放的词，宣告了豪放词派的正式诞生。秦观的词以深婉著称，小令长调并工，人推婉约派的正宗。贺铸的词除婉约风格外，一些雄健优爽之作也引人注目。黄庭坚的词笔致洒脱，曾与秦观并称"秦七黄九"，但成就逊于秦。北宋末年，周邦彦以其精于音律、绵密工稳的词作集婉约派之大成，其词内容不外羁旅行役、男女风情，但艺术上已入化境，对此后南宋格律派词人有很大影响。北宋、南宋之交，女词人李清照的词代表了中国古代女性文学的最高成就，其词善于以寻常语句表现优雅的情韵，善于运用白描手法刻画景象人物，南渡后作品，因遭逢身世家国的不幸，所作更趋浑成。抗金英雄岳飞的《满江红》壮怀激烈，《小重山》则报国情志又出以低回要眇，虽非专门名家，自有不可磨灭的价值。

　　南宋初期的词，蒿目时艰，系心恢复，抒发报国情怀，指斥苟且偷安，成为一大主题。南渡之初，已成名的词人朱敦儒，其《采桑子》《相见欢》也不再像从前那样唱"摇首出红尘"、"天教分付与疏狂"，而是痛呼"回首中原泪满巾"、"试倩悲风吹泪过扬州"。张元幹送李纲、胡铨的两首《贺新郎》极具郁勃之气，张孝祥建康留守席上写的《六洲歌头》深怀悲壮之情，他们是苏轼、辛弃疾之间承先启后的重要过渡。陆游的词除了《钗头凤》一类外，也多《汉宫春》《夜游宫》之类慷慨豪迈，洋溢着爱国激情的作品。辛弃疾率义军由北入南，未见大用，抗金报国的壮志难酬，乃将一腔郁愤发于词中，"大声鞺鞳，小声铿鍧"，将豪放派词发展到巅峰。他也有婉约和清淡的作品，题材面较苏轼更为开阔，不愧是一代大家。同时的陈亮、刘过等，主导词风与辛弃疾相近，豪气干云，然或流于叫嚣，成就较辛弃疾逊色。南宋晚期至宋亡前后，豪放词势衰，但刘克庄、陈人杰、刘辰翁、文天祥等人之作，足为豪放派生色。格律派词在南宋有很大发展，与北宋相较，长调慢词明显增多。姜夔词清空骚雅，审音精严，与同为格律派宗师的周邦彦的绵密词风大异，为后世浙派词所宗奉。史达祖词妥帖清圆，工于体物，细致入微。吴文英词论者谓如"七宝楼台"，绵密近周邦彦，浓丽幽奇则为其特色。张炎、周密、蒋捷、王沂孙等身处宋元易代之际，为宋词唱出了"亡国之音哀以思"的尾声。张炎词雅丽清畅，人多以为可堪继武姜夔。周密词韶秀绵渺，论者以为可与吴文英并称"二窗"（周号草窗，吴号梦窗）。蒋词洗炼缜密，有人以"长短句之长城"称之。王沂孙词缜密近周邦彦，峭拔近姜夔，最擅在咏物中寄托家国沧桑的深深哀思。

　　宋诗的成就前人或有非难，其实比之唐诗不遑多让。宋初王禹偁诗学白居易，走流畅平易的一路。惠崇等九僧学贾岛的苦吟。杨亿、刘筠、钱惟演学李商隐，在对偶辞藻上用力，号"西崑体"，其末流伤于华而无实。梅尧臣、苏舜钦继起诗坛，力图清除西崑体的流弊，梅诗风格朴素淡远，宋诗议论化、散文化的趋势已在其创作中现出端倪，后人称其为宋派诗的"开山祖师"；苏诗豪俊超迈，但韵味不足，是其所短。欧阳修与梅尧臣、苏舜钦交好，又颇奖掖苏轼等后学，作为北宋诗坛文苑的领袖人物，影响很大。他的诗学韩愈，但不取生硬语，而出以自然流畅，某些诗作近杜甫的沉郁或李白的豪宕。王安石早年的诗峭拔劲健，晚年之作则精妙浑成，即使政敌都服其为诗坛大家。苏轼、黄庭坚是北宋乃至整个宋代影响最大的诗人。苏轼诗富于想象，长于比喻，善于体物，能做到"出新意于法度之中，寄妙理于豪放之外"，呈现出多样化的风格。黄庭坚是宋代声势最盛的诗派江西诗派的开创者，诗宗杜甫，重视句法烹炼，善于夺胎换骨，呈现出瘦硬生新的面貌，宋诗的特色最为鲜明。陈师道是江西派中仅次于黄庭坚的诗人，才力不及黄，而务去陈言，枯瘦生涩,则亦相去不远。张耒与黄庭坚、秦观一起名列苏门四学士,其诗流利晓畅,而略欠剪裁。

南宋初期,陈与义诗工于锤炼,善于白描,学杜有得,虽与黄庭坚、陈师道一起被后人推为江西派"三宗",其实与黄、陈异趣。陆游、杨万里、范成大、尤袤号称"中兴四大家",起初都出于江西诗派,后来则分别自成家数。陆游是宋代最伟大的爱国诗人,存诗近万首,数量为宋人第一,后世也罕有其匹。他的诗各体皆工,雄健豪迈与清旷淡远各得其宜,律体对偶尤为精切。杨万里的诗灵动活泼,诙谐幽默,人称"诚斋体"。范成大的诗以田园之作最负盛名,总体风格表现为圆润温婉。尤袤的诗集已佚,作品存者寥寥,可以不论。南宋后期出现了"永嘉四灵"(徐玑,号灵渊;徐照,字灵晖;翁卷,字灵舒;赵师秀,号灵秀)和江湖诗派,但宋诗的颓势已难挽回。"四灵"学晚唐,工于律诗,寒简刻削,境界不高。刘克庄、戴复古是江湖派的重要诗人,他们的诗作相对而言较少江湖派的肤廓庸滥习气。宋元之际,文天祥、汪元量、谢翱、林景熙等人的哀痛国亡的爱国诗篇,真气浑灏,大义崇高,是宋代诗坛的最后一抹亮色。

散文方面,宋初古文尚未挽回唐末五代之衰势,堂庑不大。柳开、穆修、石介、尹洙等人呼吁振兴韩柳古文传统,去浮靡去艰涩,但成就有限。王禹偁的《黄州新建小竹楼记》、范仲淹的《岳阳楼记》文采与思理并胜,颇为可观。宋仁宗庆历时,欧阳修以其卓越的创作实践,引导文士蔑弃浮华的文风,为宋代散文开出新天地。欧阳修的散文纡徐委备,条达疏畅,并且能吸收骈文的长处,颇能深入人心。在欧阳修的奖掖、赏识之下,王安石、曾巩、苏洵、苏轼、苏辙一时各振雄风,并起文坛,后世遂将欧、王、曾和三苏与唐代的韩、柳并称"唐宋八大家"。王安石的散文以政论最为出色,刻峭峻切,入木三分。曾巩的散文工于敛气蓄势,重条理而不重文采。苏洵是苏轼、苏辙兄弟的父亲,所为文纵横博辩,喜为议论。苏轼的散文如行云流水,随物赋形,挥洒自如,"常行于所当行,止于所不可不止",代表了宋代散文的最高成就。苏辙的散文颇为厚实,虽较其兄略逊,亦卓尔不凡。以周敦颐、张载、程颢、程颐为代表的理学家,文章重载道明理,尚质直简古,并上接《论语》,开出语录体一脉。南宋时期,散文没有出现与北宋相当的大家,但胡铨、陆游、陈亮、叶适直至宋末的文天祥、谢翱、郑思肖、谢枋得,所为文都充满健气,各有可观。朱熹、陆九渊、吕祖谦、张栻等理学家的文章,说理的倾向俱同,但观点各有殊异,某些时候也能写出文学性较强的作品。

宋代的骈文,起于由南唐入宋的徐铉。古文大家欧阳修、王安石、曾巩、二苏兄弟的表奏割子之类文字,也用骈文,但已非骈四俪六所能拘。南宋时期,汪藻、孙觌等的骈文多用长句,前无此格,汪的《隆裕太后告天下手书》曾传诵一时。

宋代的传奇小说,承唐人之绪余,仍有创作,名篇有《流红记》、《梅妃传》、《谭意哥传》等,另有传奇集《青琐高议》、《绿窗新话》。洪迈的《夷坚志》则是著名的笔记小说集。

宋代通俗文学有较大发展。在唐代说唱文学基础上形成了话本,堪称后世章回体白话小说的嚆矢。今存《五代史平话》、《宣和遗事》、《大唐三藏取经诗话》数种,名篇另有《碾玉观音》、《错斩崔宁》等。南方永嘉地区产生的南戏,与北方的杂剧共同发育为成熟的古典戏剧。

金代是女真族掌握政权的王朝,建国之初文学欠发达,后在罗致一批宋朝文人的情况下,楚材晋用,文学上开始取得较大发展。诗文皆工的知名作家先后有宇文虚中、蔡松年、党怀英、赵秉文、李俊民等,擅诗的有刘迎、段克己、周昂等,擅文的有王若虚等。而金元之际的元好问,则是金代最有成就的文学家,他的诗兴象深俊,风格遒上,词兼婉约、豪放两派之长,出以浑成,文清朗爽健,亦多可传,另有笔记小说集《续夷坚志》传世。金代的通俗文学以诸宫调较为重要,与后来元代戏曲的繁盛有着不解之缘。董解元的《西厢记诸宫调》,在情节、结构、语言、人物形象塑造诸方面都达到很高的水平,为元代王实甫《西厢记》杂剧的成功打下了坚实的基础。

元代与唐诗、宋词并称的一代之文学,近人公认为是曲作,即杂剧和散曲,尤以杂剧为引人瞩目。由于元代是游牧民族入主中原,科举制度一度中断,下层文人仕进无路,与勾栏瓦舍中的伶人易于交流,戏曲创作因此进入黄金时代。关汉卿出身书会才人,是元杂剧最重要的代表人物,他的一大批剧作当行本色,向来负有盛誉。王实甫的《西厢记》,打破了元杂剧一本四折的定式,以丰富的情节将"愿普天下有情人终成眷属"的主题完美地表现出来,使之成为元杂剧中最有影响的作品。马致远、郑光祖、白朴与关汉卿并称"元曲四大家",他们的杂剧代表作《汉宫秋》、《倩女离魂》、《梧桐雨》,在戏曲史上也有着重要地位。元杂剧的其他重要作家作品还有康进之的《李逵负荆》、纪君祥的《赵氏孤儿》、高文秀的《黑旋风双献功》、尚仲贤的《柳毅传书》、石君宝的《秋胡戏妻》、李直夫的《虎头牌》、宫天挺的《范张鸡黍》等。元末南戏也比较流行,高明的《琵琶记》是此期的一部杰作,此外柯丹秋的《荆钗记》、佚名的《白兔记》(全称《刘知远还乡白兔记》)、施惠的《拜月亭》(一名《幽闺记》)、佚名(一说徐畈)的《杀狗记》并称"荆刘拜杀",是南戏中除《琵琶记》外最有名的作品。南戏的兴盛为明清传奇的繁荣做好了准备。

元代除杂剧中演唱的剧曲外,还有供清唱的散曲,两者在格式上是相同的,人们通常所说的元曲,除特指外,指的就是剧曲加散曲。散曲分小令和套数两种,小令是单支曲子,又叫"叶儿",某些同宫调的单曲也可以两三支合起来写成联章体,称带过曲。套数是若干支同宫调的曲子依次联缀而成,相当于一折剧曲。元代散曲有本色派,所作具有浓厚的市民文学色彩;也有清丽派,所作与宋词的小令风格相近。元散曲的题材以山林隐逸和男女风情为主,也有一些社会意义较强的作品。元代前期的散曲作家,有居官的卢挚、姚燧,有杂剧作家关汉卿、马致远、白朴。关汉卿的[南吕]《一枝花·不伏老》套曲泼辣爽脆;马致远的[越调]《天净沙·秋思》意境浑融,人谓曲中"秋思之祖"。元代后期散曲的代表作家有张可久、乔吉、张养浩、薛昂夫、贯云石、徐再思、汪元亨等。睢景臣的[般涉调]《哨遍·高祖还乡》嘲笑帝王,刘时中的[正宫]《端正好·上高监司》悲悯灾民,都是散曲中不可多得的佳作。

元代诗的成就与唐宋无法相比,但也有一批比较出色的诗人。虞集、杨载、范梈、揭傒斯号称"元诗四大家",虞集评杨载诗如"百战健儿",范梈诗如"唐临晋帖",揭傒斯如"三日新妇",自评如"汉廷老吏",由此多少也可以看出四家的诗风。其他重要诗人,先后有刘因、王恽、赵孟頫、杨维桢、萨都剌等。元代散文的主要作家有姚燧、柳贯、欧阳玄、黄溍、苏天爵等。元代的词,重要作家有许有壬、张翥、萨都剌、邵亨贞等。

五、明清文学

明代工商经济繁荣,雕版印刷发达,小说、戏曲等通俗的市民文学特别兴旺。有明人曾自认在广义的诗歌方面,本朝诗让唐,词让宋,曲让元,而《挂枝儿》之类俗曲则独具特色。与通俗文学相较,传统诗文的发展波澜不惊,有一些出色的作家作品,但缺乏开拓性的特出成就。

小说方面,源于宋元话本的白话长篇章回小说开始在明代出现。开山之作,是由元入明的罗贯中的《三国志通俗演义》(今通称《三国演义》),清初经毛宗岗的修订,更为流行。作品据史籍和传说,并加入艺术虚构结撰而成,结构宏大,情节曲折,主要人物形象鲜明,一向脍炙人口。施耐庵(一说施耐庵与罗贯中合撰)的《忠义水浒传》(今通称《水浒传》)是明初另一部长篇小说巨著,以《宣和遗事》等所记北宋时宋江事迹为蓝本,叙述一百零八将梁山泊聚义的故事,"逼上梁山"的主题具有一定的时代意义,一批草莽英雄的形象跃然纸上,为市民阶层所喜读。后清初金圣叹削去招安后部分,将其腰斩为七十回。

明代中叶以降,长篇章回小说创作进入繁盛期。讲史小说、神魔小说、世情小说、公案小说,各有代表作出现,今存者有五六十部之多。今人定为吴承恩所撰的《西游记》,是古代神魔小说的翘楚,描写唐三藏、孙悟空师徒一行去西天取经过程中降妖除怪的故事,借神魔隐喻人世,歌颂与邪恶的斗争精神,想象丰富,语言诙谐,具有鲜明的浪漫艺术特征。兰陵笑笑生(或谓王世贞,或谓屠隆,另有其他说法,难以确定)写的《金瓶梅词话》(今通称《金瓶梅》),则开始直接取材于现实的社会生活,对欲望、金钱、权势的扭曲与毁灭人性,有深入的刻画,在古典小说中有开创性价值,因书中颇有直接描写性行为的文字,一度被视为宣淫之作。上述《三国演义》、《水浒传》、《西游记》、《金瓶梅》,被称为明代的"四大奇书"。此外,值得一提的长篇小说,讲史类有《北宋志传》、《皇明英烈传》等,神魔类有《封神演义》、《三宝太监西洋记》等,世情类有《醒世姻缘传》等,公案类有《海公案》等。冯梦龙改订的《新列国志》,在清代经蔡元放润色,以《东周列国志》之名为人熟知。

明代白话短篇小说主要是拟话本,也即文人模仿话本而写下的短篇叙事作品,主要反映市民阶层的日常生活,歌颂友谊、爱情、忠诚、仁恕,也有一些讲史、志怪之类的内容。著名的话本、拟话本集,有嘉靖间洪楩编的《清平山堂话本》,天启间冯梦龙编的《喻世明言》(初名《古今小说》)、《警世通言》、《醒世恒言》,崇祯间凌濛初编的《初刻拍案惊奇》、《二刻拍案惊奇》,合称"三言两拍"。其中出色的单篇,有《杜十娘怒沉百宝箱》、《卖油郎独占花魁》等。除此之外,较有名的拟话本集还有《石点头》、《醉醒石》等。

明代的文言小说也有几部比较有价值的集子,如瞿佑的《剪灯新话》等。

明代戏曲文学,以南曲为主,篇幅可以长到三五十出的传奇逐渐取代杂剧,在曲坛占据了主导地位。成化、弘治间,传奇繁盛起来,耿茂良的《精忠记》、王济的《连环记》、沈采的《千金记》是这一时期的著名作品。嘉靖以降,传奇进入大发展时期,李开先的《宝剑记》、传为王世贞作的《鸣凤记》、梁辰鱼的《浣纱记》三部杰作较前人技艺更精,境界更高。万历间,传奇创作迎来了高潮。汤显祖的《牡丹亭》(一名《还魂记》)歌颂"生而能死,死而能生"的至情,是中国戏曲史上最富浪漫精神的爱情剧杰作,与他的另三种写到梦境的传奇《紫钗记》、《邯郸记》、《南柯记》合称"临川四梦"。信奉汤显祖尚才情主张的戏曲家以他为中心形成了一个戏曲流派——临川派。与此同时,以另一位重要戏曲家沈璟为领袖的戏曲流派吴江派,则主音律,与临川派分道而驰。沈璟的代表作有《义侠记》、《红蕖记》等。此期的比较重要的作品还有高濂的《玉簪记》、周朝俊的《红梅记》、孙钟龄的《东郭记》、徐复祚的《红梨记》等。明末的重要作品则有阮大铖的《燕子笺》、孟称舜的《娇红记》、吴炳的《绿牡丹》、袁晋的《西楼记》等。

明代杂剧也有一些较优秀的作品,以康海的《中山狼》和徐渭的《四声猿》(包括《渔阳弄》、《雌木兰》、《女状元》、《翠乡梦》四种)最有特色。

明代散曲,优秀之作不让元人,康海、王九思、王磐、杨慎、陈铎、冯惟敏、薛论道、梁辰鱼都是明散曲的佼佼者。

明诗的主线是复古与尊唐。明初刘基的诗风格雄放,颇有奇气,《二鬼诗》可以上追卢仝《月蚀诗》;高启的诗清逸明爽,能奄有前代名家之长,与同里杨基、张羽、徐贲并称"五中四杰"。此后以杨士奇、杨荣、杨溥三个辅弼大臣为代表的"台阁体"成为诗坛主流。成化至正德间,为改变台阁体诗风虚枵浮泛的状况,茶陵诗派领袖李东阳导之于前,鼓吹学习唐调,"前七子"李梦阳、何景明等继之于后,以复古为革新,由此奠定了明诗的主要发展方向。李、何重视唐诗的兴象玲珑、格调雄浑,在创作上,李学唐有一定的成效,唯模拟之迹太重,何则能注意到拟古须领会精神,不仿形迹。他们虽有廓清旧风之功,但难脱后人优孟衣冠之讥。"前七子"除李、何外,徐祯卿、边贡的诗也有较大的影响。到了嘉靖、隆庆时,以李攀龙、王世贞为领袖的"后七子"又将复古之风推向新的高潮。李诗有高华之表而缺乏个性;王年寿较长,晚年对一味复古昧于新变的弊病有所匡正。"后七子"中,谢榛诗虽也宗唐,而取径稍宽。此期在七子派之外自成家数的诗人有杨慎、高叔嗣、王廷陈等。万历、天启间,以袁宗道、袁宏道、袁中道兄弟为代表的公安派兴起,强调"独抒性灵,不拘格套",以钟惺、谭元春为领袖的竟陵派复以针对假大空的"幽情单绪"、"孤怀孤诣"相号召,七子派复古模拟之风受到一定的打击。但袁宏道等的诗缺乏锤炼,钟、谭的诗格局褊狭,都难成大器。明末陈子龙、夏完淳虽不薄七子，但其反映抗清斗争的诗真气郁盘，骨格坚苍，不愧明诗宏亮的的尾声。

明代的散文，以开国名臣刘基、宋濂发其端，作品内容较为充实，风格上刘文肆，宋文醇。稍后宋的门生方孝孺的文章纵横跌宕，颇有可观。前后七子兴起后，不但声言"诗必盛唐"，还主张"文必秦汉"，唐宋古文都予以蔑弃，所作多佶屈其辞，除王世贞的文章较为清新外，唯"后七子"中的宗臣的《报刘一丈书》传诵较广。在七子派外，一些卓尔不群的作家颇有佳作，如马中锡的刺世寓言《中山狼传》，心学宗师王守仁深怀悲悯的《瘗旅文》。起来提倡学习唐宋古文的，有王慎中、唐顺之、茅坤、归有光，今人称他们为"唐宋派"。其中归有光成就最高，其文善写日常生活，真情出于肺腑，"不事雕饰而自有风味"。直接反对食古不化之风的，是以三袁为代表的公安派，他们的散文以抒情小品、游记、尺牍为佳，笔致灵动。钟惺、谭元春等竟陵派作家则追求幽深孤峭，其文格局之褊狭一如其诗。李贽提倡"童心说"，对公安派有较大影响，他的文章有类现代文学中的杂文，具有锐利的批判锋芒。经过公安派、竟陵派等的努力，晚明小品文形成高潮，明清之际张岱代表了这类文体的最高成就，两部作品集《陶庵梦忆》、《西湖梦寻》清隽修洁，深为近人所重。明末（下及南明）各种社会矛盾十分尖锐，一批爱国文人的散文作品充满时代气息，张溥的《五人墓碑记》歌颂与阉党斗争的市民，夏完淳的《狱中上母书》展示决不丧失民族气节的大义，是其中的杰出代表。

明代的词，成就远不如诗文，但也非一无是处，明初刘基、杨基、高启等，尚存宋元旧风；中期的代表人物杨慎、王世贞，后人曾有"强作解事"之讥；明末陈子龙、夏完淳的词具《风》《骚》之遗则，绵邈芳菲，为清词的中兴导夫先路，最受推崇。

清代是中国最后一个封建王朝，中国文学史上的时段划分，通常以道光二十年（1840）鸦片战争为界，将此后一直到"五四"运动的近八十年划为近代文学阶段。清王朝是少数民族入主的帝国，为巩固统治，对知识分子采取软硬并施的政策，思想控制既严，举博学鸿辞之类笼络手段亦多，文学全面复兴但又无法凌越前代的最高成就。小说、戏曲继明代的辉煌之后又有一批优秀作品，诗、词、散文、骈文作家蜂起，流派林立，造诣都超过了明代。

清代小说，今人多以为是清代文学中最引人瞩目的，主要是由于康熙间蒲松龄的文言小说集《聊斋志异》和乾隆间曹雪芹的长篇小说《红楼梦》、吴敬梓的长篇小说《儒林外传》都体现了中国古代小说艺术的巅峰水平。《聊斋志异》借谈狐说鬼反映社会人生，刺时弊，演爱情，记民俗，清隽洗练，意味深长，向来脍炙人口。《红楼梦》以荣国府、宁国府以及为元妃省亲而建的大观园中的一干人的生活为背景，以贾宝玉、林黛玉的爱情悲剧为主线，展现了个性自由与旧制度的必然冲突和豪门贵族的必然没落。《儒林外史》以片段组合的独特结构，揭示了受科举羁縻和金钱腐蚀的书生的种种病态，是讽刺文学罕见的杰作。其他重要作品，有李汝珍的长篇小说《镜花缘》，其赞美女性才华的主题突破了男尊女卑的旧传统，但叙述中过于炫耀才情，反为不美；有李海观的长篇小说《歧路灯》，叙述败子回头，重振家业的故事，展现了广阔的社会生活图景。此外值得一提的长篇小说才子佳人类有《平山冷燕》、《好逑传》等，英雄历史类有《隋唐演义》、《说岳全传》等。短篇小说令人比较感兴趣的，有纪昀的《阅微草堂笔记》、袁枚的《新齐谐》等文言小说集，和《照世杯》、《五色石》等白话小说集。

清代戏曲文学以传奇为主。清初以李玉为首，包括朱素臣、朱佐朝、叶时章、丘园等在内的一批由明入清的戏曲家自然形成一个创作集团，今人称之为"苏州派"，他们创作了一批有影响的作品。李玉的《清忠谱》以苏州市民与阉党的斗争为题材，具有强烈的现实意义。朱佐朝的《十五贯》（一名《双熊梦》）演绎清官洗雪冤情的故事，也是反映现实的佳作。朱素臣有《渔家乐》，叶时章有《琥珀匙》，丘园有《党人碑》。此期李渔的喜剧，又别具一种俳谐嘲谑的娱乐效果，代表作有

《风筝误》等。而诗人吴伟业的《秣陵春》抒兴亡之感,尤侗的《钧天乐》刺科场弊病,文辞虽佳,却难演于场上。稍后的康熙间,剧坛出现了"南洪北孔",洪昇的《长生殿》以唐玄宗与杨贵妃为主角,歌颂了他们生死不渝的爱情,对他们耽于逸乐酿成国难则深表痛心;孔尚任的《桃花扇》以侯方域与李香君的悲欢离合为主线,描写了一代家国兴亡的悲剧,有强烈的沧桑之感。在所谓乾隆盛世,传奇却趋于衰颓,被人称为"花部"的地方戏曲则日渐兴盛,唯蒋士铨的《临川梦》、《冬青树》和黄图珌、方成培的两种《雷峰塔》传奇等少数作品稍有可观。清杂剧真正能在戏曲史的意义上站住脚的只有杨潮观的《吟风阁杂剧》。

清代的诗、词、散文、骈文,是传统文学的最后一道辉光,诗词的成就尤其不可轻视。清初的诗坛,有成就者主要是两类,一类是明遗民,一类是降清的明臣或出仕清朝的士人。前一类诗人中,顾炎武诗坚苍沉郁,屈大均诗雄放瑰奇,吴嘉纪诗质朴淳厚,曾分别被人称为"地籁"、"天籁";钱澄之的诗冲淡深粹,归庄与顾炎武并称"归奇顾怪",陈恭尹与屈大均和仕清的梁佩兰并称"岭南三大家",都是具有反清思想的一时之杰。后一类诗人中,钱谦益、吴伟业、龚鼎孳都是明降臣,并称"江左三大家",钱诗沉博绝丽,功力深湛,人尊为祭酒,又开虞山诗派;吴的七言歌行如《圆圆曲》等激楚苍凉,哀感顽艳,世号"梅村体";龚诗有才情,成就则颇逊钱、吴。施闰章诗以温厚胜,宋琬诗以雄健胜,并称"南施北宋"。王士禛诗兴象玲珑,力倡"神韵说",成为新一代诗坛领袖;朱彝尊诗学养与才力均富,与王并称"南朱北王"。查慎行诗工于白描,是清代前期宗宋诗人中最有成就者。赵执信诗"思路劖刻",虽为王士禛甥婿,而持论如水火。上述六人,世推为"清初六家"。乾隆初期,厉鹗幽秀清冷,开浙西诗派;钱载生新拗折,开秀水诗派;沈德潜标举"格调说",强调温柔敦厚;郑燮一空依傍,自倾肝胆,胡天游奇情异彩,"洞精骇瞩",在诗坛各自留下了印迹。稍后,"乾隆三大家"又各擅胜场,袁枚张扬"性灵说",直抒性情,不事藻饰;赵翼与袁枚桴鼓相应,诗风松爽轻快;蒋士铨好言名教,诗风生辣老健,又与袁、赵不同。此外黄景仁诗如"舞风病鹤,咽露秋虫",写出所谓盛世中寒士的怅恨,独具情韵。翁方纲创"肌理说",而诗多题咏金石之作,颇乏诗味。其他有代表性的诗人还有洪亮吉、姚鼐、黎简、张问陶、宋湘、舒位、王昙等。

清代的词,论者以为有"中兴"气象。清初词坛,遗民词人王夫之、屈大均、今释澹归奏响清词振兴的序曲。女词人徐灿的词卷怀家国,恻恻感人,可以上追李清照。康熙间朱彝尊推尊姜、张之清空,开浙西词派(简称"浙派"),其词精于淘洗,归于醇雅。陈维崧继承苏、辛之豪放,开"阳羡词派",其词笔力刚劲雄强,人皆莫敌。纳兰性德善作小令,长于白描,上追五代北宋,自成一家,与同时的另两位优秀词人顾贞观、曹贞吉被今人称为"京华三绝"。王士禛词的意境则与其追求神韵的绝句相似。浙派后有厉鹗等推波助澜,声势颇大;阳羡派则嗣响乏人。清中叶以后,浙派词流弊日显,张惠言遂以"意内言外"、"低徊要眇"之说起而纠其偏,周济又推衍完善了比兴寄托的理论,常州词派于是诞生,这一派的重要词人还有董士锡等。浙派词此时已近尾声,郭麐被认为是该派的殿军。而浙派、常州派之外的著名词人,则有周之琦、项廷纪等。

清初的散文,今称"清初三大思想家"的顾炎武、黄宗羲、王夫之是思想深刻的学人之文的典型。号为"清初三大家"的魏禧、侯方域、汪琬是文人之文的典型,魏文气势壮盛,侯文才力富赡,汪文法度谨严。其他有一定成就的作家,还有王猷定、邵长蘅、姜宸英等。康熙至乾隆间,桐城派应运而生,代表人物为方苞、刘大櫆、姚鼐,世称"桐城派三祖"。该派的古文创作重"义法",尚"雅洁",经姚鼐门下四大弟子管同、梅增亮、姚莹、方东树等的推衍,其影响下至民国初。另一个散文流派阳湖派,以恽敬、张惠言、李兆洛为代表,实系桐城派的一个旁支,走的是兼骈、散之长的路子。清代的骈文也呈复兴之势,较有成就的作家康熙间有陈维崧、吴绮,乾隆间有袁枚、邵齐焘、孔广森、吴锡麒、洪亮吉、汪中等,其中汪中的骈文宏丽渊雅,格调最高。

清代的文学理论与批评也有突破性的发展。叶燮的《原诗》论述系统全面,被近人推为清代诗话之冠。王士禛、沈德潜、翁方纲标举神韵说、格调说、肌理说的论述,也颇有研究价值。桐城派的文论,常州派的词论,金圣叹的小说评点理论,李渔《闲情偶寄》中的曲论,也都各有精义。

清道光二十年(1840),第一次鸦片战争爆发,西方列强以坚船利炮叩开了处于封闭状态的古老帝国的大门。一方面西方文化不断输入,另一方面中国士大夫中也相应地产生了社会变革的启蒙思想,近代文学就在这样的背景下产生。

近代诗坛,龚自珍是具有启蒙思想的一代新风开创者,他的诗力破"万马齐喑"的沉闷,佚宕旷邈,有风雷变幻之势。同时的魏源与之并称"龚魏",其诗感慨时世与吟咏山水之作并佳。鸦片战争中,林则徐、张维屏、张际亮、朱琦、贝青乔、鲁一同、姚燮等,也有许多倾述爱国情怀、抒发民族义愤的作品,艺术水准也较高。这一时期,由程恩泽、祁寯藻、曾国藩倡导的宋诗派,也开始产生影响,主要代表有郑珍、何绍基、莫友芝、江湜等。另有王闿运、邓辅纶、高心夔为代表的湖湘派,则以汉魏六朝为取法对象。以张之洞、李慈铭、樊增祥、易顺鼎为代表的唐宋兼采派,则两取唐人的格调、宋人的意趣。戊戌变法失败后,改良派代表人物梁启超喊出"诗界革命"的口号,将声言"我手写我口,古岂能拘牵"的黄遵宪推为"诗界革命"的帜志。除了黄氏之外,世界革命派的阵容中,还可以列入康有为、谭嗣同、丘逢甲、夏曾佑、蒋智由以及稍后的金天羽等人。清朝末年,被称为"同光体"的诗派兴起诗坛,其最重要的特点是"不墨守盛唐",宗宋而溯源于唐杜甫、韩愈、著名诗人有陈三立、范当世、郑孝胥、陈衍、沈曾植、陈宝琛等,创作时代下及民国。清宣统初,一批倾向革命的爱国诗人成立了南社,其领袖人物柳亚子、陈去病、高旭远规唐音,近取龚自珍,诗作多气势充沛,风格刚健。而黄节、诸宗元等,则是诗风宗宋的社员。另黄人的诗奇气纵横,不主故常;苏曼殊的诗清秀温婉,风调可人,也是南社中很有特色的诗人。此一时期,秋瑾是最杰出的革命女诗人,她的诗作慷慨激昂,有女英雄的豪情胜概。

散文方面,龚自珍之文奥博纵横,"独造深峻",志在经世;魏源以渊粹之笔与之桴鼓相应。而曾国藩在所谓"同治中兴"期间,又为趋于衰微的桐城派拓展疆域,开出所谓"湘乡派",曾门四弟子吴汝纶、张裕钊、黎庶昌、薛福成是该派的当然代表。戊戌变法前后,梁启超的论政说理散文"时杂以俚语、韵语及外国语法","笔端常带感情",极大地打破了传统,令人读之有"受电"般的刺激,因早期多刊发于《新民丛报》,故人称"新民体"。邹容、陈天华、章太炎的散文大力宣传革命思想,邹、陈的写作趋于通俗化和采用白话文,章的文章则受其学者身份的影响,以古雅为尚。

词的创作方面,龚自珍词"绵丽飞扬",兼有剑气箫心之胜。蒋春霖抒发身世家国之感的作品苍凉沉郁,被人认为可与纳兰性德、项廷纪分清词三鼎足。谭献、庄棫则扬常州派之余波,工于小令。而有"清末四大家"之称的王鹏运、朱孝臧、郑文焯、况周颐,加上词风豪宕的文廷式以及吸收叔本华思想入词的王国维,则比较圆满地为近代词画上了一个句号。

近代小说,在初、中期占主导地位的是迎合市民欣赏口味的狭邪小说和侠义公案小说,前者主要有陈森的《品花宝鉴》、魏子安的《花月痕》、俞达的《青楼梦》、韩邦庆的《海上花列传》等,后者主要有俞万春的《荡寇志》、文康的《儿女英雄传》以及《三侠五义》、《彭公案》等。经梁启超"小说界革命"的鼓吹倡导,针砭时弊的谴责小说开始流行。李宝嘉的《官场现形记》、吴沃尧的《二十年目睹之怪现状》、曾朴的《孽海花》和刘鹗的《老残游记》,被称为"清末四大谴责小说"。这些作品突出揭露了社会的黑暗、官场的腐朽,宣传了社会改良的思想。在内容和题材上有显著的开拓与发展,有的还吸收了西方叙事文学的技法,是这一时期最有价值的文学作品。辛亥革命后,还出现了"鸳鸯蝴蝶派"小说和"黑幕小说",思想和艺术价值都较低下。除创作外,林纾等人还用古文翻译了不少外国小说,在当时有广泛的影响。

随着20世纪初期清王朝的覆灭和新文学运动的兴起,中国古典文学宣告结束,中国文学进入了现代文学阶段。

附录二 中国古代职官制度概述

"职官"，是古代文武百官的通称。

早在四千多年前的夏代，随着阶级的分化及国家的产生，开始设官分职来治理国家和百姓。在长达数千年的中国古代社会，特别是进入封建社会以后，为维系封建统治，从中央到地方建立了庞大的官僚体系，职官种类繁多，不同朝代又有不同的设置，而不同职官的设置和同一职官的名称，在不同朝代或同一朝代的各个时期也有不同的称谓，它反映了中国古代官僚制度在各个历史时期的特点。这里，我们对我国古代从中央到地方的职官制度作一概要的介绍。

一、宰相制度

宰相是指辅佐君主总揽全国政务的最高行政长官。"宰"有主持，"相"有辅佐之意。"宰相"一词，最早见于《韩非子·显学》："故明主之吏，宰相必起于州部，猛将必发于卒伍。"宰相位居"一人之下，万人之上"，既是君主的最高幕僚，又是百官的首长，类似宰相的职务，历代均有，但官职却有所不同。在中国古代职官制度史上，宰相无定称，无定职，无定员，因时而异，人数也少只一二，多至十余，且宰相并非都是当朝一品，有时四、五品官员也可拜相。战国时期，封建官僚体制已粗具规模，各诸侯国纷纷设相职，官名除称"相"外，有称丞相、相邦、令尹等。战国以降，宰相制度大体经历了三个阶段，即秦汉的三公制，隋唐的三省制和明清的内阁制。

（一）秦汉的三公制

秦始皇统一中国，建立了中央集权的封建帝国，古代行政机构的框架大体形成。秦设左、右丞相，职为"掌丞天子，助理万机"，参与国家诏令的制定与执行。御史大夫为丞相之副，也是御史之长官，掌管机要，监督朝廷内外官员，为全国最高的监察长官。丞相、御史大夫与最高军事长官太尉并称三公，为辅佐皇帝的最高长官。

汉初官制因袭秦制，仍立丞相、太尉、御史大夫为三公，执掌朝政。汉武帝时，政事日渐复杂，而武帝宠任外戚与近臣，相权逐渐被削弱。武帝晚年，更把决事之处由外廷移至内廷，尚书等武帝身边的内朝官因有出入禁中之便，形成所谓的"内朝"，听命于武帝。尚书的权力日益扩大，丞相则逐渐变为听命于内朝的执行官，失去参与最高决策的权力。

尚书在汉初本是宫中掌管奏章、图籍的小官，因在皇帝近侧，颇得宠任。随着决策权由外朝转移至内朝，尚书的事权日重，再以大司马大将军来兼任，因而成为中央的重臣。西汉哀帝元寿二年（前1），改丞相为大司徒，御史大夫为大司空，与大司马合称三公。东汉初，以太尉、司徒、司空为"三公"，但此时的三公已无多少实权。而另一方面，尚书有审驳诏命、参议朝政与选署诛赏之权，加之正式设立尚书台，长官称尚书令，以尚书仆射为副职，尚书成为独立机关，名义上虽仍属少府，且尚书令官品不高，但实权已超过三公，其时"虽置三公，事归台阁，自此以来，三公之职，备员而已"。东汉末，复置丞相、御史大夫。魏文帝时恢复东汉之制，改相国为司徒，御史大夫为司空，与太尉为三公。但魏之三公，列位而已，并无实权。而尚书令本由士人充任，但有时也以宦官充任，称中尚书令或中书令，因而汉代的尚书令与中书令，同质而异名。东汉时，作为皇帝侍从官的中常侍一律由宦官担任，因在皇帝左右，掌传达诏令等事，权力颇大，成为新的内朝，可控制尚书台事，于是尚书与皇帝逐渐疏远，转变为行政机关，这是宰相制度在东汉的又一变迁。

（二）隋唐宋元的三省制

隋唐建立了以三省六部为主体结构的中央官制。三省指尚书省、中书省和门下省。三省的建制和三省的重要职官始于魏晋。曹魏时，尚书台脱离少府，为最高行政机关，尚书令即是宰相，尚书仆射为副相。魏晋时又设中书省，以取旨为职掌，秉承皇帝旨意起草诏书，长官为中书令。

又增设门下省,掌驳议,即审察诏令,同意者签署,不同意者驳回重议,长官为侍中。三省的职责分别为决策、审核和执行。三省的长官均为宰相,共议朝政,较之于秦汉,三省之间的权限和分工已趋明晰。

隋代仍设三省,但避隋文帝杨坚父杨忠的名讳,改中书省为内史省,中书令改称内史令,门下省长官侍中称纳言,尚书省之名仍旧。三省职权大体未改,其长官均为宰相。

唐沿隋制,以三省长官为宰相,但对三省的职权作了调整。因唐太宗李世民即位前曾任尚书令,所以后来尚书令一职基本不设,而以尚书左、右仆射为尚书省长官。尚书省下设吏、户、礼、兵、刑、工六部,每部下辖四司。各部的职责为:吏部掌官吏的任免、考课、升降、调动;兵部掌武官的选用及兵籍、军械、军令;户部掌土地、户籍、赋税、财政;刑部掌司法、刑狱;礼部掌朝廷礼仪、祭享、贡举、学校;工部掌工程、水利、屯田、交通。尚书省为执行政令的机构,具体事务由六部分理,各部以尚书、侍郎为正副长官。"六部"的名称,一直沿用到清朝末年。

唐代中书省正式成为制定政令的机构,长官为中书令,副职为中书侍郎,其下有中书舍人。唐代诏敕多由中书舍人执笔撰写,故中书舍人有"文人之极任,朝廷之盛选"之说。

门下省的长官为侍中,副职为黄门侍郎,其下的重要官员为给事中。给事中掌封驳之任,"封"指封还诏书而不执行,"驳"指驳还诏书之缺失,从而形成门下省的审议制度。

唐朝中书令、侍中位高权重,皇帝为了制衡其权力,常以三品以下的官员,给他们加上"参知政事"、"参议朝政"、"参与朝政"等名号,或加上"同中书门下平章事"、"同中书门下三品"等头衔,使其行使宰相职权。因此,唐代宰相不限于三省的首长,少则数人,多则十余人。

唐代官廷内的翰林学士本为文学侍从,既无官阶,也无实权,后来授予承旨以撰重大诏令之职,于是中书省的中书舍人的制诏之权被分解。唐代凡由翰林学士所拟诏令称"内制",用白麻纸书写;凡由中书舍人所拟诏令称"外制",用黄麻纸书写。翰林学士因而被称为"内相",如加"翰林学士承旨"头衔者,权任尤重。

由于中书、门下两省一主制定政令,一主审议政令,有时不免各执己见。唐太宗时专门设政事堂于门下省,侍中出席议政,而给事中仍有权封驳,政令的决定,由两省共同负责。玄宗开元年间,将政事堂改称中书门下,又列吏房、枢机房、兵房、户房、刑礼房于其下,从此政事堂由议政之所变为宰相机关。

为避免决策失误,唐代于中书、门下二省设讽谏之官,包括散骑常侍、谏议大夫、拾遗、补阙,各分左右,"左"属门下省,"右"属中书省,其职责为议论朝政得失,要求有失辄谏。

宋代进一步加强中央集权,中央行政机构名义上三省并立,但三省长官"不预朝政",成为虚衔,且中书令、尚书令与侍中也不常置,有时以他官兼领。宋代在三省之外另设宰相的办事机构于禁中,称为"政事堂"或"中书门下",简称"中书"。宰相的正式名称是"同中书门下平章事",也称"同平章事";副宰相的正式名称是"参知政事"。神宗元丰改制,以尚书左仆射兼门下侍郎,或称"左相",以尚书右仆射兼中书侍郎,或称"右相",另设四名副宰相,分别为门下侍郎、中书侍郎、尚书左丞、尚书右丞。后又有反复。宋代掌管全国军务的最高机构为枢密院,以枢密使、枢密副使为其长官。宋代将副宰相与枢密院长官称为"执政",宰相与执政合称"宰执",同理朝政。宋代宰相通常没有与皇帝或同僚的议政之权,有事须以札子向皇帝请旨,由皇帝最后定夺,宰相听命执行。较之于唐,宋代宰相在决策、军事、财务、用人诸方面权力大为缩小。

元朝以中书省总理政务,枢密院执掌兵权,因袭宋代文武分权的体制。尚书省废而不置,其权归中书省,六部也由中书省统辖,中书省成为最高的行政机关。元朝中书省长官为中书令,必以皇太子担任,为荣誉性虚衔,实际上以左右丞相、平章政事为宰相,左右丞、参知政事为副宰相。左丞相必以蒙古人充任。

三省制起始于魏晋,经隋、唐、宋至元,最高政务机关由多元演变为一元。

(三)明清的内阁制

明初承袭元朝,以中书省总领政务,以左右丞相为宰相,统辖六部。洪武十三年(1380),明太祖朱元璋撤销中书省,废丞相一切职务统归六部,由皇帝亲自辖制,传统的宰相制度从此废除。因政务繁杂,皇帝一人无法顾及,于是从翰林院选择官员阅看奏章,草拟诏旨,但仅备顾问,并无实权。明成祖时,始命翰林院官员入值文渊阁,参与机务。因这一机构设在宫廷,因称内阁。仁宗、英宗以后,内阁权位日益提升,凡中外奏章皆由内阁大学士先用小票墨书于疏面进呈皇帝,由皇帝批后交六部办理,称为"票拟"。内阁大学士"朝位班次,俱列六部之上",号称"辅臣"。首席大学士称"元辅"或"首辅",权力最重。内阁大学士颇似过去的宰相,但与宰相仍有所差别。一方面,执行政务的六部不是内阁的下属部门,内阁不是正式的最高执行机构;另一方面,宣宗、英宗以后,皇帝身居内宫,内阁难以与其面议朝政,而要受制于司礼监秉笔太监的批红。明代后期皇帝大多荒怠政事,宦官擅权,宦官多通过司礼监与外廷来往,内阁之权被内臣侵夺,司礼监因而有"太上内阁"之称。

清代仍设内阁大学士,不设丞相。乾隆时以三殿三阁为定制,即保和殿、文华殿、武英殿,体仁阁、文渊阁、东阁。三殿三阁总称内阁,所设大学士,加殿阁头衔,满汉各半。又仿明朝制度,规定凡各处官员所呈奏章,先由内阁代拟批旨,再呈皇帝审处,皇帝的诏令,由内阁下达六部执行。

清初在内阁大学士之外设议政王大臣数人,均为满人,凡军国重务,均交其议奏。雍正时西北用兵,为加强皇权,始设军机房。雍正十年(1732)正式称为办理军机处,简称军机处,任命满汉亲信为军机大臣,每日晋见皇帝,草拟和转达皇帝旨意,处置军国要务,"军国大计,无不总揽"。尽管军机处不是正式官署,但皇帝通过军机处总揽全国大政。政务移归军机处后,内阁依然存在,但已无实权,大学士成为文臣的荣誉称号。乾隆后期,取消了议政王大臣会议,内阁形同虚设,皇帝更加独断专行。军机处的设立与运作,一方面在于提高行政效率和确保机密,一方面在于削弱群臣议政的权力,皇权专制达到了顶峰。

二、监察制度

监察意为监视和督察。监察机构的职能是监督各级官员,检察违法失职的机关和官员,施行检举纠劾。监察机构的设置和监察制度的确立,始于秦汉并延续两千多年,这是中国古代官制的又一特点。

(一)御史制

御史在战国时期本是职掌文书及记事的官吏。秦统一全国后,御史除秘书职能外,又赋予其监察职能。秦以御史大夫为御史之长,地位仅次于丞相。其下设御史中丞、侍御史、监御史等,专司监察,不仅在朝廷监察百官,而且派监御史到各地监察郡县,基本形成了从中央到地方的监察系统。

汉代设置御史府,为最高监察机构,长官为御史大夫,统辖各级御史,监察考核百官,并可监督丞相。副职为御史中丞,简称中丞,其职既掌秘书和图籍,同时又有双重监察的职权,既"内领侍御史","外督部刺史",又有举劾违法官员的权力。汉武帝时将全国划为十三个"刺史部",后又以"州"为名,每州设刺史一员,以朝廷监察官的身份,监察地方官员,监察范围广,实权也很大。东汉中期以后,州由监察区演变为行政区,州刺史也成为地方长官,改称州牧。

两晋南北朝仍设御史台,以御史中丞为其长官,唯北魏称御史中尉。御史台监察百官,权限很大,所谓"自皇太子以下,无所不纠"。对于地方监察,虽未设固定机构,但仍不定期派遣巡御史到各地巡视监察。

(二)台院制

唐代继承前代监察制度的优点,监察机构编制扩充,分工明确。唐代以御史台为最高监察部门,御史大夫为其长官,御史中丞为其副。御史台下设三院:一为台院,由侍御史六人组成,职责为纠察百官,弹劾不法,并参与大理寺审理大案。二为殿院,由殿中侍御史九人组成,职责为维持朝会典礼的官员纪律。三为察院,由监察御史十五人组成,职责为监察地方官吏。唐代以"道"为监察区,初分十道,后为十五道,每道设监察御史一人,后改称按察使、采访处置使、观察处置使等,其职权范围与汉代刺史相似,巡按州县,纠劾百官,在地方有很大的权威。

唐代监察制度的又一特点是发展了谏官制度,前已概述。唐代的谏官制度,对于政令之纠误,法纪之遵行,都起过积极作用。

宋、元承唐代台院制而略作更改。宋代以御史中丞为御史台长官,侍御史为其副,职掌监察朝廷官员,肃正朝廷纲纪;地方官员则由转运使、通判进行监察。宋代亦重视谏官,从门下省分出一个谏院,为朝廷的独立机构,以左、右谏议大夫为长官,加上门下省之下的给事中,合称"给谏"。由于谏官不得兼纠弹,而御史可兼谏职,造成"言察相混"的现象。但宋代的给谏在政治上的作用,已不如唐代。至元代以后,谏官谏诤君王、匡正得失的功能,随君主独裁的加强而日渐丧失。强化地方的监察是元代监察制度的一大特色。元代将全国划分为二十二个监察区,称为"道",又以行御史台为朝廷派出机构,分驻各地,各道的监察官员和御史台的御史,组成严密的监察网,实施对地方的监察。

(三)都察院制

明清的监察制度随中央集权的进一步强化而更趋严密。明代由过去的台院制演变为都察院制,中央监察机构由都察院和六科都给事中两部分组成。都察院"主纠察内外百司之官",设左、右都御史为长官,左、右副都御史和左、右佥都御史为副职。六科都给事中为明代新创,由给事中负责审查六部的上奏,若有不妥,即行驳回。明代地方性监察官有两种:一为由中央派驻地方的监察御史,共一百一十人,分十三道巡视,考察、举劾地方官,"大事奏裁,小事立断",品阶不高,权力极大;一为常驻各省的按察使,既是主持行政的地方大员,又履行监察地方的职责。

清朝也以都察院为全国最高监察机构。六科给事中并入都察院,以左都御史、右副都御史为正副长官,满汉各一人,下辖六科十五道,清末随省区增加增至二十三道。科设六科给事中掌谏言,道设监察御史掌稽察,合称"科道"。科道的主要职能是监察行政、考核官吏、弹劾官吏、稽核大案、检查会计,至于当廷谏诤的职能,此时已丧失殆尽。

综上所述,监察制度在历代政治生活中起着重要作用。两千多年来,朝代更迭频繁,政坛风云变幻,监察制度也演变嬗递,但监察机构所具有的整饬吏治、检举不法、维护纲纪、巩固君权的功能,为历代统治者所重视。监察官作为君主之耳目,一般品秩不高,但位卑而权重。在古代庞杂的官僚体系中,监察官以其集弹劾、谏诤、司法、巡视诸权于一身而受人瞩目。

三、地方官制

中国疆域辽阔,地方官员数量庞大。古代按行政区划分级设官治理,由于各朝行政区划的设置时有变化,因而地方官的设置及其官称也随之变化。

(一)秦汉两晋南北朝地方官制

秦统一中国,废封国,全国设三十六郡,后增至四十余郡,下设县。郡的长官称郡守。县有大小之分,凡万户以上的县,长官称县令,万户以下的县,长官称县长。郡县长官下有郡丞、县丞为其辅佐,又有郡尉、县尉分掌地方军事和治安。

汉代地方长官沿秦制设郡守和县令两级,在京师设京兆尹、左冯翊、右扶风三职,合称"三辅",地位同郡守。汉武帝时,设十三州刺史部,为监察区,以后州刺史的权力不断扩大,除掌监察外兼管民政和军事。东汉末年刺史改为"州牧",州成为事实上的行政区。

东汉末年形成的州牧、郡守、县令三级地方长官制,通行于魏晋南北朝时期。晋室南渡,东晋政权为安置南来的士族及流民,侨置州郡县,州郡越划越多,地域越来越小,出现了一州辖二郡、一郡辖二县的状况,行政机构因而重叠,有的州郡徒有虚名,所谓"十羊九牧"正是对此现象的形容,因而引发了隋初官制改革。

(二)隋唐宋地方官制

隋初,将地方改为州县两级,以州统县。州设刺史,县设县令。隋后期改州为郡,郡的长官为太守。

唐前期实行州县两级政区,州的长官为刺史,刺史之下有别驾、长史、司马、录事参军等官。录事参军统领司功、司仓、司户、司法、司兵、司曹等,职能与中央六部相对,负责处理地方具体政务。县设县令,其下有县丞、县尉、主簿等官。

唐代都城长安及东都洛阳设府,长官为"牧",一般由亲王遥领,实际政务由府尹主持。

唐代设道,初为监察区,中后期则成为行政区,形成道州县三级建制。唐代曾在边镇地区设都督府,长官为都督,后称节度使。安史之乱后,节度使推行于内地。节度使兼任民政、财政,成为权势尤重的地方大员。中唐以后,节度使总揽辖区内的军、政、民、财大权,不服朝廷之命,传位于子或部下,形成藩镇割据的局面。

宋初,地方为州县两级,宋太宗后发展为路州县三级建制。

宋代州的长官由朝廷派遣,称"知某州事",简称"知州",县的长官亦由朝廷任命,称"知某县事",简称"知县"。与州同级的还有设于首都和重要州郡的府,及军、监。府的长官为府尹或知府,军的长官称"知军事",简称"知军",监的长官称"知监事",简称"知监"。宋代的路,初设转运使,后往往分设四个机构:经略安抚司,又称"帅司",长官为经略安抚使,掌管军事和民政;转运司,又称"漕司",长官为转运使,掌管钱粮征收和谷物转运;提点刑狱司,又称"宪司",长官为提点刑狱公事,掌管司法、刑狱、监察;提举常平司,又称"仓司",长官为提举常平官,掌管贷放钱谷、茶盐产销专卖等,这就是宋代特有的"帅、漕、宪、仓"。这样,将地方权力分解,避免了权力的过分集中,但也造成了官员冗滥和遇事相互推诿的弊端。

(三)元明清地方官制

元代实行行省制,以行中书省为中央派出机构,行省长官为地方的高级官员,官名与中央官职大致相同,称丞相、平章、左右丞、参知政事等。行省之下为路、府(州)、县三级,长官分别为总管、知府(知州)、县尹。又在地方三级政区的原有长官外,另设一名达鲁花赤。达鲁花赤在蒙语中意为镇压者、制裁者或掌印者,照例由蒙古人担任,通常是各地的真正掌权者。

明代地方行政为布政使司、府(州)、县三级。布政使司的长官为左、右布政使,主管一省的民政和财政。同时还设提刑按察使司,掌管司法刑狱,以提刑按察使为长官。设都指挥使司,掌管一省军事,长官为都指挥使,三个机构合称"三司",三权分立,共治一省,以防专权。省下设府,长官为知府。府下设县,长官为知县。明代的州分为两种:一种与府同级,直属布政使司,为直隶州,下辖县;一种为散州,与县同级,由府统辖,其长官都称知州。

清代一级地方政区为省,省的最高长官为总督、巡抚。总督一般管辖一至三省,总辖区内行政、军事、监察大权,又称制军、制宪、制台等。巡抚主管一省军政刑狱,又称抚台、扶军、中丞等。布政使、按察使为督、抚属官,并称"两司"。布政使掌一省财赋,简称藩台、藩司;按察使掌一省司法和监察,别称臬司。乾隆时期又设分守道、分巡道,带兵备衔,管辖府州,成为省和府州之间的行政长官,叫作道台或道员。府(州)县的长官的官职与明代相同。

中国古代从中央到地方的官制的建立和发展,保证了国家机器的正常运转。但同时我们也应清醒地看到,封建官僚制度从本质上说,是统治和压迫人民的工具。

附录三　中国历史朝代简表

朝代（国号）		起迄年代	第一代帝王姓名	庙　号	国都所在地	起始年号	起始干支	备注
夏		约公元前 21—约公元前 16 世纪	启		安邑（今山西夏县西北）			
商		约公元前 16 世纪—约公元前 1046	汤		亳（今河南商丘北）、殷（今河南安阳）			[1]
周	西　周	约前 1046—前 771	姬　发	（武王）	镐京（今西安西南）			[2]
周	东　周	前 770—前 256	姬宜臼	（平王）	洛邑（今洛阳）		辛未	
周	（春　秋）	前 770—前 476						[3]
周	（战　国）	前 475—前 221						[4]
秦		前 221—前 206	嬴　政	（始皇）	咸阳（今陕西咸阳东北）		庚辰	[5]
汉	西　汉	前 206—公元 25	刘　邦	高　祖	长安（今西安）		乙未	[6]
汉	东　汉	25—220	刘　秀	光　武	洛阳	建　武	乙酉	[7]
三国	魏	220—265	曹　丕	文　帝	洛阳	黄　初	庚子	
三国	蜀	221—263	刘　备	昭　烈	成都	章　武	辛丑	
三国	吴	222—280	孙　权	大　帝	建业（今南京）	黄　武	壬寅	
西　晋		265—317	司马炎	武　帝	洛阳	泰　始	乙酉	
东晋十六国	东　晋	317—420	司马睿	元　帝	建康（今南京）	建　武	丁丑	
东晋十六国	十六国	304—439（汉〔前赵〕、成〔成汉〕、前凉、后赵、前燕、前秦、后燕、后秦、西秦、后凉、南凉、北凉、南燕、西凉、北燕、夏）						[8]

朝代（国号）			起迄年代	第一代帝王姓名	庙　号	国都所在地	起始年号	起始干支	备注
南北朝	南朝	宋	420—479	刘　裕	武　帝	建康（今南京）	永　初	庚申	[9]
		齐	479—502	萧道成	高　帝	建康（今南京）	建　元	己未	
		梁	502—557	萧　衍	武　帝	建康（今南京）	天　监	壬午	
		陈	557—589	陈霸先	武　帝	建康（今南京）	永　定	丁丑	
	北朝	北魏	386—534	拓跋珪	道武帝	平城（今大同），493年迁都洛阳	登　国	丙戌	
		西魏	535—556	元宝炬	文　帝	长安（今西安）	大　统	乙卯	
		东魏	534—550	元善见	孝静帝	邺（今河北临漳县南近漳河）	天　平	甲寅	
		北齐	550—577	高　洋	文宣帝	邺（今河北临漳县南近漳河）	天　保	庚午	
		北周	557—581	宇文觉	孝闵帝	长安（今西安）	／	丁丑	
隋			581—618	杨　坚	文　帝	大兴（今西安）	开　皇	辛丑	[10]
唐			618—907	李　渊	高　祖	长安（今西安）	武　德	戊寅	
五代十国		后　梁	907—923	朱　温	太　祖	汴（今开封）	开　平	丁卯	[11]
		后　唐	923—936	李存勖	庄　宗	洛阳	同　光	癸未	
		后　晋	936—946	石敬瑭	高　祖	汴（今开封）	天　福	丙申	
		后　汉	947—950	刘知远	高　祖	汴（今开封）	天　福	丁未	
		后　周	951—960	郭　威	太　祖	汴（今开封）	广　顺	辛亥	
		十　国	902—979	〔吴、南唐、吴越、楚、闽、南汉、前蜀、后蜀、荆南（南平）、北汉〕					
宋		北　宋	960—1127	赵匡胤	太　祖	开封	建　隆	庚申	[12]
		南　宋	1127—1279	赵　构	高　宗	临安（今杭州）	建　炎	丁未	

朝代（国号）	起迄年代	第一代帝王姓名	庙　号	国都所在地	起始年号	起始干支	备注
辽	916—1125	耶律阿保机	太　祖	上京（今辽宁巴林右旗附近）	神　册	丙子	
西　夏	1032—1227	李元昊	景　宗	兴庆府（今银川）	显　道	壬申	
金	1115—1234	完颜阿骨打	太　祖	中都（今北京）	收　国	乙未	
元	1271—1368	忽必烈	世　祖	大都（今北京）	至　元	辛未	
明	1368—1644	朱元璋	太　祖	应天（今南京）1421 年迁北京	洪　武	戊申	［13］
清	1644—1911	福　临	世　祖	北京	顺　治	甲申	
中华民国	1912—1949	1912 年孙中山当选为临时大总统,定都南京;不久袁世凯任大总统,移都北京;1927 年起国民政府以南京为首都,抗战时迁都重庆,称陪都,抗战胜利迁回南京。					

注：［1］自汤 14 代孙盘庚迁都到殷,商朝也称殷朝。
　　［2］其中共和行政元年,约当公元前 841 年庚申,中国历史开始有纪年。
　　［3］从周平王元年（前 770）辛未,至周敬王四十四年（前 476）乙丑,为春秋时期。
　　［4］从周元王姬仁（前 475）丙寅至秦灭齐统一全国（前 221）庚辰,为战国时期。
　　［5］秦子婴元年（前 207）甲午。
　　［6］西汉刘彻开始年号纪年“建元”元年（前 140）辛丑。西汉纪年包括王莽建立的新王朝（公元 9 年—23 年）。
　　［7］东汉章帝刘炟元和二年始用干支纪年乙酉;一说新朝王莽首先采用。
　　［8］(成)李雄建兴元年（304）甲子—北凉永和七年(439)己卯。
　　　　(汉)刘渊元熙元年
　　［9］建都南京的六朝,除孙吴和东晋以外,还有宋、齐、梁、陈,为时均很短暂。
　　［10］杨坚原为北周之随国公,废周帝为“随”,忌讳“走之”,改为“隋”。
　　［11］907 年在开封称帝建国,909 年迁都洛阳。
　　［12］赵匡胤在后周时封宋州节度使,所以国号宋。
　　［13］朱元璋原为农民起义领袖小明王（韩山童之子韩林儿）部下,封吴国公,明教有明王出世的传说,所以称明朝。